백악관 상황실

THE SITUATION ROOM

Copyright © 2024 by George Stephanopoulos
This edition published by arrangement with Grand Central Publishing, an imprint of
Hachette Book Group, Inc., New York, NY, USA. All rights reserved.
Korean Translation Copyright © 2025 by Book21 Publishing Group
This translation is published by arrangement with Hachette Book Group, Inc.
through Imprima Korea Agency

이 책의 한국어판 저작권은 Imprima Korea Agency를 통해
Hachette Book Group, Inc.와의 독점 계약으로 북이십일에 있습니다.
저작권법에 의해 한국 내에서 보호를 받는 저작물이므로 무단전재와 무단복제를 금합니다.

백악관 상황실

작지만 위대한 지하실에서 펼쳐지는
대통령 리더십의 성공과 실패

조지 스테퍼노펄러스, 리사 디키 지음 | 황성연·천상명 옮김

GREAT HARMONY 005

THE SITUATION ROOM

21세기북스

앨리, 엘리엇 그리고 하퍼를 위해

차례

프롤로그: 폭풍의 눈 — 9

1장 백악관 상황실의 탄생 — 16

2장 밤새도록 — 37

3장 "세상 모든 지옥이 열렸다" — 58

4장 SOS — 75

5장 근접 조우 — 94

6장 키는 바로 이곳에 — 122

7장 역사의 옳은 편에서 — 155

8장 대통령님 곧 오십니다 — 181

9장 "우리는 이곳에서 싸운다" — 215

10장 걷는 남자 — 253

11장 백악관의 할리우드 스토리 — 296

12장 타이거 팀 — 330

에필로그: WHSR — 353

감사의 말 — 361

주註 — 363

색인 — 368

프롤로그

폭풍의 눈

2021년 1월 6일, 마이크 스티글러가 자신의 파란색 토요타 캠리를 몰고 백악관으로 향했을 때는 아직 동이 트지 않은 새벽이었다. 4시 20분. 백악관 상황실에서 내근직 요원으로 일하던 스티글러는 열두 시간씩 하는 교대근무를 위해 일찌감치 사무실로 출근하는 중이었다.

평소 이 시간이면 워싱턴 D. C. 시내는 한산했고, 기념비와 사무실 건물들은 검은 밤하늘 아래 고요했다. 하지만 이날 스티글러는 차에서 내리자마자 뭔가 이상한 낌새를 느꼈다. "평소에 볼 수 없던 사람들이 길거리에 가득하고 주차된 차들이 아주 많았습니다." 그는 내게 말했다. "많은 사람에게 그때 상황을 여러 번 설명하려고 해봤는데, 이렇게 말할 수밖에 없습니다. 그냥 느낌이 달랐어요."

그날 오후, 미국 의회는 조 바이든을 미국의 제46대 대통령으로 인준할 예정이었다. 하지만 바이든이 선거에서 이긴 현직 대통령은 권력이양을 막기 위해 할 수 있는 모든 일을 하고 있었다. 그를 추종하는 수천 명의 사람들이 그의 요청에 따라 인준을 막기 위해 워싱턴 D. C.로 몰려왔고, 그날 무슨 일이 벌어질지는 아무도 몰랐다. 백악관 상황실 직원들은 경계 태세를 유지하며 일어나는 일들을 모니터링하고, 공공정보와 비밀첩보를 종합하고 (대통령이 알아야 할 필요가 있는 국내외의 모든 위기 상황에서 그랬던 것처럼)대통령에게 보고할 준비를 했다. 하지만 이날만큼은 그들은 대통령에게 전화를 걸지 않았다. 대통령도 상황실로 전화를 걸지 않았다. 대통령 자신이 그 위기의 장본인이었기 때문이다.

뭔가 느낌이 이상한데. 스티글러는 교대근무를 시작하면서 생각했다. 30대 나이의 정보분석가였던 그는 2019년 여름 매우 기쁜 소식을 들었다. 정보 전문가라면 누구나 일해보고 싶어 하는 상황실에서 근무하라는 연락이었다. 그 후 18개월 동안 "나는 두 번의 탄핵을 목격했고, 코로나19를 겪었고, 흑인의 목숨도 소중하다BLM 시위와 폭동을 겪었습니다." 그는 내게 말했다. "사건들의 연속이었죠." 이제 해가 떠오르며 날이 밝아오자, 그는 앞으로 벌어질 일에 대비하며 단단히 마음을 먹어야 했다.

아침 내내 시위하는 사람들이 백악관 바로 남쪽에 있는 타원형의 잔디밭 일립스Ellipse로 몰려들었다. 정오가 되자 도널드 트럼프 대통령은 흥분한 지지자들 앞에 서서 마이크 펜스 부통령에게 투표 결과를 개별 주로 반송하라고 촉구했다. 그는 '급진 좌파 민주당'이 선거를 도둑질했다고 주장했다. 그는 군중들을 향해 이렇게 요구했다. "죽기 살기로 싸우십시오, 죽기 살기로 싸우지 않으면 당신들에겐 더 이상 나라가 없을 것입니다." 그러고는 그들에게 펜실베이니아 대로를 따라 국회의사당까지 행진하라고 말했다.

트럼프는 시위대에 합류하고 싶었지만, 국회의사당 경내가 아수라장이 된 상태였기 때문에 그의 경호 팀이 그를 거기로 데려가는 것을 거부했다. 시위대는 경찰이 세운 바리케이드를 무너뜨리고 경찰관을 여럿 공격했다. "우리는 양쪽으로 포위되었고, 대열이 무너졌다!" 워싱턴 D. C. 경감 로버트 글러버가 외쳤고, 시위대는 앞으로 몰려들어 창문을 부수고 건물 안으로 들어갔다. 비밀경호국 요원들이 펜스 부통령을 안전한 장소로 대피시켰고, 의원들은 폭도들이 복도를 돌진하며 상원으로 난입하자 한쪽 구석으로 모여들어 공포에 떨었다. 폭도들은 캐비닛을 헤집고 가구를 넘어뜨렸다. 228년이라는 유구한 역사를 가진 미국 입법부의 신성한 복도에 총성이 울려 퍼졌다.

집무실로 돌아온 트럼프 대통령은 티브이로 이 광경을 지켜보면서 다이어트 콜라를 홀짝였다. 그의 참모와 측근 들은 그에게 폭동을 규탄하고 폭도들을 해산시킬 것을 간청했다. 하지만 그는 그러는 대신 폭동이 격화되던 2시 24분에 "해야 할 일을 할 용기가 부족하다"라며 마이크 펜스를 비난하는 트윗을 올렸다.

비밀경호국과 국회의사당에 있는 다른 당국자들로부터 보고가 들어오자, 백악관 상황실은 급히 대응에 나섰다. "상황이 극도로 혼란스러웠습니다." 스티글러는 내게 말했다. "우리는 정부 연속성COG 단계로 돌입했습니다."

여기서 잠깐 멈추고 '정부 연속성'이라는 말을 곰곰이 생각해보자. 냉전이 한창일 때 아이젠하워 대통령이 처음 지시한, 치명적일 정도로 심각한 정책과 행동 들이 이 단조롭고 관료적인 전문용어에 숨어 있다. COG는 핵전쟁과 같은 재난이 발생한 후에도 정부가 계속 기능하게 하려고 고안된 개념이었다. 여기에는 비밀 지휘본부(상황실이 핵심 역할을 하는)와 정교한 지휘 체계, 의회 이전, 그리고 공격으로 사망한 행정부 관리의 교체 등이 포함되었다. 역사상 단 한 번 가동된 적이 있는데, 2001년 9월 11일 테러 공격 직후였다.

스티글러는 상황이 "초현실적"이었다고 말했다. 다만 그는 더 많은 내용을 공개하기를 꺼렸다. "말하기 좀 조심스럽습니다." 그가 내게 말했다. "나는 지금껏 많은 증언을 해왔습니다만, 무엇을 말해도 되는지, 어디까지 말할 수 있는 건지 잘 모르겠어요." 나는 그의 연락 창구 중 하나가 비밀경호국이었을 거라는 추측을 내놓았다. 그는 잠시 말을 멈추고 있다가 말했다. "그건 맞습니다." 이는 그가 폭도들이 복도를 휩쓸고 지나가는 의사당 건물의 혼란스러운 상황을 실시간으로 직접 보고받았다는 뜻이었다.

언제가 가장 끔찍한 순간이었을까?

"부통령의 신변이 위험에 처한 때였습니다." 그가 내게 말했다. 그는 잠시 말을 멈추고 천장을 올려다보며 냉정함을 유지하려고 애썼다. "비명. 고함. 그날 들었던 여러 가지 것들도요." 스티글러는 쾌활한 성격을 가진 젊은이지만, 1월 6일 사건에 관해 이야기할 때는 내 눈앞에서 나이를 먹는 것 같았다.

"끔찍했어요." 그는 조용히 말했다. "그날 상황실에서 근무했던 우리는 여전히 그 일을 어떻게 받아들여야 하는 건지 모릅니다…. 어떻게 이야기해야 할지도, 또 누구와 이야기해야 할지도 모릅니다. 그날 목격한 일 중에는 말할 수 없는 것들이 많아요. 이런 일에는 어떻게 대처해야 하죠?"

상황실은 창설된 이래로 60년 동안 미국의 재난 상황에서 위기대응본부 역할을 해왔다. 상황실 직원들은 핵 공포, 한 차례의 대통령 암살, 그리고 두 차례의 대통령 암살 시도라는 상황에 대응한 바가 있었다. 그들은 백악관 자체가 테러리스트의 표적이 되었던 9.11 테러 당시에도 자리를 지켰다. 그리고 수십만 명의 목숨과 더불어 수십억 달러의 비용이 소요된, 미국이 수행한 전쟁들을 추적하고 분석했다. 하지만 미국 대통령이 미국 정부를 상대로 자행한 반란 사태를 다룬 적은 한 번도 없었다.

"선거 인준이 되지 않았다면, 아마도 우리는 하나의 기관이 금이 가고 무너지는 것을 보았을 겁니다." 스티글러는 말했다. "그랬다면 우리 중 많은 사람이 일을 그만두었을 거예요." 상황실 직원들은 백악관에 거주하는 사람을 위해 일하지만, 대통령이라는 사람이 아니라 **대통령직**을 위해 일한다. "국가에 대한 충성심이 자신이 맡은 소임에 대한 충성심보다 우선합니다." 스티글러는 말했다. 이 두 충성심이 그토록 시험받은 적은 여태껏 없었다.

*

상황실이 창설된 1961년 이후로 열두 명의 미국 대통령이 있었고 그들에 관해 많은 글이 쓰였다. 하지만 미국 역사에서 중요한 위치를 차지하고 있음에도 불구하고 상황실 자체의 역사와 내부를 다룬 기록은 거의 없다. 상황실은 백악관 지하실에 있으며, 직원들이 커피와 식사를 하는 구내식당에서 조금 떨어진 곳에 있다. 창설 이래 대부분의 시간 동안 상황실은 딱히 구경할 만한 게 없었다. 영화 〈닥터 스트레인지러브〉에 나오는 널찍한 전쟁작전실이나 드라마 〈웨스트윙〉과 〈24〉에 나오는 편안하고 조명이 근사한 공간과는 달랐다.

수십 년 동안 이어진 현실은 비좁은 회의실과 그 옆에 있는 세 개의 작은 회의실, 그리고 대통령과 보좌관들을 위해 정보를 수집하고 분석하는 상황실 직원들이 머무는 당직자 사무실 등 훨씬 더 소박한 모습이었다. 나처럼 백악관에서 일해본 사람들도 민감하고 때로는 무서운 정보의 흐름, 밝혀지는 미스터리, 세계를 뒤흔드는 사안에 대한 논의와 토론을 이런 평범한 공간과 조화시키기는 어렵다.

할리우드가 생각한 백악관 상황실: 〈닥터 스트레인지러브〉에 나온 아주 널찍한 전쟁작전실(마이클 옥스 아카이브, 게티이미지)

이 책을 위한 조사를 진행하는 과정에서, 나는 내각 장관들과 백악관 수석 보좌관들부터 내근직 요원들, 상황실장들까지 100명 이상의 사람(대부분 상황실에서 근무한 경험이 있는)을 인터뷰했다. 이 공간을 처음 본 이들이 내놓은 한결같은 반응은 이랬다. "이게 다인가요?" 내가 가장 많이 들었던 말은 내가 처음 상황실에 들어섰을 때 보인 반응과 같았다. "실망스럽네요."

헨리 키신저는 이 "작고 불편하며 천장이 낮고 창문이 없는 방"을 "미적감각이 없고 본질적으로 억압적"이라고 묘사했다. 그리고 외교관인 리처드 홀브룩은 기억에 남을 만한 문구로 표현했는데, "내게는 문제를 상징하는 방, 즉 실제와 사람들의 생각과의 거리가 가장 큰, 창문 없는 지하방"이라고 불렀다.

물리적 공간은 인상적이지 않았지만, 상황실에 근무하는 전문가들이 수행한 업무는 타의 추종을 불허했다. 오바마 대통령의 국가안보 보좌관 토머스 도닐런은 "이곳은 미국 정부의 통신 신경중추"라고 내게 말했다. "전 세계에서 첩보와 정보라는 측면에서 작전상 중추라고 할 수 있는 지리적 위치가 하나 있다면 백악관 지하에 있는 465제곱미터의 공간입니다." 더그 루트 전 북대서양조약기구NATO 대사는 말했다. "이곳은 장소Place이기도 하지만 사람People과 과정Process의 집합체이기도 합니다. 바로 '삼피3P'라고 부를 수 있는 것으로, 이것들은 서로 융합되어야 합니다." 이것들이 서로 융합해 하나가 되면 전쟁에서 승리하고, 테러리스트를 제압하고, 재난을 막을 수 있다. 그렇지 않을 때는 위기로 인해 대통령직이 무력화된다.

이후 이어지는 장들은 이 장소에 대해 알아보고, 시간이 지남에 따라 어떻게 변모했는지 살펴본다. 그곳에서 일했던 사람들에 대해, 그리고 그들이 엄청난 압박 속에서 어떻게 성과를 냈는지도 알아본다. 비밀회의, 대통령의 기벽, 충격적인 보안 침해, 그리고 맥가이버 스타일의 즉흥적인 기술 활용에 대해서도 알아볼 것이다. 하지만 가장 중요한 것은 현대 대통령직을 정의한 위기들을 관리하고, 뒤에 남기게 될 유산을 결정하는 어려운 결단과 씨름하는 대통령과 그 팀에 대해 알아보는 것이다. 이곳은 그들의 인격과 결단력이 시험받았던 공간이다. 일부는 시험을 통과했고 일부는 실패했다.

지난 60년 동안 상황실의 역사는 미국 역사의 숨겨진 부분이었다. 지금부터 읽게 될 내용 중 상당수는 지금껏 단 한 번도 알려지지 않은 이야기이다. 일부는 수십 년 동안 비밀에 부쳐져 최고 수준의 보안허가를 받은 사람들만 아는 내용이었다. 모든 대통령을 연구하고 상황실에서 많은 시간을 보낸 나조차도 상황실 안에서 일어난 일과 관련한, 지금껏 한 번도 공개되지 않은 많은 세부 사항을 알게 되어 놀랐다. 이 책에서는 그런 일들을 몸소 겪었던 사람들이 들려주는 내밀한 이야기를 들어볼 수 있다.

모든 건 존 F. 케네디에게서 시작되었다.

1장

백악관 상황실의 탄생

사람들은 그를 고드라고 불렀다. 그는 겉보기와는 다른 사람이었다. 파리에서 유년 시절을 보낸 탓에 프랑스 억양이 도드라진 영어를 구사했지만, 애국심이 지극히도 강한 미국인이었다. 수상스키를 타는 멋지고 늠름한 공군 준장이기도 했는데, 재클린 케네디는 그를 "쾌활하면서도 성급한 사람"이라고 묘사했다. 여러 해 전에 재클린과 사귄 적이 있었지만, 그는 케네디 대통령 부부에게 매우 가까운 친구이자 마음을 터놓을 수 있는 사람이었다.

줄여서 고드라고 불린 고드프리 맥휴는 백악관에서 존 F. 케네디의 공군 보좌관으로 근무했다. 맥휴는 세상 경험을 풍부하게 쌓은 다음 행정부에 들어왔다. 젊은 나이임에도 불구하고 백악관에서 프랭클린 D. 루스벨트, 윈스턴 처칠과 함께 식사했고, 해리 트루먼과 함께 그의 요트 윌리엄즈버그호를 타고 항해하기도 했다. 그는 워싱턴 사교계의 유명 인사들이 참석하고 싶어 안달하는 파티를 열었다. 그는 케네디처럼 잘생기고 늠름한 남자였다.

하지만 케네디 부부에게 맥휴는 그 이상의 존재였다. 그는 정치와 가족, 외교가 교차하는 모든 일에 있어 케네디가 가장 신뢰하는 사람이었다. 그는 대통령이 내보내는 편지를 검토했고, 때로는 편지에 자신의 이름을 서명하기도 했다. 케네디 부부의 젖먹이 아들 패트릭이 아팠을 때는 케네디 부부가 지목한 의사가 아이가 있는 방까지 비행기를 타고 오도록 손을 썼다. 케네디의 요청에 따라 하일레 셀라시에 황제를 아디스아바바에서 워싱턴 D. C.까지 직접 수행해서 왔고, 심지어는 케네디를 설득해 미국 핵물리학자들을 소련으로 데려갈 때 대통령 전용기 에어포스원을 이용하도록 했다.

맥휴는 마치 피츠제럴드 소설에 나오는 인물처럼 생각 이상으로 존재감이 컸다. 또한 그는 케네디에게 '상황실'이라는 용어를 처음 소개한 인물로, 이후 상황실이 만들어지게 된 계기를 마련한 장본인이기도 했다.

맥휴가 직접 상황실이라는 말을 만든 건 아니었다. 하지만 1961년 봄, 그는 이 용어를 최초로 사용한 것으로 보이는 연구논문을 케네디에게 보냈다. 〈국가적 냉전 작전의 개념Concept for National Cold War Operations〉이라는 제목의 그 논문은 공군의 장기목표과에 속한 익명의 군사 연구원들이 작성한 것이었다. 맥휴는 백악관 로고가 들어간 종이에 작성한 메모를 맨 앞에다 첨부하며 이렇게 적었다. "관련 주제에 대한 대통령님의 깊은 관심을 고려해 이 논문을 전해드립니다."

논문의 저자들은 공산주의의 위협에 가장 효과적으로 대처하는 방법을 열세 쪽에 걸쳐 간결하고 명료하게 주장했다. 그들은 요약문에서 이렇게 썼다. "중국과 소련 양국 간 협력이 크게 강화되고 세계 곳곳에서 혁명적 변화가 일어나고 있는 오늘날의 상황에서 냉전을 좀 더 효과적으로 수행하는 게 필요하다는 점은 분명하다." 그러면서 다음과 같이 권고했다. "냉전 문제에 대한 지속적인 검토와 그 방향을 지원하기 위해 행정부 조직 내에 국가 일일 상황실을 설치해야 한다."

이 문서에는 제안된 상황실의 기능, 인력 및 통신 설정이 자세히 설명되어 있었다.

국가 일일 상황실은 상설 조직이어야 한다. … 첩보, 통신, 브리핑, 디스플레이·모니터링 시설을 완비해 관리 도구로서 역할을 하게끔 만들어야 한다. … 다양한 부서와 기관에서 최고 수준의 인력이 배치되어야 하며, 이들은 국제 문제와 정부 부처 및 기관 사이의 상호 관계에 대한 포괄적 배경지식을 갖추어야 한다. 상황실 운영을 위해 약 80명의 전문가가 필요할 것으로 추정된다.

국가 일일 상황실은 최신 통신, 디스플레이 및 브리핑 장비를 갖추어야 한다. 통신시스템은 전 세계 및 국내 서비스 모두를 위해 최고의 속도와 보안을 제공해야 한다.

맥휴는 1961년 4월 7일에 이 문건을 케네디 대통령에게 보냈다. 놀랍게도 이날은 대실패로 끝난 피그스만 침공이 일어나기 겨우 열흘 전이었다. 이날의 실패는 케네디가 백악관 상황실을 창설하는 계기로 작용했다. 당시 위기 상황에서의 통신 장애가 그 과정을 촉진하긴 했지만, 그 시작은 고드 맥휴였다.

*

피그스만 침공작전이 개시되었을 때는 케네디가 대통령으로 재임한 지 불과 87일째 되는 날이었다. 미 중앙정보국CIA의 지원을 받아 피델 카스트로의 쿠바 공산당 정부 전복을 시도한 이 작전은 처음부터 끝까지 실패였다. CIA는 쿠바 망명자 1400명을 모집해 쿠바를 습격했지만, 수적으로 우세했던 카스트로 군대가 이들을 압살했다. 100명 이상이 사망하고 수백 명이 체포되었다. 이는 막 출범한 케네디 행정부에 큰 굴욕감을 안기는 사건이었다.

케네디 대통령은 그 결과뿐만 아니라 과정에 대해서도 분노하고 실망했다. 원래 쿠바 침공은 쿠바 중남부 해안에 있는 트리니다드에서 이루어질 예정이었다. 케네디는 그 계획이 "너무 극적이고 … 제2차세계대전 침공과 너무 흡사하다"라고 생각해 인구가 적은 곳에서 은밀하게 진행되는 공격을 계획하도록 CIA에 지시했다.

이에 CIA는 해안선을 따라 약 100마일 정도 위쪽에 있는 피그스만을 추천했는데, 이곳이 침투 병력의 발목을 잡을 수 있는 늪으로 둘러싸여 있다는 사실은 대통령에게 알리지 않았다. 국가안보 보좌관 월트 로스토는 훗날 이렇게 언급했다. "CIA가 침투 장소를 변경했을 때 그에 따른 영향이 대통령에게까지 전달되지 않았다. … 케네디가 상륙 지점 변경과 관련한 세부 사항을 알았다면 다른 결정을 내렸을지도 모른다."

공격 당일의 통신 상황도 충격적일 정도로 열악했다. 국가안전보장회의NSC 보좌관 브롬리 스미스가 기억하기로는 "미국 해군함정과 공군 비행기 들의 이동에 영향을 미치는 결정은 보안이 안 된 전화선을 통해 국무회의실에서 국방부로 전달되었다". 사실 상황은 그보다 훨씬 더 심각했다. 해군 보좌관 태즈웰 셰퍼드는 '말 전달하기 게임'과 비슷한 과정을 묘사했다. "나는 회의가 진행되는 동안 밖에 앉아 있었다. 대통령이 미군 재배치를 결정하면 버크 제독이 문밖으로 고개를 내밀고 내게 명령을 전달했다. 그러면 나는 합동참모본부에 전화를 걸어 대통령의 지시를 전달했다."

대외적으로 케네디는 참사에 대한 모든 책임을 졌다. 하지만 비공식적으로는 크게 분노했다. 그는 왜 자신에게 필요한 정보를 확보하지 못했을까? 왜 직접 받아볼 수 있는 정보 대신에 요약된 간접 자료에 의존해야 했을까? 그는 자신이 직접 작전 과정을 통솔하지 못하고 '전문가'들에게 휘둘렸다는 사실에 화가 났다. 그는 친구인 《워싱턴포스트》의 편집자 벤 브래들리에게 이렇게 말했다. "내가 후임 대통령에게 가장 먼저 해줄 조언은 군 장성들을 경계하고, 군인이라는 이유만으로 군사 문제에 대한 그들의 의견이 중요하다고 여기려는 마음가짐을 피하라는 것입니다."

케네디 대통령은 CIA 장교가 상황을 설명하는 것을 원한 게 아니었다. 그는 그 장교가 가진 것과 같은 생생한 첩보를 원했고, 이에 따라 직접 판단 내릴 수 있기를 원했다. 케네디는 1954년 남동생 보비와 함께 속독 수

업을 들었고, 분당 1200단어를 읽을 수 있다고 주장했다. 어떤 사람들은 구두 설명을 선호하지만, 그는 글자를 훨씬 더 선호했다. 그는 글을 빨리 읽었고 읽은 내용을 기억했다.

대통령이 원했던 것은 보안 통신을 갖춘 정보본부였다. 보좌관들이 백악관 곳곳을 돌아다니며 보고서를 전달하고 전화를 거는 대신 중앙에서 더욱 원활하고 신속한 정보흐름을 조율할 수 있었으면 했다. 국무부 소속 루셔스 배틀은 이렇게 말했다. "그 당시엔 지금처럼 업무 속도를 엄청나게 높여주는 기계장치들이 없었습니다. 우리는 여전히 개 썰매를 활용하고 있었어요."

피그스만 사건 직후, 태즈웰 셰퍼드는 케네디 대통령에게 백악관에다 "감시본부"를 만들 것을 조언했다. 1961년 3월 10일, E. F. 블랙 대령은 자신이 작성한 메모에서 "냉전을 위한 전쟁작전실" 역할을 할 "중앙통제실"을 제안했다. 다른 메모에서는 "총괄조정실"라고 불렸다. 그리고 한 쿠바연구그룹 보고서는 새로운 "냉전본부"를 요구했다. 하지만 대통령의 뇌리에 박힌 것은 4월 7일 고드프리 맥휴가 케네디에게 전달한 연구서에 나온 이름이었다.

4월 30일, 피그스만 사건이 발생한 지 2주도 채 지나지 않아 케네디는 이를 실천하기로 했다. 해군 보좌관 제리 매케이브는 당시 상황을 이렇게 묘사했다.

> 일요일 오후였습니다. … 대통령과 (국가안보 보좌관) 맥조지 번디, 셰퍼드와 나는 사우스론을 걸어서 지나 문을 열고 (비서) 에벌린 링컨의 사무실로 들어갔습니다. 그리고 번디와 대통령은 대통령 집무실로 들어가서 15분에서 20분 정도 대화를 나눴고, 셰퍼드와 나는 밖에 서 있었습니다. … 두 사람이 한 논의의 결과물인 것으로 보였는데, 번디가 밖으로 나와서 셰퍼드와 나를 보며 말했습니다. "백악관에 상황실이 꼭 필요합니다. 상황실을 만드는 데 얼마나 걸리겠습니까?"

나는 당장 머리에 떠오르는 대로 2주 정도(어림짐작에 불과했다)라고 했고, 그는 "좋습니다, 그렇게 하세요"라고 말했습니다.

우리가 받은 지시라곤 그게 다였습니다.

2주라는 시간 안에 백악관 내에다 위기관리본부(주장컨대 전 세계에서 가장 중요한 위기관리본부)를 만들고, 비품을 갖추고, 장비를 갖추고, 인력을 배치해야 했다. 조지 워싱턴이 처음 취임 선서를 한 지 172년이 지난 후, 케네디 대통령은 마침내 너무나도 당연해 보이는 정보기관을 만들 것을 명령했다.

그렇다면 누군가 상황실을 만들어야겠다고 생각하기 이전에 재직한 34명의 대통령 시절에는 어땠을까?

*

실제로 몇몇 전임 대통령들은 상황실과 유사한 조직을 운영한 적이 있었다.

남북전쟁 당시 에이브러햄 링컨은 현재 아이젠하워 행정부청사(EEOB, 이전에는 구 행정부청사 또는 OEOB로 알려짐)가 있는 전쟁부 전신국에서 시간을 보냈다. 육군 소령 A. E. H. 존슨이 설명하기를 "그는 하루에도 여러 번 백악관에서 건너와 긴 팔을 이용해 전보들을 하나씩 집어 올려 차례로 읽어나갔다". 링컨은 그 자신이 '번개 메시지'라고 불렀던 전보에 놀라움을 금치 못했다. 그는 즉각적인 뉴스에 대해 너무나도 열정적이어서, 전장의 소식을 놓치지 않기 위해 가끔은 (193센티미터에 달하는 거구의 몸을 접어서 간이침대에다 맞춘 채로) 전신국에서 잠을 청하기도 했다.

1897년 윌리엄 매킨리가 대통령이 되었을 때, 전화가 경이로운 기술 목록에 추가되었다. 미국-스페인 전쟁 중 매킨리는 백악관에 '전쟁작전실'을 설치해 전신과 전화 장비, 지도를 구비하고, 콧수염을 기른 젊은이들로 구성된 여단을 꾸려 전투를 추적하고 전장에 명령을 전달토록 했다. 지금은

링컨 응접실이라고 불리는 곳에 있었던 작전실을 본격적인 상황실의 선구자로 볼 수도 있다. 하지만 미국-스페인 전쟁이 끝나자, 매킨리는 이곳을 더는 사용하지 않았다.

20세기 전반기에 재임한 대통령들은 고위급 회의를 위해 집무실을 가장 자주 사용했다. 1934년, 화려하고 천장이 높은 내각실이 완공되면서 이곳 역시 업무의 중심지가 되었다. 1942년에 이르러서야 프랭클린 루스벨트 대통령은 미국의 전쟁 개입을 관리하기 위한 중앙통제실을 다시금 설립했다.

루스벨트는 전쟁 본부로 당구장을 선택했다. 백악관 1층에 위치한 이 공간은 (1880년대 초 체스터 아서 대통령이 당구대를 설치하기 전까지) 미완성 상태로 사용되지 않은 채 방치되어 있었다. 윌슨 대통령과 쿨리지 대통령 가족은 이곳에서 당구를 치며 시간을 보냈지만 후버 대통령은 1930년대에 당구대를 철거하고 회의실을 만들었다. 일본이 진주만을 공격한 후 전쟁이 발발하자, 루스벨트는 직원들에게 벽에 지도를 걸게 하고 전투를 추적할 수 있는 본부를 만들라고 지시했다. 그 후 이 공간은 계속해서 맵룸으로 알려지게 되었다.

그것은 제대로 된 상황실이었다. 당직 요원들이 24시간 근무하면서 정보를 모니터링하고 대통령과 고문들에게 전쟁 진행 상황을 갱신해줬다. 기밀이든 아니든 모든 통신이 이곳을 거쳤다. 당직 요원이었던 조지 엘시 해군 소위의 설명에 따르면, 루스벨트는 하루에 최소 두 번(한 번은 집무실로 가는 길에, 한 번은 관저로 돌아가는 길에) 이곳을 방문했다.

"우리는 먼저 휠체어를 메인 데스크가 있는 곳까지 밀었는데, 그곳에는 최신 전쟁 뉴스(또는 처칠이 내놓은 최신 메시지)가 앞면에 금박으로 '대통령'이라는 글자가 찍힌 검은 가죽 폴더에 담겨 있었습니다." 1964년 구술 기록에서 엘시는 말했다. "그런 다음 우리는 천천히 방을 둘러보았습니다. … 가구는 중앙에 밀집되어 있었고, 네 면에는 통로가 있어 루스벨트 대통령이 가까운 거리에서 지도를 면밀히 들여다볼 수 있었습니다."

루스벨트가 사망한 후에도 후임 대통령인 해리 트루먼은 전쟁 상황을 모니터링하기 위해 맵룸을 계속 사용했다. 하지만 대통령들은 전시 중에만 이러한 상황실 형식의 시설을 원하는 듯했고, 그래서 1945년 일본이 항복한 후 트루먼은 이 중앙통제실을 폐쇄했다.

　　그로부터 10여 년 후, 제2차세계대전에서 연합군을 이끌었던 육군 5성 장군 드와이트 아이젠하워는 백악관위기본부를 상설화해야 한다고 주장한 최초의 대통령이 되었다. 국가정보대학교의 제임스 W. 루커스는 아이젠하워가 참모총장인 앤드루 굿패스터 장군에게 레바논에 있는 미 해병 대대의 근황을 보고해달라고 요청했던 순간을 설명했다. "대통령님, 제가 합동참모본부에 전화하거나 우리가 그곳에 가면 알려줄 겁니다." 굿패스터 장군이 말했다.

　　그 대답이 마음에 들지 않은 아이크*는 이렇게 대답했다. "저기, 앤디, 내게 자그마한 감시소가 하나 있으면 좋을 것 같아요." 이후 일어난 일이 없었다면 이 장면은 출처가 불분명한 사소한 순간으로 남았을지도 모른다. 루커스는 다음에 일어난 일을 이렇게 설명했다.

　　그래서 미국 정부에서 일이 추진되는 전형적인 방식에 따라 연구가 진행되었다. 위원회가 구성되었고, 18개월 후 권고안이 만들어졌다. 아이젠하워 대통령에게 권고한 내용은, 볼링장이나 수영장을 없앤다면 백악관에다 (원하는 대로 이름 붙인) 작은 감시소, 작전실 또는 지휘통제실을 만들 수 있으리라는 거였다.

　　아이젠하워는 이 보고서에 대해 아무런 조처도 하지 않았다. 하지만 피그스만 사건 이후 이 보고서는 케네디 대통령의 참모들 사이에서 다시

---

* 아이젠하워 대통령의 애칭. (옮긴이)

회자되었다. 소련과의 냉전은 제1차, 제2차세계대전과는 다른 종류의 싸움이었다. 하지만 케네디는 냉전시대에도 과거의 치열한 전쟁만큼이나 많은 주의와 계획, 감시, 전략이 필요하다는 것을 잘 알았다.

그달 초 고드프리 맥휴가 보낸 연구논문을 통해 이미 사전 지식이 있었던 케네디 대통령은 상황실을 만들 것을 지시했다. 그리고 아이젠하워 보고서에서 추천한 장소, 즉 웨스트윙 지하에 있는 오래된 볼링장에다 상황실을 설치하기를 원했다.

*

제리 매케이브는 기초적인 수준의 상황실을 구축하는 데 2주 정도 걸릴 것으로 예상했다. 태즈웰 셰퍼드는 심지어 그보다 더 빨리 완공되었다고 기억했다. "내가 책임지고 있던 캠프데이비드에서 시비Seabee*들을 오게 해서 밤에 일하게 했습니다. 그들은 일주일 만에 상황실을 설치했습니다." 대통령실의 긴급 자금으로 충당한 비용은 3만 5000달러였다.

'상황실'이라는 이름은 처음부터 잘못된 이름이었는데, 실제로는 여러 개의 방으로 이루어져 있기 때문이다. 줄여서 '시비CB'라고 불리는 미 해군의 공병대가 볼링장을 네 개의 방으로 이루어진 공간으로 탈바꿈시켰다. 회의실이 그 중심이었는데, 5.5x5.5미터 크기의 이 공간은 골판지 상자 같은 매력을 갖춘 공간이었다. 당시 사진을 통해 벚나무 패널로 된 벽, 짙은 회색 카펫, 흰색 방음 타일로 된 낮은 천장을 볼 수 있다. 긴 갈색 회의 탁자 주변은 높이가 낮은 상아색 가죽 의자 여덟 개가 빙 두르고 있었고, 각각의 좌석에는 종이 한 장과 갓 깎은 연필이 놓여 있었다. 탁자 한가운데에는 1960년대 회의실의 필수품인 커다란 유리 재떨이가 놓여 있었다.

---

* 해군 소속 공병대의 별칭. (옮긴이)

나머지 세 개의 방은 문서 보관실, 당직실, 그리고 사무실이었다. 세 곳 모두 작고 평범했으며, 문서 보관실은 특히나 색인표가 달린 서류철로 가득 찬 회색 금속 선반이 늘어서 있어서 비좁았다. 또한 이곳은 창문을 통해 회의장의 스크린을 비추는 커다란 녹색 금속 프로젝터가 있는 영사실로도 사용되었다.

매케이브는 맨 처음 상황실이 "매우 조잡했고 보안이 거의 되어 있지 않았다"라고 기억했다. 하지만 번디는 곧장 매일 아침 그곳에서 직원회의를 열기 시작했다. 기회를 감지한 그는 재빠른 대처를 위해 자신의 사무실도 OEOB에서 웨스트윙으로 옮겼다. 작가 패트릭 앤더슨은 번디를 "재치 있고, 신랄하고, 귀족적이고, 야심 차고, 위압적이고, 자기만족을 추구하고, 자기 잇속을 차리는 사람"이라며 기억에 남은 인물로 묘사했는데, 그는 상황실을 만드는 데 있어 자신이 한 역할을 자랑스러워했다. 그리고 그는 케네디에게 이 공간을 사용할 것을 강력하게 권유했다.

1961년 5월 16일, 번디는 케네디 대통령을 나무라는 메모를 보냈다. "대통령께서는 매일 국가안보에 대한 논의와 행동을 위해 실질적이고 규칙적인 시간을 따로 내셔야 합니다." 케네디 대통령이 그에게 아침 회의 계획을 잡아달라고 요청했음에도 불구하고, 그는 "세 번의 아침 시간에 걸쳐 총 8분 동안 대통령과 이야기를 나누었을 뿐"이라는 내용과 함께, "이런 식으로 대통령께서 하루를 시작하면 안 된다는 결론에 이르렀으며 … 대통령께서는 이 아침 회의를 진심으로 대하셔야 하고, 정말로 매일 그렇게 하셔야 합니다"라고 썼다. 그는 케네디에게 새 상황실을 활용할 것을 간청했다. "아마도 가장 좋은 장소는 웨스트윙 지하에 새로 마련한 상황실일 것입니다."

번디 입장에서는 실망스럽게도, 케네디는 상황실을 정기 회의에 사용한 적이 없었다. 실제로 그는 거의 상황실을 찾지 않았고 그곳에 들어갔을 때도 깊은 인상을 받지 못했다. 1962년 1월, 번디는 케네디의 일정 담당 비서인 케네스 오도널에게 메모를 보내 회의실 공간을 더 늘려달라고 요청했다. "여기는 현재 매우 혼잡합니다. 다른 사람들도 그렇지만 여기 상황은 지나칩니다. 와서 한번 보십시오(대통령께서는 이곳을 돼지우리라고 불렀고 나는 자존심이 상했습니다)."

상황실은 케네디가 원했던 대로 정보본부이자 통신의 중추였다. 그러나 이 공간은 전투 지휘소가 아니며, 이는 브롬리 스미스를 비롯한 설계자들이 분명히 밝힌 사실이다.

이 새로운 부서는 작전실이 아니라 상황실이라고 불렸는데, 이는 그것이 아주 특수한 상황을 제외하고는 지휘소 역할을 하지 않는 시설임을 명확히 하기 위해서였다. 그 목적은 국가안보 기관들에서 나오는 모든 기밀정보를 수집해 대통령과 국가안보 관련 참모들에게 질서 정연하게 전달하는 것이었고, 백악관으로 전달되는 많은 정보 채널(여기에는 백악관에 근무하는 보좌관들을 통한 CIA, 국무부, 국방부, 참모총장 등이 포함되었다)을 조정하는 것을 목표로 삼았다.

1961년 4월에 고드프리 맥휴가 케네디에게 보낸 최초의 연구논문에서도 저자들은 상황실이 "어떤 부서나 기관의 운영 책임을 빼앗지 않을 것"임을 분명히 했다. 오히려 "정보, 통신, 브리핑, 디스플레이와 모니터링 기능을 제공해 관리 도구적 역할을 할 것"으로 상정했다. 상황실은 내각 부처들의 자원을 활용하고, 공공 연구와 언론보도로 첩보를 보완한 후 대통령과 그의 고위급 참모들에게 전달할 예정이었다.

그리고 놀랍게도 24시간 교대근무를 하는 당직 요원 한 명이 그 모든 일을 맡았다.

*

상황실의 첫 당직 요원이었던 찰스 D. 엔라이트는 이렇게 회상했다. "오전 9시 30분에 일을 시작해서 24시간 근무하고 48시간 쉬었습니다." 백악관 지하실의 새 중앙통제실에 파견된 CIA 분석가였던 그는 자신의 일과를 이렇게 설명했다.

  오전 9시 30분 상황실에 도착, 간밤의 활동 검토
  오전 10시   행정동 빌딩 3층의 (NSC) 직원 사무실로 이동, 이후 일곱 시간 동안 NSC 직원들을 위한 자료 검토
  오후 5시   상황실로 복귀, 수상하거나 민감한 정보를 계속해서 검토
  오후 5시 30분 백악관 구내식당에서 저녁 식사를 가져옴(본인이 현금으로 지불)
  오전 9시 30분 (다음 날) 근무 종료

엔라이트가 언급하지 않은 것은, 당직 요원이 잘 수 있도록 상황실 단지에다 간이침대를 두었다는 사실인데, 이는 요원들이 일주일 동안 24시간씩 근무해야 하는 상황에서 다소 터무니없는 조치였다. 당직 요원들은 얼마 지나지 않아 백악관 통신국 기술자를 포함하는 소규모 직원들의 지원을 받게 되지만, 하루 출근하고 이틀 쉬는 일정은 케네디 행정부 내내 그리고 그 이후에도 계속되었다.

 CIA 국장 앨런 덜레스는 자기 직원들이 상황실 당직 요원으로 근무하기를 원했다. 1961년 5월 18일, 그는 케네디 대통령에게 다음과 같은 내용의 메모를 보냈다. "제게는 한 가지 의문이 있습니다. … CIA가 여러 당직 요원 중 한 명을 지원하는 현재의 방식이 대통령님의 요구를 완전히 충족시킬 수 있을까 하는 의문입니다. CIA가 이 당직 업무를 전담한다면 저는 매우 기쁠 것입니다."

 케네디 대통령도 이에 동의했고, 그래서 초기의 상황실 당직 요원들은 거의 독점적으로 CIA에서 충원되었다. 레이건 행정부에 이르러서야 국무부, 국가안보국NSA, 국방정보국DIA 등으로 당직 요원 충원 부서가 확대되었는데, 그들은 모두 2년 임기로 백악관에 파견되었다.

엔라이트가 NSC 사무실에서 매일 일곱 시간씩 근무한 것에서 알 수 있듯이 상황실과 NSC는 떼려야 뗄 수 없는 관계였고, 그건 지금도 마찬가지이다. 1947년 해리 트루먼 대통령이 설립한 NSC는 국방, 외교정책 및 국가안보에 관해 대통령에게 자문을 제공하는 보좌관과 내각 관리들로 이루어지는 조직으로, 부통령, 그리고 국방부와 국무부, 에너지부, 재무부의 장관들, 합동참모본부와 정보기관장들을 비롯한 워싱턴의 고위급 관리들이 구성원이다. 닉슨과 포드의 경우처럼 대통령이 상황실에서 회의를 하지 않을 때도 NSC는 종종 그곳에서 회의를 열어서 대통령에게 권고안을 제출하기 전에 관련 문제를 논의한다.

하지만 상황실의 핵심은 이런 고위급 인사들이 아니다. 그곳에 근무하는 직원들이 핵심이다. 이 책을 쓰기 위해 수많은 인터뷰를 진행하면서 직원들의 자질에 대해 질문할 때마다 같은 식의 대답이 반복되었다. 콘돌리자 라이스 국무장관은 "최고 중의 최고"라고 말했고, 짐 스타인버그 국가안보 부보좌관은 "대단히 훌륭하고, 놀랍고, 헌신적인, 최고 수준의 사람들입니다"라고 했다. 백악관 코로나바이러스 대응 코디네이터 데버라 버크스는 "그들은 대단하고 … 믿을 수 없을 정도로 친절했습니다"라고 했으며, 오바마 대통령 고문 밸러리 재럿은 "그들이 성실하게 업무를 수행하는 모습은 정말 놀랍습니다"라고 말했다.

훌륭한 상황실 요원은 집중력이 있고, 체계적이고, 지적이고, 판단력이 있으며, 비정치적이고, 독해력이 빠르고, 비판적 사고력을 가지고 있고, 압박감 속에서도 냉정함을 갖춰야 한다. 이러한 능력들은 훌륭한 자질이지만 서로 다르다는 특성이 있으며, 이 모든 것을 갖춘 사람은 드물다. 레이건 대통령의 보좌관이었던 리처드 S. 빌은 "이 땅의 방방곡곡을 다 뒤져봐도 훈련을 받고 그런 능력을 갖추는 사람은 스무 명도 찾아보기 힘들다"라고 말한 적이 있다.

그렇지만 갈고닦아 출중한 능력을 갖춘 당직 요원들은 흥미로울 정도로 아주 기초적인 요구에 응답해야 하는 경우가 종종 있다. 엔라이트는

1962년에 있었던 한 가지 일화를 소개했다.

> 어느 일요일 저녁 10시, 해군 보좌관이 히아니스 포트*에서 전화를 걸어와 대통령께서 다음 날 아침 일어나면 지난 1년간 발행된 모든 《타임》과 《뉴스위크》가 한 부씩 침대 옆에 놓여 있기를 바란다고 전했어요. 나는 난감해서 한숨을 쉬다가 NSC 사서에게 전화를 걸었죠. 사서는 사무실에는 몇 호밖에 없지만, 언제든지 이용할 수 있는 워싱턴 D.C. 공공도서관이라면 나머지 호들을 구할 수 있다고 말했습니다. 결국 나는 새벽 4시에 출발하는 택배 비행기에 신문과 잡지 한 부씩을 싣게 했고, 기한을 지켰어요.

요즘 시대에 대통령의 요청을 이행하기 위해 어두운 워싱턴 D.C. 거리를 총총걸음으로 걸어 공공도서관으로 향하는 NSC 요원의 모습을 상상하는 건 우스꽝스럽게 느껴진다. 물론 상황실이 존재한 60년 동안 가장 큰 변화는 컴퓨터와 인터넷의 등장으로 이제 그런 일이 없어졌다는 점이다. 그렇다면 최초의 상황실에 적용된 기술은 과연 어떤 모습이었을까? 당시로서는 최첨단 기술이었을 테지만, 1960년대 초반의 기술이란 것은 어땠을까?

레이건 대통령 시대의 백악관 상황실장 마이클 K. 본은 2003년에 발간한 저서 《중앙통제실》에서 최초의 통신시스템을 "초보적인 수준"이라고 묘사했다.

처음에는 군 통신 기술자들이 텔레타이프라이터에서 들어오는 전보를 뽑아 웨스트윙에 있는 상황실로 직접 가져다줬다. 몇 년 후, 엔지니어들은 전보를 상황실로 보내기 위해 기송관을 만들었다.

---

* 케네디 대통령 일가의 별장이 있는 곳. (옮긴이)

맞다, 그 기송관이다. 과거 은행에서 사용하던 것과 같은 것으로, 사람들은 차에 탄 채로 은행에 급여를 입금했고, 아이 동반 고객에겐 막대 사탕이 제공되었다. 1970년대에 개인용컴퓨터가 등장해 직원들이 문서를 전자적으로 전송할 수 있게 되기 전까지 이 기송관은 이스트윙에서 웨스트윙으로 전보를 나르는 가장 빠르고 효율적인 방법이었다.

상황실에는 초창기 버전의 팩스(CIA, 국무부, 국방부 국가군사지휘본부 간에 일급 기밀정보를 전송하는 데 사용되는 보안장치)가 있었다. 또한 기밀 회선과 비기밀 회선을 모두 갖춘 여러 대의 전화기도 있었다. 통신 기술자들은 샤를 드골 프랑스 대통령과 콘라트 아데나워 독일 총리를 비롯한 세계 지도자들과 직통전화 회선을 연결했다. 그리고 해럴드 맥밀런 영국 총리와 케네디 대통령의 백악관을 연결하는 전용 전화회선도 있었는데, '맥-잭 라인'이라는 이름으로 더 잘 알려졌다.

먼지가 쌓여 있고, 비좁고, 환기가 안 되고, 가끔 쥐와 바퀴벌레가 내달리는 그 공간은 화려함과는 거리가 멀었다. 하지만 1961년 봄부터 가동을 시작하면서 상황실은 백악관의 중심 공간으로 변했다. 그리고 상황실을 설계한 사람들이 상상했던 대로, 쿠바미사일위기라는 무섭고 급박했던 냉전 충돌 상황에서 그 진가를 발휘하게 되었다.

*

1962년 10월, 카리브해에서 정찰비행을 하던 미 공군 조종사가 쿠바의 한 시골 지역에서 탄도미사일이 발사되는 장면을 촬영했다. 마이애미에서부터 480킬로미터도 채 떨어지지 않은 곳에 있었던 이 미사일은 소련이 쿠바에 배치한 것으로, 발사 후 몇 분 안에 미국 본토를 타격할 수 있었다. 상황실은 사진을 대통령에게 전달했고, 대통령은 즉시 고위급 참모들과 만나 대응 방안을 논의했다. 이후 13일 동안 이어진 미국과 소련의 대결은 공포스러운 핵전쟁에 근접한 것이었다.

케네디는 상황실에서 회의를 소집하지는 않았지만, 그것을 다른 중요한 용도로 사용했다. 《한 지붕 아래: 백악관과 대통령직》의 저자 폴 브랜더스는 다음과 같이 적었다.

핵전쟁의 위협이 다모클레스의 검처럼 전 세계를 뒤덮고 있던 긴박한 두 주 동안, 상황실은 대통령의 의도대로 작동했다. 케네디 대통령은 필요한 정보를 더 빨리 얻을 수 있었고, 이를 통해 그와 국가안전보장회의 집행위원회는 더욱 효율적으로 위기를 극복할 수 있었다.

케네디 대통령은 종종 뉴스 제공 업체들의 보도를 읽기 위해 지휘본부로 내려오기도 했다. 국가안보 보좌관인 맥조지 번디가 주재하는 회의도 이곳에서 열렸다. 상황실은 대사관 전문과 군 보고 외에도 CIA의 해외방송정보국FBIS과 연결되어 있어 전 세계의 뉴스 방송을 모니터링할 수 있었다.

상황실의 FBIS 모니터링은 실제로 위기를 극복할 수 있는 가장 큰 돌파구로 이어졌다. 크렘린궁과 백악관 사이에는 직통전화가 없었기 때문에 의사소통은 느리게 움직이는 외교 채널을 통해 이루어졌다. 소련의 지도자 니키타 흐루쇼프는 미사일 철수를 결정했을 때 가능한 한 빨리 이 소식을 케네디에게 전하고 싶었다. 그래서 그는 라디오방송 채널 '라디오 모스크바'를 통해 이 결정을 발표했다. 상황실 직원은 FBIS로부터 이 정보를 입수해 서둘러 대통령에게 보고했다.

양측 모두 탈출구를 찾고 있었고, 케네디는 이제 자신의 탈출구를 찾은 셈이었다. 상황실이 없었다면 흐루쇼프의 결정이 백악관까지 도달하는 데 시간이 더 걸렸을 것이고, 쿠바미사일위기는 훨씬 더 심각한 방향으로 흘러갔을 것이다. 브랜더스는 이렇게 썼다. "백악관에 이렇게 눈에 잘 띄지 않으면서도 국가의 안보와 미래에 결정적으로 중요한 방이 있었던 적은 없었다."

> 공보 비서관 피에르 샐린저: 상황실, 여기는 웨이사이드. 들리는가? 이상.
> 당직 요원 올리버 핼릿: 여기는 상황실. 들린다. 말하라.

백악관 상황실의 테이프 녹취록은 매우 희귀하다. 직원들은 대통령과 다른 국가원수 간의 전화 통화를 거의 그대로 기록한 메모를 작성하지만, 이 메모는 녹음되지 않고 여러 명의 속기사를 통해 실시간으로 작성된다. 몇몇 테이프가 존재하는데, 린든 존슨 대통령이 재임 시절 당직 요원들에게 건 많은 전화 통화 중 일부 몰래 녹음된 테이프와 존 힝클리가 로널드 레이건을 저격한 날에 녹음된, 특별한 테이프가 있다. 그 상세 내용은 다음 장들에서 자세히 살펴볼 것이다. 하지만 대부분의 행정부에서는 상황실에서 일어나는 일은 상황실을 벗어나지 않는다. 적어도 한동안은.

하지만 케네디 대통령 재임 시절에 작성된, 주목할 만한 녹취록이 다섯 개 있는데, 1963년 11월 22일 공보 비서관 피에르 샐린저와 상황실 간의 통화 기록은 케네디가 암살당한 날의 혼란과 무질서를 극명하게 보여준다.

댈러스의 딜리 플라자에서 총성이 울려 퍼지던 순간, 샐린저는 딘 러스크 국무장관을 비롯한 다섯 명의 각료와 함께 태평양 상공을 날고 있었다. 회의를 하기 위해 정부 소유의 비행기를 타고 일본으로 향하던 중이었다. 충격적인 소식은 비행기 앞쪽 객실의 UPI 전신 수신기를 통해 전해졌고, 케네디가 총에 맞은 지 불과 15분 후인 오후 12시 45분(중부표준시), 샐린저는 자세한 정보를 얻기 위해 공중에서 백악관에 전화를 걸었다. 백악관 교환원은 웨이사이드WAYSIDE라는 코드명을 사용해 자신의 신원을 밝힌 샐린저를 상황실과 연결했다.

당직 요원 올리버 할렛이 전화를 받았다. 평소 상황실 직원들은 침착하지만, 할렛의 목소리에서 사건의 충격이 고스란히 묻어났다.

샐린저: 대통령에 대한 모든 정보를 알려주기를 바란다. 이상.

핼릿: 대통령에 대한 모든 정보는 다음과 같다.
존 코널리, 대통령과 (핼릿이 심호흡한다) 텍사스 주지사 코널리가 그들이 타고 있던 차 안에서 총을 맞았다. 상황이 얼마나 심각한지 알 수 없다. 정보가 없는 상태이다. 브롬리 스미스가 지금 상황실에 들어와 있다. 우리는 지금 수신기들을 통해 정보를 얻고 있다. 이상.

샐린저: 알았다. 우리에게 정보를 계속 알려주길 바란다. 국무장관과 다른 내각 장관들이 탄 이 비행기는 일본으로 향하다가 회항해 호놀룰루로 돌아간다. 약 두 시간 후 그곳에 도착할 예정이다.

두 사람은 샐린저와 각료들이 댈러스로 직접 이동해야 하는지를 포함해서 향후 계획에 대해 논의했다. 그러고 나서는 이런 대화가 오갔다.

핼릿: AP 통신에서 대통령이 머리에 총을 맞았다는 내용의 보도를 내보내고 있다. 막 들어온 소식이다. 이상.

샐린저: 대통령이 머리에 총을 맞았다. 이상.

샐린저는 각료들에게 이 최신 정보를 알리기 위해 전화기를 놓고 자리를 떴다. 핼릿은 다시 말을 이어가며 목소리의 떨림을 통제하려고 애쓴다.

핼릿: 오, 이건… 잠시 대기 바란다, 웨이사이드. 지금 더 많은 정보가 들어오고 있다…. 웨이사이드, 웨이사이드, 여기는 상황실. AP 통신 기사를 읽겠다. "케네디 대통령은 머리에 총을 맞은 것 같다. 그는 차 뒷좌석에서 꼬꾸라졌다. 머리에 피가 묻어 있었다. 케네디 여사는 '오, 안 돼'라고 울부짖으며 그의 고개를 똑바로 세우려고 애썼다. 코널리는 몸을 가누지 못한 채 왼쪽으로 쓰러져

있었다. 그의 얼굴과 이마에는 피가 묻어 있었다. 대통령과 주지사는 케네디가 연설을 할 예정이었던 댈러스 트레이드 마트 근처의 파크랜드 병원으로 급히 이송되었다." 이상.

20분 후인 오후 1시 10분(중부표준시), 백악관 교환원이 또 다른 통화를 연결했다. 다시 한번 할렛과 샐린저가 통화한다.

    핼릿: 웨이사이드, 여기는 상황실이다. 뉴스 속보를 읽어주겠다. "오늘 파크랜드 병원은 케네디 대통령을 살리기 위해 수혈을 실시했다. 대통령은 텍사스 주지사 존 코널리와 함께 암살 시도로 총상을 입었다." 티브이로는 주지사가 수술실로 옮겨졌다는 소식이 전해졌다. 대통령은 아직 파크랜드 병원 응급실에 있다. 여기까지 들었나? 이상.
    샐린저: 분명히 들었다. 계속 말하라.
    핼릿: 웨이사이드, 여기는 상황실이다. 언론보도를 받아보고 있는가? 아니면 우리가 계속 중계하길 원하는가? 이상.
    샐린저: 상황실, 여기는 웨이사이드. 수신되는 내용들이 분명치가 않다. 계속 알려주기를 바란다. 이상.

오후 1시 40분(중부표준시), 앤드루스 공군기지의 한 교환원이 샐린저와 연결하기 위해 상황실로 전화를 걸었다. 가슴 아프게도, 녹음이 시작되자 NBC 티브이 뉴스의 아나운서의 목소리가 배경음으로 들렸다. "임종 성사가 진행되었습니다…."

    핼릿: 여기는 상황실. 웨이사이드에 전한다. 댈러스에 있는 킬더프 씨*

---

* 사건 당시 백악관 공보 부비서관. (옮긴이)

의 말을 인용한 보도에 따르면, (그는 천천히 그리고 신중하게 말한다) 대통령이 사망했다. 약 35분 전에 사망했다. (잠시 멈춤) 들었는가? 이상.

샐린저: 대통령이 사망했다. 맞는가?

핼릿: 그렇다. 그렇다. 다른 사안에 대해 말하겠다. 본부에서는 비행기가 댈러스에 들르지 않고 워싱턴으로 바로 돌아오길 원한다. 이상.

하지만 샐린저는 그 비행기에 탑승한 사람들에게 더 이상 끔찍할 수 없는 소식을 전하기 위해 다시 한번 통화를 중단한 채 자리를 떴다.

*

댈러스의 러브필드 활주로에 대기 중이던 또 다른 비행기 안에서 재클린 케네디는 살해된 남편의 시신이 담긴 관 옆에 앉아 있었다. 여전히 남편의 피와 뇌 조직이 묻은 분홍색 샤넬 정장을 입은 채였지만 남편의 곁을 떠나고 싶지 않았다. 하지만 세라 T. 휴스 판사가 객실 앞쪽에서 새 대통령 린든 존슨에게 공식 취임 선서를 시키려던 참이었고, 존슨은 자기의 대통령 취임에 정당성을 부여받기 위해 재클린이 필요했다.

정무 보좌관 케네스 오도널이 비행기 뒤편으로 왔다. 그는 재키에게 물었다. "어떻게, 함께하시겠습니까?" 그녀가 말했다. "네, 그래야 할 것 같네요. 적어도 그 정도는 내가 국가에 빚졌으니까요." 그러고는 그녀는 관 옆에 함께 앉아 있던 공군 장군을 향해 말했다. "그를 혼자 내버려두지 마세요." 그녀가 말했습니다. "곁에 있어주세요." 그녀는 남편의 시신이 혼자 누워 있다는 생각을 견딜 수 없었고, 그 장군은 그녀가 신뢰하는 사람이었다.

장군은 자리를 뜰 생각이 없었다. 그는 군의 전통에 따라 고위급 장교는 전사한 최고사령관의 시신 곁에 남아야 한다는 것을 알고 있었다. 하지만 더 중요한 것은, 그가 공군 보좌관일 뿐만 아니라 케네디 대통령의 오랜 친구였다는 점이었다. 그는 워싱턴으로 돌아오는 비행기에서 대통령의 시신과 함께 있었고, 재클린의 요청에 따라 비행기에서 관을 옮기는 일을 도왔다. 그는 부검에 참석했고, 케네디의 장례식에서 공군 전투기가 상공을 비행하도록 준비시켰다. 그리고 재키가 더는 버틸 수 없게 되자 아버지의 장례식과 같은 날 세 번째 생일을 맞은 그녀의 어린 아들 존을 위해 파티를 열어주기도 했다.

몇 년 후, 장군은 한 인터뷰에서 이렇게 말했다. "나는 한 위대한 인간을 완전히 숭배하고 있었습니다. 나는 대통령이라는 직책을 존중합니다. 누가 대통령이 되었든 간에 나는 존중했습니다. 하지만 그는 대통령직에 특출난 공헌을 했고, 불멸의 족적을 남기기엔 그에게 시간이 너무 짧았습니다." 그는 나중에 자기 딸에게 케네디가 사망했을 때 가장 친한 친구를 잃었다고 말했다.

그의 이름은 고드프리 맥휴였다.

2장

밤새도록

1965년 5월 20일 목요일 새벽 2시. 워싱턴 D.C. 시내는 어둑어둑했다. 내셔널몰은 가끔 느릿느릿 지나가는 자동차를 제외하고는 한산했다. 백악관은 야간 근무자를 제외하고는 텅 비어 있었다. 하지만 상황실에는 언제나처럼 불이 켜져 있었다.

전화벨이 울리고 당직 요원이 전화를 받았다. 그것은 백악관 교환실의 교환원이 관저에 있는 존슨 대통령의 전화를 연결하기 위해 건 전화였다. 당직 요원은 버튼을 눌러, 딕타벨트(금속 실린더에서 회전하는 투명 비닐 리본을 사용해 대화를 녹음하는 상자 모양의 장치)로 통화 내용을 녹음하기 시작했다. 린든 존슨 대통령은 케네디 대통령 암살 이후 집무실로 이사 오면서 케네디 대통령의 딕타벨트를 물려받았다. 그는 시간이 지나면서 백악관 통신국에다 더 많은 녹음기를 설치하라고 지시했는데, 거기에는 백악관뿐만 아니라 텍사스에 있는 린든 존슨 목장과 캠프데이비드도 포함되었다.

대통령의 전화 통화는 닉슨의 녹음테이프가 그를 대통령직에서 물러나게 한 이후로 녹음되지 않았다. 하지만 린든 존슨 행정부 시절, 이 아날로그 기계는 린든 존슨의 질문과 숙고를 포착했는데, 거기에는 자신이 시작하지 않았지만 끝낼 수도 없는 전쟁에 갇힌 최고 통수권자의 고뇌가 담겨 있다. 새벽 2시에 걸려온 전화의 주제는 베트남이었다.

상황실: 안녕하십니까, 대통령님.

린든 존슨: 죽임을 당한 대령에 관한 이야기는 뭔가?

상황실: 말 그대로 죽임을 당했습니다. 현재 저희에게 몇 가지 보고가 있는데, 그중 하나는 FBI 보고입니다. 그 보고에 따르면 그는 미국인이 쏜 총에 등을 가격당했고, 우발적 사고였다고 합니다. 이 FBI 보고 외에는 뒷받침할 만한 증거가 없습니다….

린든 존슨: 우리 비행기는? 베트남에서 돌아온 비행기가 있나?

상황실: 아직 돌아온 비행기는 없습니다. 소식이 없습니다.

린든 존슨: 하노이 상공 부근에서 비행하는 비행기들이 걱정돼.

상황실: 네! 오늘 밤 아주 주의 깊게 지켜보겠습니다, 대통령님.

린든 존슨: 사망자가 있으면 알려주도록.

상황실: 네, 알겠습니다.

린든 존슨: 몇 시가 됐든 상관하지 말고.

상황실: 네, 대통령님, 알겠습니다. 그렇게 하겠습니다.

린든 존슨은 베트남에서 오는 정보를 간절히 원했다. 그는 밤낮을 가리지 않았고, 정보가 아무리 사소하다 해도 상관없었다. "존슨 대통령은 아주 세세한 부분까지 관여했습니다. 나로선 그가 어떻게 죽지 않고 살았는지 모를 정도입니다." 1999년 10월 한 원탁 토론에서 그의 국가안보 보좌관 월트 로스토는 회상했다. "그는 하루를 세 번 살았어요. 아침에 일어나 매우 활동적으로 첫 번째 삶을 살다 낮잠을 자고, 그다음엔 백악관에서 파티 같은 것을 하며 두 번째 삶을 살았죠. 그리고 나서는 새벽 3시까지 독서를 하며 세 번째 삶을 살았습니다." 하지만 새벽 시간 동안 린든 존슨이 한 활동은 독서만이 아니었다. 그는 상황실에 전화를 걸기도 하고 종종 방문하기도 했다.

1965년의 녹취록을 보면 린든 존슨은 밤에 잠을 제대로 자는 일이 거의 없었다. 오전 1시 25분, 오전 2시, 오전 2시 43분, 오전 3시 27분, 오전 4시 45분, 오전 5시 52분 등 다양한 시간에 대화가 녹음되었다. "그는 거의 항상 잠들기 전이나 잠에서 깨자마자 상황실로 전화를 걸었습니다." 린든 존슨의 보좌관이었던 톰 존슨은 내게 말했다. "그는 특히 북베트남 상공에서 임무를 마치고 항공모함으로 복귀한 항공기 수를 알고 싶어 했습니다. 그리고 가장 최근의 사망자 수를 알고 싶어 했어요." 톰 존슨은 전쟁의 피해가 항상 대통령의 머릿속에 있었다고 회상했다. "그는 힘들고 어려운 나날을 보낸 다음 종종 괴로운 잠에 들곤 했죠."

존슨 대통령이 상황실로 건 전화는 대개 같은 방식으로 시작되었는데, 의례적인 인사말조차 거의 없었다. 베트남에서 일어나고 있는 일과 관련된 질문이 곧장 이루어졌다. 린든 존슨의 목소리는 낮고 걸걸했는데, 수년간 마셔온 위스키 커티삭과 담배로 인해 거칠어진 거였다. 그의 목소리에는 마치 전화기가 아닌 귀에 대고 말하는 것처럼 친근한 느낌이 있었다. 1964년부터 1965년까지 그의 공보 비서관이었던 조지 리디가 한번은 이렇게 말했다. "린든 존슨 대통령이 '전화선을 타고 넘어와' 상대와 대화할 수 있을 것만 같았습니다."

1965년 3월 30일 오전 8시 10분의 통화를 보면 대통령이 얼마나 세세한 부분까지 신경 썼는지 알 수 있다.

> 린든 존슨: 사이공에서 전개된 작전에 대한 소식이 있나?
> 상황실: 네, 현재 사상자 숫자가 좀 더 들어왔습니다. 총 두 명의 미국인이 사망했습니다. 그리고….
> 린든 존슨: 그들이 누군지 아나? 군인들인가, 여자들인가, 아니면?
> 상황실: 지금까지 명단에 여성은 두 명입니다.
> 린든 존슨: 누군지 아나?

상황실: 네, 대통령님, 이름을 알고 있습니다….
린든 존슨: 둘 다 미국인인가?
상황실: 둘 다 미국인입니다, 대통령님.

결국 베트남전쟁에서 5만 8000명 이상의 미국인이 사망했다. 그 두 사람에 대한 린든 존슨 대통령의 집요한 질문은 그가 전쟁의 모든 측면에 얼마나 깊숙이 정신을 쏟았는지 보여준다.

나중에 같은 통화에서 그는 공습에 대한 세부 사항을 물었다.

린든 존슨: 다른 소식은 없나?
상황실: 다른 소식은 남베트남 공군이 비행장을 공습했다는 겁니다, 대통령님.
린든 존슨: 뭐라고?
상황실: 모든 비행기가 무사히 귀환했고, 조종사들은 90퍼센트 정도의 손해를 입은 것으로 추정하고 있습니다.
린든 존슨: 어떤 종류의 비행장인가? 제트 비행장?
상황실: 네, 대통령님. 위도 17도선 바로 위 북베트남에 있는 제트기 비행장이었습니다.
린든 존슨: 군사분계선 바로 위였겠군?
상황실: 바로 북쪽입니다, 대통령님.

나는 존슨 대통령의 둘째 딸 루시 베인스 존슨에게 아버지가 왜 그렇게 세세한 일에 집착한 것 같느냐고 물었다. 그녀는 아버지가 "의사결정의 감"을 가지길 원했다고 말했다.

그녀는 회상했다. "아버지는 종종 '루시, 네 결정은 네가 가진 정보만큼만 훌륭해'라고 말하곤 하셨어요. 그리고 '내 문제는 내가 최고의 정보를 얻으려고 노력하지만, 특정 시간 내에 행동해야 하고, 나중에 더 필요한 정보가 있었다는 걸 알게 되는 건 아닌가 하고 자주 생각한다는 거야'라고 덧붙이셨어요." 다시 말해, 그는 생명을 구하는 데 도움이 될 수 있는 세부 사항을 놓치는 건 아닌가 하고 두려워했다는 것이다. 그가 이해하지 못했던 것은, 그가 찾고 있던 세부 정보가 실제로는 중요하지 않았다는 점이다. 사망자 수가 전쟁에서 승리하고 있음을 말해줄 수 없었다. 그리고 그가 받은 많은 보고는 현실보다는 희망에 근거한 것이었다. 이 모든 것을 제외하더라도, 전쟁의 피해는 그에게 개인적인 일이었다. 그의 두 사위 모두 베트남전에 참전했고, 린든 존슨은 재임 중 직계가족이 전투에 참전한 마지막 미국 대통령이 되었다. 상황실은 존슨에게 미국의 현 상황을 정기적으로 갱신해줬다.

그래서 그는 전장에서 무슨 일이 벌어지고 있는지, 가능한 모든 것을 알고 싶어 했다. 버드 존슨 여사는 1965년 2월 어느 날 밤, 대통령이 계획된 공격에 대한 소식을 초조하게 기다렸던 일을 회상했다. "1시에, 2시에, 3시에, 다시 5시에 전화벨이 울렸고, 그는 재빨리 손을 뻗어 전화를 받았다. 긴장되고 조용한 대화가 오갔다." 그녀는 일기에 이렇게 기록했다. "린든은 작전이 있을 때마다 깨워달라고 요청했다. 그는 가만히 있지 않았다. 그는 '누군가 죽을 때마다 전화를 받고 싶다'라고 말했다. 그는 한시도 일로부터 자신을 분리하지 못했다."

린든 존슨은 국내 정치의 대가였다. 이 녹취록이 기록된 해인 1965년, 그는 투표권법, 이민 및 국적법, 수질법, 자동차대기오염관리법 등, 놀라울 정도로 많은 획기적인 법안을 통과시켰고, 국립예술기금위원회와 주택도시개발부를 설립했다. 헤드스타트 프로그램*, 메디케어**, 메디케이드***, 고

---

* 취학 전 빈곤 아동에게 언어, 보건, 정서 등 다방면에 걸친 서비스를 제공해 빈곤의 악순환을 끊겠다는 취지로 만들어진 아동 보육 프로그램. (옮긴이)
** 저소득층 의료보장제도. (옮긴이)
*** 노인 의료보험제도. (옮긴이)

속도로미화법 등 그 목록은 끝도 없이 많다. 린든 존슨의 국내 업적은 무궁무진하며 그의 능력은 전설적이었다.

국내 정치에 통달했던 그였지만 베트남에서만큼은 혼란에 직면해 있었다. 존슨은 스스로를 '군인과는 거리가 먼 사람'이라고 고백하기도 했다. 입법에 대한 지지를 끌어낼 때 보여줬던 자신감은 베트남에 관해 이야기할 때면 사라졌다. 상황실 요원과 이야기할 때도 그는 소극적인 태도를 보였다.

1965년 3월 2일 화요일, 존슨은 상황실에 전화를 걸어, 오랫동안 계획해온 북베트남 공습 작전 '롤링선더'의 첫 폭격에 대한 정보를 요청했다. 소식이 절실했던 대통령은 성급하게 굴었다.

상황실: 목표 상공에는 약 7분 전에 도달했습니다, 대통령님. 그러니 아직 저희가 진행 상황이 어떤지 예비 보고를 받기에는 너무 이르지만, 현재 우리 비행기들은 목표 상공에 있습니다.

린든 존슨: 몇 대나 되는가?

상황실: 저희 쪽은….

린든 존슨: 40대?

상황실: 저희 쪽은 대략 40대 정도입니다, 대통령님. 우리 비행기는 대략 40대 정도이고, 베트남 비행기는 19대 정도입니다.

린든 존슨: 다른 소식은?

상황실: 없습니다, 대통령님. 다른 소식은 없습니다, 대통령님.

린든 존슨: 언제쯤이면 소식을 들을 수 있겠는가?

상황실: 예, 아마… 얼마나 많은 비행기가 무사히 돌아왔는지 알려면 5시나 5시 반 정도는 되어야 할 것 같습니다, 대통령님.

린든 존슨: 전화해서 알려주도록.

이 당시 존슨은 대통령으로 취임한 지 3개월째 접어들고 있었는데, 그 해는 역사학자 마이클 베슐로스가 베트남전쟁에서 '중추적인 해'라고 일컬은 연도였다. 1965년 초 그는 국방장관 로버트 맥너마라에게 "베트남에서 승리할 방법이 보이지 않았다"라고 말한 바가 있다. 린든 존슨은 재앙을 향해 내닫고 있었다. 미국이 한 약속의 신뢰성에 대한 우려는 그를 전쟁에 계속 매여 있게 했고, 패배에 대한 두려움은 그를 더욱 깊이 침잠하게 했다. 그러나 죽을 때까지 싸우려 드는 국가를 제압할 전략은 없었다. 당시의 녹음테이프에는 분노하고 종종 우울해하며 실재하는 적과 인식의 적 모두에게 공격당하는, 불확실성에 시달리는 한 남자의 모습이 담겨 있다. 리처드 굿윈과 빌 모이어스 같은 참모들은 그의 편집증이 너무 걱정된 나머지 그의 정신상태를 파악하기 위해 정신과의사들과 상의하기까지 했다.

당신이 상황실 근무자라면 이런 상태의 대통령을 어떻게 대할 수 있겠는가? 거의 모든 녹음테이프에서 상황실 직원들은 침착하고 차분한 태도를 보인다. 하지만 간혹 나이가 어리거나 새로 부임한 당직 요원은 긴장한 듯 불안한 목소리를 내기도 한다.

1965년 4월 6일 화요일 새벽 4시 45분, 존슨은 상황실로 전화를 걸어 새로운 소식이 있는지 물었다.

> 상황실: 없습니다, 대통령님. 너무도 조용한 밤입니다. 아무 문제 없습니다.
> 린든 존슨: 흠….
> 상황실: 어젯밤 베트남에서 우리 쪽 행동은 없었습니다. 어떤 종류의 불미스러운 사건도 없었습니다. 좋은 밤을 보낸 것 같습니다. (웃음) 그게 제가 말할 수 있는 전부입니다. (웃음)
> 린든 존슨: 음… 좋아. 그러면 이만 전화 끊지.
> 상황실: 네, 대통령님.

대통령과의 통화에서 웃는 건 분명 좋은 태도는 아니지만, 녹음을 들어보면 이 상황실 요원이 긴장하고 있었던 게 분명해 보인다. 실제로 보고

할 뉴스거리가 있을 때 상사와 대화하기가 더 쉽다. 1966년 상황실장인 아트 맥캐퍼티가 이 문제를 다루는 메모를 배포한 것을 보면, 실제 전달할 뉴스가 없는 상황에서 평정심을 잃은 건 위에 나온 요원만이 아니었던 것 같다.

지금은 조용한 시기이고 특별한 일이 일어나지 않는다고 해도 "모든 것이 조용하고 아무 일도 일어나지 않고 있습니다"라는 말로 브리핑을 시작하는 것은 좋지 않은 태도이다. 브리핑을 받는 사람이 직접 그런 판단을 내리고 싶어 한다는 점을 기억하는 게 좋다. 따라서 언론이나 전보에서 브리핑할 수 있는 몇 가지 항목을 간추려 항상 앞에다 두도록 해야 한다.

나는 인터뷰할 때 사람들에게 상황실에서 재미있거나 특이한 순간이 있었는지 자주 물었다. 하지만 톰 존슨에게 그 질문을 했을 때, 그는 이렇게 답했다. "단 하나도 기억나지 않습니다. 그들은 매우 진지했습니다. 웃을 수 있는 공간이 아니었습니다."

*

"린든 존슨은 제2차세계대전 당시 프랭클린 루스벨트가 상황실을 사용했던 것처럼 베트남전쟁에서도 상황실을 사용했습니다." 린든 존슨 재단 회장이자 역사가인 마크 업디그로브는 내게 말했다. "그가 군대의 움직임을 파악한 곳은 상황실이었습니다. 그곳은 장군들을 만나고 전쟁 진행 상황을 파악한 곳이기도 합니다. 그는 상황실에서 많은 시간을 보냈습니다. … (상황실은) 린든 존슨의 백악관에서 가장 중요한 방 중 하나였습니다."

존 F. 케네디는 상황실에 자주 있지 않았지만, 린든 존슨은 항상 그곳에 있었다. 실제로 그는 그곳에서 너무 많은 시간을 보냈기 때문에 그가 더 편안하게 앉아 있을 수 있도록 집무실 의자 중 하나를 상황실로 옮겨놓기도 했다. 업디그로브는 말했다. "그건 전형적인 린든 존슨의 모습입니다." 그러고는 웃으며 덧붙였다. "그건 린든 존슨이 백악관 직원들에게 요구한 것 중 가장 사소한 것이었습니다." 린든 존슨 도서관은 그 덮개를 씌운 연한 파란색 의자를 아직도 소장하고 있다.

또한 도서관은 '린든 존슨의 샌드박스'라는 조롱 섞인 별명을 가진, 그 유명한 케산 모형(탁상용 3D 지형 렌더링 장치)도 소장하고 있다. 케산 전투는 1968년 미군 시설을 점령하려고 한 북베트남과 미군이 치열하게 충돌한 전투이다. 케산 전투가 자신의 워털루 전투가 될 수 있다는 두려움에 존슨은 전투 진행 상황에 대한 지속적인 업데이트를 요구했다. 린든 존슨에 비판적이었던 사람들은 오랫동안 그가 전쟁을 큰 시각에서 관리하지 못하고 사소한 것들에 집착한다고 비난했다. 그래서 대통령과 월트 로스토가 케산 모형 위로 상체를 기울이고 있는 사진을 백악관이 공개했을 때(사진은 체스판

존슨 대통령은 베트남전쟁을 추적하느라 상황실에서 몇 시간씩 보냈다. 백악관에서 보좌관 월트 로스토가 3D 케산 모형을 보여주는 사진을 공개하자 비평가들은 이를 "린든 존슨의 샌드박스"라고 불렀다(왼쪽부터: 조지 크리스천, 존슨 대통령, 로버트 긴즈버그, 월트 로스토). (촬영: 요이치 오카모토, LBJ 도서관 제공.)

위로 작은 체스 기물을 움직이는 것처럼 보였다), 그건 불에 기름을 부은 격이 되었다.

"그건 나름 이유 있는 비판이라고 봐요." 업디그로브는 내게 말했다. "그건 린든 존슨의 심리 상태로 거슬러 올라갑니다. 린든 존슨은 백악관을 세밀하게 관리했어요. … 자신의 책상에 올라오는 모든 법안의 세부 사항을 파악했죠. 그는 상원의 달인이었습니다." 하지만 그러한 능력이 자연스레 대통령이라는 직무로까지 이어지지는 않았다. "그는 그 소질을 최고 통수권자가 되는 데까지 가져왔지만, 그건 오히려 해로운 결과를 가져왔습니다." 업디그로브는 지적했다.

나는 톰 존슨에게 린든 존슨이 상황실에서 전쟁을 세밀하게 관리했다고 믿는지 물었다. 실제로 그는 거기서 폭격 목표물을 선택했을까? 아니면 그건 그저 뜬소문이었을까?

"보통 (미 공군 수장인) 매코널 장군이나 (합참의장) 버스 휠러가 린든 존슨에게 권고 사항을 제시하곤 했어요." 톰은 내게 말했다. "린든 존슨은 신중하게 생각했을 겁니다. 그가 한 일은 승인하거나 혹은 불승인하는 것이었을 거예요. 그는 우리가 하이퐁항이나 하노이항에서 러시아 유조선이나 중국 유조선 중 하나를 실수로 폭격하거나 실수로 중국 영토를 비행하는 상황을 피하고 싶어 했습니다." 대통령은 그러한 실수가 소련이나 중국의 직접적인 보복을 유발할까 봐 끊임없이 걱정했다. 톰 존슨은 "우연히도 소련 항공모함의 굴뚝에 폭탄을 떨어뜨린 조종사가 텍사스주 존슨시티 출신의 젊은 텍사스인*이라면 그건 내 팔자소관일 것"이라고 무미건조하게 말했던 린든 존슨의 말을 기억하고 있었다.

그렇다면 린든 존슨은 그 많은 시간 동안 상황실에서 실제로 무엇을 하고 있었을까? 그곳 회의에서 무슨 일이 있었던 걸까?

---

*   린든 존슨 대통령 자신이 존슨시티 출신이었다. (옮긴이)

"의제가 항상 준비되어 있었는데, 주로 월트 로스토 국가안보회의 고문이 준비했습니다." 톰 존슨이 내게 말했다. "의제는 종종 매우 짧았고, 그는 종종 의제에서 벗어나 다른 주제로 넘어가곤 했어요." 톰은 개인적으로 소장하고 있는 한 장의 사진을 보여줬는데, 린든 존슨의 오른쪽에 조지 크리스천 공보 비서관과 월트 로스토, 왼쪽에 톰 존슨과 국방장관 클라크 클리퍼드, 회의 탁자 건너편에 브롬리 스미스가 있는 상황실을 촬영한 거였다. 회의 탁자는 서류로 덮여 있고 중앙에 커다란 재떨이가 놓인 가운데 린든 존슨의 왼손에는 전화기가 들려 있다. 대통령 뒤로는 베트남 지도 두 장이 벽에 테이프로 붙어 있다.

"상황실에서만 그런 게 아니라, 우리가 소집되었을 때의 기본적 모습이었습니다." 톰 존슨이 내게 말했다. 그는 "연필을 들고 최대한 빠르고 정확하게 메모하는 젊은 톰 존슨"이라며 손가락으로 가리켰다. 노트북이 없던 시절, 세계 최고 권력자가 가장 비밀스러운 토론 내용을 기록하는 방식은 젊은 보좌관에게 사람들이 말하는 동안 손으로 열심히 적도록 하는 것이었다. 톰의 공식 직책은 공보 부비서관이었다. 하지만 "린든 존슨이 직접 제게 부여한 가장 중요한 역할 중 하나는 메모였습니다"라고 그는 말했다.

"나는 속기를 배웠어요." 톰은 회상했다. 그는 손으로 메모를 한 다음 백악관 공보실의 코니 제러드에게 전달했다. 코니는 메모를 타자한 후 다음 날 아침 린든 존슨이 쓴 메모와 함께 돌려주곤 했다.

존슨 대통령은 정보를 얻는 방법으로 두 가지를 선호했다. 그것은 브리핑을 읽는 것과 전화 통화였다. 심지어 그는 맥조지 번디가 케네디 대통령을 위해 시작한, 매일 이루어지던 대면 브리핑을 취소하고 대신 하루 내내 일련의 서면 보고서를 받는 것을 택했다. 1965년 가을, 브롬리 스미스는 린든 존슨이 받아보는 다섯 가지 일일 보고서의 목록을 작성한 바가 있다.

매일 오전 7시	상황실의 위기 상황 요약서
매일 오전 8시 30분~오후 9시	현지 보고서, 전장에서 온 전신 타자,

	조치 및 정보 관련 메모
월~금 오후 7시, 토요일 오후 2시	CIA의 정보 브리핑
월~금 오후 7시 30분~오후 8시	국무부의 저녁 보고서
매일 오후 10시 45분	상황실의 최근 현황 요약서

존슨 대통령은 집무실과 관저, 목장에 여러 대의 티브이를 설치한 것으로 유명했다. 하지만 티브이의 수는 전화기의 수에 비하면 아주 적었는데, 린든 존슨 목장에만 72대의 전화기가 있었기 때문이다. "전화는 사실상 린든 존슨에게 몸이나 마찬가지였습니다." 업디그로브가 내게 말했다. "그는 끊임없이 전화를 사용했습니다. … 그 덕분에 그는 사람들과 즉시 즉각 소통할 수 있었죠."

"집무실을 보면 책상에 줄이 긴 전화기가 있었을 뿐만 아니라, 소파와 앉는 공간 사이 탁자 아래에도 전화기가 있어서 책상으로 되돌아갈 필요가 없었어요." 업디그로브는 말했다. 물론 그는 전화기를 통화뿐만 아니라 대화 내용을 녹음하는 데도 사용했다. "693시간의 대화가 녹음되었습니다."

나는 전화기와 티브이, 녹음시스템을 모두 갖춘 존슨이 당시로서는 신기술에 열광하는 사람이었던 셈이라고 톰 존슨에게 말했다. "그가 지금 살아 있었다면 어땠을지 궁금해요." 톰이 대답했다. "그는 침실에 AP와 UPI, 두 개의 전신 수신기를 두고 있었습니다. … 그는 언론보다 한발 앞서 나가고 싶어 했기 때문에 전신이 수신되는 때마다 바로바로 읽었을 겁니다."

1960년대 당시 상황실에 사용된 기술은 최첨단이었지만, 그렇다고 그게 무슨 대단한 기술이었던 것은 아니다. 1965년, 아트 맥캐퍼티는 새 통신시스템을 위한 공간을 마련하기 위해 상황실 공간을 확장하는 등 몇 가지 업그레이드를 희망했다. 마이클 본의 저서 《중앙통제실》에서 언급되듯, 맥캐퍼티는 "모든 워싱턴 운영본부에서 매우 중요해진 보안팩스, 즉 장거리 제로그래피LDX, 차세대 보안전화시스템, 더욱 안전한 원격회의시스템 등 세 가지 새로운 시스템을 위한 공간이 필요했다". 하지만 이러한 확장을 위해 사무실을 이전하는 데 드는 비용(약 50만 달러)이 결국 너무 비싸다고 판단되었다. 그래서 마빈 왓슨 비서실장은 2만 8000달러의 비용으로 차폐 통신 구역을 추가하는 소규모 프로젝트를 승인했다.

그러나 그 우수성과 중요성 면에서 다른 모든 기술을 압도하는 기술이 하나 있었다. 상황실에는 없었지만 1967년 여름에 처음으로 공식적으로 사용되자 존슨 대통령은 서둘러 상황실로 달려가 이에 대한 대응책을 마련해야 했다.

*

다음은 린든 존슨의 회고록, 《밴티지 포인트: 대통령의 관점》에서 발췌한 내용이다.

1967년 6월 5일 아침 8시 직전, 백악관 안의 내 침실에 있는 전화벨이 울렸다. 로버트 맥너마라가 전화를 걸어와 미국 대통령으로서는 처음 듣는 메시지를 전했다. "대통령님, 핫라인이 연결되었습니다." 그가 말했다.

나는 (알렉세이) 코시긴 의장이 크렘린궁에서 대기하고 있다는 말을 들었다. 그는 내가 준비될 때까지 기다렸다 메시지를 보내는 것에 동의했다. 나는 재빨리 상황실로 가서 러스크와 맥너마라, 로스토와 합류했다. 코시긴의 메시지는 몇 분 만에 도착했다.

흔히들 사람들은 핫라인이 대통령 책상 위에 놓여 있는 새빨간 전화기라고 상상한다. 하지만 실제로는 팩스처럼 메시지를 뱉어내는 기본적인 텔레타이프* 기계장치이다. 코시긴 의장은 이스라엘군이 이집트를 공격하며

---

* 부호 전류로 송신한 통신문을 자동으로 문자나 기호로 바꾸어 수신기에 인쇄하는 기록 장치. (옮긴이)

'6일전쟁'의 시작을 알렸을 때 핫라인이 만들어진 지 4년 만에 처음으로 메시지를 보냈다. 코시긴의 메시지는 짧았지만, 핵심을 찌르는 내용이었다.

> 대통령님께,
> 　이스라엘과 아랍연합공화국(이집트) 간의 군사 충돌에 관한 정보를 접한 후, 소련 정부는 모든 강대국의 의무가 군사적 충돌의 즉각적인 중단을 확보하는 데 있음을 확신하고 있습니다.
> 　소련 정부는 이런 방향으로 행동해왔고 앞으로도 그렇게 할 것입니다. 우리는 미국 정부 또한 같은 방식으로 행동하기를 희망합니다. 특히 이스라엘 정부에 적절한 영향력을 행사해주기를 바라는데, 미국은 모든 면에서 그렇게 할 수 있는 국가입니다. 이는 무엇보다 평화라는 중대한 이익을 위해 요구되는 것입니다.

　존슨은 베트남전쟁도 고통스러웠지만, 중동에서의 전쟁 가능성에 더 큰 두려움을 느꼈다. 그는 이렇게 썼다. "그 지역의 문제는 잠재적으로 동남아시아의 전쟁보다 훨씬 더 위험할 수 있다." 그리고 지금 그런 일이 벌어지고 있었다. 이스라엘과 이웃 아랍 국가들 간의 관계는 오랫동안 경색해 있었고, 이스라엘군이 이집트 영토에 공습과 지상 침공을 감행하면서 대양항로들을 둘러싼 분쟁이 격화하고 있었다.

　존슨 대통령은 상황실에서 러스크와 맥너마라, 로스토와 함께 가능한 행동 방침을 논의했다. 소련은 어떻게 대응할까? 이 전쟁이 중동 전역으로 확산할까? 핵 충돌로 번질 가능성이 있을까?

　그들이 메시지 내용에 집중하는 동안 미국 측 핫라인 교환원은 소련 측 교환원에게 미국 대통령이 코시긴을 어떻게 불러야 하는지 물었다. 공산주의 러시아에서 적절한 호칭은 '동지'였기 때문에 교환원은 그렇게 전달했다. 그러나 존슨이 "코시긴 동지"라는 말로 답을 시작하자, 소련은 린든 존슨이 공산주의 용어를 사용해 자신들을 조롱하는 것은 아닌지 의아해했다. 나중에 아나톨리 도브리닌 소련 대사가 루엘린 톰프슨 미국 대사에게 이 사실을 전달했고, 톰프슨은 곧 무슨 일이 있었는지 알아차렸다. 결국 별다른 문제는 없었다. 음성 회선이 아닌 텔레타이프 핫라인을 사용했기 때문에 그 가능성은 줄어들었다고 해도 오해의 소지는 여전히 존재했다.

모스크바 링크Moscow Link의 약자인 모링크MOLINK라고도 불리는 이 핫라인의 역사는 다채롭다. 1960년 3월 20일, 잡지 《퍼레이드》의 편집자 제스 고르킨은 아이젠하워 대통령과 니키타 흐루쇼프 수상에게 보내는 공개서한을 전면에 게재했다. 지금은 온라인 타블로이드지로만 존재하지만, 《퍼레이드》는 수십 년 동안 전국적으로 수천만 명의 독자를 보유한, 인기 있는 일요 신문 증보판이었다. 전시정보국에서 근무한 제2차세계대전 참전용사였던 고르킨은 우발적인 핵 충돌의 가능성에 대해 깊이 우려했다. 그는 "우발적 전쟁에 관해"라는 제목의 공개서한에서 두 정상 사이에 24시간 연중무휴 핫라인을 구축할 것을 촉구했다.

우발적인 전쟁은 기계 고장, 인간의 실수, 명령에 대한 순진한 오해 또는 단순한 무지로 인해 촉발될 수 있습니다. … 오늘날 두 국가 간의 연락은 가장 긴급한 사안임에도 번거롭고 느리게 움직이는 '외교'라는 기계를 기다려야 합니다. 이건 전광석화와 같은 우주 시대의 비상사태에 전혀 적합하지 않습니다….

전화 한 통을 못 해서 세상이 멸망해야만 하는 걸까요?

같은 시기에 국무부의 정책기획국장 제러드 스미스도 비슷한 취지의 메모를 작성했고, 이 아이디어는 워싱턴에서 주목을 받기 시작했다. 하지만 쿠바미사일위기 국면에서 케네디 대통령과 니키타 흐루쇼프 서기장은 외교 채널을 거쳐야 하는 탓에 의사소통이 지연되었고, 이를 계기로 핫라인은 빠른 속도로 만들어졌다.

수천 킬로미터의 지하케이블을 통해 모스크바로 연결된, 투박한 타자기 스타일의 기계인 워싱턴-모스크바 직통 연락망은 1963년 8월 30일, 영어로 터치타이핑*을 공부해본 사람이라면 누구나 알아볼 수 있는 메시지와 함께 개통되었다. 미국 교환원들은 다음과 같은 메시지를 보냈다. "빠른 갈색 여우가 게으른 개의 등을 뛰어넘었다THE QUICK BROWN FOX JUMPED OVER THE LAZY DOG'S BACK 1234567890." 이는 알파벳과 숫자를 모두 사용해서 만든 문장이었다. 얼마 후 소련은 모스크바의 아름다운 석양에 대한 찬사를 담은 첫 번째 메시지를 보내옴으로써 한 수 위의 실력을 발휘했다.

이때부터 양측은 핫라인이 제대로 작동하는지 확인하기 위해 하루에 열두 번씩 시험 메시지를 보냈다. 소련은 GMT 시간대를 사용해 홀수 시간대에, 미국은 짝수 시간대에 메시지를 보냈다. 1973년 《뉴욕타임스》와의 인터뷰에서 준 크러치필드 중령은 핫라인은 양측이 상대방에게 보낼 문학적 구절을 선택하는 등 "일종의 미니 문화 교류"가 되었다고 말했다. 소련은 투르게네프와 체호프에서 발췌한 구절을 보냈고, 미국은 안아주고 싶은, 바지 입지 않은 곰에 대한 구절이 곰을 마스코트로 삼는 나라에 불쾌감을 줄 수 있기에 《곰돌이 푸Winnie-the-Pooh》에서 발췌한 문장과 같이 오해를 살 수 있는 구절들은 부러 피했다.

수년 동안 양측은 시험을 위해 무해한 메시지를 주고받았다. 그래서 1967년 6월 5일 코시긴이 메시지를 보낸 것은 역사적인 순간이었으며, 핫라인을 의도된 용도로 처음 사용한 것이었다. 그리고 주목할 만한 또 다른 디테일이 있었다. 코시긴이 보낸 메시지의 첫 줄은 소련이 미국의 텔레타이프 기계가 실제로 어디에 있는지 전혀 알지 못한다는 사실을 분명히 말해 줬다. 그 전보는 "각료회의 의장 코시긴은 존슨 대통령이 기계 옆에 서 있는지 알고 싶습니다"라는 말로 시작했다. 미국 대통령이 핫라인 기계 옆이

---

* 키보드를 보지 않고 타이핑하는 것을 말한다. (옮긴이)

나 혹은 또 다른 어떤 곳에 있을 것 같지 않은 시간인 오전 7시 47분에 전보가 수신되었다는 사실은 차치하자. 나중에 드러난 사실에 따르면, 그 기계는 백악관에 없었다. 그것은 국방부 국가군사지휘본부에 있었고, 지금도 마찬가지이다.

로버트 맥너마라는 지도자들 간의 '직통전화'가 실제로는 직통이 아니라는 사실이 믿기지 않았다. 나중에 그는 월트 로스토와의 인터뷰에서 6월 5일 아침에야 이 사실을 알게 되었다고 설명했다. 국방부의 한 당직 장교가 맥너마라에게 전화를 걸어, 코시긴이 대통령과의 대화를 원한다고 보고했다. 맥너마라는 "그는 당직 장교인 자신이 어떻게 대응해야 하는지를 물었다"라고 기억했다. "나는 '왜 나한테 전화했느냐'라고 물었고, 그는 '그게, 핫라인은 펜타곤이 끝입니다'라고 했습니다." 6년 넘게 국방부 장관으로 일하면서 맥너마라는 그런 말을 처음 들었다.

"그래서 나는 충격과 놀라움에 사로잡힌 채 당직 장교에게 '우리는 국방예산으로 연간 800억 달러를 쓰고 있어'라고 말했습니다." 맥너마라가 기억을 더듬었다. "그러고는 '800억 달러를 지출했으니 그 망할 핫라인을 백악관에 연결할 방법을 찾아야 하는 거 아니겠어'라고 덧붙였죠." 결국 국방부는 이스트윙 지하에 위치한 백악관 통신국에 또 다른 단말기를 설치했다. 컴퓨터가 보편화되기 전, 통신국 직원들은 기송관을 통해 수신 메시지를 상황실로 전달했다.

소련이 핫라인 기계가 대통령 집무실이나 상황실에 있다고 생각한 건 놀랄 만한 일이 아니다. 마찬가지로 미국인들도 소련의 핫라인이 크렘린궁에 있다고 믿었다. 그러나 1973년 여름, 레오니트 브레즈네프는 미국 언론인들과의 긴 인터뷰에서 핫라인이 실제로 크렘린궁에서 몇 블록 떨어진 공산당 중앙위원회 참모본부 건물에 있었다는 사실을 밝혔다.

기계가 물리적으로 어디에 있었든 간에, 핫라인이 존슨과 소련 지도부 간의 소통을 개선했다는 사실에는 이견이 없다. 6일전쟁 동안, 린든 존슨과 코시긴은 총 스무 번의 메시지를 주고받았다(흥미롭게도 브레즈네프가 직접 보낸 메시지는 하나도 없었다). 미국 측에서는 메시지를 받으면 서둘러서 정확히 번역했고, 그다음에는 로스토의 비서인 로이스 니번스가 타자를 쳐서 문서로 만든 다음 상황실에 있는 사람들에게 배포했다.

6일전쟁 동안 린든 존슨은 상황실을 들락날락하기보다는 그냥 머무르는 것이 더 편하다고 생각해 상황실을 거의 떠나지 않았다. 그는 회고록 《밴티지 포인트: 대통령의 관점》에다 이렇게 적었다. "매우 힘든 나날에 상황실은 미국 정부의 본부 역할을 했다." 전쟁 둘째 날인 6월 6일 오전 6시 40분에 그가 상황실로 향했을 때, 버드 여사는 그곳에서 작은 응원을 전하기로 결심했다. 그녀는 백악관 식당으로 가서 해군 요리사들이 스크램블드에그를 준비하는 것을 돕고 존슨과 그의 팀에게 직접 음식을 가져다줬다.

"버드 존슨 여사의 면모를 아주 잘 보여주는 이야기입니다." 마크 업디그로브는 그 일화를 두고 말했다. "레이디 버드 존슨은 린든 존슨이 이른 아침 정보 요원들과 함께 상황실에 있다는 사실을 알고 있었고, 그 시간에 그들이 식사를 제대로 하지 못했을 수도 있다는 사실에 대해 생각했습니다. … 당연하게도, 존슨 여사는 대통령을 돌보는 게 자신의 주된 의무라고 생각했습니다. 그리고 그녀는 그를 걱정했습니다." 전쟁 발발 6일 후인 1967년 6월 10일, 전쟁의 긴장은 여전히 극도로 고조되어 있었다. 요르단과 시리아가 참전했고, 2만 명 이상의 아랍인이 사망했으며 수십만 명이 고향을 떠나야 했다. 코시긴은 오전 8시 48분에 핫라인을 통해 존슨 대통령에게 메시지를 보내 이스라엘이 물러서지 않으면 소련이 중동에 군대를 파견할 거라고 경고했다.

앞으로 몇 시간 안에 군사행동이 중단되지 않으면 소련이 독자적인 결정을 내릴 수밖에 없는 매우 중요한 순간이 도래했습니다. 우리는 그런 결정을 수행할 준비가 되어 있습니다. 그러나 그러한 조치들은 우리를 충돌로 이끌 수 있으며, 이는 심각한 재앙으로 이어질 것입니다. … 우리는 이스라엘이 앞으로 몇 시간 안에 무조건 군사행동을 중단하는 것을 미국이 요구할 것을 제안합니다. 우리도 똑같이 할 것입니다. 이를 이행하지 않는 경우, 군사적 조치를 포함한 필요한 조치들을 실행할 것임을 이스라엘에 경고할 것을 제안합니다.

    귀측의 의견을 말씀해주십시오.

이는 미국과 소련 양측 사이에 연속적인 메시지 교환을 불러왔다. 존슨 대통령은 미국이 이스라엘에 최선을 다하고 있다고 주장하며 소련이 시리아에 개입할 것을 촉구했다. 존슨과 코시긴은 세 시간 동안 여섯 차례에 걸쳐 신중한 어조로 메시지를 주고받으며 서로에게 행동을 촉구하는 동시에 존중과 예의를 차린 대화를 유지하는, 아슬아슬한 줄타기를 선보였다. 미국과 소련은 대부분의 측면에서 의심할 여지 없이 적대국이었지만, 이번 경우 두 사람은 평화라는 동일한 결과를 원했다. 그들의 핫라인을 통한 실시간 소통은 결국 성과를 냈고, 정오 직전에 존슨은 전투가 중단되었다는 사실을 알게 되었다.

    훗날 린든 존슨은 《밴티지 포인트: 대통령의 관점》에 메시지의 교환과 핫라인의 역할에 대한 글을 썼다.

> 점심 무렵 코시긴의 메시지는 조금 온건해졌다. 이스라엘과 시리아는 휴전으로 전환했다. 상황실의 긴장은 가라앉았다. … 핫라인이 강력한 도구임이 입증된 것은 단순히 통신이 매우 빨랐기 때문만은 아니었다. 핫라인의 가장 중요한 점은 정부 수반과 고위급 참모들을 즉시 개입시켜 즉각적인 관심을 요구하고 결정을 내리게 했다는 점이다. 여기에는 특별한 가치도 있었지만 위험도 있었다. 우리는 모든 단어와 문구를 신중하게 검토해야 했다. 나는 이 위기를 신중하게 처리하는 것뿐만 아니라 우리의 모든 논의에서 조용하고 차분한 분위기를 조성하기 위해 각별히 신경을 썼다.

*

이때 사용한 핫라인 텔레타이프 기계는 린든 존슨 도서관에 전시되어 있는데, 기계의 상단에는 코시긴이 존슨에게 보낸 메시지가 종이에 인쇄된 채 감겨 있다. 2011년 10월, 마크 업디그로브는 강연을 위해 오스틴을 방문한 미하일 고르바초프에게 도서관 투어를 제공했다. 전 소련 지도자는 잠시 가만히 있다가 코시긴의 러시아어 글을 큰 소리로 읽기 시작했다. "미하일 고르바초프가 6일전쟁에 관한 소련의 송신 내용을 읽는 것을 보고 목 뒤편에 소름이 돋았어요." 업디그로브는 회상했다. 기술은 초보적이었지만, 그것이 역사에서 차지하는 위치를 생각하면 여전히 소름이 돋는다.

톰 존슨이 들려준 6일전쟁에 관한 이야기는 아무리 첨단 통신시스템이라도 실제 사건에 의해 무력화될 수 있음을 상기시켜 준다.

"당시 버지니아주 알렉산드리아에 있던 내 아파트에서 아내와 함께 잠자리에 들었던 일부터 시작해서 많은 기억이 있어요." 그는 내게 말했다. "내 기억으로는 새벽 2시쯤이었는데, 내 백악관 전화기(내겐 별도의 전화기가 있었습니다)가 울렸습니다. 헬렌 토머스였습니다." 토머스는 57년 동안 열 명의 미국 대통령을 취재한 것으로 유명한, 불같은 성격에 왜소한 체구를 가진 UPI 기자였다. "그녀는 '중동에서 전쟁이 발발했다는 보고가 들어왔습니다'라고 말했고… 나는 '잠깐만요, 헬렌'이라고 말했습니다. 그런 다음 나는 다른 전화기로 상황실에 전화를 걸었습니다. 상황실 요원이 '존슨 씨, 그런 내용은 없습니다'라고 말하더군요."

톰은 양쪽 귀에 전화기 하나씩을 가져다 댄 채로 헬렌 토머스에게 백악관에는 전쟁에 대한 정보가 없다고 말했다. 톰이 전화를 끊으려는 순간 당직 요원이 소리쳤다. "아닙니다, 지금 들어오고 있습니다. 속보가 지금 들어오고 있습니다." 톰은 기억을 떠올리며 웃었다. "펜타곤과 백악관, CIA가 가지고 있던, 그 엄청난 경보시스템에도 불구하고 그런 일이 벌어질 줄은 몰랐습니다." 그는 말했다. "6일전쟁이 발발할 거라고 알려준 것은 UPI였습니다. 그건 사실입니다."

　티브이부터 핫라인, 최신식 팩스, 헬렌 토머스까지 상황실이 정보를 얻는 방법은 다양했다. 상황실은 정신없이 바빴고, 존슨 행정부의 심장이었다. 이런 점이 베트남전쟁에 있어서는 문제의 일부였을 수도 있다. 상황실이 제공할 수 있는 어떤 정보도 결함이 있는 전략을 구할 수는 없었다. 데이터는 판단을 대신할 수 없었다. 데이터는 우리가 누구와 싸우고 있는지, 어떻게 이길 수 있는지, 심지어 왜 그들을 패배시켜야 하는지도 알려주지 못했다.

　리처드 닉슨은 상황실과 전쟁을 모두 물려받게 될 터였다. 그리고 그는 전임자의 실수라고 믿은 모든 것들을 되풀이하지 않겠다고 결심했다.

3장

"세상 모든 지옥이 열렸다"

리처드 닉슨은 상황실을 아주 싫어했다. 대통령으로 재임한 5년 반 동안 그는 상황실에 거의 발을 들여놓지 않았다. 소련과의 직접적인 충돌 가능성에 직면한 백악관 참모들이 스카치위스키와 수면제, 우울증으로 무력해진 채 관저에 틀어박혀 있는 대통령을 위해 결정을 내려야 했던 때, 냉전 시기 중에서 가장 위험한 순간에도 그는 그곳에 없었다.

때는 1973년 10월이었다. 워터게이트 사건이 1년 넘게 맹위를 떨치고 있었다. 백악관 고문 존 딘은 티브이로 중계된 상원 위원회 청문회에서 대통령에게 불리한 증언을 하며 그에게 등을 돌렸다. 대통령 보좌관 알렉산더 버터필드는 1971년부터 닉슨이 비밀리에 제작해온 백악관 테이프를 폭로했다. 그리고 부패한 인물인 스피로 애그뉴 부통령(그 누구도 그가 대통령이 되는 것을 원치 않았기 때문에 닉슨이 '탄핵 보험'이라고 냉소적으로 여겼던 사람이었다)은 세금 사기로 기소될 위험에 처하며 며칠 안으로 사임하게 될 터였다. 대통령이 이러한 재앙에 가까운 국내 문제에 빠져 허우적대고 있을 때, 지구 반대편에서는 부싯깃 통이 폭발했다.

10월 6일 토요일 오전 6시(동부 하절기 시간 기준)가 조금 지난 시각, 국무장관과 국가안보 보좌관을 겸직하고 있던 헨리 키신저는 조지프 시스코 국무부 차관보의 연락을 받고 뉴욕의 월도프 아스토리아 타워 스위트룸에서 깨어났다. 이집트와 시리아는 유대교의 최고 성일인 속죄일에 시나이반도와 골란고원에 있는 이스라엘군을 기습 공격할 계획을 세우고 있었다.

키신저는 신속하고 체계적으로 행동에 나섰다. 그는 아나톨리 도브리닌 주미 소련 대사, 모하메드 엘자이얏 이집트 외무장관, 모르데하이 샬레브 이스라엘 대리대사 등 주요 인사들에게 전화를 걸었다. 그는 거의 세 시간이 지나서야 대통령을 위한, 업데이트된 내용이 담긴 메모를 상황실로 보냈다.

일급 기밀 / 민감 정보 / 인가자 열람 전용
받는 사람: 백악관 상황실
발신: 국무장관 키신저

오전 9시에 다음 내용을 대통령에게 전달하고. 헤이그 장군에게는 사본을 전달할 것.

오늘 오전 6시, 이스라엘 측으로부터 다음과 같은 통보를 받았다. 이스라엘은 이집트와 시리아가 여섯 시간 이내에 협공을 감행할 계획이라는 확실한 정보를 입수했다고 판단하고 있다.

우리는 키신저가 닉슨에게 즉시 전화를 걸어 함께 대응책을 마련하는 대신 혼자서 먼저 움직였다는 점에 주목할 필요가 있다. 메모에서 키신저는 이미 여러 사람과 통화를 한 사실을 언급하며 대통령에게 중동에 주재하고 있는 미국 외교 공관들에도 주의를 줬다는 점을 알린다. 그런 다음 그는 다음 단계로 무엇을 해야 하는지를 밝힌다.

나는 (국가안보 부보좌관) 브렌트 스코크로프트에게 워싱턴 특별대책반 WSAG 회의를 오전 9시에 소집하라고 지시했다. … 나는 우리가 가진 정보에 근거해 공격 가능성에 대한 이스라엘의 두려움이 정당하다고 생각한다. 냉정한 판단이 이루어지도록, 우리가 충분한 압력을 가할 수 있기를 바란다.

키신저의 지시에 따라 상황실에서 곧바로 WSAG가 소집되었다. 이 회의는 훗날 제4차중동전쟁으로 알려진 기간 동안 WSAG가 상황실에서 열게 될 많은 회의 중 하나였다. 보통은 키신저가 회의를 주재했지만, 이날은 키신저가 뉴욕에서 이동 중이었다. 닉슨 대통령도 워싱턴 D.C.에 있지 않고 플로리다주 키 비스케인에 있었다. 하지만 설령 백악관에 있었다고 해도 닉슨은 상황실로 내려가지 않았을 것이다. 그는 절대 그곳에 가지 않았는데, 전쟁이 났더라도 마찬가지였을 것이다.

이날 닉슨의 부재는 특별히 눈에 띄지 않았는데, WSAG가 중동에서 벌어지고 있는 일을 갖은 노력을 다해가며 간신히 통제하고 있었기 때문이다. 전쟁이 핵 충돌로 번질 위기에 처한 지 2주 반이 지난 후에도 그가 상황실 회의에 참석하지 않았다는 것은 그가 얼마나 무능력했는지를 보여주는 놀라운 사실이다.

*

"닉슨이 상황실로 내려왔다는 이야기는 전혀 들어본 기억이 없어요." 암호학자 세라 '샐리' 봇사이는 내게 말했다. 나는 봇사이 박사(닉슨 대통령과 포드 대통령 재임 당시 상황실에서 근무한 이력이 있는 80대 여성으로 여전히 예리하고 명석하다)를 만나게 되어 매우 기뻤다. 그녀는 국가안보국 출신으로는 처음으로 상황실에 파견된 여성이었지만, 그때가 그녀 경력의 최고점이었던 것 같으냐고 내가 묻자, 고개를 절레절레 흔들었다. "나는 내가 최초였다는 사실에 사로잡힌 적이 한 번도 없습니다. 들어본 적도 없는 훌륭한 업적을 남긴 여성들이 많았기 때문이에요." 그녀는 내게 말했다. 인터뷰 내내 그녀는 상황실에 대한 특별한 이야기를 들려주면서도 솔직함과 겸손함을 동시에 보여줬다.

봇사이는 닉슨 행정부 시절 분석가로 일했다. 그녀는 대통령과 국가안보 보좌관을 위한 브리핑 자료를 준비하며 하루하루를 보냈다. 놀랍게도, 그녀는 1973년 상황실에 컴퓨터가 있었다고 말했다.

"이제 막 걸음마 단계였어요." 그녀는 내게 말했다. "정보 커뮤니티에서 정보를 얻었고, 당연히 외부 정보를 얻기 위해 티브이를 켜놓고 있었죠. 공간은 매우 협소했어요. 보안전화회선도 있었고 일반전화회선도 있었습니다. 그리고 회의실 바로 옆에 있는, L자형 브리핑룸 같은 중간 방이 있었고요." 그 방에는 "작은 냉장고만 한 크기의 LDX 기계가 있었습니다". 그녀는 웃으며 회상했다.

사실 상황실은 봇사이가 파견된 해에 새롭게 단장되었다. 1977년 《뉴욕타임스》 기사는 이렇게 설명했다. "상황실은 1972년에 리모델링되었다. 조용한 컴퓨터 단말기가 삐걱거리는 텔레타이프라이터를 대신했다. 벽판에는 배관을 숨겼고, 일급 기밀이 담긴 회전식 트레이가 있는 거대한 금고 두 개가 긴 벽 하나에 설치되었다. 천장이 낮고 금색 카펫이 깔려 있어 L자형 방이 마치 기업의 전산실처럼 조용한 분위기를 자아냈다."

"당직 요원들이 1.5미터 정도 떨어진 곳에서 내게 메시지를 보내곤 했어요." 봇사이는 내게 말했다. "그런 다음 나는 어떤 메시지와 정보를 정오 메모와 저녁 메모에 넣을지 정해서 키신저 사무실로 보냈습니다." 그녀의 가장 중요한 업무는 아침 메모를 준비하는 것이었다. "나는 새벽 5시에 출근했고, 아침 브리핑 문건에 들어갈 수 있도록 베트남군사원조사령부 MACV의 야간 보고서가 제시간에 도착하기를 바랐습니다. … 그리고 종합한 내용을 대통령 일일 브리핑과 함께 정리해서 8시까지 위층으로 보냈죠. 그 시간이 키신저가 출근하는 시간이었거든요."

헨리 키신저는 1973년 말까지 닉슨 대통령 시절 백악관에서 중추적 인물이었는데, 대통령만큼이나 핵심적인 역할을 담당했다. 그는 종종 직접 브리핑 문건을 들고서 닉슨을 찾아가 관련 내용을 논의했다. 그리고 대통령이 아니라 키신저가 미국의 행동 방침을 결정하는 참모 회의를 주도했다.

닉슨은 왜 그토록 상황실을 싫어했을까? 키신저는 회고록《백악관 시절》에서 한 가지 가설을 제시했다. "닉슨은 존슨 대통령이 '상황실 증후군'을 앓고 있었다고 확신했다. 즉, 그가 위기에 빠진 세계를 상황실에 앉아 관리할 수 있다는 비현실적인 생각에 굴복했다고 본 거였다." 상황실에 대한 린든 존슨의 집착은 결국 득보다 실이 더 많았다. 그래서 닉슨은 반대 방향으로 나아갔다.

최근 내가 키신저에게 이 부분에 대해 좀 더 자세히 설명해달라고 요청했을 때, 그는 이렇게 답했다. "상황실은 백악관 지하에 있었기 때문에 그곳에서 취한 조치들은 겉으로 보이는 것과 비례하지 않았어요." 그는 소리 없이 웃어 보였다. "그곳은 매우 단순한 공간입니다. … 정보를 의사결정권자에게 매우 신속하게 전달할 수 있습니다. 하지만 그 안에 들어가면 한시라도 빨리 빠져나오고 싶다고 생각하게 되죠. … 동시에, 그 방에 있다는 건 당신의 지위를 보여주는 겁니다. 그렇지 않으면 거기 있을 수 없었을 테니까요."

나는 상황실이 지닌 은밀함 때문에 사람들이 실제보다 더 많은 통제권을 가지고 있다고 믿게 되었던 건 아니었는지 물었다.

"음, 좋은 지적이네요." 그가 대답했다. "나로선 그렇게 생각해본 적이 없었습니다. 물론 상황실에서 내리는 명령들이 관료적으로 매우 빠르게 실행되는 것은 사실입니다. 그런 명령들이 효과가 있는지 아닌지는 판단이 필요한 문제입니다."

키신저의 '상황실 증후군' 이론에 모두가 동의하는 것은 아니다. 적어도 리처드 닉슨과 관련한 부분에서는 그렇다. 미국 현대사에 관한 여러 책 중《워터게이트: 새로운 역사》를 쓴 저자 개릿 그래프는 닉슨이 상황실을 꺼린 다른 이유를 제시했다.

"내 직감에 따르면, 닉슨은 상황실을 신뢰하지 않았던 것 같습니다." 그래프가 내게 말했다. "그는 NSC 사람들을 신뢰하지 않았어요." 그는 잠시 생각에 잠겼다. "닉슨은 자신이 있던 백악관을 적대적인 영역으로 보았습니다. 닉슨이 상황실로 내려가는 것을 거의 보지 못했을 텐데, 왜냐하면 그들은 모두 그를 잡으려는 적이었기 때문입니다. 다른 모든 사람이 그를 잡으려는 적이었던 것처럼요." 상황실은 닉슨에게 흠경기장이 아니었다. 그건 국가안보 기관의 공간이었다. 닉슨은 자신이 대화를 통제하고 대화 내용을 녹음할 수 있는 방에 있기를 원했다.

물론 제4차중동전쟁 당시 닉슨은 자기 행동을 포함해 거의 모든 것을 통제할 수 없는 상태였다.

*

전쟁이 시작된 지 5일이 지난 10월 11일, 브렌트 스코크로프트와 헨리 키신저는 전화로 다음과 같은 대화를 나눴다.

    스코크로프트: 영국 총리실에서 방금 교환실로 전화를 걸어와 대통령님께서 총리와 30분 이내에 통화할 수 있는지 문의했습니다. 통화 주제는 중동 문제입니다.
    키신저: 안 된다고 하면 안 되겠습니까? 내가 대통령과 통화했을 때 그는 술에 취해 있었습니다.

아직 저녁 8시가 되지 않았고 전쟁은 격화하고 있었다. 이스라엘은 생존이 위태롭다고 믿었다. 골다 메이어 총리는 대통령과 대화를 나눌 수 있기를 간절히 바라고 있었고, 아랍 국가들은 소련에 도움을 요청하고 있었다. 전 세계의 안정이 위태로운 상황이었다. 그리고 미국 대통령은 술에 취해 전화를 받을 수가 없었다.

"닉슨은 당시 완전히 무너진 상태였습니다."《세계에 맞선 한 남자: 리처드 닉슨의 비극》의 저자인 팀 와이너가 내게 말했다. "그는 대통령 재임 기간 내내 심각한 불면증에 시달렸어요. 그는 곧 술을 아주 많이 마시게 되었죠. 매일 밤 해가 지자마자 하이볼을 두세 잔씩 마셨습니다. 또 그는 술에 대한 내성이 매우 낮았습니다. 한 잔만 마셔도 취했고, 그러면서도 석 잔을 마시곤 했어요."

닉슨의 세상은 무너지고 있었다. 바로 전날 부통령 애그뉴는 감옥행을 피하고자 항소를 제기하지 않고 사임했다. 미시간주 하원의원이자 하원 소수당 원내총무인 제럴드 포드는 '탄핵 보험'이 아니라는 이유로 애그뉴의 후임자로 선택되었는데, 의회 내 합의에 따른 것이었다. 특별검사인 아치볼드 콕스는 닉슨의 운명을 결정지을 테이프들을 확보하는 데 근접해 있었다. 그리고 닉슨이 자신의 대통령직을 지키기 위해 고군분투하고 있을 때, 소련은 기회를 포착했다. 이집트와 시리아에 군사물자를 공수함으로써 중동지역에서의 힘의 균형을 뒤엎으려 했다. 제4차중동전쟁은 이제 초강대국 간의 대결로 진화했다.

닉슨은 말 그대로 몸을 숨겼다. 그는 웨스트윙 건너편에 있는 행정동 빌딩의 180호실을 제2 집무실로 만들고 하루의 대부분을 그곳에서 보내기 시작했다.

하지만 왜 그랬던 걸까? 백악관 집무실은 세계의 어느 집무실보다 유명하다. 그것은 대통령의 단독적인 권력을 상징한다. 그리고 그 빛은 숭고하다. 웨스트윙에서 일해본 사람이라면 누구나 집무실에 최대한 가까이 있고 싶어 한다. 그런데 왜 닉슨은 시베리아에 해당하는 행정부 건물로 자기 자신을 추방했을까?

아마도 백악관 집무실이 다른 사람들이 모두 있고 싶어 하는 곳이기 **때문이었을 것이다.** 닉슨은 미국 대통령으로 당선된 사람 중 가장 내성적인 사람이었을 것이다. 그는 뉴욕에서 직접 가져온 애장품 의자에 앉은 채 노란색 메모장에다 자기 생각을 끼적거리며 혼자 있는 걸 가장 편안하게 여겼다. "180호실은 말 그대로 은신처였습니다." 그라프가 말했다. "전축을 켜고 〈바다에서의 승리Victory at Sea〉를 틀 수 있는 그런 곳이었죠." 또한 그곳은 집무실과는 달리 닉슨이 편안하게 술을 마실 수 있는 장소이기도 했다. 그는 그곳에서 자신이 가장 좋아하는 술인 발렌타인 위스키를 계속 마셨다. 그러다 점점 더 이른 시간부터 술을 탐닉하기 시작했다.

닉슨이 은신처에 숨은 가운데, 전쟁이 격화하면서 상황실은 활동의 주요 무대가 되었다. 키신저는 이곳에서 WSAG 회의를 소집했다. 상황실 직원들은 언제나 그렇듯이 대통령과 그의 참모들을 위해 수많은 정보를 수집하고 종합하느라 바빴다.

"그때가 아주 바빴던 시기 중 하나였어요." 봇사이는 회상했다. "정보, 서류 작업, 컴퓨터 정보가 폭발적으로 증가했고, 온갖 종류의 정보가 쏟아져 들어왔죠. 전술적인 세부 사항으로 윗사람들을 압도하고 싶지는 않았지만, 가장 중요한 이슈에 대한 개요를 제공할 수 있어야 했기 때문에 윗사람들에게 얼마나 많은 정보를 제공할지 결정해야 했습니다."

"키신저는 브리핑을 많이 받았습니다." 봇사이가 내게 말했다. 그리고 상황실에는 전쟁의 진행 상황을 평가할 수 있는 다른 도구들도 있었다. "한 번은 국방정보국에서 시나이반도의 여러 산길을 모형으로 만든 적이 있어요." 그녀는 회상했다. "작은 물건이 하나 있었는데, 그걸 눈에 붙이면 하늘을 나는 것처럼 느낄 수 있었습니다. 혼응지인지 뭔지로 산길을 3D 모형으로 만든 거였습니다. 그래서 키신저가 이 장치를 들여다보면 … 산길 위를 날아다니는 듯한 느낌을 받을 수 있었어요." 봇사이는 키신저가 없을 때 자신이 그 뷰파인더를 몰래 사용해봤다고 웃으며 고백했다.

전쟁 중에 방대한 양의 정보를 종합해야 하는 스트레스에도 불구하고 봇사이는 상황실의 분위기가 경쟁적이었다기보다는 공동체적이었다고 회상했다. "우리는 서로를 돕는 식으로 일하려고 노력했어요." 그녀는 내게 말했다. "누군가 과부하가 걸리면 도와주려고 했었고요. 상황실은 매우 협력

적이고 편안하면서도 헌신적인 집단이었습니다." 하지만 닉슨이 겪었던 문제의 망령이 상황실을 뒤덮고 있었다. 워터게이트는 항상 거기에 있었다.

"많은 위기가 닥쳐왔지만, 언제나 배경처럼 존재했던 건 그것이었죠." 봇사이는 말했다.

그러다 전쟁이 한창일 때 그것은 비등점을 넘어섰다.

*

10월 20일 토요일, 키신저는 모스크바로 날아가 레오니트 브레즈네프를 만났고, 그 유명한 '셔틀 외교'를 펼쳤다. 몇 시간 후, 닉슨은 엘리엇 리처드슨 법무장관에게 아치볼드 콕스를 해임하라고 명령함으로써 자신의 정부를 폭파했다. 리처드슨은 이를 거부했고, 밤이 채 끝나기도 전에 그와 윌리엄 러컬스하우스 법무차관이 사임했다. 대신 로버트 보크 법무부 송무차관이 콕스를 해고했다. 이 일련의 사건은 '토요일 밤의 대학살'로 알려졌다.

백악관 비서실장 알렉산더 헤이그는 키신저에게 전화를 걸어 "세상 모든 지옥이 열렸다"라고 보고했다. 미국 정부는 불안정해졌다. 탄핵 청문회 준비가 본격화되었다. 그리고 콕스도 해임된 날 밤 이렇게 선언했다. "우리가 계속 법의 정부가 될 것인지, 사람의 정부가 될 것인지는 이제 의회와 궁극적으로 미국 국민이 결정할 일이다."

키신저는 지구 반대편에서 휴전 협상을 하는 데 성공했고, 이는 10월 22일 월요일에 발효했다. 하지만 이 휴전은 단명했다. 바로 다음 날 아침 이스라엘은 다시 공격을 개시했고, 소련은 격분했다.

워싱턴 D.C. 시간으로 10월 23일 오전 11시에 핫라인이 울리면서 브레즈네프가 닉슨에게 보낸 메시지가 뱉어져나왔다.

이스라엘은 중동 휴전에 관한 안보리 결정을 노골적으로 위반했습니다. 우리 러시아는 불과 이틀 전에 도달한 합의가 이스라엘 지도자들의 이러한 행동으로 인해 사실상 깨졌다는 사실에 충격을 받았습니다. 이스라엘이 이러한 배신을 한 이유를 당신들은 잘 알고 있을 것입니다.

브레즈네프는 이스라엘이 합의를 위반한 이유가 닉슨임을 분명히 했다. 두 시간 십 분 후 닉슨은 핫라인으로 답장을 보내 책임을 인정하면서도 변명하는 말을 덧붙였다.

우리는 이스라엘 측에 의한 적대행위를 완전히 종식하는 일에 대해 모든 책임을 지겠다는 점을 분명히 말씀드리고 싶습니다. 우리 측 자체 정보에 따르면 휴전 위반에 대한 책임은 이집트 측에 있습니다. 하지만 지금은 그 문제에 대해 논의할 때가 아닙니다.

서로에 대한 비판에도 불구하고 10월 23일 화요일 밤 포토맥강 너머로 해가 지자 "평온함이 회복된 것처럼 보였다"라고 키신저는 자신의 회고록 《격변의 시절》에 썼다. 이스라엘과 이집트 모두 휴전을 준수하겠다고 약속하면서 휴전은 다시 회복되었다.

"헤이그는 화요일 밤 나에게 닉슨이 워터게이트 사건으로 '아주 침울해하고' 있다고 말했다." 키신저는 이렇게 적었다. "그날 하원 법사위원회에 여덟 건의 탄핵 결의안이 제출되었다. 그러나 나는 닉슨의 개인적인 비극 앞에서 무슨 일이 일어나든 우리 앞에 놓인 복잡한 외교에서 닉슨이 단호하고 명민할 것임을 알았다."

그게 사실이었다면 좋았으련만. 다음 날 밤, 상황실에서는 일련의 놀라운 지시들이 흘러나왔다. 하지만 닉슨 대통령은 그런 일이 벌어지고 있다는 사실조차 몰랐다.

*

10월 24일 오전 8시, 백악관에 도착한 키신저는 이집트 정보원으로부터 이스라엘이 또다시 휴전을 깨뜨렸다는 메시지를 받았다. 소련은 중동에서 가장 가까운 동맹국인 이집트와 시리아를 외면할 수 없었으므로 이스라엘의 추가 공격은 '매우 중대한 결과'를 초래할 거라고 경고했다. 소련이 전쟁에 직접 참전한다면 모든 게 불확실해질 터였다. 특히나 이때는 미국 정보기관이 이스라엘로 향하는 소련 군함이 핵무기를 싣고 있다는 사실을 막 알아낸 참이었다.

긴장이 점점 더 고조되고 있었다. 하루 종일 중동과 러시아, 미국 사이에서 메시지가 오갔다. 키신저는 외교적 해결책을 마련할 시간을 벌기 위해 분주하게 전화를 돌렸다. 그러나 전쟁 지역에서 벌어지고 있는 상황에 대한 상반된 보도가 나오고 여러 행위자가 각자 원하는 결과를 노리고 있었기 때문에 상황은 불안정했다. 시한폭탄을 제거하기 위해 노력하던 중 키신저는 탄핵 가능성에 사로잡혀 있던 닉슨으로부터 한 통의 전화를 받았다. 닉슨은 키신저에게 말했다. "저들은 대통령을 죽이고 싶은 욕망 때문에 이런 짓을 벌이고 있네. 저들이 성공해서 내가 물리적으로 죽을 수도 있을 걸세."

이것이 그날 밤 키신저가 닉슨과 마지막으로 나눈 직접적인 대화인 것으로 보인다. 알렉산더 헤이그는 백악관 계단을 오르내리는 메신저 역할을 했는데, 아마도 대통령에게 정보를 전달하기 위해서였을 것이다. 이는 닉슨이 정신을 차린 상태로 업무를 보고 있었음을 암시한다. 하지만 닉슨이 어떤 의사결정에 관여했다는 증거는 없다. 사실, 닉슨은 그런 결정에 대해 거의 알지 못했을 것이다.

"우리는 닉슨이 깨어 있는지, 잠들어 있는지, 대응이 가능한지 알 수가 없습니다." 팀 와이너가 내게 말했다. "헤이그는 불성실한 회고록에서 이에 대해 언급하지 않았고, 내가 알기론 그 문제에 대해 말한 적이 없습니다. … 우리는 닉슨과 헤이그 사이에 무슨 일이 있긴 했는지, 있었다면 그게 무엇인지 알 길이 없어요." 와이너가 말을 이었다. "그날 밤 닉슨이 이성적인 사고를 할 수 있었다는 증거는 없습니다. 추측건대, 그는 술을 한 잔 더 마시고 넴부탈*을 복용한 후 기절했을 가능성이 농후해요."

우리는 헤이그가 대통령을 대신해 행동하고 있었음을 알고 있다. NSC 직원이었던 윌리엄 로이드 스티어먼은 한 걸음 더 나아가, 닉슨이 파멸한 상태였을 때 "알렉산더 헤이그가 미국의 대통령이었다"라고 말했다. 이것은 헤이그의 가장 악명 높은 순간, 다시 말해 레이건 대통령이 총에 맞은 후 "여기는 내가 통제하고 있다"라고 그가 발언했던 순간을 조금은 설명하는 평가이다. 한 무력해진 대통령과 함께한 경험이 그에겐 이미 있었던 것이다.

키신저에 따르면, 닉슨은 오후 9시 30분에 잠을 자기 위해 집무실에서 나갔다. 얼마 지나지 않아 브레즈네프는 대통령에게 또 다른 전보를 보내왔다. 이번엔 최후통첩이 담겨 있었다.

이스라엘이 전투를 중단했다는 귀하의 편지를 받았습니다. 그러나 사실에 따르면 이스라엘은 안보리의 휴전 결정을 계속 무시하고 있습니다. 이스라엘은 무모하게도 소련과 미국 모두에게 도전하고 있습니다. … 만약 미국이 이 문제에서 있어서 우리와 공동으로 행동하는 것이 불가능하다면, 우리는 일방적으로 적절한 조치를 취해야 하는지 긴급하게 검토해야 할 필요성에 직면할 것입니다.

헤이그는 소련이 허풍을 떨고 있다고 생각했지만, 키신저는 소련이 직접적인 위협을 가하고 있다고 믿었다. 미국은 이에 대응해 강력하고 즉각적인 조처를 취해야 했다. "대통령을 깨워야 할까요?" 그는 헤이그에게 물었다. "아뇨"라는 대답이 돌아왔다. 닉슨이 있든 없든 결정을 내려야 했기에,

---

* 중추신경 억제제. (옮긴이)

키신저는 상황실에서 대책반을 소집해 대응책을 마련했다.

*

피스 스위셔.

이 잊을 수 없는 용어는 지금까지 기록된 상황실 회의록 중에서 좀 더 주목할 만한 회의록의 첫 문장에 등장한다. "나는 22시 30분에 래리 이글버거로부터 전화를 받았는데, 아랍-이스라엘 분쟁과 관련해 브레즈네프가 우리에게 진짜 골칫거리를 던졌다고 알려줬습니다."

작성자는 합참의장인 토머스 무러 제독이었다. 문제를 일으키는 사람을 뜻하는 군대 속어인 '피스 스위셔'는 소련이 보낸 최후통첩 편지였다. 제임스 슐레진저 국방장관, 윌리엄 콜비 CIA 국장, 조너선 하우 NSC 군사보좌관, 헤이그, 스코크로프트, 키신저 등 참모들이 회의실에 모여 대응책을 고심할 때 무러는 메모를 하고 있었다. 2007년에 기밀이 해제된 그의 메모는 이후 다섯 시간여 동안 무슨 일이 있었는지를 기록했다.

키신저는 지난 며칠 동안 브레즈네프와 닉슨이 주고받은 편지의 사본을 배포했다. 그는 그날 오후 4시 30분 현재 협상이 순조롭게 진행되고 있는 것처럼 보인다고 언급했다. 그렇다면 소련은 왜 협박으로 방향을 선회했을까? 이것이 처음부터 그들의 계획이었을까? 소련은 걸린 게 큰 게임을 하고 있었던 걸까?

헤이그는 이제 소련이 몇 시간 내에 중동에서 공격을 개시할 수 있다는 확신을 갖게 되었다. 그는 "그것이 합리적 계획인지 아니면 저들의 절박함에서 나온 움직임인지"가 문제였다고 말했다. 무러의 말에 의하면, 헤이그는 "소련은 자신들이 게임에서 지고 있다는 사실을 깨달았고, 이번 주말 대통령을 약화하는 데 기여한, 워싱턴에서 벌어진 일을 이용하려고 한다"라는 의견을 피력했다. 슐레진저는 그의 말에 동의하며 소련이 "대통령이 처한 현재 상황에 영향을 받았다"라고 언급했다.

키신저는 한 걸음 더 나아가 이렇게 선언했다. "민주당과 미국 대중이 자신들의 정부를 포위하는 일을 멈추지 않는다면 조만간 누군가 우리에게 덤벼들 것이다. 금요일까지만 해도 대통령은 국내적으로 양호했다. 이제 소련은 그가 정상적으로 기능하지 못하고 있음을 알고 있다."

주요 인사들은 소련이 권력 공백을 어떻게 이용하려 들 것인지를 두고 큰 목소리로 의문을 제기했다. 소련군이 이스라엘군을 상대로 직접 공격을 감행하기라도 한다는 것인가? "그들이 공격해 들어가면 안 될 이유가 있습니까?" 키신저는 회의 전에 헤이그에게 말했다. "백악관에는 불구자가 있으니 말입니다." 이제 키신저의 대책반은 그런 전망에 대응해야 했고, 소련군과의 직접 대치라는 더 나쁜 상황까지도 생각해야 했다.

브레즈네프의 서한이 공격적이었기 때문에 키신저는 미국의 대응도 공격적이어야 한다고 생각했다. "현재 소련의 전반적인 전략을 보면, 우리에게 지금 제대로 된 대통령이 부재하기 때문에 협상 테이블에다 데탕트(긴장 완화)를 올리는 것으로 보인다." 그는 선언했다. "우리는 그들이 이렇게 빠져나가지 못하게 막아야 한다. … 무력을 사용하기로 결정했다면 충분히 사용해야 한다." 대책반은 가장 강력하게 대응이 가능한 방법을 논의했고, 충격적인 요소 하나를 포함한 여러 가지 계획을 수립했다. 닉슨 대통령이 백악관 위층에 널브러져 있는 상황에서 상황실에 있던 사람들은 군사경계태세를 데프콘 3으로 올리기로 결정했다.

방어준비태세, 즉 데프콘에 대한 간략한 설명은 다음과 같다. 데프콘은 5단계의 경계 태세로 구성되며, 5단계는 가장 낮은 단계 또는 '보통' 준비 상태를 말한다. 데프콘 4는 보안 및 첩보 조치가 상향된, 약간 강화된 경계 상태이다. 데프콘 3은 군병력이 대기하는 높은 경계 단계이다. 데프콘 2는 전쟁 전 마지막 단계이다. 그리고 데프콘 1은 전쟁이다. 딱 한 번, 미국이 데프콘 4를 넘은 적이 있었는데, 1973년 쿠바미사일위기 당시 데프콘 2가 발령된 경우였다. 따라서 그날 밤 키신저와 다른 인사들이 취한 조치는 (특히나 닉슨의 동의가 없는 상황에서) 중대한 의미를 띠었다.

데프콘 3은 미군 전체를 움직이게 했다. 무러의 메모에는 다음과 같은 내용이 나온다.

> 우리는 다음과 같은 조치들을 취했다.
> - 데프콘 3을 발령함
> - 존 F. 케네디호를 지브롤터 서쪽에서 지중해로 이동시킴
> - 시칠리아 인근에 있던 루스벨트호를 크레타섬 남쪽에 있는 인디펜던스호 쪽으로 합류시킴
> - 수다Suda만에서 상륙준비단을 출동시킴
> - 유럽군에 경보를 발령함
> - 제82공수사단에 경보를 발령함
> - 괌에서 B52 75대를 불러들임

무러는 키신저에게 데프콘 3 발령 사실이 외부로 알려질 것임이 확실하다고 경고했다. 워싱턴 D. C. 시간으로 10월 25일 새벽 3시쯤 실제로 그런 일이 벌어졌다. 이때에도 상황실에서는 회의가 계속되고 있었는데, 대책반은 브레즈네프에게 보내는 답장 초안을 작성 중이었다. 겉으로는 닉슨이 보내는 것이었지만, 닉슨은 새벽 5시 30분에 발송되기 전까지 답신을 읽어 보지 못했다. 한편, 데프콘 3에 대한 소식은 키신저가 기대했던 대로 소련을 물러서게 만들었다.

어떻게 국가안보 보좌관이 (헨리 키신저처럼 기이할 정도로 자신감 넘치는 사람이라고 할지라도) 대통령이 무력화된 상황에서 그런 중대한 조치를 취하기로 결정할 수 있었을까? 우선, 그는 자신이 대통령이라면 했을 법한 일을 하고 있다고 믿었다. "닉슨과 나는 확전을 선호하지 않는 성향이었습니다." 키신저가 내게 말했다. "하지만 확전을 한다면, 상대방이 핵전쟁을 막기 위해 최대한 용인할 수 있는 수준에 근접한 지점까지 확전해야 한다고 생각했습니다."

무러의 메모는 다음과 같은 말로 끝을 맺는다. "우리는 새벽 4시에 소련 측 답신을 기다리며 잠자리에 들었다." 대통령이 자리에 없는, 가장 중요한 상황실 회의가 끝난 거였다. 하지만 당시 키신저는 소련 측 파트너가 자신과 비슷한 상황에 부닥쳐 있었다는 사실을 몰랐다. 몇 년 후 공개된 소련 문서에 브레즈네프 역시 술과 수면제에 의존하며 나락으로 떨어지고 있었다는 사실이 자세히 기록되어 있다. 소련이 미국에 최후통첩을 보냈을 때, 브레즈네프는 업무를 보지 않고 모스크바 외곽에 있는 자신의 별장에 칩거하고 있었다. 이 핵무기 치킨 게임에서 두 국가의 지도자는 모두 책임 있는 결정을 내릴 상태에 있지 않았다.

*

데프콘 3 작전은 성공했다. 소식이 유출된 지 24시간도 채 지나지 않아 제4차중동전쟁은 끝났다. 놀랍게도, 헨리 키신저가 상황실에서 주도한 이 과정은 대통령 덕분이 아니라 대통령이 있음에도 불구하고 성공했다. 하지만 물론 닉슨 대통령의 문제는 아직 끝나지 않았다. 1974년 늦여름이 되자 그가 워터게이트 사건을 극복하고 대통령직을 이어나가기가 어렵다는 게 분명해졌다.

"닉슨 사임 며칠 전, 밖으로 나가면 백악관 담장 너머로 납세자인 미국 국민들의 황망한 표정을 볼 수 있었어요." 샐리 봇사이가 기억을 떠올렸다. "그런 장면을 보는 게 정말 슬펐습니다." 그녀는 상황실에서 정규 교대근무를 계속했고, 닉슨이 1974년 8월 8일 밤 사임 의사를 밝히는 티브이 연설을 할 거라는 소식이 전해졌을 때도 상황실에 있었다.

"방송 시간에 맞춰 집에 갈 수 없다는 판단이 섰어요." 봇사이가 내게 말했다. "그래서 그냥 상황실로 내려가자고 생각했죠. 7시쯤 웨스트윙 쪽 옆문 근처에 비밀경호국 요원 한 명이 서 있었는데, 그는 '화장실을 사용하거나 커피를 마시고 싶은 사람이 있다면 지금이 기회입니다. 우리는 건물을 폐쇄할 겁니다'라고 말했어요. 그날 저녁, 상황실만 폐쇄된 것이 아니라 백악관 전체가 폐쇄되었습니다." 봇사이는 말을 이었다. "기자실에 있던 사람들은 폐쇄 조치에 분노해서 크게 흥분했어요." 경호국 요원은 폐쇄 이유를 구체적으로 밝히지 않았지만 나중에 알게 된 사실에 따르면, 닉슨 대통령이 누구도 만나거나 들키지 않고 마지막으로 백악관을 혼자 산책하기 원했기 때문에 벌어진 일이었다.

다음 날인 1974년 8월 9일, 봇사이는 이스트룸에서 열린 백악관 직원들을 대상으로 한 닉슨의 고별 연설에 참석했다. 윗입술에 땀이 맺히고 두 눈이 흐려진 대통령은 장관들과 백악관 직원, 상황실 직원들의 기립 박수를 받으며 연단에 올랐다. 그는 가족들에게 둘러싸여 감정적인 연설을 했고, 방 안에 있던 사람들은 눈물을 훔쳤다.

"정말 슬픈 순간이었어요." 그녀가 내게 말했다. "그러고 나서 헬리콥터가 일립스에 도착하는 모습과, 헨리 키신저가 발코니에 서서 앤드루스 공군기지로 가기 위해 헬기에 오르는 사람들을 향해 손을 흔들며 작별 인사를 건네는 모습을 볼 수 있었습니다." 닉슨과 그의 가족이 헬리콥터를 타고 떠난 후 봇사이는 다시 상황실로 내려가 교대근무를 계속했다.

제럴드 포드는 같은 날 정오에 미국의 제38대 대통령으로 취임 선서를 했다. 봇사이의 기억에 따르면, 얼마 지나지 않아 스코크로프트 장군이 상황실로 내려와 "평소대로 근무를 하게. 아무것도 바뀌지 않을 걸세. 우리는 해오던 대로 할 거야"라고 말했다. 새 대통령이 상황실을 어떻게 사용할지, 아니면 닉슨처럼 거의 사용하지 않을지는 아직 아무도 몰랐다. 어느 쪽이었든 상황실에 근무하는 남녀 직원들은 봇사이의 말처럼 "납세자인 국민에게 봉사하고 … 국가를 보호하는 일"을 할 터였다. "우리는 우리의 일을 진지하게 받아들였습니다."

4장

SOS

메이데이. 메이데이.

    1975년 5월 12일 오후. 시암만에서 미국 국적의 화물선 S.S. 마야게즈호에서 국제 조난신호가 울렸다. 메시지는 간단했고 충격적이었다. "우리는 충격을 받았고 캄보디아 군대가 배 위로 올라왔다. … 배는 알 수 없는 캄보디아 항구로 예인되고 있다."

    사이공이 함락된 지 불과 12일이 지난 시점. 탈출을 위해 헬기에 올라타려 아우성치고 보트로 몰려드는 베트남 피난민들의 모습이 전 세계로 전송되었다. 거의 20년 동안 동남아시아에서 싸워온 미국은 마침내 굴욕적인 모습으로 후퇴했다. 그리고 이제 예고도 없이 공산주의단체 크메르루주가 미국 컨테이너선과 선원들을 나포했다. 헨리 키신저는 이 사건을 훗날 이렇게 묘사했다. "마침내 우리가 국가적 상처를 치유할 수 있게 되었다고 생각하고 있던 시점에 인도차이나반도가 갑자기 손을 뻗어 마치 물에 빠진 사람처럼 우리를 다시 소용돌이 속으로 끌어당겼다."

    마야게즈호가 긴급 구조 호출을 보낸 시각은 워싱턴 D. C. 시간으로 새벽 3시 18분이었다. 제럴드 포드 대통령은 백악관 관저에서 잠을 자고 있었지만, 지구 반대편에서는 그에게 위기임을 알리는 일련의 사건들이 벌어지고 있었다.

인도네시아 자카르타에 있는 해운 회사 델타익스플로레이션Delta Exploration의 직원 존 닐이 메이데이 신호를 포착했다. 그는 위도와 경도 좌표가 포함된 정보를 인도네시아 주재 미국대사관으로 전달했다. 미국 대사는 워싱턴의 주요 인사들에게 위기 상황을 즉각적으로 알리기 위한 (아이젠하워 행정부 시절에 만들어진 경보시스템인 크리티콤CRITICOMM을 통해 전송될) 메시지를 준비했다. 마야게즈호가 처음 메이데이 무전을 보낸 지 거의 두 시간이 지나서야 합동참모본부, 국가안보국, 국방정보국, CIA, 국무부, 백악관 등에 크리티콤 경보가 발령되었다.

상황실은 워싱턴 D. C. 시간으로 오전 5시 14분에 메시지를 받았다. 당직 요원들은 즉시 결정을 내려야 했다. 대통령을 깨워야 할까? 아니면 대통령이 일어날 때까지 기다려야 할까? 대통령을 비롯한 고위급 인사들에게 벌어진 사건에 대해 언제 알릴지 결정하는 것은 상황실의 중요한 기능이다. 하지만 언제가 적절한 시점인지 어떻게 알 수 있는가?

*

"거의 매일 밤 누군가를 깨울 만한 일이 일어납니다." 클린턴 대통령 시절 상황실장이었던 짐 리드는 내게 말했다. "이런저런 일로 매일 밤 고위급 인사들을 깨우고 싶은 사람은 없습니다. 솔직히 말해서 당일 밤에 그들이 할 수 있는 일은 별로 없어요. 처음 보고를 받으면 불완전한 정보를 가지고 있는 경우가 많습니다. 고위급 인사들이 당연히 던질 수 있는 질문들에 대한 답을 갖고 있지 않은 상황에서 그들을 귀찮게 하기는 싫은 거죠."

깨울 것인가, 그대로 둘 것인가. 클린턴 행정부 시절 백악관 NSC 아프리카 담당 선임 국장을 지낸 게일 스미스는 이처럼 중요한 결정을 내리는 게 얼마나 힘든 일인지를 설명했다.

"일한 지 6주째 되던 날, 새벽 3시 43분에 전화를 받았어요." 그녀가 내게 말했다. "그들은 이렇게 말했죠. '스미스 양, 여긴 상황실입니다. 다르에스살람과 나이로비의 대사관에서 동시에 폭발이 발생했습니다. 대통령님을 깨울까요?' 나는 침대에 누운 채 천장을 바라보며 생각했습니다. '두 도시에서 동시에 폭발이 일어났는데, 그걸 나한테 알린다고? 그래, 이렇게 하자.'" 스미스는 결정을 윗선으로 넘기기로 했고, 상황실에다가는 국가안보 보좌관 샌디 버거와 대테러 조정관 리처드 클라크가 참여하는 회의를 소집하도록 지시했다. 그들은 결국 대통령을 깨우기로 했다. "우리는 '차라리 누군가를 깨워서 알리는 편이 낫다'라는 쪽으로 잘못 판단했던 것 같습니다." 스미스가 말했다.

그건 아주 미묘한 줄다리기다. 대통령을 깨우면 짜증을 내거나 심지어 화를 낼 수도 있다. 하지만 대통령을 깨우지 **않기로** 하면, 그로 인해 문제가 생길 수도 있다. 밤새 위기가 발생하면 백악관 출입기자단은 가장 먼저 이렇게 질문한다. "대통령은 언제 이 사실을 알았습니까?" 대통령이 자느라 그 상황을 몰랐다고 대답하는 것은 비판을 자초하는 일이다. 비록 그렇게 결정한 데에 충분히 타당한 이유가 있더라도.

포드와 카터, 레이건 대통령 밑에서 NSC 요원으로 일했던 로버트 M. 키밋은 이와 비슷한 에피소드가 1981년 레이건 대통령 시절에 있었다고 설명했다. 리비아의 지도자 무아마르 카다피는 시드라만을 자국의 영해라고 주장하며 '죽음의 선Line of Death'이라는 것을 설정했고, 그 선을 넘어오는 항공기나 선박에는 리비아군이 발포할 거라고 선언했다. 하지만 레이건은 그런 주장에 전혀 동의하지 않았다. NSC 회의에서 그는 선박과 항공기를 해당 제한 구역에 보내라고 지시했고, 이는 카다피에 대한 직접적인 도전이었다.

"합동참모본부의 작전 책임자였던, 아름다운 흰색 해군 유니폼을 입은 3성 제독이 일어나 작전에 대해 매우 상세한 브리핑을 했습니다." 키밋이 내게 말했다. 제독은 리비아가 보일 법한 반응을 설명한 뒤, 미군이 어떻게 대응할지에 대해 설명했다. 그의 브리핑은 매우 철저하고 상세했다. 끝으로 레이건 대통령은 한 가지 질문을 했다. "만약 리비아 비행기가 여러분을 향해 발포한 다음, 리비아 영공으로 다시 돌아간다면, 그때도 그 비행기를 격추할 수 있습니까?" 제독은 대답했다. "그렇습니다, 대통령님. 왜냐하면 그 비행기가 위협을 명시적으로 드러냈기 때문입니다."

"좋습니다." 대통령이 말했다. "필요하다면 우리 조종사들이 리비아 비행기들을 격납고까지 쫓아가길 바랍니다."

1981년 8월 19일, 바로 이 시나리오가 현실이 되었다. 시드라만 사건으로 알려진 이 사건에서 미국 F-14 톰캣 전투기 두 대가 리비아 SU-22 전투기 두 대를 상공에서 격추했다. 당시 레이건 대통령은 캘리포니아에 있었는데, 시차로 인해 그 격추 소식은 한밤중에 전해졌다. 상황실은 대통령과 함께 로스앤젤레스에 있던, 레이건의 최측근 보좌관인 에드 미스에게 이 사실을 알렸다. 그러나 미스는 대통령을 깨우지 않고 대신 격추 여섯 시간 후인 아침에 그 사실을 알리기로 했다.

그날 백악관 언론 브리핑에서 래리 스피크스 공보 부비서관은 대통령이 '결정이 필요할 때만' 사건에 대해 통보를 받기를 원한다고 설명했다. 이 사건의 경우, 조종사들은 미리 정해진 교전규칙을 따랐고 제독은 대통령에게 정확히 어떤 일이 일어날지 브리핑한 상태였다. 하지만 《워싱턴포스트》는 대통령이 '운전석에서 잠을 자고 있었던 건 아닌지' 의문을 제기했다. "미스가 레이건에게 즉시 알리지 않기로 한 결정은 레이건 행정부에서 때때로 수면 위로 떠오른 의문을 다시 한번 제기했다. 과연 누가 통수권자인가?"

현직 대통령의 성격과 기벽, 욕구도 변수가 된다. 예를 들어 클린턴 대통령의 경우, 그가 개입하고 싶어 하지 **않는** 위기란 상상하기 어렵다. 그러나 존 볼턴이 트럼프 행정부에서 일했을 때, 그는 종종 대통령이 밤새 벌어지는 일을 모른 채 잠을 자게 내버려두었다. 북한이 미사일을 발사하면, 그는 내각 장관들 그리고 국방부 수뇌부와 전화 회의를 소집했다. "우리가 미사일을 추적해보면 이미 바다에 떨어져서 위협이 되지 않는 것으로 드러나곤 했습니다." 볼턴은 기억했다. "그런 일이 몇 번이나 있었는지 기억나지 않지만, 나는 항상 마지막에 가서 '대통령께는 내일 아침까지 보고하지 않겠습니다'라고 말하곤 했죠. 그러면 우리는 모두 다시 잠자리에 들곤 했고요."

"다른 대통령, 즉 조지 H. W. 부시였다면 아마도 스코크로프트가 깨웠겠죠. 하지만 나는 새벽 3시에 트럼프에게 전화해서 '미사일 발사가 있었지만 아무 일도 없었습니다'라고 말하진 않았을 겁니다." 볼턴은 말했다.

볼턴의 전임자 중 한 명인 즈비그뉴 브레진스키는 그런 사치를 누리지 못했다. 카터 행정부 말기인 1980년 6월 3일, 브레진스키는 대통령을 깨울지 말지 결정해야 하는 중대한 시험에 직면했다. 그날 새벽 2시 26분, 그는 군 보좌관 빌 오덤이 걸어온 전화 소리에 깜짝 놀라 잠에서 깼다. 그는 220기의 소련 핵미사일이 미국을 향해 돌진하고 있다는 소식을 전했다. 대통령에게 보복 공격을 명령할 수 있는 시간이 7분밖에 없음을 알았던 브레진스키는 오덤에게 정보를 확인한 후 다시 전화하라고 말했다. 오덤은 그렇게 했고, 이제는 핵 대학살을 일으킬 수 있는 2200기의 미사일이 날아오는 것으로 보인다고 보고했다.

브레진스키는 워싱턴 D. C.가 곧 사라질 것으로 믿었다. 그는 아내를 깨우지 않기로 했는데, 아내가 평화롭게 죽도록 내버려두는 게 더 친절한 일이라고 생각했기 때문이다. 하지만 그가 카터 대통령에게 전화를 걸 준비를 하던 순간, 오덤은 다시 한번 전화를 걸어와 다른 경보시스템에는 미사일들이 접근 중이라는 표시가 나타나지 않았다고 말했다. '공격'은 허위 경보였다.

바이든 대통령 행정부 시절에 상황실 수석 실장이었던 마크 거스타프슨은, 새 행정부에서 "가장 성장통이 심한 분야"가 고위급 참모들을 언제 깨울 것인지를 결정하는 일이라고 전했다. 내가 2022년 말에 그와 이야기를 나눴을 때, 그는 이렇게 말했다. "우리 팀은 항상 그 과정을 개선하고자 했고 '이런 일이 발생하면 국가안보 보좌관을 깨워야 할까? 그리고 또 누구에게 연락해야 할까?' 하는 문제를 해결하려고 노력했습니다." 이러한 결정은 어려운 일이며, 결정을 내려야 하는 사람들에겐 큰 부담으로 다가온다.

"밤에 여러 번 전화를 받습니다." 조지 W. 부시 대통령과 버락 오바마 대통령 행정부 모두에서 상황실장을 지낸 케빈 두네이는 기억을 떠올렸다. "실제로 정보를 윗선에 전달한 경우는 10퍼센트에 불과했고, 결정을 내린 후 다시 잠들지 못할 때도 있었습니다. … 그냥 멍한 시선을 던지며 '제발, 내가 일을 망친 게 아니길' 하고 생각하곤 했어요."

*

마야게즈호 사건의 경우, 포드 대통령이나 헨리 키신저 국무장관은 배가 나포된 지 몇 시간이 지나서야 그 사실을 통보받았다. 상황실은 5월 12일 오전 7시 30분에 브렌트 스코크로프트 국가안보 부보좌관에게 이 사실을 알렸고, 스코크로프트는 10분 후 집무실에서 대통령에게 보고했다. 키신저는 오전 8시에 국무부에서 열리는 정례 직원회의에서 이 사실을 알게 되었고, 기분이 **좋지 않았다.**

회의 탁자에 둘러앉은 직원들이 돌아가며 키신저에게 보고하던 중, 이날 부재중인 상사를 대신해 회의에 참석해 있었던 국무부 동아시아 담당 차관보 오언 저헬런이 캄보디아군이 마야게즈호를 나포했다는 소식을 전했다. 키신저가 덥수룩한 눈썹을 치켜세웠다. "어떻게 그런 일이 있을 수 있지?" 그는 반문했는데, 그것은 마야게즈호가 나포된 사실뿐만 아니라 "자신이 그런 식으로 그 사실을 알게 되었다는 점"에 대한 언급이었다고, 《부흥의 시절》에 썼다. 회의 2분 전에야 이 사실을 알게 된 불운한 저헬런은 정직하게 대답했다. "그건 제가 모르는 일입니다."

그리고 이것은 시작에 불과했다. 마야게즈호 위기 당시 정보의 흐름과 정확성은 모든 관계자를 놀라게 할 만큼 큰 문제가 되었다. 배는 어디에 있는가? 그리고 캄보디아인들은 39명의 선원을 어디로 데려갔는가? 이틀 동안 네 차례에 걸쳐 열린 NSC 회의에서 대통령의 최측근 참모들은 시암만에서 정확히 무슨 일이 벌어지고 있는지를 두고 격렬한 논쟁을 벌였다. 포드 대통령은 회고록 《치유를 위한 시간》에 이렇게 적었다. "월요일 하루 종일 우리는 상반된 보고를 받았다." 처음에 마야게즈호는 캄보디아 본토로 향하고 있었다. 그러다 근해에 정박하고 있었다. 그다음에는 연안으로 향하고 있었다. 또 그다음에는 정박하고 있었다. 마지막으로 본토 근처 바다에서 침몰했다는 보고가 들어왔다.

NSC가 세부 사항을 확인하고 대책을 논의하는 동안, 이전 선박 나포 사건의 망령이 회의실을 뒤덮었다. 7년 전, 북한군은 미국 푸에블로호를 나포해 승무원 한 명을 살해하고 82명을 평양 수용소로 끌고 갔다. 북한군은 11개월 동안 미국인들을 심문·고문했고, 선전 목적으로 그들을 카메라 앞에다 세웠다. 하지만 존슨 대통령이 할 수 있는 일은 거의 없었다. 넬슨 록펠러 부통령은 NSC 회의에서 "나는 푸에블로호 사건을 기억합니다"라고 말했는데, 푸에블로호 승무원들이 억류되어 있을 때 유명해진, 전 국민적 외침을 상기시킨 것이었다. 포드 대통령은 마야게즈호 선원들에게 그와 비슷한 일이 일어나지 않게 할 생각이었다.

선박에 대한 상반된 보고는 골칫거리였다. 하지만 더 큰 문제는 승무원들의 행방을 두고 벌어진 혼란이었다. 5월 13일 화요일 이른 아침, 해군 정찰기 조종사들은 캄보디아 해안에서 48킬로미터 떨어진 아주 조그마한 땅덩어리인 코탕섬에서 선원들을 목격했다고 보고했다. 크메르루주가 이들을 본토의 수용소로 이송하는 것을 막는 데 필사적이었던 포드는 오전 10시 22분에 상황실에서 NSC 회의를 소집했다.

이 회의에서 대통령은 느려터진 정보흐름을 두고 절망감을 드러냈다. 그는 합참의장 대행인 데이비드 존스 장군에게 이렇게 말했다. "보고가 지연되는 게 매우 우려스럽네. 즉시 정보를 확보해서 최대한 빨리 내게 전달하길 바라네." 문제는 정보가 들어와도 잘못된 정보인 경우가 많다는 거였다. 존스 장군은 선원들이 코탕섬에 있다고 알렸지만, 선원 중 그 누구도 코탕섬에 발을 디딘 적이 없다는 사실이 나중에 밝혀졌다. 대신 그들은 본토로 이송하라는 명령을 받은 태국 어선에 승선해 있었다.

포드 대통령은 신속하게 행동 방침을 정해야 했다. "시간이 지체될수록 상황은 더 나빠질 겁니다. 강력하고 신속한 대응이 없을 거라고 생각하면 공산주의자들은 계속 이런 짓을 할 겁니다." 록펠러 부통령은 말했다. 키신저와 존스 장군은 대통령에게 적극적인 대응을 촉구했다. 그래서 회의 말미에 포드는 (1) 코탕섬을 떠나는 배를 차단하고, (2) 코탕섬으로 오는 배 역시 차단하고, (3) 마야게즈호를 탈환하고, (4) 1000명 규모의 강력한 해병 부대를 보내 섬을 침공하는 등 네 가지 계획을 열거했다. 그러고는 결정적인 세부 사항을 하나 더 추가했다. 대통령은 미군이 항공기의 힘을 빌려 배들을 막겠지만 "꼭 침몰시킬 필요는 없으며 그저 예방적 조치"를 취하라고 지시했다. 키신저의 평가에 따르면, 제럴드 포드는 "한두 번의 단호한 회의에서 목표를 정하고" "그 이후에는 다른 생각을 하지 않는" 지도자였다. 하지만 그날 밤늦게 열린 세 번째 NSC 회의에서 포드는 자기 자신에게 많은 비판과 스트레스를 유발하는 결정을 내릴 참이었다.

*

포드 대통령이 밤 10시 40분 내각실에서 NSC 회의를 소집했을 때, 그의 기세는 꺾여 있었다. 세 시간 전, 국방부 국가군사지휘본부는 코탕섬 침공을 지원하러 가던 미 공군 헬기가 태국에서 추락해 탑승자 23명 전원이 사망했다는 소식을 전해왔다. 마야게즈호 사태를 해결하기 위한 외교적 노력은 아무런 성과가 없었다. 그리고 미군 항공기가 섬에서 본토로 항해하려던 캄보디아 순찰선 여러 척에 발포하면서 전투가 시작되었다.

이후 포드가 《치유의 시간》에서 묘사한 것처럼, 극적인 장면이 연출되었다.

어떤 추가 조처를 할지 논의하는 동안 상황실에서 내각실로 한 가지 메시지가 인편으로 직접 전달되었다. 그것은 전투 현장 상공을 비행하던 공군 A-7 공격기 조종사가 보내온 것이었다. 캄보디아 선박 한 척이 코탕섬을 막 떠나 (본토의) 콤퐁솜으로 향하고 있었다. 조종사는 목표물 위로 한번 쓱 지나갔다. 20밀리미터 함포로 선박을 침몰시키려던 순간, 그는 아래 갑판에 모여 있는 백인들을 보았다고 생각했다.

이 순간을 상상해보라. 미국 조종사가 두 척의 선박에 발포해 이미 한 척은 침몰하고 있다. 그는 세 번째 선박을 저지하기 위해 최루탄인 폭동진압작용제를 발사한다. 사살을 위해 비행하다 갑판에서 백인들의 얼굴을 본 것 같았지만 확실치가 않다. 그래서 그는 상황실에 무전을 하고, 상황실은 내각실에 있는 대통령에게 쪽지를 전달해 어떻게 해야 할지 묻는다.

NSC 회의록에 기록된 대화는 회의실에 있던 사람들의 당혹감을 잘 보여준다.

<u>포드</u>: 조종사가 폭동진압작용제를 사용했나요?

<u>스코크로프트</u>: 시도해봤지만, 효과가 없었습니다. 이제 조종사는 뭘 해야 할지 몰라 하고 있습니다.

<u>슐레진저</u>: 조종사가 백인들이 배에 타고 있는지 확신이 안 서는 모양이에요.

<u>하트먼</u>(로버트 하트먼, 대통령 고문): 조종사가 그 사람들이 백인인지 어떻게 알 수 있습니까?

<u>슐레진저</u>: 신체 크기와 피부색 등 여러 가지 징후로 알 수 있습니다.

<u>스코크로프트</u>: 그렇게는 식별이 쉽지 않습니다. 매우 어려워요.

<u>슐레진저</u>: 협상용 카드를 내주지 않는 것보다, 캄보디아 사람들이 '미국이 자기 국민을 죽였다'라고 말하는 상황이 벌어지지 않게 하는 게 더 중요한 목표라고 생각합니다.

포드: 어떻게 하는 게 좋겠습니까? 배가 본토에 들어가도록 그냥 둬야 할까요?

실수로 미국 선원들을 죽이는 것은 인도적 비극이자 정치적 재앙이 될 터였다. 회의실 안에 있던 사람들 모두는 그런 위험을 감수하고 싶지 않았다. 하지만 키신저는 차라리 그렇게 하는 것이 더 나을지도 모른다고 냉정하게 말했다.

키신저: 조종사는 백인이 있을지도 모른다고 생각합니다, 차라리 섬을 떠나는 모든 걸 타격한다고 정했으면, 우리가 훨씬 더 나은 입장에 있었을 겁니다.
포드: 그렇군.
키신저: 그런데 지금 우리는 그 조종사와 논쟁을 벌이고 있어요.

이것은 비범한 순간이자 완전히 새로운 차원의 '마이크로 매니징'이었다. 위성통신 덕분에, 백악관에서 약 1만 5000킬로미터 떨어진 공중에 있는 조종사가 대통령에게 어떻게 해야 할지 직접적으로는 아니나, 간접적으로나마 물어볼 수 있게 되었다. 지구 반대편에 있는 전장으로부터 정보를 얻는 데 몇 시간, 심지어 며칠이 걸리던 일은 다시는 없을 터였다. 그러나 이러한 발전은 기적적이었지만 단점도 있었다. 미국 대통령이 한 조종사가 특정 배를 향해 사격을 가해야 하는지 아닌지에 집중하는 게 정말 유용한 일이었을까? 린든 존슨이 베트남에 있는 미국 전투기들과 실시간으로 직접 소통할 수 있었다면 어떤 일이 일어났을는지, 생각만 해도 몸서리가 쳐진다. 그는 상황실을 절대 떠나지 않았을 것이다.

논쟁은 계속되었고, 키신저는 조종사가 선박을 침몰시켜야 한다고 주장했다. "나는 섬과 콤퐁솜 그리고 선박을 한꺼번에 처리해야 한다고 생각합니다." 그는 대통령에게 말했다. "우리가 가능하면 언제든 무력을 행사할 수 있다는 인상을 사람들에게 심어줘야 합니다." 시간이 흐르고 있었고 스코크로프트는 포드에게 답을 재촉했다. "결정을 내려줘야 합니다. 뭐라고 말할까요?"

"섬 근처에 있는 배들을 침몰시키라고 하세요." 포드가 대답했다. "다른 배들에 대해서는 폭동진압작용제나 다른 방법을 사용하되 공격은 하지 말고요." 제임스 L. 홀러웨이 3세 제독은 고개를 끄덕이곤 밖으로 나갔고, 명령을 전달하기 위해 상황실로 향했다.

이 일련의 사건은 포드를 불안하게 만들었다. 그는 나중에 이렇게 썼다.

나는 일단 결정을 내린 후에는 거의 걱정하지 않지만, 이번 결정은 내게 약간의 불안감을 안겨줬다. 조종사의 말이 맞다면 선원들은 본토로 향하고 있을 것이고, 본토에서는 그들을 구조하려는 우리의 노력이 훨씬 더 큰 어려움에 직면할 것이기 때문이었다. 밤새 상황실로 새로운 보고가 들어오면서 내 걱정은 더욱 커졌다. 다른 순찰선 몇 척이 섬을 떠나려고 시도했고, 우리 비행기의 정지 신호를 무시했다가 격침되었다. 그 선박들이 마야게즈호 선원들을 갑판 아래에 태우고 있다면? 알 수 있는 방법은 없었고, 그럴 가능성이 있다는 생각만으로도 나는 끔찍한 기분이 들었다.

그 선박은 사실 미국인 선원 39명 전원이 타고 있던 태국 어선이었음이 드러났다. 포드의 결정이 그들을 구한 거였다.

하지만 안타깝게도 마야게즈호 위기가 끝나기 전에 다른 많은 미국인이 목숨을 잃었다.

*

포드 대통령은 5월 14일 수요일 오후 3시 52분에 네 번째이자 마지막 NSC

회의를 소집했다. 사태가 사흘째로 접어들고 해군함정 파견대가 시암만에 들어선 참이어서 군사행동을 개시해야 할 때였다. 하지만 얼마나 많은 무력을 사용해야 하는가? 단순히 마야게즈호와 선원들을 되찾는 것이 목표여야 하나? 아니면 크메르루주를 응징하는 것 역시 중요할까?

포드와 키신저는 본토 폭격을 포함한, 좀 더 호전적인 접근법을 옹호했다. "세게 나가야 한다는 게 제 생각입니다." 키신저가 말했다. "이동식 목표물만 공격할 것이 아니라 다른 목표물도 공격해야 합니다." 그러나 슐레진저는 그런 폭격은 너무 무리한 조치라고 생각했다. 이런 결정은 도시가 파괴될지 아닐지, 무고한 사람들이 죽게 될지 아니면 계속 살게 될지를 확정하는 종류의 결정이었다. 사람들은 돌아가며 의견을 말했고, 토론이 잠시 소강상태에 접어들자 새로운 목소리가 터져나왔다.

"이것이 캄보디아 내 한 지역 사령관이 벌인 행동으로, 그저 지나가는 배를 막으려는 목적에서 마야게즈호를 탈취한 것일 수도 있다는 생각을 하시는 분은 없습니까?" 다들 고개를 돌렸다. 대체 누가 말을 한 거지?

말을 한 사람은 스물여덟 살의 백악관 전속 사진작가 데이비드 흄 케너리였다. 거의 모든 대통령 회의에 참석하는 백악관 사진작가는 벽에 붙은 파리와 같은 존재여야 한다. 사진은 찍지만, 말은 하지 않는다. 하지만 이번에는 그렇지 않았다. 사진작가가 극비리에 진행되는 NSC 회의에서 자신의 견해를 밝히다니, 그는 도대체 무슨 일을 한 걸까? 내각실에 모인 사람들은 세계에서 가장 강력한 힘을 가진 사람들이었다. 외부인이 감히 그들의 말에 끼어드는 건 있을 수 없는 일이고, 특히 그들이 미국의 군사행동에 대해 논의하고 있을 땐 더더욱 그랬다. 이 젊은 청년의 배짱은 놀라웠다. 그는 계속 말을 이었다.

"그가 프놈펜 중앙정부로부터 명령을 받지 못했을 수도 있다는 생각을 해보신 분이 안 계시는가요?" 케너리가 물었다. "만약 그렇다면, 그곳 전체를 날려도 달라질 것은 없습니다. 여기 있는 모든 분은 캄보디아가 프랑스처럼 전통적인 정부인 것처럼 이야기하고 있습니다. 우리가 프랑스와 문제가 있다면 전화기를 들고 전화하면 되죠. 누구와 이야기해야 할지 알고 있고요. 하지만 저는 불과 2주 전에 캄보디아에 있었는데, 캄보디아는 전혀 그런 정부가 아니었습니다. 우린 심지어 수뇌부가 누구인지도 모르지 않습니까. 그런 생각을 해본 분이 혹시 계시는가요?"

나는 이 이야기를 들어본 적이 없었고, NSC 회의 중에 이와 비슷한 일이 있었다는 이야기도 들어본 적이 없었다. 그래서 나는 케너리를 찾아가 그 일화에 관해 물었다. 이제 70대 중반이 된 그는 왜 젊은 나이에 용기를 내어 목소리를 내게 되었는지 설명해줬다. 그리고 그 이야기를 들으며 나는 제럴드 포드가 어떤 사람인지 알 수 있었다.

"그 방에서 캄보디아 전쟁에 참전했던 사람은 나뿐이었습니다." 케너리는 내게 말했다. "그러니까 나는 나라 밖으로 나가본 적 없는 아이오와 출신의 얼간이가 아니었던 겁니다." 사실 케너리는 1972년 베트남과 캄보디아의 전쟁 지역에서 촬영한 사진으로 이미 특집 사진 부문에서 퓰리처상을 수상한 바가 있었다. NSC 위원들이 알지 못하는 사실을 알고 있다고 믿었던 그는 목소리를 내야 한다는 도덕적 의무감을 느꼈다. "미국이 베트남전쟁에서 패했던지라 많은 사람은 미국이 강력한 행동을 취하길 원했어요." 그는 말했다. "하지만 나는 캄보디아 국민에게 베트남전쟁에서 패한 대가를 치르게 할 수는 없었습니다. … 프놈펜이나 프놈펜 주변을 폭격해도 아무 소용이 없었을 겁니다. 수많은 무고한 사람들이 죽게 될 뿐이었죠."

키신저는 이 순간에 대해 회고록에 기록하지 않았지만, 사진작가가 그 대화에 끼어든 것에 매우 짜증이 났을 것으로 보는 게 타당하다. "많은 사람이 화를 냈습니다." 케너리가 내게 말했다. "다행히도 내 상사는 그런 사람 중 한 명이 아니었습니다." 그의 상사, 즉 포드 대통령은 케너리의 의견을 환영했다. 그리고 결국 그는 사진작가의 말에 따라 키신저가 주장하던 B-52 공격을 취소했다.

"케너리의 말이 일리가 있다고 느꼈다. 대규모 공습은 과잉 살상이 될 수 있었다." 포드는 회고록에서 이렇게 썼다. 대신 그는 한 시간 만에 본토의 특정 목표물에 대한 제한적인 공습을 지시했다. 케너리의 생각이 받아들여지긴 했지만, 회의가 끝난 후 포드는 그를 따로 불러 이렇게 말했다. "다음에 발언할 거면 메모를 써서 내게 직접 건네도록 해."

포드가 케너리의 의견을 받아들였을 뿐만 아니라 이를 행동으로 옮겼다는 사실은 그가 어떤 대통령인지 잘 말해준다. 그는 젠체하지 않았다. 직함이나 워싱턴 특유의 정치적 수싸움에도 관심이 없었다. 그는 평범한 사람이었고, 솔직히 말해서, 자신이 백악관에 들어가게 될 거라곤 꿈에도 생각하지 못했을 것이다. 그는 대통령이나 부통령으로 선출된 적이 없는 유일한 대통령으로, 애그뉴 부통령이, 그다음에는 닉슨이 사임한 후 미국 최고 위직에 올랐을 뿐이다.

닉슨과 마찬가지로 포드 대통령도 상황실을 회의용으로 거의 사용하지 않았다. 하지만 상황실을 피한 이유는 상황실이 NSC의 영역이라는 편집증을 느꼈던 닉슨과는 달랐다. 포드의 전기 작가인 리처드 노턴 스미스는 포드가 대통령으로서의 정통성을 확립하기 위해 집무실과 내각실에서 일하는 것을 선호했을 가능성이 있다고 추측한다. 하지만 그보다는 단순히 그 방들이 더 넓고 편안했기 때문일 가능성이 더 크다. "그가 한번은 상황실을 언급했었는데, 그 방이 마음에 들지 않는다고 했습니다." 케너리가 내게 말했다. "그 방이 협소하고 우울감을 주며 어두침침하다고 말했습니다."

케너리의 말에 따르면, 실제로 포드는 대통령으로 재임하는 동안 딱 한 번 상황실에 들어갔는데, 사이공이 함락되기 전날 밤이었다. 하지만 아주 이상하게도 그와 영부인 베티 포드는 상황실 단지를 자주 지나다녔다. 그들은 수영복 차림이었는데, 백악관에 새로 생긴 야외 수영장으로 향하고 있었다.

1970년대 중반, 백악관은 새 기자회견실을 만들기 위해 실내 수영장을 덮은 후 남쪽 잔디밭에다 야외 수영장을 설치했다. 열렬한 수영광이었던 포드는 돈을 쓰는 대신 지역 YMCA에 가입할 것을 제안했지만, 어쨌든 수영장이 지어졌을 때 크게 기뻐했다. 안타깝게도 수영장에 갈 수 있는 방법은 관저 밖 잔디밭을 걸어서 통과하는 것뿐이었다. 이 때문에 대통령 내외가 수영복을 입은 채 수건과 가운을 걸치고 잔디밭을 가로지르는 민망한 장면(딱히 고상한 모습이라고 할 수는 없었다)이 연출되었지만, 포드는 크게 신경 쓰지 않는 듯했다.

이후 프라이버시를 위해 새로운 실내 통로가 만들어졌다. "백악관은 상황실 단지의 통신 금고 뒤쪽 벽에 외부 문을 설치했어요." 상황실장 마이클 본이 말했다. 그 문은 수영장으로 바로 연결되는 계단으로 이어졌다. 결국 포드는 수영하러 가는 길에 상황실 단지를 가로지르게 되었는데, 그것이 어떤 면에서는 노출이 적은 경로였지만 또 다른 어떤 면에서는 그렇지 않기도 했다.

"포드 대통령이 밤에 수영하러 내려오곤 했다고 당직 요원들이 말했습니다." 닉슨과 포드 두 대통령 밑에서 근무했던 봇사이 박사가 회상했다. "그는 우리 구역을 통과해 LDX 기계가 있는 뒷방을 지나가야 했습니다." 이 때문에 직원들은 불편한 순간을 겪었다고 그녀는 말했다. "때때로 당직 요원들은 잡지와 반쯤 먹은 샌드위치, 쓰레기를 책상 서랍에다 순식간에 밀어넣고, 신발을 신고, 빗으로 머리를 빗는 등 주변을 정리해야 했죠."

"평범한 사람" 포드는 신경 쓰지 않았을 것이다. '드라마 없는 오바마 No Drama Obama'가 나오기 훨씬 전부터 포드는 차분하고 이성적인 대통령직 수행의 표준을 세웠다. "그의 DNA에 그런 면이 있었다고 생각합니다." 리처드 노턴 스미스는 내게 말했다. "그는 워싱턴 생활의 일부인, 다소 인위적이고 언론이 만들어내는 듯한 위기 분위기를 본능적으로 피했습니다."

이런 이유로 마야게스호 사건에서 가장 기억에 남는 사진이 턱시도를 입고 파이프를 손에 든 대통령이 흥분한 손짓을 하고 있는 사진이라는 점은 매우 놀랍다. 그 주위엔 다른 턱시도 차림의 남성들이 환하게 웃고 있다. 이 사진은 데이비드 흄 케너리가 백악관 집무실에서 촬영한 것으로, 그는 이 사진을 찍기 불과 여덟 시간 전, NSC의 그 중요한 회의에서 감히 소신 발언을 한 것이다.

*

5월 14일 오후 7시 7분, 시암만에 미군이 증강되는 것을 본 크메르루주는 마야게즈호를 풀어주겠다는 성명을 방송으로 내놓았다. 이 메시지는 한 시간 이상이 지나서야 번역되어 포드에게 전달되었고, 그사이 공격이 시작되었다.

처음부터 미국은 불리한 상황에 부닥쳤다. 미국 측 정보원이 생각했던 것보다 훨씬 많은 크메르루주 군대가 중무장을 한 채 지상에 있었기 때문이었다. 미군 헬기 여덟 대가 섬에 접근하자 아래에서 총알들이 무더기로 날아들었다. 첫 번째 헬리콥터는 전투 시작 6분 만에 추락했고, 곧이어 두 대가 추락했다. 실제로 섬에 도착한 해병대는 110명뿐이었고, 그들은 즉시 마야게즈호 승무원 39명을 찾기 위해 수색을 시작했지만, 당연히 그들은 그곳에 없었다. A-6 및 A-7 항공기가 미 해군 항공모함 코럴시호에서 이륙해 본토의 저장 시설에 폭탄을 투하했다. 그리고 워싱턴으로 돌아온 포드 대통령은 요하너스 덴아일 네덜란드 총리와의 만찬을 위해 턱시도를 입었다.

대통령의 다른 임무는 전쟁, 공격, 위기 상황에서도 멈추지 않는다. 이 날 그는 마야게즈호 사태를 처리했을 뿐만 아니라 오전에는 미시간주 사업가 단체를, 오후 2시에는 뉴욕의 노동계 지도자들과 만났고, 심지어 치과를 방문하는 짬까지 내기도 했다. 네덜란드 총리의 방문은 오래전에 계획된 일정이었으므로, 포드는 일정을 취소해 총리를 당황하게 만들고 싶지 않았다. 그래서 오후 8시 22분부터 밤 11시 직전까지 지구 반대편에서 헬리콥터가 추락하고 폭탄이 떨어지는 동안 포드는 백악관 국빈 만찬장에서 덴아일 총리를 위한 '남자들만의 만찬'을 주최했다.

키신저의 표현을 빌리자면, 그날은 그의 "공직 경험 중 가장 기괴하고 긴장된 저녁 중 하나였다". 포드는 만찬이 시작되자마자 상황실로부터 크메르루주의 방송 소식을 접했고, 키신저와 함께 대응 방안을 논의하기 위해 자리를 떴다. 폭격을 계속하기로 서둘러 결정한 포드는 만찬장으로 돌아왔다. 그러나 키신저와 스코크로프트, 도널드 럼즈펠드 비서실장은 상황실에 수시로 들락거리며 캄보디아 상황을 점검했다.

"모두들 턱시도를 입고 아주 말쑥한 모습으로 이리저리 뛰어다니고 있었어요." 그날 밤 상황실에서 근무 중이었던 샐리 봇사이가 기억을 떠올렸다. "나는 작전 진행 상황을 감시하는 NSC-NMCC(국가군사지휘본부) 통신 피드 상의 통화를 모니터링하고 있었죠. … 나는 키신저와 스코크로프트가 쓰던 사무실과 충분히 가까이 있길 원했는데, 무슨 일이 생기면 그들에게 곧장 정보를 넘겨주기 위해서였습니다."

"매우 이례적인 상황이었어요." 그녀는 내게 말했다. "보통은 실시간으로 그런 상황을 경험하진 않았으니까요." 나는 키신저와 스코크로프트가 서두르는 모습이 극적인 장면 같다고 말했지만, 그녀는 고개를 저었다. 그러면서 그녀는 "모든 게 너무 극적이었고, 그러다 보니 결국 평범한 것이 되었어요"라고 말했는데, 이는 상황실을 묘사하는 매우 적절한 표현인 것만 같았다.

만찬은 밤 11시가 되기 직전에 끝났고 포드, 스코크로프트, 키신저, 럼즈펠드와 몇몇 보좌관들은 재빨리 집무실로 모였다. 몇 분 후 전화벨이 울렸다. 슐레진저 국방부 장관에게서 걸려온 전화였는데, 미 해군 윌슨호가 한 캄보디아 어선을 나포했다는 소식이었다. 갑판 위에서는 한 무리의 남자들이 흰 깃발을 흔들고 있었고, 마야게즈호 선원들은 모두 무사했다. 위기는 끝이 났다.

"나는 전화기를 거치대에다 내려놓았고 감정을 드러냈다." 포드는 회고록에다 이렇게 적었다. "내가 말했다. '다들 안전하답니다. 모두 구조했습니다. 하느님 감사합니다. 작전이 완벽하게 끝났습니다. 정말 잘되었습니다.' 키신저와 럼즈펠드, 그리고 다른 사람들은 기쁨의 탄성을 터뜨렸다."

데이비드 흄 케너리가 이 장면을 필름에 담았다. 이미지는 인상적이었고 안도감이 느껴졌다. 그러나 포드가 그 순간에 말한 것과는 달리 작전이 완벽했다거나 잘 진행된 것은 아니었다. 공격 도중 38명의 해병이 사망했다. 다른 세 명은 생포되거나 코탕섬에 남겨져 생사가 정확히 알려지지 않았다. 이 41명의 이름은 베트남 참전용사 기념관의 벽에 새겨져 있으며, 베트남전쟁의 마지막 희생자로 여겨진다. 포드는 회고록에서 이들의 죽음을 인정하며 이렇게 적었다. "많은 희생이 있었고, 나는 그것이 끔찍하게 느껴졌다." 럼즈펠드 역시 그 일로 괴로워했다. 케너리의 말에 따르면 집무실에서 모두가 웃고 있는 사진을 공개되었을 때 럼즈펠드는 그에게 "크게 화를 냈다".

포드 대통령은 승무원들의 석방을 발표하기 위해 턱시도를 벗고 비즈니스 정장으로 갈아입었다. 5월 15일 새벽 시간이었고, 그는 지친 기색이 역력했다. 그는 참모들에게 말했다. "집에 가서 잠을 자야겠습니다." 집무실을 나서는 사람들 대부분도 그렇게 했다.

브렌트 스코크로프트는 앞서 한 일을 계속해야 했다. 그는 밤이 되어

포드 대통령은 캄보디아군이 마야게즈호를 나포한 후 상황실에서 몇 시간을 보냈다. 위기가 끝나자, 만찬을 위해 턱시도를 입고 있던 그와 그의 참모들은 벅찬 감정을 드러냈다(왼쪽부터: 로버트 맥팔레인, 브렌트 스코크로프트, 도널드 럼즈펠드, 헨리 키신저, 제럴드 포드). (촬영: 데이비드 흄 케너리, 포드 도서관 제공.)

도 여전히 멈춤이 없는 상황실로 다시 내려갔다. "그는 상황실로 내려와서 우리에게 감사의 인사를 했어요." 봇사이가 회상했다. "그렇게 하는 사람은 그때 처음이자 마지막으로 본 것 같네요." 당직 요원들과 참모들, 직원들은 그저 고개를 끄덕였고, 다시 각자의 업무에 집중했다.

5장

근접 조우

5월 8일. 우리는 사람들이 특정 위도와 경도 등에 무엇이 존재하는지를 떠올릴 수 있는 초심리학 프로젝트에 관한 세션을 상황실에서 가졌다.

- 지미 카터 《백악관 일기》, 426쪽

1980년 5월 8일 목요일 오후 1시 직전, 제이크 스튜어트라는 NSC 요원이 지미 카터 대통령에게 비공개 브리핑을 하기 위해 상황실로 들어왔다. 늘씬하고 단정한 차림의 미 해군 대위였던 스튜어트는 1978년부터 국방예산, 군사 프로그램, 무기통제 등의 업무를 담당하는 NSC의 방위협력 클러스터에서 근무하고 있었다. 하지만 이날 그는 대통령에게 매우 다른 유형의 프로그램에 대해 브리핑할 예정이었다.

대통령의 공식 활동 일지인 '백악관 일지'에 따르면, 두 사람이 만난 자리에는 해밀턴 조던 비서실장, 로이드 커틀러 백악관 고문, 즈비그뉴 브레진스키 국가안보 보좌관, 영부인 로잘린 카터 등 네 명의 인사도 함께 자리했다. 하지만 스튜어트의 회고에 따르면, 그날 상황실에는 그와 대통령, 영부인, 브레진스키만 있었다. 어느 쪽이든 상황실 회의에 영부인이 참석한 것은 매우 이례적인 일이었지만, 스튜어트는 그런 말은 하지 않았다. "그때를 제외하고는 대통령과 사적으로 상황실에서 회의한 적이 없습니다." 그는 최근 인터뷰에서 내게 말했다. "그래서 나는 무엇이 일반적인지 아닌지 몰랐어요."

스튜어트의 임무는 카터 대통령에게 '그릴플레임 작전'이라는 일급비밀 프로젝트에 대해 브리핑하는 것이었다. 1978년 10월에 시작된 그릴플레임 작전은 나중에 '스타게이트Stargate'라는 이름으로 알려진 미 육군 프로그램으로, 초심리학을 이용해 첩보를 수집하는 게 목적이었다. 소련에 강력한 초심리학 프로그램이 있다는 소문이 수년 전부터 돌고 있었고, 첩보 전선에서 뒤처지지 않기 위해 CIA와 국방정보국은 스탠퍼드 연구소와 협력해 미국 내에 초심리학 프로그램을 만들었다.

'원격투시자'라고 불리는 일군의 사람들(기본적으로 영매 기질이 있는 이들)이 모집되어 메릴랜드주 포트미드*에 배치되었으며, 그들은 표시조차 되어 있지 않은 두 건물 안에서 비밀리에 자신들의 신비로운 기술을 부지런히 발휘했다. 그들은 초감각 능력을 이용해 전 세계의 상황과 사건에 대한 정보를 수집하는 데 시간을 보냈는데, 그 성공률은 물어보는 사람에 따라 달랐다. 장차 CIA 수장이자 국방부 장관이 되는 로버트 게이츠와 같은 회의론자들에게 그 프로그램은 한마디로 '사기'였다. 그릴플레임 작전의 첫 번째 원격투시자였던 미 육군 선임 준위 조지프 맥머니글과 같은 신봉자들이 보기에는 그 집단이 30~55퍼센트의 유용한 데이터를 제공했고, 이는 야구 분야에서는 뛰어난 평균치이고 첩보 분야에서도 나쁘지 않은 수치였다.

제이크 스튜어트는 신봉자였다. 그와 그의 방위협력 클러스터 동료들은 그릴플레임 작전에 대한 브리핑을 받았는데, 당시 느낌을 이렇게 회상했다. "나는 정말로 큰 흥미를 느꼈습니다." 특히 그는 이 프로그램의 가장 놀

---

* 미 육군 시설 중 하나. (옮긴이).

라운 성공 사례 중 하나에 대해 알게 되어 깜짝 놀랐는데, 1970년대 후반, 로즈메리 스미스라는 한 원격투시자가 자이르(현 콩고민주공화국)의 울창한 열대우림에 추락한 소련의 TU-22 폭격기의 정확한 위치를 찾아낸 사례가 대표적이었다. 스미스는 메릴랜드의 한 책상에 앉아 지도와 비행경로를 스케치하고 지형을 묘사했고, 조종사가 비행기에서 탈출하는 것을 '보았다'라고 주장했다. 그리고 추후 그 모든 세부 사항이 정확한 것으로 판명되었다. 더욱 놀라운 것은, 그녀가 지도 전문가와 협력해 위도와 경도 좌표를 제공했는데, 그곳은 정확히 비행기가 추락한 위치였다.

스튜어트는 브리핑이 끝난 후 깊은 인상을 받았다. 하지만 그의 동료들은 그렇지 않았다. "그 브리핑에 참석한 사람 중 후속 조치에 관심을 보인 사람은 나뿐이었습니다." 그는 내게 말했다. "다른 사람들은 나보다 업무가 많아 바빴던 것 같아요." 스튜어트는 동료들이 SALT II, NATO, 군비통제 문제와 같은 프로젝트에 집중하는 동안 그릴플레임 작전을 책임졌다. 그는 그 프로젝트가 유용한 첩보를 제공하고 있다고 믿었고, 프로젝트에 참여하는 사람들을 돕고 싶어 했다. "그들에게는 매우 힘든 길이었습니다. 그런 종류의 일을 하는 환경은 매우 다양하면서도 매우 적대적이었습니다." 그는 회상했다. 사람들 대부분이 초자연적 심리학에 회의적이었던 관계로 그들은 "정치와 적대감이라는 고역스러운 혼합물"에 직면했다.

하지만 카터 행정부에서 매우 중요한 지위를 차지했던 두 사람은 전혀 회의적이지 않았다. 사실 지미 카터와 로잘린 카터는 초자연적 존재에 대해 매우 개방적이었다.

지미 카터는 황토 도시로 유명한 조지아주 플레인스에서 남침례교 신자로 자랐다. 열한 살에 세례를 받은 그는 교회의 생활과 의식에 푹 빠져 '거듭남'과 '성령' 충만이라는 개념을 온전히 수용했다. 그의 여동생인 루스 카터 스테이플턴은 카리스마 넘치는 신앙 요법가로 유명했는데, 그녀는 자신이 방언을 하고 "기적적인 치유"에 참여한다고 주장했다. 불신자에게는 이러한 개념이 신비롭고 난해해 보일 수 있다. 하지만 카터에게 이러한 개념들은 기초적인 것들이었다. 그리고 이런 점은 다른 종류의 설명할 수 없는 현상에 대해서도 그의 마음을 열게 한 것으로 보인다.

1969년, 조지아주 리어리에 있는 라이온스클럽 밖에서 한 무리의 사람들과 함께 서 있던 카터는, 그가 나중에 "일종의 녹색 빛"이라고 묘사한 것을 목격했다. "그건 어떤 실체가 있는 것이 아니라 매우 특이한 빛이었습니다. 우리 중 누구도 그것이 무엇인지 이해할 수 없었죠." 그는 다른 인터뷰에서 더 자세한 내용을 덧붙였다. "빛이 점점 더 우리 쪽으로 다가왔습니다. 그러다가 멈춰 섰는데, 나는 그게 얼마나 떨어져 있는지 몰랐어요. 그건 소나무 너머에서 멈췄습니다. 그리고 갑자기 색이 파란색으로 바뀌었다가 빨간색으로 바뀌었다가 다시 흰색으로 바뀌었어요. … 그러고는 멀리 사라졌죠." 카터는 자신이 본 것이 정확히 무엇인지 확신할 수 없었지만, 그 물체가 외계 우주에서 왔을 가능성에 흥미를 느꼈다. 나중에 남부 주지사 회의에서 그는 이렇게 말했다. "나는 사람들이 UFO를 봤다고 말할 때 더 이상 비웃지 않습니다. 왜냐하면 나도 직접 봤기 때문입니다."

로잘린 카터도 초자연적 현상에 호기심이 많았다. 남편이 대통령으로 취임하기 한 달 전인 1976년 12월, 그녀는 멕시코시티에서 열린 한 행사에서 이스라엘의 유명한 심령술사 유리 겔러를 소개받았다. 모사드* 그리고 CIA와 모두 연관이 있었던 겔러는 숟가락을 구부리고 마음을 읽는 능력으로 미래의 영부인에게 깊은 인상을 남겼고, 그녀는 이 경험을 통해 그에게 특별한 능력이 있음을 확신하게 되었다. 미국으로 돌아온 그녀는 남편에게 겔러와 만났던 일을 열성적으로 이야기했고, 지미 카터는 대통령 취임 초기에 겔러와 긴 시간 동안 만나 첩보에다 초자연적 심리학을 응용하는 가능성에 대해 논의했다.

이 모든 것이 1980년 5월 8일에 있었던 상황실 회의의 배경이 되었다.

---

* 이스라엘의 비밀 정보기관. (옮긴이)

초자연적 현상에 대해 불가지론자였던 즈비그뉴 브레진스키는 여러 가지 이유로 그릴플레임 프로그램을 대통령 내외에게 알릴 때가 되었다고 판단했다. 그는 제이크 스튜어트에게 브리핑을 준비해달라고 부탁했다. "그래서 나는 연구 결과와 결과에 대한 내 생각, 그리고 현재 상황에서 그 프로그램이 가지는 가치를 확인할 방법 등에 대해 간략하게 보고서를 작성했습니다." 스튜어트는 회상했다.

스튜어트는 탁자 맞은편에 나란히 앉아 있던 대통령과 영부인에게 보고서를 건넸다. 두 사람 모두 아무 말도 하지 않은 채, 자이르 열대우림에서 비행기를 찾아낸 일을 포함해서 스튜어트가 공개한 놀라운 정보를 받아들였다. 스튜어트가 말을 마치자, 대통령은 "그를 쳐다보았고, 아무 말도 하지 않았다. 항상 그랬던 것처럼 진지한 표정이었다. 웃거나 즐거워하거나 그런 모습은 거의 보이지 않았다." 그리고 나서 카터는 깜짝 놀랄 만한 일을 했다.

"그는 '백악관'이라는 글자가 적힌, 낡고 하얀 3x5인치 크기의 종이에다 글을 적더군요." 스튜어트가 말했다. "그는 '인질들?'이라는 한 단어만 썼어요. 그러더니 카터는 조용히 탁자를 가로질러 그 종이를 내 쪽으로 내밀며 말했습니다. '할 수 있는 일이 있겠습니까?'"

"그래서 나는 '모르겠습니다. 한번 알아볼까요?'라고 말했죠. 그러자 그는 고개를 끄덕였습니다. 그래서 나는 '알겠습니다'라고 대답했어요."

상황실에서 있었던 이 놀라운 만남은 이란 무장 세력이 테헤란 주재 미국대사관을 점거하고 60여 명의 미국 외교관과 군인, 민간인을 인질로 붙잡은 지 186일 뒤에 있었던 일이다. 더욱 중요하게는, 포로로 잡혀 있던 미국인 52명을 석방하기 위한, '독수리발톱 작전'으로도 알려진 '데저트원' 작전이 실행된 지 불과 2주 만에 있었던 일이었다. 데저트원 작전은 영웅적인 구출로 마무리되기는커녕 이란 사막에서 미군 여덟 명이 사망한, 실패한 작전으로 기록되었다.

제이크 스튜어트를 만났던 5월 8일, 카터 대통령은 당시 인질극을 어떻게 끝낼지 6개월 넘게 고심하고 있었다. 선거에서 로널드 레이건과 대결해야 하는 날이 다가오는 와중에 그는 정치적 문제들에 휩싸여 있었다. 경제는 침체해 있었고, 인플레이션은 치솟고 있었다. 미국인들은 주유소 앞의 긴 줄에 지쳐 있었다. 이란에 있는 인질들을 구출하기 위해 카터가 벌인 한 번의 큰 도박은 재앙으로 끝난 상황이었다.

그는 어쩌다 그런 지경에 이르게 되었을까? 그릴플레임 프로그램이 이란의 상황을 해결하는 데 실제적인 도움이 될 수 있었을까?

*

이란 인질 사태는 1979년 11월 4일에 시작되었다. 이란 혁명에 대한 미국 정부의 태도에 분노하고 퇴위한 이란의 국왕에게 미국이 피난처를 제공했다는 사실에 자극받은 젊은 무장 세력(대부분 대학생)이 담을 넘어 테헤란 주재 미국대사관을 습격했다. 학생들은 애초 이 점거를 상징적인 의미로 삼으며 짧게 끝내려고 했다. 하지만 이란의 최고 지도자 아야톨라 루홀라 호

카터 대통령과 함께 에어포스원에 탑승한 게리 식. 그는 이란에 있는 인질들을 구출하기 위한 대담한 계획을 제안했다(지미 카터 도서관 제공).

메이니가 이 행동에 지지를 표명하자, 학생들은 미국인 석방을 조건으로 국왕의 귀환을 요구하며 대사관 안에 자리를 잡았다.

테헤란에서의 상황은 지미 카터의 대통령 임기를 순식간에 잠식했다. "인질들이 납치되자 카터는 그 문제를 미국 정부의 최우선 현안으로 삼았습니다." 포드와 카터, 레이건 대통령 시절 NSC에서 근무한 중동 전문가인 게리 식은 회상했다. "그리고 인질들이 석방될 때까지 그 기조가 거의 그대로 갔어요." 식은 나와의 인터뷰에서 인질 사태를 이렇게 정의했다. "처음으로 방송에 중계된, 미국 외교정책의 위기이자 우리가 이슬람 정치에 실제로 처음 노출된 사건이었습니다." 그는 계속 말했다. "우리에겐 어떻게 행동해야 하는지 알려주는 안내서가 없었지만, 그것은 모든 사람에게 가장 큰 이슈였고 카터도 그런 태도를 계속 유지했죠."

11월 4일 새벽 4시에서 5시 사이, 식은 대사관이 점령되었음을 알리는 상황실 당직 요원의 전화 때문에 잠에서 깼다. 짧은 대화를 나눈 후, 식은 "어둠 속에서 일어나 옷을 입은 다음 라디오에서 흘러나오는 방송을 들으며 수도의 텅 빈 거리를 운전했다"라고 자신의 저서 《모두 쓰러지다: 미국과 이란의 비극적 만남》에서 적었다. "면도도 하지 못한 채 충혈된 눈으로 한, 이 동트기 전의 드라이브가 이후 14개월 동안 내 삶의 일상적인 부분이 될 것임이 분명해 보였다."

그리고 실제 그런 일이 벌어졌다. 이후 몇 달 동안 거의 매일 아침, 특별조정위원회SCC라고 불리는, 고위급 관리와 직원들로 구성된 그룹이 상황실에 모여 진행형인 위기 상황을 논의했다. 즈비그뉴 브레진스키는 게리 식이 준비한 안건을 바탕으로 한 시간 정도 이어지는 회의를 주도했다. 이는 식이 매일 새벽에 상황실로 출근해, 간밤에 있었던 상황상의 변화를 평가하고 상황실 직원들의 도움을 받아 수천 페이지에 달하는 정보를 신속하게 요약해 한두 쪽 분량의 의제로 만들어야 함을 의미했다.

"나는 한 사람에 불과했지만, 당시 미국 정부에 유입되는 기밀정보의 양은 믿을 수 없을 정도였어요." 식은 회상했다. "미국 정부 전체가 이 한 가지 이슈에 집중하고 있었기 때문에 보고할 내용이 있는 모든 사람이 하나같이 높은 관심을 받았습니다. 모든 정보가 상황실로 들어왔고, 열심히 일하는 직원들이 나를 위해 자료집을 준비해줬죠. 나는 해가 떠오를 즈음 그곳에 도착해 내 앞의 자료집을 훑어보곤 했고요."

"보통 500에서 1000쪽 정도 되는 분량이었습니다." 식은 계속해서 말했다. "그래도 매우 빠르게 읽을 수 있었어요. 특정 유형의 정보, 새롭거나 특이한 정보를 찾고 있었기 때문이었죠. 그런 상황에서는 정말 빠른 속도로 읽을 수 있습니다. 한번은 내가 일하는 하루 동안 내 사무실에 1만 쪽 분량의 자료가 쌓인 적이 있습니다. 물론 하루에 1만 쪽을 읽을 수는 없어요. 하지만 훑어볼 수는 있습니다."

때는 1970년대였고, 개인용컴퓨터와 인터넷을 활용해 정보를 훨씬 빠르고 쉽게 검색하고 정리할 수 있게 되기 직전의 시대였다. 식은 방대한 양의 문서뿐만 아니라 "라디오 듣기"에도 의존했다고 회상했다. "나는 책상 바로 옆에 휴대용 라디오를 두고 매시간 정각에 라디오가 울리도록 설정해 놓았는데, 다른 어떤 곳보다 라디오에서 빠르게 뉴스를 접할 수 있었기 때문입니다."

결국 다양한 출처에서 정보를 얻으려는 상황실 직원들의 엄청난 노력에도 불구하고, 식은 "그 기간 가장 유용했고 집에서 주로 읽었던 자료는 해외방송정보국이 제공한 것"이었다고 회상했다. "거기엔 호메이니와 (이란의 정치인) 에브라힘 야즈디, (그리고 다른) 인사들의 연설 전문이 실려 있었어요. … 그들은 한 무리의 사람들을 상대로 이야기하고 있었고, 그렇게 방송된 말을 키프로스 사람들은 재빨리 훌륭한 영어로 바꿨습니다."*

지역별로 색종이(중국은 녹색, 동유럽은 주황색 등)에 인쇄된 그 연설문들

---

* CIA 산하 정보기관으로, 제2차세계대전 시기부터 전 세계의 외국 방송, 신문, 잡지, 뉴스 보도, 연설 등을 수집하고 분석하고 영어로 번역해 미국 정부에 제공하는 역할을 했다. 해외방송정보국은 세계 여러 지역에 해외 감청·분석실을 운영했고, 키프로스는 그중 하나였다. 특히 이곳은 중동 및 동지중해 지역의 방송 및 통신정보를 모니터링하는 전략적 요충지였다. (옮긴이)

은 식에게 그 어떤 간접적인 보고서보다 더 귀중한 통찰력을 제공했다. "그 사람들이 무슨 생각을 하는지 알 수 있었습니다. 생각에 변화가 생기면 그런 문서에 그 변화가 나타나곤 했죠." 그는 말했다. "다른 자료를 보지 않은 것은 아니었어요. ··· (하지만) 나는 의도를 생각했고, 의도를 파악하려면 정치인을 불러서 두 시간 동안 장황하게 말하게 하는 것보다 더 좋은 방법은 없습니다."

산더미처럼 쌓인 자료를 두더지 둔덕만 한 크기로 줄인 다음 '작은 IBM 셀렉트릭' 타자기로 일일 의제를 타이핑했다고 식은 회상했다. "내가 직접 사본을 만들어 8시 30분까지 브레진스키의 사무실로 전달하곤 했어요. ··· 그나 대통령에게 전할 내용이 있는 경우, 비서에게 타이핑을 맡기는 것보다 직접 내용을 타이핑하고, 정확한 형식에 집어넣고, 적절한 부수의 사본을 만드는 등의 작업을 내가 더 빠르게 할 수 있었습니다." 그는 말했다. "타이핑하고 나면 15분 안에 그들의 집무실로 갈 수 있었죠." 오늘날의 즉각적인 이메일만큼 빠르지는 않았지만, 그는 "놀랍게도 꽤 많은 일을 처리할 수" 있었다.

그런 보고서 한 장이 인질 사태뿐만 아니라 궁극적으로 카터 대통령 임기 전체의 향방을 바꿀 수도 있었다.

*

1980년 4월 초, 한 무리의 국무부 고위 관리들이 식을 비공식적으로 방문했다. "그들은 조용히 길 건너편에서 건너와 내게 말을 걸었습니다." 식이 내게 말했다. "분명 그들은 그렇게 하면 안 되었어요. 국무장관(사이러스 밴스)은 자기 직원들이 자신과 아무 관련이 없고 동의하지도 않는 제안과 계획을 갖고 외부로 나가는 것을 좋아하지 않았으니까요. 하지만 그들은 내게 접근했고 이렇게 말했습니다. '이봐요, 우리는 충분히 오랫동안 이 일을 겪었어요. 협상에서 조금이나마 진전의 가능성이 있다면 지금쯤 이미 그렇게 되었겠죠. 그러니 지금 준비하고 있는 일이 있다면 지금이 바로 그걸 실행에 옮길 순간입니다'라고 했어요."

실제로 뭔가 준비 중인 계획이 있었다. 위기 초기에 카터 대통령은 합참의장에게 구출 작전을 위한 계획을 마련하라고 지시했다. 이후 몇 달 동안 합동 전담반이 세부 사항을 다듬었고, 지휘관들을 선정하고 비밀 장소에서 인원들을 훈련했다. 여러 장소와 항공기가 동원되는 복잡한 임무였기에 대통령은 (외교적으로 위기를 끝낼 가능성이 있다면) 그 계획을 실행에 옮기지 않아도 되기를 바랐다. 하지만 식은 이제 협상이 막다른 골목에 이르렀다는 소식을 들었다. 그래서 그는 행동에 나서기로 결심했다.

"다음 날 나는 브레진스키에게 '매가 날아다니고 있고, 사람들이 정말로 불안해하기 시작했습니다'라는 말로 시작하는 메모를 썼습니다." 그는 내게 말했다. "사람들이 그 문제에 지쳐 있었고, 이제 공격을 하든 아니면 포기를 하든 무언가를 해야 할 때라고 생각했죠." 식은 IBM 셀렉트릭에 메모를 타이핑한 다음 직접 들고 브레진스키의 사무실로 가져갔다. "몇 분 만에 그가 나를 사무실로 다시 불렀습니다. 그는 내 생각에 분명히 찬성했기 때문에 '그 메모를 자신이 대통령에게 보내는 양식으로 만들 것'을 지시했죠." 식은 브레진스키가 카터에게 보내는 메모를 새로 작성해 다시 한번 그에게 가져다줬다.

"브레진스키에게 건네준 후 다시는 그 메모를 보지 못했습니다." 그는 말했다. "내가 그에게 줬고, 그는 그걸 대통령에게 줬습니다."

식의 원본 메모는 역사 속으로 사라진 것으로 보이지만, 브레진스키가 카터에게 보낸 메모는 카터 도서관 기록보관소에서 찾아볼 수 있다. 1980년 4월 10일에 작성된 이 메모는 "인질 구출"이라는 제목으로 시작해서 카터가 왜 데저트원 작전을 시작해야 하는지를 두고 한 줄 간격으로 된 네 쪽 분량의 주장이 이어진다. 이 메모는 "이제 외교적 옵션은 닫혔다는 게 분명해졌다"라고 적은 후 이란 정부에 대한 "점진적 압박" 또는 "구출 작전"이라는 두 가지 가능한 행동 방침을 설명한다. 그리고 후자의 길을 택할 것을 강력히 권고하는 결론을 내린다.

브레진스키의 메모는 이렇게 적고 있다. "나는 이번 사태에 가장 가까이 있는 사람들의 평가에 충격을 받았다. 지난 5개월 동안 이 문제를 밤낮으로 함께 고민해온 내 보좌관 게리 식은 개인적으로 또 비공식적으로 이러한 대응 방침을 내게 강력하게 촉구했고, 이 메모를 제안하기도 했다. … 내 생각에는 신중하게 계획되고 대담하게 실행되는 구출 작전만이 인질들이 (일부라도) 가까운 시일 내에 풀려날 수 있는, 유일하고도 현실적인 전망이다."

이 메모는 설득력이 있었던 것으로 보이는데, 다음 날인 1980년 4월 11일, 카터 대통령이 내각실에서 NSC 회의를 소집했기 때문이다. "여러분, 내가 인질들을 구출하기 위한 계획을 진지하게 고려하고 있음을 알립니다." 그는 말했다. "내가 결정을 내리기 전에 여러분들의 의견을 듣고 싶습니다." 그는 자리에 함께한 사람들의 생각을 구했다. 당연히 브레진스키는 작전 진행에 찬성하는 의견을 강력히 표명했다. 월터 먼데일 부통령, 스탠스필드 터너 CIA 국장, 조디 파월 공보 비서관, 해밀턴 조던도 찬성했다. 카터는 "주말 동안 생각하고 기도하겠다"라고 말하며 아직 결정을 내리지 않았음을 내비쳤지만, 조던은 대통령이 이미 마음을 정했다고 믿었다.

이슈는 단 한 가지였지만, 그 정도가 심각했다. 그리고 며칠 후 상황실에서는 특별 비밀회의가 열렸는데, 카터가 상황실에서 NSC 회의를 개최한 몇 안 되는 경우 중 하나였다.

밴스 국무장관은 그 주에 플로리다에서 휴가 중이었기 때문에 4월 11일 회의에 불참했다. 카터 대통령이 구출 작전을 승인할 계획이라는 소식을 접한 밴스 장관은 격노했다. 워싱턴으로 돌아온 그는 대통령에게 개인적으로 반대의견을 제시했고, 카터 대통령은 4월 15일 NSC 회의를 내각실에서 소집해 밴스가 전체 회의에서 자신의 의견을 밝힐 수 있게 했다. 해밀턴 조던의 저서 《위기》에서 소개된 바와 같이, 밴스는 작전에 강력히 반대하며 다음과 같이 말했다.

나는 이 작전이 성공할 수 있을지 심각한 의구심이 듭니다. 우리는 발각되지 않고 이란으로 들어가 테헤란으로 이동하고 건물 벽을 넘어가서 모든 미국인을 꺼내와야 합니다. 나는 인질이나 구조대원 중 일부가 다치지 않고서 이 모든 일을 해낼 수 있다고 상상할 수가 없습니다. 최선의 결과를 생각하고, 모든 게 계획대로 진행되어 모두가 살아서 나온다고 가정해보겠습니다. 테헤란에는 수백 명의 미국인이 살고 있습니다. 무장 세력이 다음 단계로 이들을 인질로 잡는다고 생각해보십시오. 우리는 어떻게 해야 할까요? 우리는 지금 처한 상황으로 되돌아오게 될 것입니다.

카터 대통령은 밴스의 의견에 냉랭한 반응을 보였고, 작전을 추진하는 일을 재고할 생각임을 내비치지도 않았다. 하지만 밴스의 적극적인 반대가 카터 대통령을 잠시 멈추게 했을 가능성은 있었다. 조던에 따르면, 해럴드 브라운 국방장관은 "카터가 작전의 세부 사항들에 대해 확신하지 못한다는 것을 감지했고", 그래서 그는 "구조 팀 리더들과 외교정책 그룹 사이의 비밀회의를 제안했다".

그 회의는 다음 날인 4월 16일 밤에 상황실에서 열렸다.

*

주제만큼이나 심각했던 비밀 상황실 회의는 의외로 가벼운 분위기에서 시작되었다. 카터 대통령은 작전을 수행할 델타포스 팀의 리더인 찰리 벡위스(건장한 체격에 짧은 머리를 한 미 육군 대령)을 만났을 때 대령의 독특한 남부 억양을 알아챘다. 알고 보니, '차징 찰리'* 벡위스는 조지아 출신일 뿐만 아니라 카터의 고향인 플레인스에서 불과 몇 킬로미터 떨어진 슬라이카운티

---

* 찰리 벡위스의 별명으로, 돌격하는 찰리라는 뜻이다. (옮긴이)

에서 나고 자란 사람이었다.

"나랑 이웃이구먼!" 대통령이 소리쳤다. "가족이 어떻게 됩니까?" 두 사람이 공통적으로 아는 사람들에 대해 농담을 주고받는 동안 브라운 국방장관은 해밀턴 조던에게 쪽지를 하나 건넸다. "국방부가 이 작전을 이끌 사람으로 괜찮은 구식 인물을 찾아낸 건 인정해야겠습니다."

회의는 오후 7시 36분에 시작되어 밤 10시가 넘도록 이어졌다. 두 시간 삼십 분 동안 작전 지휘관인 벡위스 대령과 필립 개스트 중장, 제임스 보트 소장은 작전이 어떻게 전개될지 하나하나 설명했다. 브레진스키, 밴스, 조던, 브라운, 프랭크 칼루치 CIA 부국장, 합참의장 데이비드 존스 장군, 카터 대통령 등이 회의 탁자 주변으로 옹기종기 둘러앉아 열심히 경청했다. 조던은 저서 《위기》에서 중요했던 한순간을 다음과 같이 회상했다.

> 벡위스는 밤에 수송기를 타고 이란으로 들어가 사막에서 헬리콥터와 합류하는 계획을 자세히 설명했다. 작전 팀은 하룻밤 동안 산속의 휴식처로 이동한 다음 CIA가 모집한 이란인들이 모는 낡은 트럭을 타고 테헤란 근처의 창고로 이동하고, 다음 날 밤에는 같은 트럭을 타고 도시로 들어갈 예정이었다. 벡위스는 말했다. "대통령님, 그러고 나서 우리는 벽을 넘어가 사람들을 데리고 나올 겁니다."

조던의 말에 따르면, 대통령은 사령관들에게 이렇게 말하면서 회의를 마쳤다. "이 작전에 대한 여러분의 계획에 깊이 감명받았습니다. … 나는 며칠 내로 결정을 내릴 것입니다. 우리가 작전을 실행에 옮긴다면 여러분들은 나의 전폭적인 지지를 받게 될 것입니다." 벡위스는 대통령이 작전을 승인해주기를 희망한다고 말했다. "우리는 이 작전을 실행하고 싶고 할 수 있다고 생각합니다." 그는 말했다. "대령, 그건 내 결정의 한 요인이 될 겁니다. 당신이 할 수 있다고 믿는다는 게 나한테 매우 중요해요." 카터가 대답했다. 그런 다음 대통령은 시작할 때와 같은 가벼운 분위기에서 회의를 마무리하면서 이렇게 덧붙였다. "그리고 대령, 조지아주 슬라이카운티 출신이라는 사실은 약점이 아닙니다."

회의실 분위기는 간절한 기대감으로 가득했다. 예상치 못한 상황이 발생하지 않는 한 구출 작전은 실행에 옮겨질 게 분명해 보였다. 그리고 한 사람을 제외하고는 모두 이 작전을 지지한다는 의사를 표명했다.

그날 밤 상황실을 나오면서 해밀턴 조던은 사이러스 밴스에게 자세한 계획을 들은 후 기분이 좀 나아졌는지 물었다. "조금 나아졌어요." 밴스가 대답했다. "하지만 군 장군들이 무언가를 할 수 없다고 말하는 경우는 거의 없어요. 이건 매우 복잡한 작전이고, 나는 국방부에 있을 때 들었던 옛말을 잊지 않고 있습니다. 군대에서는 잘못될 가능성이 있는 건 반드시 잘못된다. 이런 옛말 말입니다."

그의 말은 불행히도 선견지명이었음이 증명되었다.

다음 날인 4월 17일 밤, 밴스 장관은 카터 대통령에게 작전이 실행된다면 자신은 사임할 수밖에 없다는 점을 알렸다. 훗날 밴스 장관은 회고록 《어려운 선택들》에서 이렇게 적었다. "나는 대통령의 결정에 강력히 반대하는 상황에서 국무장관직을 명예롭게 유지할 수 없다는 것을 알았다. … 임무가 완벽하게 성공하더라도(나는 그렇게 믿지 않았다), 나는 나중에 그 작전에 내가 반대했음을 말하고, 반대의 이유를 대고, 대통령을 공개적으로 비판해야만 하는 상황이었다. 그건 대통령과 나 모두가 감내할 수 없는 일이었다."

밴스는 구조 임무가 시작되기 사흘 전인 4월 21일 카터에게 사직서를 냈다. 두 사람은 앞으로 실행될 작전에 방해가 되지 않도록 사임 사실을 비밀로 하기로 했다. "지미 카터를 매우 좋아했기 때문에 그날은 내 인생에서 가장 고통스러운 날 중 하나였다"라고 밴스는 회고했다.

하지만 앞날에는 더 많은 고통이 준비되어 있었다.

*

1980년 4월 24일 아침, 오만 해변 가까이 있는 아라비아해의 작은 섬 마시라에서 여섯 대의 C-130 수송기가 이륙했다. 목적지는 '데저트원'이었는데, 이곳은 모래와 소금 평원으로 이루어진 황량한 땅으로 이란 중부 지역에 있었고, 가장 가까운 마을이 100킬로미터가량 떨어져 있었다. C-130에는 100여 명의 병력과 오토바이 다섯 대, 지프 한 대, 그리고 이란 최남단 해안에 정박해 있던 미국 니미츠호에서 막 이륙한 RH-53D 시스텔리온 헬기 여덟 대에 보충할 수 있는 연료가 충분히 실려 있었다. 이것은 구출 작전의 첫 번째 단계였고, 헬기들은 데저트원에서 특수부대 팀을 싣고서 다음 날 밤 대사관 건물 급습을 위해 테헤란 외곽에 있는 '데저트투'로 날아갈 예정이었다.

보통 이 정도 규모의 작전에서는 대통령과 참모들이 상황실에 모여 있는 게 보통이다. 하지만 카터 대통령은 작전 정보가 외부로 유출되는 것을 막고 싶었기에 브레진스키와 조던, 커틀러, 먼데일에게 그날의 일상적인 일정을 따를 것을 지시했다.

카터 대통령은 그날 아침 중동에서 들려올 소식을 초조하게 기다리면서 의회 의원들과의 면담, 히스패닉계 지도자들과의 인플레이션 방지 프로그램 관련 면담 등 지루할 정도로 일상적인 일정을 소화했다. 한편 백악관 지하실에서는 상황실 직원들이 '마리엘 보트리프트'*로 알려진 또 다른 위기(쿠바 난민들의 대량 탈출 사태)를 추적하느라 바빴다. 이는 대통령이 세계적 위기가 발생하는 시기를 고를 수 없으며 대통령의 주의는, 거의 항상, 한꺼번에 여러 방향으로 이끌리게 된다는 사실을 다시 한번 상기시켜줬다.

백악관은 인질 구출 작전 중 워싱턴의 주요 인사들과 현장에 있는 보

---

* 쿠바인들이 1980년 4월에서 10월 사이 쿠바 마리엘항에서 미국으로 집단 탈출한 사태를 말한다. (옮긴이)

트 소장과 벡위스 대령을 통신으로 연결하기 위해 뛰어난 젊은 암호학자이자 자칭 '테크 가이Tech Guy'인 게리 브레스나한에 의지했다. "브레스나한은 아무도 들어본 적 없는, 베일에 싸인 사람 중 한 명이었습니다." 리처드 클라크는 내게 말했다. "그는 모든 행정부에서 일했고 상황실이 원활히 돌아가게끔 만든 사람이었죠." 트럭 운전사 아버지와 복지 혜택을 받는 어머니의 아들로 태어난 브레스나한은 보스턴의 가난한 동네에서 자랐다. 그는 육군에 입대해 암호학을 공부한 후 상황실에서 근무하며 일곱 명의 대통령을 거쳤다. 그는 백악관의 젤리그*이자 상황실의 맥가이버이기도 했다.

브레스나한은 위성 전화로 보트와 벡위스를 백악관과 직접 연결할 수도 있었지만, 카터는 국방부의 국가군사지휘본부에 있던 존스 장군을 통해 정보를 전달받는 것을 선호했다. "우리는 국방부를 통해야만 현장과 연결될 수 있었어요." 브레스나한이 내게 말했다. "요즘은 곧장 현장과 연결됩니다."

존스 장군과 카터 대통령의 대화가 녹음되어 있어서 우리는 대통령이 이란에서 벌어지고 있는 재앙에 대한 소식을 어떻게 받아들였는지 정확히 알 수 있다. 국무부 문서에서 알 수 있듯 녹음마저도 특이한 방식으로 이루어졌다. "비밀 유지 요건 때문에 일반적인 녹음 기능은 사용되지 않았다. 대신 휴대용 카세트 녹음기를 오직 점 대 점 접촉을 위해 제공된 보안 장비에 연결했다. 이 녹음기는 메시지를 송수신할 때마다 손으로 직접 시작과 중지 버튼을 눌러줘야 했기 때문에 개별 통화 시간을 기록할 수 있는 전자적 수단이 없었다."

작전은 시작부터 차질이 생겼다. C-130 수송기 여섯 대는 지휘관들이 텅 빈 모래사막일 것이라고 믿었던 데저트원에 무사히 도착했다. 하지만 모두를 놀라게 한 것은 이란인들로 가득 찬 여객용 버스 한 대가 착륙 지점에

---

* 우디 앨런이 감독하고 주연한 1983년 영화 <젤리그Zelig>의 주인공. 영화에서 젤리그는 카멜레온 같은 존재로, 주변 사람이나 환경에 따라 자신의 성격, 외모, 말투, 태도까지 바꿀 수 있는 초현실적인 능력을 지녔다. (옮긴이)

정차하고, 그다음에는 트럭 두어 대가 뒤이어 나타나는 상황이었다. 현지로부터 상황을 보고받은 존스 장군은 대통령에게 전화를 걸었고, 대통령은 당연히 당황했다.

> 카터: 존스 장군, 순전히 의도를 다시금 확인하기 위한 차원에서 묻는 겁니다만, 우리가 고속도로 바로 옆에 착륙하기로 한 이유를 혹시 기억하고 있습니까?
>
> 존스: 대통령님, 고속도로가 아니라 작은 도로입니다. … 이곳이 C-130 수송기가 착륙해야 하는 상황에서 저희가 찾아낼 수 있었던 유일한 장소이기 때문입니다. … 저희가 찾고 또 찾아봤지만, 이곳이 유일했습니다. 저흰 다른 곳을 찾아내 그곳에 착륙하기를 바랐지만 … 착륙할 곳을 찾지 못했습니다.

작전 임무는 진행 중이었고, 이것은 문제의 시작에 불과했다.

니미츠호에서 여덟 대의 시스탤리온 헬기가 이륙했지만, 그중 여섯 대만이 착륙 지점에 도착했다. 한 대는 비행 두 시간 만에 회전익에 문제가 발생했고, 조종사들은 착륙 후 헬기를 포기해야 했다(다른 헬기가 착륙해 고장난 헬기의 대원들을 태웠다). 나머지 헬리콥터들은 갑자기 발생한 짙은 먼지구름인 '하부브haboob'와 맞닥뜨렸고, 이 구름은 조종사들의 시야를 가리고 헬기 중 한 대의 항법장치를 무력화시켰다. 헬기 조종사들은 제한된 항법능력으로 계속 비행하는 대신 손상된 기체를 몰고 니미츠호로 돌아가는 것을 선택했다.

여섯 대는 구조 임무를 완수하는 데 필요한 최소한의 헬리콥터였다. 더 이상 오차의 여지가 없었다.

이때 존스 장군은 먼데일 부통령을 안심시키기 위해 통화를 시도했다.

> 먼데일: 존스 장군, 안녕하십니까. 지금은 저뿐입니다. 최근 일이 걱정되

시는가요?

존스: 헬기 두 대에 문제가 생긴 것을 말씀하시는 겁니까?

먼데일: 그렇습니다.

존스: 네, 걱정스럽습니다. 하지만 현재로서는 '작전 실행 여부를 결정하는 사안'으로 보고 있지는 않습니다. 우려되는 점이 있긴 하나, 그로 인해 작전을 중단해야 할 정도는 아닙니다.

먼데일: 알겠습니다. 존스 장군, 감사합니다.

하지만 나쁜 소식은 계속 들려왔다. 세 번째 헬기가 착륙장으로 가는 도중 부분적인 유압 고장이 발생했고, 승무원들은 헬기를 지상에서 수리할 수 있기를 바라며 비행을 계속했지만, 현장에는 교체용 유압펌프가 없었다. 헬기는 비행하기에 안전하지 않았고, 결국 활용할 수 있는 헬기는 다섯 대가 남았을 뿐이었다. 이에 극도로 주저되었지만 벡위스와 보트는 국방부에 작전을 중단해야 한다고 보고했다.

워싱턴 D. C. 시간으로 오후 4시 45분, 브라운 국방장관이 브레진스키에게 전화를 걸었다. "작전 중단 상황이 발생한 것 같습니다." 그는 이렇게 말한 뒤 상황을 설명했다. 브레진스키는 벡위스와 보트가 헬기 다섯 대로 작전을 계속해야 한다고 강력하게 주장한 뒤 대통령의 개인 서재로 가 작전 중단 가능성을 알렸다. 카터는 충격을 받아 읊조렸다. "빌어먹을, 빌어먹을!" 10분 후, 대통령은 직접 브라운 장관과 전화 통화를 했고, 사령관들이 임무를 계속할 수 있다고 생각하는지 직접적으로 물었다. 벡위스가 작전을 중단해야 한다고 생각한다는 말을 들은 카터는 간단히 말했다. "그의 생각을 따르도록 합시다." 그러고는 그는 벌어진 일에 큰 충격을 받은 듯, 두 손으로 고개를 감싸 쥔 채 잠시 앉아 있었다.

카터는 먼데일, 파월, 조던, 브레진스키, 워런 크리스토퍼 등 서재에서 함께한 소수의 참모진에게로 시선을 돌렸다. "적어도 미국인 사상자는 없었습니다. 무고한 이란인들도 다치지 않았고요." 대통령은 낮은 목소리로 말했다.

그러고 나서 전화기가 다시금 울렸다.

> 카터: 존스 장군?
> 존스: 네 대통령님. 몇 분 전보다 상황이 좀 더 나빠졌습니다. 데저트원에서 빠져나오려던 RH-53(헬리콥터)이 C-130 수송기와 충돌했습니다…. 사람들이… 우리 대원들이 화상과 부상을 입었다는 보고를 받았습니다.
> 카터: 지상에서 벌어진 일입니까?
> 존스: 지상에서 있었던 보고로는 그렇습니다…. 데저트원 지상에서 있었던 일입니다. 아직은 보고가 대략적입니다. 화상과 부상을 입은 사람들은 C-130 대원들로 추정되지만, C-130인지 RH-53인지는 아직 확인되지 않았습니다…. 얼마나 많은 사람이 다쳤는지, 상태가 얼마나 심각한지 알 수 없습니다. 가능한 한 빨리 파악하도록 하겠습니다.

몇 분 후, 또 다른 전화 통화가 이루어졌다.

> 존스: 방금 보트 장군으로부터 보고를 받았습니다. 그가 다른 전화 통화를 하고 있으니, 제가 요약해서 말씀드리겠습니다. 그의 말로는 생존한 모든 미국인이 비행 중인 비행기에 탑승 중이라고 합니다. 이게 그가 보고한 내용입니다.
> 카터: 모든 미국인이 뭐라고요?
> 존스: 그는 생존한 미국인이라고 말했습니다. 분명 사망자가 있습니다. 그의 보고는 이렇습니다. 확실한 건 아니라고 했습니다만, C-130 수송기의 경우 헬기가 와서 부딪혔을 때 조종사는 실종되었고 사망한 것으로 추정됩니다. 그리고 탑승한 일부 대원들은… 대

원들은 대부분 빠져나왔지만, 일부는 비행기 안에 갇혀 있을 수도 있습니다. 아직 정확한 집계는 이루어지지 않았습니다. 대원들은 주변을 수색하며 눈에 보이는 모든 사람을 비행기에 탑승시킨 다음 현장에서 빠져나왔습니다. 그들은 사망자를 제외하고는 아무도 남아 있지 않았다고 믿지만, 집계가 매우 부실한 상황입니다.

결국 데저트원에서 미군 여덟 명이 사망했는데, 대부분은 헬리콥터에 부딪힌 C-130 수송기 안에 갇힌 채 화상으로 사망했다. 끔찍하고 슬픈 상황 속에서 나머지 대원들은 안전을 위해 수송기를 화염 속에 남겨두고 대피해야 했고, 이란 정부는 나중에 이들의 시신을 발견해 전쟁 전리품으로 전시했다.

*

데저트원 작전의 실패로 카터의 대통령직은 사실상 파탄에 이르렀다. 또한 이 사건은 이후 수십 년 동안 군사작전을 위한 회의가 열릴 때마다 유령처럼 모습을 드러내며 상황실을 괴롭혔다. 훗날 행정부에서 중요한 역할을 맡게 된 몇몇 사람들은 이 인질 위기로부터 형성적인 경험을 얻었고, 그들은 이 실패한 임무가 행정부와 국가에 드리운 먹구름을 결코 잊지 못할 터였다.

일곱 명의 대통령을 거치며 상황실에서 근무한 로버트 게이츠는 데저트원 당시 CIA 수장 스탠스필드 터너의 보좌관이었다. "작전의 준비 과정에 관여하지는 않았지만, 나는 모든 것을 목격했습니다." 그는 내게 말했다. 몇 년 후 오사마 빈라덴을 제거한 작전계획에 참여했을 때 게이츠는 이전 작전의 교훈을 생생하게 기억했다. "빈라덴 관련 작전을 계획하고 생각할 때 내가 떠올릴 수 있었던 건 헬리콥터의 추락과 사막에서의 재앙뿐이었습니다. 그 재앙이 헬리콥터가 추락하면서 시작되었기 때문이죠." 게이츠는 아보타바드 공습에 헬리콥터를 더 많이 투입해야 한다고 주장한 다른 여러 사람의 의견에 동조했는데 (이 의견은 받아들여졌다) 실제로 작전 중 헬리콥터 한 대가 추락했을 때 그런 조치가 아주 유용했음이 드러났다.

나중에 클린턴 대통령 밑에서 국가안보 보좌관을 지낸 앤서니 레이크는 데저트원 당시 사이러스 밴스의 보좌관이었다. 그는 이렇게 말했다. "밴스가 상황실에서 (아마도 4월 16일 회의였을 겁니다) 회의 탁자를 둘러보면서 내게 개인적으로 했던 말을 기억하고 있습니다. 그는 비록 전투에 참여하지는 않았어도 상황실 안에서 군인들을 제외하면 전쟁 중에 실제로 군에 복무한 사람은 자기뿐이라고 말했습니다. 그는 많은 단계들에 의존하는 작전에서 일이 얼마나 엉망이 될 수 있는지 잘 알고 있었어요."

레이크는 인질 위기에 대한 카터의 원칙주의적 접근 방식에 동의하지 않는다고 말했다. "말을 사기 위해 흥정을 한다고 할 때, 우리는 사고 싶은 말을 가진 사람에게 가서 '내 평생 본 말 중 가장 아름다운 말이니 꼭 가져야 한다'라고 말한 다음 가격을 낮추려고 하지는 않습니다. 마찬가지로 누군가 인질극을 벌이는 상황이라면, '그게 내게는 세상에서 가장 중요한 일'이라고 하면 외려 그 가격을 올리는 꼴이 됩니다." 그는 이게 카터가 공개적으로 한 행동이라고 생각했다.

나는 레이크에게 인질 사태에 있어서 백악관 내 외교정책의 중앙집중화가 비생산적이었다고 생각하는지 물었다.

"네, 그렇게 생각합니다." 그가 말했다. "외교 문제를 깊이 신경 쓰는 건 당연하고 또 그런 점을 내보일 수 있습니다. 하지만 그걸 제일 중요한, 공적인 문제로 만들려고 할 이유는 없습니다…. 문제가 복잡해지지 않게끔 처리해야 하는 것이죠. 인질 사태는 카터를 더욱 약해 보이게 만들었습니다." 정치적 측면에서 보면 "효과가 없으면 국무부를 비난하고, 효과가 있으면 자신에게 공을 돌리는 것이 더 낫습니다. 꼭 그렇게 크나큰 공적인 문제로 만들 필요는 없는 것입니다".

거의 20년 후, 클린턴 대통령의 국가안보 보좌관이 된 레이크는 그러한 전략의 한계에 대한 뼈아픈 교훈을 얻게 되었다. 1993년 소말리아에서 미국인 18명의 목숨을 앗아간 '블랙호크다운' 작전의 실패는 그 책임이 국방부로 전가되었지만, 그렇다고 해서 백악관이 비난을 면할 수 있었던 건 아니었다. 레이크는 또한 보스니아의 위기를 해결하기 위해서는 대통령의 리더십과 백악관의 통제가 필요하다는 점을 인정하면서, 상황실을 통한 외교정책상의 의사결정 중앙집중화에 대한 자신의 견해를 수정했다.

"중고 요트를 산 적이 있습니다." 레이크가 내게 말했다. "그런데 누군가 조종석에 '비상시에는 선장의 말을 따르도록 하십시오'라고 적힌 작은 놋쇠판을 놓아두었더군요."

*

이제 우리가 모두 알듯 데저트원 작전은 대실패로 끝났고, 그로부터 2주 지난 후 제이크 스튜어트는 상황실에서 지미 카터와 로잘린 카터에게 미군의 초심리학 프로그램인 '그릴플레임'에 대해 브리핑했다. 대통령은 원격투시자가 인질 사태에 도움을 줄 수 있는지 물으며 회의를 끝냈다. 스튜어트는 대통령이 위기를 끝내기 위해 "그가 할 수 있는 모든 일"을 할 자유를 주고 있다고 믿으며 노력해보겠노라 대답했다.

스튜어트는 곧 그릴플레임 프로그램이 이미 문제 해결에 깊이 관여하고 있다는 사실을 알게 되었다. "어딘가에 적혀 있는 걸 봤는데, 총 272회의 '원격투시'가 이루어졌다고 되어 있었습니다." 그가 내게 말했다. 그중 한 세션에서 낸시 S.라고만 알려진 여성은 멀리 있는 '목표물'을 보려고 애쓰다 다소 특별한 경험을 한 것으로 알려졌다. 그 내용은 애니 제이콥슨의 저서 《현상》에 다음과 같이 소개되어 있다.

낸시 S.는 원격투시RV 세션 CCC84를 진행하던 중 감정을 추스르지 못했다. 담당자는 "내부 기록: 이란 시간 0300시"라고 기록했는데, 이 시간은 현지 시각으로 새벽 3시였다. 낸시 S.는 배정받은 목표물, 즉 '인디아'라는 암호명이 붙은 테헤란 소재 건물에 가닿는 데 어려움을 겪고 있다"라고 보고했다. 대신 그녀가 본 것은 "어떤 종류의 공격부대"였다. 그녀는 어쩌면 자신이 "환각을 보고 있는 것 같다"라고 말하며 사과했다. 그녀가 본 장면은 "이상하고 비논리적"이었지만 "마치 악몽처럼 아주 생생하고 끔찍했다".

CIA가 기밀 해제한 보고서에 따르면, 그녀는 "매우 지루한 장면들을 보다가 갑자기 무언가 잘못되었다는 것을 인지하게 되었다. 사람들이 발각되지 않으려 조용히 도망쳤고… 순간 자신이 공격받고 있음을 알게 되었다"라고 묘사했다.

조지프 맥머니글이 당시 상황을 회상한 바에 따르면, 낸니 S.는 "거대한 폭발 … 무엇을 위한 것인지 알 수 없는 거대한 화재"를 목격했다고 보고했다. 그리고 그녀는 감정에 압도되어 눈물을 흘렸다.

낸니 S.가 이런 것을 목격한 날짜는 1980년 4월 24일이었다. 다음 날 카터 대통령은 티브이 연설을 통해 데저트원 작전의 재앙적 실패를 전 국민에게 알렸다. 조지프 맥머니글에 따르면, 낸시 S.는 얼마 지나지 않아 괴로워하며 프로그램을 그만두었다.

설명할 수 없는 또 다른 '환상'을 본 사람이 있었다. 그는 키스 하래리라는 이름의 원격투시자로, 1980년 7월에 "설명이 필요한 사람이 있다"라는 모호한 암시를 받았다. 2004년 11월 《현대심리학》 잡지에 실린 기사에서 하래리는 일어난 일을 이렇게 설명했다.

과정이 거의 이해되지 않았음에도, 그 질문은 건강이 쇠약해진 사람에 대한 일련의 인상을 소환했다. "그는 메스꺼움을 호소하는 것 같아요." 나는 말했다. "몸 한쪽이 손상되었거나 다친 것 같아요." 나는 내가 묘사하는 사람이 사업가이거나 국가원수가 아닐까 싶었다.

"앞으로 며칠 동안 그가 어디에 있을까요?" 모니터 요원이 또다시 단조롭게 물었다. 나는 갑자기 이륙하는 비행기에 앉아 있는 듯한 기분이 들었다.

"비행기 안이요." 내가 말했다.

하래리가 본 것은 이란 무장 세력에 붙잡혀 있던 인질 리처드 퀸으로 밝혀졌는데, 그는 다발성경화증으로 한쪽 신경이 마비되어 절망적인 상황에 부닥쳐 있었다.

제이크 스튜어트는 그릴플레임 요원으로부터 이 정보를 전달받았다. 나는 제이크에게 이 정보를 브레진스키나 대통령에게 전달했는지 물어보았다.

"전달하지 않았습니다." 스튜어트가 내게 말했다. "게리 식에게 말했습니다만, 출처를 알려주진 않았습니다. 하지만 상황실에서 일하는 사람들은 멍청하거나 관찰력이 없는 사람들이 아닙니다. 그들은 그림을 짜맞출 수 있었을 겁니다."

"게리는 물었습니다. 'A급 정보'입니까? 아시다시피 군 기관들은 각기 다른 방식으로 출처를 평가합니다. 그래서 나는 '등급'은 없습니다. 이건 그냥 특별한 종류의 정보일 뿐입니다"라고 말했습니다(식은 그 대화를 기억하지 못했지만, 내게 이렇게 말했다. "초자연적인 이야기에 대한 말이 있었고 … 기관 사람들은 초자연적인 것을 찾고 있었어요").

몇 주 후, 이란 무장 세력은 다발성경화증을 앓고 있던 리처드 퀸을 석방했다. "그들은 인질이 포로로 잡혀서 죽을까 봐 걱정했습니다." 스튜어트가 말했다. "그들은 안 좋은 평판을 원치 않았어요." 그리고 하래리는 《현대 심리학》에다 이렇게 적었다. "카터 대통령이 퀸을 집으로 데려오기 위해 비행기를 보낸 것은 부분적으로 내 의견 때문이었다."

당신이 초심리학이 현실이라고 믿든 아니면 상상이라고 믿든 간에, 미국 정부가 수년 동안 초심리학에다 실제 자원을 투자했다는 사실은 논쟁의 여지가 없다. 여섯 명의 원격투시자가 카터 행정부의 체면을 깎지 않기 위해 비밀리에 인질 위기와 관련한 일을 했다. 스튜어트는 그 프로그램을 최대한 비밀에 부치기 위해 5월 8일 상황실을 떠날 때 자신의 브리핑 보고서를 가져갔다. 하지만 나중에 로이드 커틀러는 그에게 영부인이 사본을 원한다는 사실을 알려줬다. "나는 로이드의 사무실로 올라갔고 간단히 이야기를 나눈 후 보고서를 건네줬는데, 아마도 그가 로잘린에게 전달했겠죠." 스튜어트는 회상했다.

논란의 여지가 있는 프로그램을 굳이 추진한 이유는 무엇일까? 그것이 도구 상자 안에 든 한 가지 도구였고, 말이 새어나가지 않는 한 부정적인 요소가 미미했기 때문이었다. 1981년 3월 16일에 작성된 CIA의 비밀 메모가 이를 잘 증명한다. 그릴플레임 프로젝트의 책임자인 머리 와트가 작성한 이 메모에는, 원격투시의 성공률이 합동참모본부가 추정한 37퍼센트 ('보고가 어느 정도 상관관계/활용성이 있다'라고 판단되는 경우의 비율)와 와트 자신이 약간 더 높게 잡은 45퍼센트 사이인 것으로 나와 있다. 메모의 마지막 단락은 다음과 같이 끝을 맺는다.

> 이 프로젝트가 얻은 정보에 비해 상대적으로 저렴한 비용으로 수행되었다는 점을 감안해야 한다. 사용자에게 제공된 데이터/정보는 일반적인 첩보 수집 채널로는 얻을 수 없는 정보였던 것으로 보인다. 성공의 정도는 다른 수집 방법을 능가하지는 않지만, 적어도 같아 보인다.

"브레진스키는 인질 사태가 해결되어 인질들이 돌아오기를 원했어요." 제이크 스튜어트는 내게 말했다. "비용도 들지 않고 면이 서지 않는 일이 없는 상황에서 무언가를 할 수 있다면 그는 기꺼이 그렇게 했을 겁니다."

그러나 카터 대통령으로서는 안타깝게도, 초감각적 지원조차도 그의 임기가 끝나기 전에 인질들을 석방시킬 수는 없었다.

1981년 1월 20일 아침, 지미 카터는 지칠 대로 지쳐 있었다. 그는 대통령 임기 마지막 이틀 동안 인질 석방 협상을 타결하기 위해 미친 듯이 노력했고, 로널드 레이건이 취임 선서를 하기 전에 위기를 끝낼 수 있기를 간절히 바라며 집무실에서 대기하느라 잠도 거의 자지 못했다. 취임식 시간이 다가오자, 카터는 영부인의 권유로 마지못해 대통령 집무실을 떠나 관저로 이동했고, 취임식을 위해 대여한 정장을 입었다.

그날 상황실에는 게리 식이 있었다. "당시 저는 정보 담당자들 사이의 연락 창구였어요. 정보 담당자들은 이란에서 비행기가 움직이면, 그 비행기의 위치가 어디인지, 어디로 향하는지 알 수 있었죠. 그 무렵 우리의 정보력은 상당히 개선되어 있었습니다." 그는 내게 말했다. "나는 작전실 바로 옆에 있는 작은 방에 있었고… 헤드폰을 낀 채로 무슨 일이 일어나고 있는지에 대한 NSA 피드를 직접 들었어요."

카터 부부와 레이건 부부가 대통령 전용 리무진을 타고 국회의사당으로 함께 이동할 때, 식과 카터에게는 직접 통화할 수 있는 라인이 있었다. "백악관을 떠날 때부터 국회의사당에 올라갈 때까지 나는 카터에게 두 번 전화를 걸었어요." 그는 회상했다. "카터는 내게 조금 짜증을 냈지만, 나는 정보기관으로부터 직접 정보를 얻고 있었고 그로서는 사실상 자기의 대통령직 전체를 이 대의를 위해 희생한 셈이니, 나는 그가 무슨 일이 일어나고 있는지 알 자격이 있다고 생각했죠. 레이건에게 그 내용을 전달했는지는 모르겠어요."

나는 식에게 새로운 정보의 내용을 기억하는지 물었다. "기술적인 내용이었는데, 인질들이 한 장소에서 다른 장소로 이동했다는 내용이었어요." 그가 대답했다. 나는 상황실의 장면이 30년 후 빈라덴 급습 당시 고위급 관리들이 소회의실에 모여 현장으로부터 실시간 업데이트를 받던 장면과 닮아 있느냐고 물었다. "네, 맞아요. 그렇게 고도로 정교하진 않았지만요." 식이 말했다. "그리고 그때는 달랑 나뿐이었죠."

"취임식 도중 통신이 끊겼어요." 식은 회상했다. "대통령에게는 어떤 종류의 수신기도 없었고, 또… 그에게는 다른 생각거리들도 있었습니다. 그래서 나는 업데이트를 중단했죠. 하지만 상황을 예의주시하며 기본적인 뉴스 피드를 받고 있었고, 대통령이 바뀌는 시점을 알고 있었습니다. … 나는 작은 방에 틀어박혀 분 단위로 뉴스를 청취하고 있었어요."

52명의 인질은 로널드 레이건이 취임한 지 몇 분 후에 석방되었다. 카터 대통령 재임 동안 인질들을 억류하고자 하는 뒷거래가 있었다는 소문이 수년 동안 나돌았지만, 1993년 의회 조사는 이렇게 결론 내렸다. "레이건 대통령 선거캠프(또는 선거 캠페인을 대표하거나 관련된 사람들)가 이란에 있는 미국인 인질들의 석방을 지연하거나 지연을 제안했음을 뒷받침하는 신뢰할 만한 증거는 없다." 그러다가 2023년, 새로운 반전이 일어났다. 벤 반스 전 텍사스 부지사는 소문이 부분적으로나마 사실임을 확인해줬는데, 자신이 존 코널리 전 주지사와 함께 중동 전역에서 비밀 임무를 수행하며 레이건 대통령이 취임할 때까지 인질 석방을 기다려달라고 이란을 설득했음을 밝혔다.

이제 전 대통령이 된 지미 카터는 취임식 말미에 쓰라린 진실을 알게 되었다. 그는 취임식 단상에서 내려오다 인질들이 이란 영공을 벗어났다는 사실을 "통보받았다"라고 《백악관 일기》에다 간단히 적었다. 게리 식은 앤드루스 공군기지로 이동 중인 차량으로 전화를 걸어 그에게 그 사실을 통보하고 세부 내용을 보고한 사람이 자신이라고 했다.

"취임식이 끝난 후 연락을 취했습니다. 카터는 차에 올라 앤드루스 공군기지로 향했고, 거기서 플레인스로 돌아가는 비행기를 탈 예정이었어요." 식이 내게 말했다. "그리고 나는 차에 오른 카터에게 전화해서 진행 상황을 보고했습니다. 그는 인질들이 실제로 비행기에 타고 있다는 사실을 미국 정부의 다른 누구보다, 아마도 전 세계의 다른 어떤 사람보다 빨리 알았을 겁니다."

"그렇게 해서 사실상 일이 마무리되었습니다. 그 시점에 더는 남은 게 없었어요." 식은 계속 말했다. "이제 레이건이 책임자였습니다. 나는 여전히 NSC에서 일하고 있었지만, 상황은 바뀐 거죠."

식에게는 매우 혼란스러운 순간이었다. 그리고 곧 그 혼란스러움이 더욱 가중될 참이었다.

"갑자기 '더는 할 일이 없어. 내가 해야 할 일은 끝났어'라는 생각이 들었어요." 그는 내게 말했다. "그래서 그 순간 나는 모든 것을 내려놓고 상황실에 있는 직원들에게 손을 흔들었고, 밖으로 나가 백악관 웨스트윙으로 갔습니다."

"내가 웨스트윙에 있는 동안 모든 사진이 바뀌었어요. 웨스트윙을 나서는데, 벽에 걸린 로널드 레이건의 거대한 사진이 나를 내려다보고 있더군요. 나는 깜짝 놀랐습니다." 그가 말했다. "그날 아침에 건물로 들어갈 때는 온통 카터 사진이 걸려 있었는데, 밖으로 나올 때는 사진이 모두 바뀌어 있더라고요."

지미 카터는 (인질들이 석방된 시기와 상관없이) 인질들이 풀려나서 정말 기뻤다고 한결같이 주장해왔다. 2015년 ABC 방송에서 내가 카터 전 대통령과 인터뷰했을 때, 그는 이렇게 말했다. "어쩌면 그때가 내 인생에서 가장 행복한 순간이었을 겁니다."

"당신 인생에서요?" 내가 물었다.

"네, 그런 것 같습니다." 그가 말했다. "로잘린과 결혼한 건 빼야 할지도 모르겠습니다만, 어쨌든 그랬습니다."

게리 식은 좀 더 모호하게 말했다.

"인질들을 안전하게 구출하는 것이 목표였고, 그들은 무사히 빠져나왔어요." 그는 이어서 말했다. "인질 위기를 두고 성공과 실패를 단정 짓고 싶지는 않아요. 그건 우리가 겪은 과정이었으며 매우 특별한 과정이었습니다. 누군가는 그게 올바른 방법으로 진행되지 않았다고 주장할 수 있겠죠. 그러면 우리는 그 문제에 대해 아주 길게 토론할 수도 있을 거고요. 하지만 이미 벌어진 일을 어떡하겠습니까."

6장

키는 바로 이곳에

1981년 3월 30일 오후 2시 27분. 로널드 레이건 대통령은 워싱턴 힐튼 호텔을 나와 푸른 회색빛으로 물든 워싱턴 D. C.의 오후로 걸어나갔다. 갑자기 총성이 울려 퍼졌다. 사람들이 쓰러졌고, 비밀경호국 요원들이 총을 꺼내들었다. 제리 파 요원이 레이건 대통령을 대통령 리무진에 태웠다. 존 W. 힝클리 주니어가 쏜 여섯 발의 총알 중 어떤 것도 레이건을 맞히지 못했지만, 한 발이 리무진에서 튕겨 나가 레이건의 왼쪽 가슴을 강타했다.

"출발해! 어서, 가! 빨리! 출발해!" 파가 소리쳤다. 차는 아수라장을 뒤로한 채 속도를 높이며 멀어졌다. 세 명의 남자가 피를 흥건히 흘리며 바닥에 쓰러져 있었고, 스크럼을 짠 사람들이 힝클리를 짓누르고 있었다. 대통령이 총에 맞았다는 사실을 깨달은 파는 리무진에다 조지워싱턴대학병원 응급실로 가라고 지시했다. 힝클리가 방아쇠를 당긴 지 4분 후 레이건은 혼자 힘으로 응급실로 걸어 들어갔고, 그런 다음 푹하고 쓰러졌다.

총알이 대통령의 주요 장기를 관통했나? 대통령이 수술이 필요한 상태이거나 혹은 다른 방식으로 정상적 기능이 어려운 상태인가? 그는 죽어가고 있나? 부시 부통령은 어디 있는가? 평범한 월요일은 순식간에 충격 사건 현장뿐 아니라 백악관까지 혼란과 공포의 날로 바꾸었다. 상황실 역시 마찬가지였다. 더 구체적으로, 그리고 이례적으로.

우리가 이런 정황을 아는 건, 대통령 참모들을 상황실로 소집한 리처드 앨런 국가안보 보좌관이 이전에는 아무도 하지 않았던 일을 했기 때문이었다. 그는 작은 녹음기를 가져와 회의 탁자 위에 놓았고 녹음 버튼을 눌러 후대의 사람들을 위해 그 상황을 기록했다. 그는 모든 사람이 보는 앞에서 이 일을 했고 그 누구도 반대하지 않았다. 그 결과 상황실 역사상 가장 극적이고 혼란스러웠던 몇 시간의 녹음 기록과 녹취록이 남게 되었다.

녹음은 총격이 발생한 지 한 시간도 채 지나지 않은 오후 3시 24분에 시작되었다. 이 당시 상황실에는 데이비드 거건 홍보실장과 돈 리건 재무장관, 프레드 필딩 백악관 고문, 그리고 여러 참모가 있었다. 2분 후 알렉산더 헤이그 국무장관이 들어왔다. 다음으로는 캐스퍼 와인버거 국방장관, 윌리엄 프렌치 스미스 법무장관, 리처드 다먼 대통령 보좌관 등이 뒤따라 입장했다. 부시 부통령은 함께하지 않았다. 그는 댈러스에서 워싱턴으로 돌아오는 비행기에 타고 있었는데, 놀랍게도 비행기와 백악관 사이에는 보안 음성 연결이 불가능했다(메시지 전송은 가능한 상태였다).

상황실에서의 대화는 처음부터 열기를 띠었고, 누가 관련 정보를 대중에 공개할지 정하기 위해 각자 말을 주고받았다.

앨런: (병원에 있는 비서실장) 제임스 베이커가 비서실에서 언론을 통제하고 있다고 했습니다. … 그쪽에서는 우리가 (정보를) 적정 수준만 공개했으면 좋겠다고 하는데, 누가 그렇게 하시겠습니까? 그쪽이요? 알렉산더 헤이그는 부통령과 이야기하고 있나요?

거건: 제가 성명문을 쓰죠.

신원미상인: 그 사람들이 성명문을 가져다줄 겁니다.

앨런: 젠장, 짐 브래디가 머리에 총을 맞은 거 같은데, 사실인가

요? 맙소사! 오, 이런, 하느님 제발.

공보 비서관 제임스 브래디가 이마에 총을 맞았고, 향후 몇 시간 동안 그와 레이건 대통령의 상태에 대한 정보가 조금씩 계속해서 흘러나왔다. 게리 브레스나한은 보안 통신을 위해 병원으로 급파되었고, 이후 삼일 밤을 그곳에서 보냈다. 백악관에 있던 사람들은 티브이 뉴스 보도를 모니터링했는데, 방송 정보 중 상당수가 부정확했고 일부는 재앙적일 정도로 잘못된 정보였다.

제임스 브래디가 중상을 입고 래리 스피크스 부대변인과 에드 미스 레이건 보좌관이 병원에 입원한 상황에서 상황실 사람들은 누가 백악관의 공보 활동을 책임져야 할지 논의했다. 헤이그가 재빨리 지휘권을 장악했다.

> 헤이그: 다 함께 움직이도록 합시다. 아무것도 하지 마세요. 모두가 모르는 상태에서 거건이 공보 활동을 할 수는 없어요. 여기서 우리가 뭘 할지는 우리가 여기서 함께 결정해야 합니다. 늘 그게 가장 좋은 방법입니다!

그리고 잠시 뒤 그는 계속 말했다.

> 헤이그: 병원과는 직통으로 연결될 겁니다. 그러니까 어떤 발표든 공표하기 전에, 이 회의에서 먼저 논의해야 해요. 그리고 병원에서 전화 통화로 지침을 받은 사람은 누구든 먼저 이 회의 탁자로 오세요. 바로 여깁니다!

핵 공격을 위한 암호가 담긴 검은색 서류 가방인 '핵 풋볼'*을 누가 통제하는가 하는 문제에 대한 우려가 즉각적으로 제기되었다. 핵 풋볼은 항상 대통령과 함께하지만, 백업이 존재한다. 하지만 그 백업은 지금 어디 있는가? 레이건이 병원에 입원해 있는 상황에서 핵 암호는 누가 관리하는가? 당연히 헤이그는 그것을 확보하길 원했다.

헤이그: 핵 풋볼이 부통령 근처에 있으니 괜찮습니다.
앨런: 이쪽으로 하나 가져와야 합니다. 이곳엔 복사본이 하나 있습니다.
헤이그: 핵 풋볼을 여기로 가져오세요.
앨런: 군 보좌관실에 하나가 있습니다.

위기가 오래 지속될수록 사람들은 무슨 일이 벌어지고 있는지 확신하지 못했다.

헤이그: 중요한 건, 이런 상황에서는 항상 별별 소문과 억측이 퍼지기 마련이라는 겁니다. 모든 사람이 사방 천지에서 온갖 말들을 퍼뜨리고 있어요.
신원미상자: 맞습니다.
헤이그: 그래서 그런 일이 일어나지 않도록 하는 것이 정말 중요하다고 생각합니다! 대통령이 의식이 있고 기능할 수 있는 한은 말입니다….
앨런: 하지만 지금 대통령은 의식이 없습니다.

---

* 미국 대통령이 백악관 상황실이나 비상작전실과 같은 지휘실에서 벗어나 핵 공격을 지시하고 승인하는 데 사용하는 서류 가방. (옮긴이)

당시 대통령은 전신마취를 한 채 수술을 받고 있었다. 부시 부통령이 아직 비행기 안에 있었기 때문에 누가 책임자인지에 대한 논의가 격렬해졌다.

거건: 헤이그 장관님, 질문 하나만 하겠습니다. 우린 대통령님 상태가 어떤지, 좀 더 정확히 파악해야 합니다. 지금 대통령님은 마취 상태입니까?
헤이그: 대통령님은 수술대 위에 있지 않습니다.
거건: 대통령님은 수술대 위에 계세요.
헤이그: 그렇다면 키는 바로 이곳에 있겠군요. 즉, 헌법에 따라, 부통령이 이곳에 도착할 때까지는 지휘권이 지금 이곳 회의 탁자의 수장에게 있다는 뜻입니다.
거건: 그래요. 알겠습니다.

당연히 거건은 이해하지 못했다. 헌법상 대통령직 승계 순서는 부통령, 하원 의장, 상원 의장 대행순이기 때문에 알렉산더 헤이그가 대통령직을 승계하는 건 무리라는 것을 알았다. 하지만 이미 수탉처럼 잔뜩 독이 오른 사나운 헤이그와 다투고 싶은 사람은 아무도 없었다. 그들은 그가 원하는 걸 말하도록 내버려두었다. 모두가 순서를 알고 있었기 때문에 그 문제를 두고 다툼을 벌일 이유가 없었다. 헤이그가 충동적으로 그 문제를 언론에 공개하기로 마음먹기 전까지는.

병원에서 백악관으로 돌아온 래리 스피크스가 기자단에 브리핑하고 있을 때 한 기자가 누가 국정의 책임자인지 물었다. "지금은 그 질문에 답할 수 없습니다." 스피크스는 대답했다. 이 말을 들은 헤이그는 격분했고, 리처드 앨런을 회의실 밖으로 끌어내 상황실 내 다른 곳으로 데리고 갔다. 앨런은 녹음기를 몸에 지니고 갔다.

헤이그:	그 사람이 일을 재앙으로 몰고 가고 있어요!
앨런:	아, 미치고 팔짝 뛰겠군요. 그 사람은 왜 그러는 겁니까?
신원미상자: 기자들은 누가 국정의 책임자인지 알고 싶어 합니다….
헤이그:	그럼 기자들을 부릅시다.

그런 다음 헤이그는 기자실로 들어가 연단에 올라섰다. 그는 사태를 진정시키기 위한 성명을 발표하면서, 내각은 상황실에 있고 대통령은 안정적이며 경계 조치가 필요하지 않다고 밝혔다. 그는 기자들에게 질문이 있는지 물었고, 한 기자가 정부 차원의 결정을 누가 내리는지를 물었다. 그러자 그는 향후 악명을 떨치게 된 말을 뱉었다.

헤이그: 여러분, 헌법상 대통령, 부통령, 국무장관이라는 순서가 있습니다. 그리고 대통령이 부통령에게 지휘권을 이양하겠다고 결정하면 그렇게 될 겁니다. 지금 이곳 백악관에서는 내가 지휘권을 가지고 있고, 부통령의 복귀를 기다리고 있습니다. 나는 부통령과 긴밀히 연락하고 있습니다.

"그가 그렇게나 어리석은 말을 했다는 사실에 놀랐죠." 앨런은 훗날 이렇게 회상했다.

헤이그는 닉슨 대통령이 술로 인해 무력해졌을 때도 백악관에서 일했다. 그 당시도 그는 지휘권을 장악했고, 분명 지금도 자신이 지휘권을 장악해야 한다고 믿었다. 그는 전형적인 알파 메일(우두머리 수컷)이었고, 4성 장군으로서 북대서양조약기구 최고사령관을 지냈던 지라 명령을 내리고 이를 따르도록 만드는 데 익숙한 사람이었다. 하지만 그는 지금 상황에서 도를 지나쳤고, 어설프게 지휘권을 장악하려는 그의 시도는 상황실이 처한 스트레스와 혼란을 가중했을 뿐이었다.

헤이그가 연단에 있는 동안 와인버거는 첩보 업데이트를 받았다. 소련 잠수함 네 척이 대서양 연안을 순찰하고 있는데, 평소보다 그 수가 더 많고 더 가까운 거리에 있다는 것이었다. 실제로 잠수함 중 한 척은 미사일을 발사하면 11분 이내에 워싱턴을 파괴할 수 있을 정도로 근접해 있었다. 암살 시도는 임박한 공격으로부터 주의를 돌리려는 소련 음모의 일부였을까? 범인의 신원은 알려졌지만, 그가 어떤 사람인지 그가 왜 대통령을 총으로 쏘았는지는 아무도 몰랐다. 케네디가 암살당했을 때와 마찬가지로 소련이 총격 사건에 개입했을지도 모른다는 두려움이 커졌다.

그래서 헤이그가 공개적으로 현재로서는 어떤 경계 조치도 필요하지 않으며 고려하고 있지도 않다고 말하고 있을 때, 와인버거는 상황실에서 전략공군사령부에 경계 수준을 높이라는 명령을 내렸다. 이 사실을 안 헤이그는 불쾌감을 감추지 못했다.

헤이그: 장관님, 내가 기자들 앞에서 말했잖습니까. … 난 거짓말쟁이가 아닙니다. 나는 경계 강화는 없다고 말했습니다.
와인버거: 헤이그, 당신이 기자들 앞에 선다는 사실을 몰랐어요….
헤이그: 이미 질문이 시작되었고 큰 혼란이 있을 수도 있는 상황이었기 때문에 그렇게 해야만 했습니다.
와인버거: 음, 공개할 구체적인 성명문에 대해 우리가 (합의)했더라면 일이 잘 풀렸을 겁니다.

두 사람은 말다툼을 시작했다. 헤이그는 실제 경계 수준이나 소련 잠수함의 존재보다는 제대로 협의했느냐는 문제에 더 관심이 있는 것처럼 보였다.

헤이그: 글쎄요, 우리는 조금 전 회의에서 그 일을 논의했고, 우리는 계를 강화하지 않기로 했습니다….
와인버거: 잠수함 한 척이 평소보다 가까이 접근했지만 이전 사례들보

다는 가까워지지 않았다는 추가 정보를 입수하고 나니 3~4분의 시간을 절약하는 것이 현명해 보이더군요.

헤이그: 네, 하지만 우리가 그 문제를 논의할 수 있었을 텐데요.

와인버거: 네, 하지만 장관님이 이곳에 없었잖습니까. 장관님이 어떤 생각을 밝힐 줄은 몰랐습니다….

헤이그: 글쎄…. 우리는 이미 이야기를 나눴고, 경계 태세를 강화하지 않는 것에 모두 동의했어요.

와인버거: 장관님이 기자들 앞에 설 줄은 몰랐습니다! 그리고 그땐 잠수함에 대한 정보가 없었고요. 3~4분마다 이런 소식이 들어오고 있어요.

말다툼은 계속되었고, 결국 앨런은 와인버거와 윌리엄 케이시 CIA 국장을 자신의 사무실로 불러들였다. 앨런은 또다시 녹음기를 가져갔다.

앨런: 세상에, 그가 기자들 앞에서 그런 멍청한 말을 할 줄은 몰랐습니다. 현장에서 감시자 역할을 못해 죄송합니다. 망할, 그가 스피크스를 연단에서 끌어내리려는 건 줄 알았습니다. 스피크스가 성명을 발표하기 위해 기자들 앞에 선 것도 몰랐어요….

와인버거: 말이 도는 건 썩 좋은 일은 아니지만, 나중에 부인할 수 있는 말이라도 도는 게 그나마….

앨런: 이런 일을 두고 영역 싸움을 하는 건 별로 바람직하지 않습니다. 조지 (부시)가 여기 있으면 괜찮겠지만, 내가 알기론 현재로서는 당신이 지휘권을 갖고 있어요.

상황실의 모든 이야기가 논쟁적인 것은 아니었고, 모든 이야기가 전략이나 정부 문제에 집중된 것도 아니었다. 인간미가 느껴지는 순간도 있었는데, 제임스 브래디가 부상으로 사망했다는 오보를 상황실에 모여 있던 사람들이 들었을 때가 그랬다.

    앨런: 짐 브래디가 사망했다는 소식을 들었습니다.
    돈 리건:관련해서 입장문을 준비하는 게 좋겠습니다….
    앨런: 그리고 짐 브래디를 위해 잠시 묵념의 시간을 갖는 것이 좋겠습니다.

7초의 침묵이 흘렀다. 예상대로 침묵을 깬 것은 헤이그였다. 그는 누가 그의 사망에 대한 성명을 발표할 것인지 하는 절차에 관한 질문을 던졌다.

    헤이그: (병원에서) 내용을 알리게 되는 건가요?
    거건: 지금 연락을 시도 중입니다….
    헤이그: 우리에게는 분명 내용을 알릴 의무가 있습니다.
    앨런: 내 생각에는 … 세상에 … 하늘에 계신 하나님 … 가엾은 사람 … 이건 정말 크나큰 손실이군요.

리처드 앨런은 밤새도록 계속 녹음했고, 결국 다섯 시간 분량의 상황실 대화가 녹음되었다. 이 대화는 나중에 네 개의 긴 문서로 기록되었고, 모든 쪽마다 당시의 혼란스러웠던 상황이 고스란히 드러나 있다. 문서는 모두 타자기로 작성되었지만, 처음 두 문건에는 친필로 쓴 상세 메모들도 있는데, 앨런이 나중에 누가 화자인지를 정리해두려고 애쓰는 과정에서 생긴 것들이었다.

레이건 도서관에서 제공한 세 번째 녹취록에는 이름이 전혀 없고, 모든 화자가 단순히 '음성'으로만 표시되어 있다. 하지만 일부 화자를 식별하는 게 가능한데, 다른 사람들이 그 화자의 이름을 부를 때가 그런 경우이다. 네 번째 녹취록에는 부시 부통령만 나온다. 하지만 그 마지막 부분에는 데니스 오리어리 박사가 나오는데, 방송으로 나간 대통령의 상태에 대한 그의 발언이 녹음되어 있다. 놀랍게도 그 누구도 세 번째와 네 번째 녹취록으로 돌아가 다른 화자가 누구인지 해독한 바가 없다. 이런 이유로 지금껏 아무도 이 녹음 내용에 대해 글을 쓴 적이 없는 것으로 보인다.

*

세 번째 녹취록이 시작되는 건 부시 부통령이 백악관에 도착하기까지 약 30분 정도 남은 시점이다. 상황실은 이제 사람들이 불안한 마음에 커피를 마시며 담배를 피우느라 연기로 뿌옇게 흐려진 상태였다. 신원을 알 수 없는 목소리가 묻는다. "장관님, 뭐 좀 (알아들을 수 없는 내용) 있습니까?" 와인버거는 부통령에 대해 이렇게 대답했다.

와인버거: 부통령이 성명을 발표할지 말지에 대해 우리가 조언을 해줘야 할 것 같습니다. 그는 사람들의 눈에 띄지 않을 테니까요. 그는 몰래 비행기에 올랐고, 앤드루스 격납고로 몰래 들어올 겁니다. 그리고 이곳 상황실에도 몰래 오겠죠. 지금은 그가 살아 있는지조차 아무도 몰라요.
음성: 내 생각엔, 무슨 조치는 필요할 것 같아요, 하지만 부통령이 병원에 가는 건 반댑니다….
음성: 지금은 승계 문제 때문에라도, 둘을 같은 장소에 있게 하지 않는 것이 매우 중요합니다.

존 힝클리의 단독 범행인지가 아직 명확하지 않았다. 부시 부통령도 잠재적 목표물이었을까? 그리고 소련의 움직임도 여전히 우려스러웠다.

음성: 소련이 폴란드에서 어떤 일을 도모하려고 한다면, 지금이 그

렇게 하기에 아주 좋은 시기일 겁니다.

국내 정치적으로는 대통령이 다음 날 낙농 법안에 서명할 예정이었다. 서명을 하지 않으면 관련 업계가 혼란에 빠지고, 생산에 차질이 생기고, 가격이 인상될 터였다. 대통령이 서명하지 않으면 무슨 일이 벌어질까? 법안을 법으로 만들 다른 방법이 있을까?

음성: 아이젠하워 시절에는 아이크가 고개를 끄덕여서 승인할 수 있는 일들이 있었어요….
음성: 하지만 보통 결정적인 사안은 대통령의 서명이 필요하고, 그걸 묵인할 수도 위임할 수도 없어요.
음성: 내일 대통령께서 서명할 수 있을지도 모릅니다. 이상하게 들리겠지만, 어쩌면 대통령께서….
음성: 대통령께서 서명할 수 있다고 해도….
음성: 그가 법적으로 권한을 이양할 수 있습니다.
음성: 음, 그건 좀 어렵지 않나 싶습니다. 내 말은, 그가 대통령이든 아니든 권한을 이양할 수는 없다는 겁니다.

이는 초현실적인 토론으로 이어졌다. 대통령이 법안에 서명할 수 없음을 선언하는 서류에 서명해야 하는가?

음성: 대통령은 일시적으로 무능력한 상태입니다.
음성: 맞습니다. 하지만 오늘이 정말 그에게 마지막 날이라면 그가 해야 할 일은 그 법안에 서명할 권한을 위임하는 것뿐입니다.
음성: 그 점에 대해 말씀드리자면, 위임은 서명이 필요합니다. 만약 그가 위임 서류에 서명할 수 있다면, 법안에도 서명할 수 있을 겁니다.

윌리엄 프렌치 스미스 법무부 장관(직전에 발언한 사람이 누군지는 몰라도 그가 이름을 불렀기 때문에 신원을 알 수 있다)은 불확실한 상황에 동요하기 시작했다. 그는 대통령의 상태를 명확히 밝히기 위해 대화에 끼어들었다.

> 스미스: 대통령께서 자신의 권한을 전부가 아니라 일부만 행사하지 않을 수 있다는 생각은 잘못된 것입니다. 그럴 순 없습니다. 그는 대통령이거나 아니거나 둘 중 하나입니다. 대통령이 능력을 상실했을 때 따라야 할 두 가지 구체적인 절차가 있습니다. 그리고 나는 모든 사람이 그 절차가 무엇인지 아는 게 중요하다고 생각합니다. 생각만으로도 소름이 끼치긴 하지만 … 사실 우리는 지금 그 절차를 고려해야 하는 상황에 부닥쳐 있습니다.

그리고 나서 이야기는 다시 낙농 법안으로 돌아오고, 이때 누군가가(헤이그일 것으로 나는 추측한다) 이렇게 말한다. "대통령께서 서명한다면, 사람들은 그의 손가락이 정확히 어떻게 움직였는지 알고 싶어 할 겁니다. 서명이든, 엄지손가락이든 모두 다요. 역사적인 서명이니까요."

권력이양과 대통령의 상태, 부통령의 도착 예상 시간에 대한 대화가 오가는 가운데, 그들은 또 한번 놀랍도록 인간적인 순간을 맞는다. 짐 브래디 가족을 염려하는 대화가 이어지는 것이다.

> 음성: 세라 브래디와 친한 사람이 누구인지 아는 사람 있습니까?
> 음성: 내 아내 팻이 친합니다.
> 음성: 그녀를 데리고 병원으로 가서 비밀경호국 검문을 통과할 수 있게 해주세요….
> 음성: 팻을 안으로 들여보내고 세라에게로 안내하라고 비밀경호국에 이야기하세요.
> 음성: 부부에게 두 살배기 아이가 있는데 누군가 밤새 돌봐줘야 합니다.

이 대화를 하고 난 직후 부시 부통령이 마침내 상황실로 들어왔다. 상황실에 있던 사람들은 부시 부통령에게 군사경계태세와 소련 잠수함의 위치 등 그간 있었던 일들에 관한 최신 정보를 신속하게 제공했다.

음성: 우리는 모든 것을 정상 비경보 상태인 데프콘 5에 그대로 두고 있습니다. 미국태평양사령부PAC는 항상 데프콘 4에 있습니다. … 소련 잠수함 한 척이 미사일을 쏘면 (편집)분 57초 안에 미국에 도달하는 거리까지 접근했습니다.

이 시점에서 누군가는 상황실에 있는 모든 사람이 일급비밀 권한, 즉 '암호명' 허가를 가진 게 아니라는 사실을 깨달았다.

음성: 암호명 허가가 없으신 분이 있습니까?
음성: 암호명이 없다면 이 회의에 있으면 안 됩니다.
음성: 네, 암호명 허가가 없는 사람이 많습니다.
음성: 암호명 허가가 없으시다면, 잠시만 자리를 비워주십시오….
음성: 여기 상황실에서 우리가 법을 어기는 일이 있어서는 안 됩니다.

암호명 비허가자들이 상황실에서 나간 후에도 브리핑은 계속되었다. 결국 남은 사람들은 NSC 회의와 내각 회의, 안드레아스 판 아흐트 네덜란드 총리와의 실무 오찬 등 부통령의 다음 날 일정을 논의했다.

부시 부통령의 대응으로 길고 혼란스러웠던 하루가 처음으로 평온해지는 순간이 찾아왔다. 그는 모든 사람에게 상황실을 떠나 정상적 모습을 되찾을 것을 촉구했다.

부시: 이번 일이 끝나면 이곳 상황실에서 만나지 않았으면 좋겠습니다. 내 말은, 우리가 특별히 민감한 무언가를 기다리는 것이 아니라

면, 위층으로 올라가자는 겁니다. 왜냐하면 여기 있는 것이 우리에게 뭔가 벼랑 끝에 있는 듯한 느낌을 주기 때문이죠. 사실 아시다시피 몇 시간 전까지는 우리 모두 그런 상태에 처해 있었습니다. 가능하면 우리 모두 가장 정상적인 상태로 돌아가서 자기 일을 하는 게 더 나을 것 같습니다.

녹음이 이루어진 지 40여 년이 지난 지금, 그날 상황실에 있던 사람들 중 상당수는 사망했고, 아직 살아 있는 사람들의 기억은 희미해졌다. 나는 테이프를 직접 들어보고 화자의 신원을 파악하고 싶었지만, 그 녹음들은 여전히 기밀로 분류되어 있다. 이로 인해 우리에게는 상황실 역사상 가장 중요한 날에 관한 전례 없는 기록이 있음에도, 그 기록은 아직 불완전하다.

*

존 힝클리가 대통령 암살을 시도했다가 실패한 지 11개월이 지난 후, 로널드 레이건은 상황실에 앉아 자신이 살해당하는 장면을 바라보았다.

날짜는 1982년 3월 1일이었다. 레이건 대통령은 상황실에서 스크린을 주시하며 자신이 알고 있던 세계가 파괴되는 모습을 지켜보았다. 이날은 핵 공격에 대비한 미국 정부의 준비 태세를 평가할 목적으로 실시된 나흘간의 기밀 훈련 중 첫날이었다. '아이비리그'라는 암호명으로 진행된 이 훈련에는 여러 부서에서 1000명 이상의 인원이 참여했으며, 주요 인사들이 실제로 헬기를 타고 외부 벙커로 대피하는 훈련이 포함되어 있었다. 훈련이 진행되는 동안 이미지들이 상황실 스크린에 번쩍였는데, 소련의 탄두가 워싱턴 D. C.를 산산조각 내는 장면이었다. 그리고 이 훈련에서 윌리엄 로저스 전 국무장관이 연기한 '대통령'은 화재 탓에 사망했다.

1950년대 이후 모든 미국 대통령은 핵 분쟁이 어떻게 전개될지에 대한 브리핑을 받았다. 맥조지 번디는 이렇게 회상했다. "아이젠하워 행정부에서 개발한 연례 모의 핵전쟁 연습이 있었어요. … 여기서는 전쟁을 실행하고 우리 탄두가 적의 탄두를 어떻게 파괴하는지, 이로 인해 몇백만 명의 사상자가 발생하는지 확인했죠." 아이젠하워는 이 훈련이 불안하다고 생각했지만, 대통령으로 재임하는 동안 여러 차례 이 훈련을 실시했다.

케네디도 비슷한 훈련을 받았는데, 그 역시도 불안감을 느꼈다. 훈련이 끝난 후 집무실로 돌아가는 길에 그는 쓸쓸해하며 딘 러스크에게 이렇게 말했다. "이러고도 우리는 우리 스스로를 인류라고 부릅니다." 러스크는 케네디가 상대하는 소련 측 지도자의 말을 떠올렸다. "흐루쇼프가 한번은 아주 잘 표현한 바가 있습니다." 그가 말했다. "핵전쟁이 일어나면 산 자들은 죽은 자들을 부러워할 것이다."

모든 대통령이 핵 관련 브리핑을 받았지만, 아이젠하워 대통령 이후 가장 규모가 크고 복잡했던 아이비리그는 상황실에서 진행된 최초의 훈련이었다. 이는 한반도에서 시작된 전쟁이 전 세계로 확산하는 상황을 추적하는 매우 세밀한 훈련이었다. 레이건은 소련의 핵 공격을 상징하는 붉은 점들이 미국 전역에 불길하게 피어나는 것을 공포에 떨며 지켜보았다. "그가 믿을 수 없다는 표정으로 지켜보는 동안 … 더 많은 붉은 점들이 생존자들을 쓸어버리고 붉은 바닷속 몇 군데의 구멍들을 메웠습니다." 보좌관 톰 리드는 회상했다. "한 시간도 채 되지 않아 레이건 대통령은 미국이 사라지는 것을 목격했어요."

파괴가 완료되기 전에 또 다른 사건이 그를 충격에 빠뜨렸다. 훈련의 일부는 공격에 대한 미국 정부의 대응을 결정하는 것이었다. 관료들이 보복 미사일 공격을 명령해 수백만 명의 소련 시민을 '살해'하자, 레이건의 핵무기에 대한 인식은 완전히 바뀌었다. 언젠가는 어쩔 수 없이 내려야 할 결정의 결과가 현실로 다가온 거였다.

"레이건은 매우 직관적인 학습자였습니다. 그는 경험을 통해 배웠고, 그를 정말로 공포로 떨게 한 그러한 직접적인 체험들로부터 배웠어요." 《평화 중재자: 로널드 레이건, 냉전, 그리고 위기에 처한 세계》의 저자 윌 인보든은 내게 말했다. '대통령'이 살해되는 것을 목격한 것이 레이건에게는 큰 영향을 미쳤다고 그는 이어서 말했다. "레이건은 그것이 추상적 관념이 아님을 알았습니다. 죽은 사람이 바로 자신일 수 있다는 것을 깨달았죠." 이 경험은 레이건 대통령에게 충격과 괴로움을 안겨줬다. 더 중요하게, 그것은 핵전쟁의 위협을 근절하겠다는 레이건의 결심을 더욱 굳히는 계기가 되었다.

레이건은 수십 년 동안 공산주의에 맞서 싸우고 있었다. 1977년, 그는 자신의 전략을 네 단어로 요약했다. "우리는 이기고, 그들은 패배한다." 그는 1980년 선거운동에서 지미 카터가 여전히 데탕트가 가능하다고 믿는다며 그를 비난했다. 선거 3개월 전, 스튜어트 스펜서 고문이 왜 대통령이 되고 싶냐고 묻자, 레이건은 "냉전을 종식하기 위해서"라고 간단히 대답했다. 그건 쉽지 않은 일이었는데, 소련과의 관계가 30년 이상 냉랭한 채 좀처럼 풀리지 않고 있었기 때문이다. 레이건이 이 선언을 한 지 5일 후, 올림픽 보이콧을 선언한 미국 없이 모스크바에서 하계올림픽이 개막했다.

레이건의 정신상태에 대한 또 다른 단서는 1981년 4월 11일 토요일(암살 시도가 있고 난 후 퇴원하던 날)에 쓴 일기장에서 찾을 수 있다. 그는 이렇게 적었다. "무슨 일이 일어나든 나는 신에게 내 생명을 빚지고 있으며, 나는 내가 할 수 있는 모든 방법으로 신을 섬기려고 노력할 것이다." 핵 분쟁이라는 유령은 그를 두렵게 했지만, 레이건에게 공산주의와의 싸움은 단순히 전쟁을 피하기 위한 노력 그 이상이었다. 그것은 신을 경외하는 국가와 신을 믿지 않는 국가 간의 거룩한 싸움이었다.

레이건은 1983년 3월 8일에 있었던 전미복음주의협회 연설에서 이러한 신념을 전폭적으로 표명했다. 레이건은 정치인이 천국의 문에 도착했다는 우스꽝스러운 농담으로 연설을 시작한 후 미국의 위대함과 전통적 가치의 중요성에 대해 언급했고, 그다음에는 소련으로 시선을 돌려 "전체주의 어둠 속에 살고 있는 모든 이의 구원을 위해 기도합시다"라고 말했다. 그러면서 이렇게 덧붙였다. "그들이 하나님을 아는 기쁨을 발견하도록 기도합시다. 하지만 그들이 그렇게 될 때까지는 … 그들이 현대사회에서 악의 중심이라는 것을 기억합시다."

그런 다음 그는 계속 말을 이었다.

나는 여러분이 교만의 유혹, 다시 말해 스스로를 모든 것 위에 있다고 태평스럽게 자만하고 양쪽 모두에게 똑같이 잘못이 있다고 선언하려는 유혹을 경계할 것을 촉구합니다. 역사의 사실과 악한 제국의 침략적 충동을 무시하고, 군비경쟁을 단순히 거대한 오해라고 부르면서 옳고 그름, 선과 악 사이의 투쟁에서 벗어나려는 유혹을 경계할 것을 촉구합니다.

"악의 제국" 연설로 알려진 이 연설은 레이건이 소련을 대하는 태도를 규정하는 것이었다. 레이건이 이 연설을 할 당시 소련의 위협에 대한 미국 대중의 공포는 점점 커지고 있었다. 레오니트 브레즈네프가 사망하면서 유리 안드로포프 전 KGB 위원장이 권력을 쥐게 되었기 때문이다. 미국 학교에서는 소련의 핵 공격이 일어나면 어떻게 행동해야 하는지를 두고 어린이들을 훈련했다. 그리고 이 악의 제국 연설을 한 지 2주 후 레이건은 날아드는 미사일에 대항하는 우주 기반 방어막의 구축을 목표로 하는 새로운 연구 프로그램, 전략방위구상SDI을 발표했다.

1983년 가을은 무섭고 불안정한 시기였다. 9월에는 소련 수호이 전투기가 대한항공 007편을 상공에서 격추해 269명이 사망하는 사건이 발생했다. 몇 주 뒤에는 한 소련 대령의 금욕에 가까운 인내심 덕분에 미국의 미사일 공격이라는 오경보가 핵 대재앙으로 이어지지 않았다. 10월 말에는 헤즈볼라 자살폭탄테러범들이 베이루트에 있는 해병대 막사에서 미군 241명을 살해했다. 그로부터 이틀 후, 미군은 그레나다의 공산 정부 전복을 돕기 위해 섬나라 그레나다를 침공했고, 베트남전쟁 이후 최대 규모로 지상군을 파병했다. 또한 미군은 유럽에 퍼싱 2와 지상 발사 순항미사일을 배치하고 있었고, 11월에는 소련이 나토의 대규모 군사훈련인 에이블아처에 대응하기 위해 핵전력을 경계 태세로 전환했다.

쿠바미사일위기 이후 냉전적 긴장이 이토록 공포스러웠던 적은 없었다. 하지만 쿠바미사일위기가 벌어진 13일의 일들은 대부분은 비공개로 진행되었다. 하지만 1983년 가을의 사건들은 대부분 공개적으로 고조되고 있었다. 그리고 소련의 공격에 대한 미국인들의 공포는 1983년 11월 20일에 최고조에 달했다. 이날은 ABC 방송에서 영화 〈그날 이후〉*를 방영한 날이다.

틱톡, 유튜브 등 여러 스트리밍 매체와 수백 개의 케이블 채널이 넘쳐나는 요즘 시대라면 기억하기조차 어려웠겠지만, 1983년에는 '빅3' 방송 네트워크(ABC, NBC, CBS) 중 한 곳에서 티브이용 영화가 개봉되어 전국적인 화제를 불러일으켰다. 미국 전체 인구 2억 3300만 명 중 1억 명이 일요일 밤에 소련의 공격으로 캔자스주 로렌스와 미국 전역이 핵전쟁의 소용돌이에 휘말리는 장면을 보기 위해 티브이를 시청했다. 시청자들은 죽음과 아비규환의 생생한 장면에 경악했고, 레이건 대통령도 일기에다 "영화는 매우 인상적이었고 나에게 깊은 우울감을 줬다"라고 씀으로써 그 영화가 자신에게 충격을 줬다는 사실을 인정했다.

지정학적 선이 그어지고 핵전쟁의 유령이 일상에 끔찍한 그림자를 드리웠다. 1984년 초, 인류가 스스로 불러온 재앙에 얼마나 근접했는지를 상징적으로 보여주는 '지구종말시계'가 자정 4분 전에서 3분 전으로 앞당겨졌다. 레이건 대통령의 첫 임기가 끝나갈 무렵, 세계 전쟁으로 향하는 피할 수 없는 궤도를 막을 수 있는 건 아무것도 없는 것처럼 느껴졌다.

그러나 놀랍게도 레이건의 두 번째 임기에는 이 모든 것이 바뀌게 된다. 그리고 그 변화의 중심에는 상황실이 (또는 한 이상한 사례에서는 그와 유사한 형태의 조직이) 있었다.

---

* 〈그날 이후〉는 미국 ABC 방송에서 방영된 티브이 영화로, NATO 연합군과 바르샤바조약기구 사이의 전쟁이 급속도로 확대된 핵전쟁을 그렸다. (옮긴이)

*

닉슨과 포드, 카터와 달리 레이건 대통령은 상황실에서 많은 시간을 보냈다. 적어도 일주일에 한 번, 때로는 그보다 더 자주 국가안보기획그룹NSPG 회의를 상황실에서 열었다. NSC의 파생 조직으로 만들어진 NSPG는 민감한 사안에 대한 위기관리를 다루었기 때문에 평소보다 참석자 수가 적었다. "보좌관들 없이 회의하는 경우가 많았습니다." 로버트 M. 키밋 전 NSC 사무국장은 내게 말했다. "그래서 부처 장관들과 다른 몇몇 사람들만 회의에 참석했습니다."

상황실에 대한 개별 대통령의 태도는 그들의 성격을 반영하는 것이었다. 존슨은 통제광이었기 때문에 일이 벌어지는 곳에 있기를 원했다. 닉슨은 편집증이 있었기 때문에 NSC의 영역에 있는 것을 싫어했다. 레이건은 어떤 방에 들어가도 편안함을 느끼는 사람이었다. 마이클 본은 저서 《중앙통제실》에서 이렇게 적었다. "그는 언제나 예의 발랐고 모든 사람을 따뜻하게 맞이했다. 그는 회의실에 들어와 자리에 앉아 젤리빈을 먹으며 회의를 시작했다."

레이건의 편안함은 대부분 그의 성격 때문이었지만, 그의 임기 동안 상황실 단지가 크게 개선된 것도 일부 이유로 작용했다. 상황실의 첫 20년 동안 모든 당직 요원은 CIA 출신이었다. 레이건 대통령 때부터 인력이 국무부, CIA, NSA, 군 기관들 출신으로 채워졌다. 이러한 인력 구성으로 상황실의 분석 능력이 향상되었다. 교대근무는 열두 시간으로 단축되었고, 근무 사이에 48시간의 휴식이 주어졌다. 근무 기간을 2년으로 제한해 활기찬 새 인력이 상황실로 유입되게 했다. 상황실은 정부 전체에서 가장 뛰어난 인재들을 선발하는 근무지가 되었다. 상황실 근무는 어떤 이들에게는 경력의 정점이 되었고, 어떤 이들에게는 승승장구하는 계기가 되었다.

레이건의 두 임기 동안 기술도 크게 발전했다. 수년간 초보적인 통신수단들(수기 메모, 타이핑된 보고서, 텔렉스, 전보, 기초적인 팩스 기기, 기송관을 통한 서류 전달 등)이 사용되다가 컴퓨터가 널리 보급되기 시작했다. 이제 미국대사관의 전보를 전자적으로 확인하고 전달할 수 있게 되었다. NSC 직원을 위한 기본 이메일이 설정되었다. 화상회의도 도입되었지만 조지 H. W. 부시 행정부 이전까지는 드물게 사용되었다. 실제로 레이건 대통령 시절에 설치된 화상회의실은 사용 빈도가 너무 적어, 상황실 직원들이 비공식적인 식사 공간으로 탈바꿈시키기도 했다.

1980년대는 개인용컴퓨터가 보급되기 시작한 10년이었다. 레이건 시대에는 코모도어 64, IBM PC, 애플 매킨토시가 출시되었고, 인텔의 마이크로프로세싱칩은 속도와 성능 면에서 비약적인 발전을 이루었다. 팀 버너스리가 월드와이드웹과 최초의 브라우저를 발명한 후 몇 년이 더 지나서야 상용 인터넷이 사용되기 시작했다. 하지만 완전한 연결성은 가까운 미래로 다가와 있었다.

하지만 이러한 개선에도 불구하고, 레이건 시대의 상황실은 여전히 그 특이함을 유지했다. 사람들이 다른 나라의 시간을 물어보는 것에 (인터넷이 생기기 전에는 다른 나라의 시간을 쉽게 알 수 없었기 때문이다) 지친 본은 전 세계의 햇빛 경로를 표시하는 대형 지오크론 시계를 구입했다. 그리고 직원들은 회의에 필요한 종이 지도를 보관할 공간이 부족한 관계로 회의에 필요한 지도를 구하기 위해 끊임없이 동분서주했다. 디지털 시대가 도래하고 있었지만, 어떤 면에서 상황실은 단호하게 아날로그 방식에 머무르고 있었다.

이 상황실 단지의 많은 변화는 시대에 발맞추기 위한 자연스러운 결과물로서 불가피한 것처럼 느껴졌다. 하지만 레이건 정부에서 이루어진 한 가지 변화는 매우 뜬금없어 보였다.

대통령이 총에 맞은 후 상황실에서 벌어진 혼란에 당혹한 국가안보 보좌관 존 포인덱스터는 상황실 자체가 사건 전개에 어떤 영향을 미쳤는지 조사했다. 그는 보고서에서 레이건 대통령의 상황실 팀이 상황실의 핵심 기능을 이해하지 못했다고 주장했다. "그들은 그것이 높은 수준의 의사결정을 촉진하기 위해 만들어진 지휘본부라고 생각했습니다." 포인덱스터는 나중에 회상했다. "실제로는 당직 요원들이 들어오는 정보를 내보내는 교환국에 가까웠어요."

그런 다음 포인덱스터는 진짜 지휘본부를 구축할 것을 제안했다. "상황실을 보완하고, 상황실에서 전 세계를 계속 주시하는 동안 위기 상황을 지휘할 수 있는 장소를 만들어야 했습니다." 그는 회상했다. 이 새로운 본부에는 자체 직원과 비디오 기능을 갖춘 더 큰 회의실이 있어야 했다. 하지만 안타깝게도 웨스트윙이나 이스트윙에는 그런 본부를 설치할 공간이 없었다. 백악관의 모든 공간은 용도가 정해져 있었다. 하지만 웨스트이그제큐티브 대로 건너편에 있는 OEOB 건물에는 충분한 공간이 있었다. 그래서 1982년, 레이건 행정부는 OEOB의 208호실(국무장관실로 쓰인 풍부한 역사를 지니고 있고 백악관의 사우스 포티코가 내려다보이는 창문이 있는, 넓고 화려하게 꾸며진 방)에다 새로운 위기관리본부CMC를 만들었다.

케네디 시대의 연구에서 반복적으로 지적된 한 가지 사항은, 상황실이 "어떤 부서나 기관의 운영 책임을 빼앗아서는 안 된다"라는 것이었다. 하지만 CMC는 정확히 그런 의도로 설계되었고 그렇게 했다. 포인덱스터는 상황실의 위기관리 부담을 덜어주려다 실수로 괴물을 만들어냈다. 이런 점은 머지않아 분명히 드러나게 될 터였는데, 이는 레이건 대통령을 당혹스럽게 만들고 그에게 악영향을 끼쳤다.

포인덱스터의 지휘 아래 CMC는 상황실보다 훨씬 더 발전된 첨단기술지휘본부가 되었다. "존 포인덱스터는 아마도 미국 정부에서 가장 테크에 정통한 사람이었을 겁니다." 로버트 M. 키밋은 내게 말했다. 그러고는 이렇게 덧붙였다. "그는 처음부터 NSC에다 기술적 업그레이드를 강하게 주장했습니다." 디지털이큅먼트 코퍼레이션DEC이 만든 VAX 컴퓨터 일곱 대가 CMC에 설치되었고, 이후 국무부와 국방부, 기타 워싱턴 주요 장소들에 있는 운영본부들에 연결되었다. 상황실에도 새로운 단말기가 설치되었고, 상황실 직원들도 동일한 데이터베이스에 접근할 수 있게 되었다.

1985년, NSC 사무국장인 윌리엄 마틴은 게리 브레스나한과 백악관 통신국의 도움을 받아 최초의 이메일시스템을 구축했다. "NSC 직원을 위한 이메일시스템은 우리만의 고유한 것이었어요." 브레스나한은 내게 말했다. "내부용이었고, 기밀로 분류되었습니다." 이메일 기술이 너무나도 새로운 것이었기 때문에, 기록 보관이라는 목적상 이메일을 어떻게 분류해야 할지 아무도 몰랐다. 마틴은 다음과 같이 회상했다.

모든 서류는 사무국장을 거쳐야 합니다. 그래서 우리는 토론했죠. 이메일이란 무엇인가? 그건 종이인가? 전화인가? 우리는 이 새로운 통신수단을 어떻게 다룰 것인가? 토론의 결과로 만들어진 기본 지침은 이랬습니다. 이메일은 그저 사소한 메시지일 뿐이다. 동의와 다른 모든 절차를 거쳐야 하는 공식적인 문서가 아니다.

이 결정으로 포인덱스터는 일반적인 보안 통제를 우회할 수 있었다. 그는 올리버 노스라는 NSC 보좌관과 백도어 통신*을 시작했고, 이는 로널드 레이건 대통령을 몰락시킬 뻔했던 이란-콘트라 사건의 시발점이 되었다.

올리버 노스 대령은 베트남전쟁 영웅으로, 야심에 찬 성정을 가려주는 축 처진 앞머리에 처량한 표정이 특징적인 미국 해병대 소속 군인이었다. 레이건 대통령 임기 초부터 NSC 직원으로 일했고, 윌 인보든의 표현을 빌리자면 "일 처리에 능숙한 사람으로 NSC 직원들 사이에서 신뢰와 호감을 쌓았다". 그는 말했다. "그는 아킬레 라우로호 피랍 사건에서 핵심적인 역할을 맡아 결국 테러범들을 체포하고 법의 심판을 받게 했습니다. 논란의 여지가 있었지만 적어도 작전 측면에서는 꽤 성공적이었던 그레나다 작전을 지휘하기도 했습니다."

NSC에서 노스의 첫 상관이었던 키밋은 그가 "NSC 직원 중 가장 유

---

* 백도어 통신은 시스템의 보안 조치를 우회해 접근할 수 있는 방법, 즉 정상적인 인증 절차 없이 시스템에 접근할 수 있는 숨겨진 통로를 의미한다. (옮긴이)

능한 사람"이라고 믿었다. 하지만 키밋은 인보든보다 좀 더 미묘한 관점을 가지고 있었다. "올리버 노스는 하루에 몇 번씩 상황실에서 조금 떨어져 있는 내 사무실로 오곤 했습니다." 키밋은 내게 말했다. "그리고 그는 거의 항상 최악의 아이디어와 최고의 아이디어를 동시에 갖고 있었습니다. 그에게는 '아주 좋은 아이디어에 집중하라'고 말해줄 사람이 필요했어요."

레이건 대통령에게는 안된 일이지만, 노스는 1985년에서 1986년 사이 대부분의 시간을 매우 나쁜 생각에 집중하는 데 썼다. 레이건 대통령처럼 냉전을 선과 악의 대결로 규정하는 복음주의 기독교인이었던 노스는 세계 속에서 미국이 갖는 위상을 높이기 위해 기꺼이 법을 어겼다.

이란-콘트라 사건은 본질적으로 무기와 인질을 거래한, 반전이 숨겨진 일이었다. 이란과 연계된 이슬람 단체인 헤즈볼라는 레바논에서 미국인 일곱 명을 인질로 잡고 있었다. 노스의 계획은 카터 행정부 시절로 거슬러 올라가는 무기 금수조치를 피해 이란에 무기를 은밀히 판매하고, 그 대가로 인질을 석방시키는 것이었다. 무기 판매는 비밀리에 이루어졌기 때문에 그에 따라 획득한 자금은 공식적인 회계로 처리하기가 어려웠다. 그래서 노스는 그중 일부를 자신의 신념, 즉 공산주의자들과 싸우는 일에 사용하기로 했다. 그는 좌익 산디니스타 정부를 전복하기 위해 싸우고 있던 우익 반군 단체인 니카라과 콘트라에 자금을 전달했다. 이는 콘트라에 대한 원조를 금지하는 또 다른 법률인 볼랜드 수정안Boland Amendment을 위반하는 행위였다.

노스는 이 모든 것을 새로운 CMC에서 조율했고, CMC를 자신의 작은 왕국으로 만들었다. 이는 전례가 없는 불법적인 행동이었으며 상황실의 정신에 반하는 것이었다. 하지만 상황실에는 암묵적으로든 아니든, 그가 무엇을 하고 있는지 알았거나 그가 하는 일을 지지한 사람들이 있었다.

"노스 대령이 구축한 병행작전은 기본적으로 상황실 내에 두 개의 파벌을 형성했습니다." 레이건 행정부 마지막 6개월 동안 선임 당직 요원으로 근무했던 데이비드 세드니는 회상했다. "기본적으로 노스가 뽑고 그에게 충성하는 사람들이 한 파벌을 이루었고, 내가 보기에 진짜 전문가인 사람들이 또 다른 한 파벌이었죠." 상황실은 항상 철저히 비정치적이고 임무에 집중된 곳이었지만, 노스는 그의 카리스마와 반공주의 열정을 이용해 그곳에 균열을 일으켰다. 내가 이 책을 위해 인터뷰한 수십 명 중 그 누구도 60년이 넘는 상황실 역사에서 그와 유사한 일이 있었던 걸 기억하는 사람은 없었다.

존 포인덱스터는 비밀 임무들을 가능하게 했고, 노스는 그것들을 실행에 옮겼다. 하지만 궁극적으로 책임은 레이건 대통령에게 있었다. 1986년 말부터 1987년까지 폭로가 간간이 이어졌지만, 레이건은 부정 상태에 깊이 빠져 있었다. '위대한 소통자'로 불렸던 그는 이 기간에 오랫동안 대중 앞에 모습을 드러내지 않았다. 그는 자신의 책임하에서 일어난 일들을 감당하지 못하는 것처럼 보였다.

이란-콘트라 사건을 3개월 동안 조사한 타워위원회*가 내놓은 보고서는 레이건 대통령을 강한 어조로 비판했다. 보고서 저자들인 존 타워, 에드먼드 머스키, 브렌트 스코크로프트는 "대통령은 작전이 실행된 것을 몰랐던 것으로 보인다. 그는 한번도 책임과 성과 평가를 요구하지 않았다"라고 지적했다.

타워보고서가 공개된 지 일주일 후인 1987년 3월 4일, 레이건 대통령은 마침내 사건의 진상과 책임을 인정했다. "몇 달 전, 나는 미국 국민에게 인질과 무기를 교환하지 않았다고 말했습니다." 그는 대국민 티브이 연설에서 말했다. "내 마음과 선한 의도는 여전히 그것이 사실이라고 말하지만, 사실과 증거는 그렇지 않다고 말합니다." 이는 전례 없는 상황을 이상한 방식으로 요약한 말이었다.

이란-콘트라 사건의 주변적 측면 중 몇몇도 전례가 없는 것들이었다.

---

* 1986년 12월 1일 로널드 레이건 대통령이 이란-콘트라 사건에 대응해 설립한 미국 대통령 직속 위원회. (옮긴이)

역사상 최초로 이메일을 사용한 행정부가 최초로 이메일 스캔들을 겪게 되었다. 노스와 포인덱스터는 NSC 컴퓨터에서 수천 개의 이메일을 삭제함으로써 그들의 백도어 채널에 대한 증거를 없애려고 시도했다. 하지만 NSC 직원들이 그들 시스템의 백업을 저장해두었고, 타워위원회는 사건의 실체를 구체화하는 데 있어 이 이메일들을 광범위하게 활용했다.

일부 NSC 직원들은 노스의 일탈을 폭로할 의무감을 느꼈던 반면, 또 다른 직원들은 그가 불명예스럽게 사임한 후에도 여전히 그의 영향력 아래에 있었다. 데이비드 세드니는 내게 노스가 백악관 출입을 금지당한 이후 "상황실 동료 중 한 명이 그를 다시 안으로 들여 증거를 없앨 수 있게 해줬다고 공개적으로 자랑했다"라고 말했다. 노스와 그의 비서 폰 홀이 CMC 문서 파쇄기에 너무 많은 문서를 집어넣는 바람에 기계가 고장을 일으켰다. 이후 그들은 문서를 상황실로 가져와 작업을 마저 끝냈다. 마이클 본에 따르면, '앨리게이터'라는 별명을 가진 상황실 파쇄기는 극도로 철저해서 문서들을 '엔젤 헤어 파스타'*와 비슷한 것으로 만들었다. 노스와 홀은 파쇄된 조각들을 쓰레기통에 버렸는데, 이것이 모험심 강한 상황실 직원 중 한 명에게 아이디어를 하나 준 것으로 보인다.

"그는 자신이 보고 있는 것의 중요성을 깨달았다." 본은 썼다. "그리고 그 쓰레기 봉지를 집으로 가져가서 … 조폐국에다 파쇄된 달러 지폐를 파는 것처럼 파쇄된 문서들을 팔기 시작했다." 본이 이름을 밝히지 않은 그 직원은 분명 해고되었을 것으로 보이는데, 그 후 상황실 사무실에서 그의 모습을 볼 수가 없었기 때문이다.

이란-콘트라 사건은 레이건 대통령의 임기를 거의 끝장낼 뻔했다. 한 달 만에 그의 지지율은 20퍼센트 이상 급락했는데, 이는 현대 미국 대통령 역사상 가장 급격한 지지율 하락이었다. 미국인 중 오직 28퍼센트만이 그

---

* 아주 가느다란 실처럼 만들었다는 것을 비유적으로 표현한 말. (옮긴이)

가 대외정책을 잘 시행하고 있다고 믿었다. 이란-콘트라 사건 이전에 레이건은 소박한 매력을 앞세워 높은 인기를 누렸다. 1984년 대선에서는 "미국의 아침이 다시 밝았습니다!"라는 구호로 재선에 성공했다. 하지만 두 번째 임기가 끝나기까지 2년 만을 남겨둔 지금, 그는 상처를 입은, 그리고 분열을 초래한 그다지 중요하지 않은 대통령으로 기억될 위험에 처했다.

바닥을 찍었을 때, 레이건은 자신의 노력을 다시금 한 곳에 집중해야 한다는 것을 깨달았다. 그래서 그는 처음부터 자신을 고무시켰던 목표, 즉 냉전 종식이라는 목표로 돌아갔다. 그로서는 다행스럽게도, 이 사명에 완벽하게 어울리는 상대가 소련에서 권좌에 올랐다.

*

1982년 11월 사망하기 전까지 레오니트 브레즈네프는 18년 동안 소련을 이끌었으며, 이 시기는 상대적으로 정치적 안정이 두드러진 시기였다. 그러나 그 이후 28개월은 격동의 시기였다. 두 명의 소련 지도자, 유리 안드로포프와 콘스탄틴 체르넨코가 권력을 잡았으나, 자리를 제대로 잡기도 전에 사망했다. 노쇠한 노인들의 연이은 장례 행렬에 지친 정치국은 만장일치로 미하일 고르바초프라는 54세의 활기찬 인물을 새 지도자로 선출했다.

고르바초프는 새로운 유형의 소련 지도자로 빠르게 자리매김했다. 그는 페레스트로이카(경제 구조조정)와 글라스노스트(개방)라는 두 가지 정책을 내세워 소련을 내부에서부터 변화시키려는 열의를 보였다. 처음에 레이건 대통령은 그를 어떻게 받아들여야 할지 확신하지 못했다. 고르바초프는 이전의 지도자들보다 서방에 덜 적대적인 듯했다. 하지만, 그는 진정한 개혁가일까, 아니면 미국이 경계를 늦추게 하려고 연기를 하는 것일까?

마거릿 대처 영국 총리는 처음부터 고르바초프가 정말로 다르다고 믿었다. 그녀는 1984년에 이렇게 선언했다. "나는 고르바초프 씨가 마음에 듭니다. 우리는 함께 일할 수 있을 것 같습니다." 하지만 부시 부통령은 확신하지 못했다. 그는 체르넨코의 장례식 참석을 위해 모스크바로 날아가 고르바초프를 만났다(그는 자신이 너무 많은 국빈 장례식에 참석했기 때문에 '누군가가 죽으면 나는 난다You die, I'll fly'가 부통령 임기의 비공식 좌우명이라고 농담하곤 했다). 이후 그는 레이건에게 소련의 새 지도자에 대한 자신의 느낌을 자세히 담은 긴 메시지를 보냈다. 부시는 고르바초프의 태도, 자신감, 점, 옷차림 등 모든 것에 대해 언급하며 "그의 재단사는 (백악관 비서실장) 마이클 디버의 재단사만큼은 아니지만 … 몇몇 전임자들이 보여줬던 J.C. 페니 지하 매장 스타일보다는 훨씬 낫습니다"라고 적었다.

부시는 레이건에게 이렇게 촉구했다. "우리가 의존할 수밖에 없는 다양한 전문가들과는 완전히 별개로 진정한 비공식 채널을 구축할 것을 건의드립니다. … 모든 공식 채널은 계속 열어두되, 이 채널은 아주 특별한 것으로, 대통령께서 이 새롭고 다른 지도자와 진정한 개인적 친분을 쌓는 데 은밀히 사용할 수 있을 것입니다." 그가 고르바초프를 두고 내린 결론은 신중했지만, 마지막 문단은 깜짝 놀랄 정도로 의외였다.

낙관적일 수밖에 없는 점은, 고르바초프가 더 협력하기 좋은 인물이고, 앞으로도 계속 자리를 지킬 것이며, 그리고 바라건대 정말로 "새로운 시작"을 이끌 인물이 되리라는 것입니다. 하지만 여덟 시간 동안 곰곰이 생각해보니, 그의 매력적인 성격이 우리와 동맹국들을 이간질하는 데 이용될 가능성도 있어 보입니다. … 미래는 흥미로운 여정이 될 것입니다. 하지만 우주로 쏘아 올려진 원숭이가 했다는 말이 있지 않습니까. "그래도 암 연구소에 처박혀 있는 것보다는 훨씬 낫지."

1986년 말 이란-콘트라 사건으로 레이건의 지지율이 급락했을 때, 고르바초프는 미국 언론이 붙여준 '고르비'라는 별명으로 불리며 호감을 사기 시작했다. 두 정상은 제네바와 레이캬비크에서 열린 정상회담에서 두 차례 만났다. 두 회담 모두 실질적인 합의를 끌어내지는 못했지만, 양국 관계를 심화하는 역할을 한 중요한 발걸음이었다. 레이건은 이제 고르바초프가 냉전 종식을 위한 파트너가 될 수 있다고 믿게 되었다. 하지만 대통령 임기가 2년밖에 남지 않은 상황에서 레이건은 시간이 촉박했다.

레이건은 신속하게 움직이고, 위험을 기꺼이 감수하고, 자신의 본능에 의존해야 했다. 그리고 한 가지 중요한 사안에서는 상황실 참모들이 가진 깊은 회의감을 극복하고 미-소 관계라는 체스 게임에서 매우 중요한 제스처를 보여야 했다.

*

스물아홉 살의 피터 로빈슨은 레이건 대통령을 위한 연설문 작가였다. 그는 한 가지 아주 매력적인 일을 맡게 되었는데, 레이건 대통령이 1987년 6월 베를린 브란덴부르크 문 앞에서 연설할 예정이었고 그가 연설문 작성자로 발탁된 거였다. 그는 준비 과정에서 아이디어를 얻기 위해 4월에 사전 준비팀과 함께 베를린으로 향했다.

로빈슨은 베를린에 머무는 36시간 동안 베를린 시민들과 저녁 식사를 함께했다. 그는 이들에게 소련이 동독과 서독을 나누기 위해 건설한 콘크리트 장벽인 베를린 장벽에 익숙해졌는지 물었다. 독일인들은 어색한 눈빛을 주고받았고, 이윽고 한 남자가 말했다. "내 여동생이 저쪽 편으로 30킬로미터가량 떨어진 곳에 살고 있습니다." 그가 로빈슨에게 말했다. "20년 넘게 못 봤어요. 내가 장벽에 익숙해질 수 있을까요?" 이 질문이 물꼬를 텄다. 로빈슨은 회고록에서 당시 일을 이렇게 적었다.

또 다른 남자가 말했다. 그는 매일 아침 출근길에 감시탑을 지나간다고 설명했다. 매일 아침 한 군인이 쌍안경을 통해 그를 내려다보았다. "그 군인과 나는 같은 언어를 사용합니다. 우리는 같은 역사를 공유하고 있습니다. 하지만 우리 중 한 명은 사육사이고 다른 한 명은 동물인데, 어느 쪽이 동물인지 어느 쪽이 사육사인지 잘 모르겠어요."

식당 여주인이 끼어들었다. 인자한 여성이었던 그녀는 갑자기 화를 냈다. 그녀의 얼굴은 빨갛게 달아올랐다. 그녀는 한 손으로 주먹을 말아쥐고는 다른 손바닥을 두드렸다. "고르바초프가 글라스노스트와 페레스트로이카에 대해 진지하다면, 그걸 증명할 방법이 있습니다. 그건 이 벽을 없애는 것입니다."

로빈슨은 식당 여주인의 말에 크게 감동받아 그녀의 말을 레이건 연설의 핵심으로 삼자고 결심했다. 하지만 워싱턴으로 돌아온 그는 문구를 두고 고심했다. '고르바초프 씨, 이 벽을 허무십시오bring down!'는 적절하다는 생각이 들지 않았다. '이 벽을 해체하십시오take down!'는 어떨까? 여전히 뭔가 맞지 않는다는 느낌이 들었다. 그러던 중 로빈슨은 좋은 아이디어를 떠올렸다. "내 첫 번째 연설문 초안에서 아주 중요했던 문구는(이건 지어내는 게 아니라 사실입니다. 나는 얼마나 멍청했었는지요) 'Herr Gorbachev, machen Sie dieses Tor auf!'*라는 문장이었어요." 그는 내게 말했다.

그는 이 초안을 수석 연설문 작가인 토니 돌런에게 제시했고, 돌런은 이렇게 말했다. "피터, 네 고객이 미국 대통령이라면 대사는 영어로 쓰도록 해."

마침내 로빈슨은 적절한 동사를 찾아냈다. '이 벽을 무너뜨리십시오Tear down!' 연설의 나머지 부분은 아직 작성 중이었지만, 백악관 홍보국장 톰 그리스컴은 대통령의 반응을 알아보기 위해 연설문의 한 부분을 대통령에게 보여주기로 했다. 그리스컴과 대통령, 하워드 베이커 비서실장은 집무실에서 만났고, 그리스컴은 한 페이지 반 분량의 원고를 넘겼다.

"대통령은 쉬지 않고 한 번에 죽 읽었습니다." 그리스컴은 내게 말했다.

---

* '고르바초프 씨, 이 문을 여십시오!'라는 뜻의 독일어. (옮긴이)

"그러고 나서는 마치 (브란덴부르크 문) 앞에 서 있는 것처럼 연설했습니다. … 지금도 그가 연설하며 했던 말들이 지금도 기억납니다." 대통령이 좋아한 것은 분명했다. 하지만 "이 벽을 무너뜨리십시오"라는 문구는 베이커를 긴장하게 했다.

사실 이 문구는 대부분의 NSC를 포함한 많은 사람을 긴장하게 했다. 그 후 몇 주 동안 많은 이들이 이 문구를 삭제하기 위해 싸웠다. 조지 슐츠 국무장관도 이 문구를 삭제하기를 원했다. 한 국무부 차관보는 전화를 걸어와 삭제를 요청했다. 콜린 파월 국가안보 부보좌관 역시 이 문구를 삭제해야 한다고 주장했다. 서베를린 주재 대사관 인사들은 너무 대립적이라고 생각하며 이 문구를 싫어했다. 외교관들이 보기에 한 지도자가 연설을 통해 다른 지도자에게 명령을 내린다는 것은 말도 안 되는 일이었다.

이러한 반발은 로빈슨을 긴장하게 했다. "그들이 내놓은 주장에는 고르바초프를 곤란한 처지로 몰아넣을 수도 있다는 점도 포함되어 있었습니다." 그는 내게 말했다. "소련 쪽 강경파들이 이렇게 말할 수 있다는 거였습

연설문 작가 피터 로빈슨은 레이건 대통령의 가장 유명한 문구인 "고르바초프 씨, 이 벽을 무너뜨리십시오!"를 썼다 (로널드 레이건 대통령 도서관 제공).

니다. '동지, 동지는 지금껏 레이건 대통령과 협력해왔는데, 그가 당신을 어떻게 대우하는지 보십시오. 그는 공개적으로 당신을 망신 주고 있습니다.'" 그 말이 두 정상 간의 관계를 망쳐버렸다면 어떻게 되었을까? "스물아홉 살밖에 안 된 내가 도대체 왜 로널드 레이건이 홀딱 반할 거라는 걸 알았던 그 문구를 연설문에 집어넣었던 걸까요?"

그럼에도 불구하고 … 로빈슨은 그 문구가 여전히 유지되어야 한다고 믿었다. "베를린 장벽 너머를 보십시오." 그는 말했다. "공산주의 동독이 보입니다. 장벽 아래쪽에는 탈출하려다 죽은 사람들의 십자가가 보입니다. … 내 임무는 로널드 레이건에게 그 배경에 걸맞은 연설 문구를 써주는 것이었습니다." 그는 그 연설이 스스로 말한 것처럼 "국무부의 헛소리"가 되는 것을 원치 않았다.

1987년 6월 3일 오전 8시 45분, 레이건 대통령과 영부인은 아흐레간의 유럽 순방을 위해 백악관을 출발했다. 브란덴부르크 문 앞에서 하는 연설이 순방의 마지막 장면이 될 터였다. NSC 직원들은 지체 없이 그날 아침 상황실에 모여 연설에 대해 논의했다. 레이건이 그 문구를 좋아한다는 것을 알면서도, 그리고 삭제할 때마다 다시 삽입되었음에도, 그들은 다시 한 번 그 문구를 삭제했다. 콜린 파월은 새 초안을 톰 그리스컴에게 전달하며 다음과 같은 자필 메모를 함께 보냈다. "제안 사항들을 따르기 전에 내게 전화해서 내가 한 쪽씩 근거를 설명할 수 있게 해주십시오."

연설문 작가였던 피터 로빈슨은 당시 상황실 회의에 참석하지 않았지만, 나는 그 회의에 대한 그의 생각을 물어보았다. 놀랍게도 그는 그런 언급을 들어본 적이 없다고 했다. "개자식들이네요!" 그는 꽤 감정이 격앙된 목소리로 말했다. "그때까지도 그런 짓을 하고 있었습니까? 정말, 그 개자식들. 믿기지가 않네요." 로빈슨은 충격을 받았다고 고백했지만, 사실 그는 놀라지 않았다. "나는 모든 고위급 참모가 자신이 대통령보다 더 똑똑하다고 확신하는 백악관에서 근무했어요." 로빈슨은 말했다. "그래서 그런 종류의 장난은 절대 끝나는 법이 없었죠." 실제로 슐츠와 다른 사람들은 연설을 하기 위해 레이건 대통령이 베를린으로 날아가던 날 에어포스원에 팩스로 메모를 보내는 등 그 문구를 없애기 위한 노력을 멈추지 않았다. 브란덴부르크문으로 향하는 차 안에서 레이건은 그 문구를 향한 반대에 대해 농담을 던졌다. "국무부 사람들이 나를 죽이려고 들 겁니다." 그는 말했다. "하지만 그렇게 하는 게 옳은 일입니다."

대부분의 경우, 상황실은 냉철한 머리와 비정치적인 환경, 풍부한 경험이 좋은 의사결정을 도출하는 곳이다. 하지만 이 사례는 가장 똑똑하고 경험이 풍부한 사람들이 가장 잘 아는 게 아닌 경우였다. 상황실의 총체적 지혜가 승리를 얻어낼 한 사람의 직감에 미치지 못했다. "고르바초프 씨, 이 벽을 무너뜨리십시오!" 이 대사는 로널드 레이건 대통령 임기 중 가장 크게 명성을 얻는 말이 되었다. 그리고 그것은 미국과 소련 지도자가 워싱턴과 모스크바에서 두 차례 특별한 회담을 열고 두 초강대국이 냉전 종식의 길로 나아갈 수 있는 길을 열어줬다.

*

1년 후인 1988년 5월, 모스크바 정상회담 셋째 날에 레이건과 고르바초프는 붉은광장을 산책했다. 회담은 순조롭게 진행되고 있었고, 한때 레이건 대통령이 고르바초프의 어깨에다 팔을 두르는 등 분위기도 화기애애했다. 이를 본 ABC의 백악관 특파원 샘 도널드슨은 레이건 대통령에게 물었다. "대통령께서는 아직도 악의 제국에 있다고 생각하십니까?"

"아니요." 레이건은 대답했다. "내 말은 다른 시간, 다른 시대를 두고 한 말이었습니다." 레이건 대통령 후보가 스튜어트 스펜서 고문에게 냉전을 끝내고 싶다고 말한 지 8년이 흐른 지금, 양국 관계는 분명히 해빙되고 있었다. 하지만 그것으로 충분할까?

레이건 대통령의 고별 연설이 있었던 1989년 1월, 그는 냉전에서 미국이 승리했음을 선언할 수 있는 지점까지 근접해 있었다. 그는 "소련과의 관계에서 얻은 만족스럽고 새로운 친밀감"을 찬양한 다음, 상대편 지도자에 대해 따스한 견해를 밝혔다. "고르바초프 대통령은 이전의 소련 지도자들과는 다릅니다. 나는 그가 자기 사회의 잘못된 점을 알고 있고 이를 고치려고 노력하고 있다고 생각합니다. 그의 성공을 빕니다."

하지만 그는 이 장밋빛 평가를 대통령직을 수행하면서 남긴 또 다른 명언으로 그 수위를 조절했다. "신뢰는 하되 검증해야 합니다."

베를린 장벽은 여전히 서 있었다. 하지만 오래가지 못했다.

7장

역사의 옳은 편에서

"나는 회의 탁자가 아니라 뒤쪽 벤치 자리에 앉는 사람이었습니다." 콘돌리자 라이스는 상황실에서의 첫 회의를 떠올리며 말했다. 때는 1989년 2월이었다. 조지 H. W. 부시가 막 대통령이 된 때였고, 신설된 소련 및 동유럽 담당국 국장은 회의실 벽에 바싹 붙어 앉아 NSC 수석들이 '고르바초프를 어떻게 다룰 것인가' 하는 문제를 논의하는 동안 메모에 열중했다. 이 회의는 소련과 급속히 해체되는 제국에 대한 논의를 위해 그해에 개최된 수많은 NSC 회의 중 첫 번째 회의였다.

"회의의 주제는 '체코슬로바키아에서 혁명이 일어났다, 하벨이 다시 권력을 잡았다, 혹은 차우셰스쿠가 (루마니아에서) 처형되었다'와 같은 것들이었죠." 라이스는 내게 말했다. 여러 달이 지나면서 동구권 국가들은 하나둘씩 소련이라는 멍에를 벗어던졌다. "그 속도와 전율에 어지러울 정도였습니다. … 우리는 역사의 흐름에 휩쓸려가고 있었어요."

부시 대통령(41대) 시절, 상황실에서 선임 당직 요원으로 근무했던 해군 사령관 데이브 라디는 이 시기를 "행복감"이 넘쳤던 때라고 회상했다. 여덟 살 때 슬로바키아에서 배를 타고 미국으로 건너온 아버지를 둔 이민 1세대인 라디는 이렇게 말했다. "상황실이 존재하는지도 몰랐기 때문에 그런 곳에서 일한다는 것은 꿈도 꾸지 못했습니다." 하지만 해군 정보장교였던 그는 2년 동안 군 인력을 상황실로 파견하는, 펜타곤에서 백악관으로 이어지는 경로에 대해 알게 되었다. 라디는 상황실에서 보내는 하루하루가 "현실이 맞나 싶어 살을 꼬집어보는" 순간이었지만 동구권이 붕괴한 해는 더더욱 특별했다고 말했다.

그의 기억으로는 '이런 일이 일어나고 있다는 게 믿어지세요?', 이게 당시 상황실 분위기였다. 그는 위성국가들이 차례로 무너지던 때를 떠올리며 말했다. "스코크로프트 장군에게 보고하러 갔던 일이 기억납니다. 체제가 붕괴한 국가가 불가리아였는지, 루마니아였는지 잘 모르겠습니다. 딱히 상관은 없지만요. 장군은 '스코어 카드 좀 가져다줄 수 있겠나? 더 이상 따라갈 수가 없어서 말이야'라고 말했습니다."

폴란드에서는 레흐 바웬사의 연대당이 선거를 휩쓸었다. 헝가리에서는 정부가 오스트리아와 국경을 개방해 동독 주민들이 서독으로 통행할 수 있도록 했다. 불가리아에서는 토도르 지브코프가 35년간의 국가원수직을 끝으로 사임했다. 체코슬로바키아에서는 '벨벳 혁명'으로 극작가 바츨라프 하벨이 권력을 잡았다. 루마니아에서는 잔인한 공산주의 지도자 니콜라이 차우세스쿠가 총살로 처형되었다. 이 모든 일이 소련이 10년에 걸친 아프가니스탄 점령을 끝내고 모스크바에 첫 맥도날드 매장을 연 바로 그해 1년 사이에 일어났다.

이 민주화의 물결에서 가장 기억에 남는 순간은 11월 9일에 포착되었다. 공산당 지도자 귄터 샤보프스키가 기자회견에서 동독 주민들은 "지체 없이, 곧바로" 서독으로 자유롭게 여행할 수 있다고 잘못 발표했다. 그는 단순히 이민 신청 절차를 개시하기 위한 새 정부 규정을 잘못 이해한 거였다. 하지만 그의 입에서 그 말이 나오자마자 사람들은 장벽으로 달려갔다. 순식간에 양쪽의 군중이 망치로 벽을 쳐서 콘크리트를 덩어리째 허물고 구멍을 내기 시작했다. 레이건 대통령이 브란덴부르크 문 앞에 서서 고르바초프에게 "이 장벽을 무너뜨리십시오"라고 요구한 지 불과 2년 만에 독일인들이 직접 장벽을 허물고 있었다.

콘돌리자 라이스는 이 놀라운 시기에 상황실에 있었다. "사람들이 모르는 한 가지 사실은 우리가 고르바초프에게서 거의 경고에 가까운 암울한 편지를 받았다는 사실입니다." 그녀는 회상했다. 고르바초프는 프랑수아 미테랑 프랑스 대통령, 마거릿 대처 영국 총리, 부시 대통령에게 이 메시지를 보냈다. 이 메시지에서 그는 "엄청난 수의 사람들이 양방향으로 이동하면 예상치 못한 결과를 초래할 수 있는 혼란스러운 상황이 쉽게 발생할 수 있으며 … 중부유럽뿐만 아니라 세계 다른 지역에서도 상황이 불안정해질 수 있다"라고 경고했다.

상황실에 있었던 라이스는 그 메시지와 관련해 뭔가가 이상하다고 느꼈다. "다른 사람이 쓴 편지라고 생각했던 기억이 납니다." 그녀는 내게 말했다. 그것이 소련 강경파가 쓴 인질극 영상처럼 들렸기 때문이었다. 라이스가 관찰하기로, 고르바초프는 거의 통일을 환영하는 것처럼 보였다.

당시는 세계정세에 지각변동이 일어나던 순간이었고, 라이스는 그런 순간에 상황실에 있다는 것만으로도 전율을 느꼈다. "역사의 옳은 편에 있을 때 상황실에 들어간다는 것은 정말 짜릿한 일이에요." 그녀는 말했다. 나중에 라이스가 알게 된 것처럼, 그건 역사의 잘못된 편에 있는 것보다 훨씬 더 즐거운 일이었다.

당시 국가안보 부보좌관이었던 로버트 게이츠는 "아버지 부시 대통령의 승리 중 하나는 베를린 장벽에 대처하는 방식이었는데, 이는 어느 정도는 아무것도 하지 않는 기술이었다"라고 말했다. 그의 견해에 따르면, 대통령은 현명하게 뒤로 물러나 역사의 흐름을 관망하면서 사건들의 순환이 일어나는 것을 지켜보았다. 더 많은 말을 하고 더 많은 일을 해야 한다는 압박에 직면한 부시는 일기 속에서 딜레마를 극복해나갔다. 그는 일기에다 이렇게 적었다. "언론이 나를 압박한다. '왜 더 기뻐하지 않는가? 왜 더 주도적으로 행동하지 않는가?'" 하지만 그는 소련의 격렬한 반발을 초래할 것을 더 염려했다. 그는 "대대적인 공격과 단속이 벌어지면 어떡하겠는가? 신중하고 조심해야 하며, 일부 사람들이 내보이는 희열감에 빠지지 말아야 하는 이유이다"라고 썼다. 그의 인내심은 결국 결실을 보았다. 1991년 말, 소련이 무너지면서 동유럽에 대한 공산주의 통치가 종식되었다.

하지만 동쪽으로 수천 킬로미터 떨어진 중국에서는 공산당이 비슷한 시위와 봉기에도 불구하고 권력을 유지했다. 그들은 1989년 6월 4일의 천안문 광장 학살을 시작으로 폭력과 탄압을 권력 유지의 수단으로 삼았다. 중국 주재 미국 연락사무소장(사실상 대사)을 역임했던 부시 대통령으로서는 이 사태는 가만히 앉아서 지켜보기가 어려웠다. 그건 개인적인 일이기도 했다.

*

천안문 광장은 중국인들에게 매우 상징적이고 의미 있는 장소이다. 자금성으로 알려진 화려한 황궁과 인접해 있으며, 중국국립박물관과 인민대회당과 같은 역사적인 건물들이 자리하고 있다. 또한 공산주의 혁명가 마오쩌둥의 마지막 안식처이기도 한데, 이곳에는 그의 방부 처리된 시신이 위엄 있는 묘소 안 유리 케이스에 안치되어 있다.

1989년 4월 중순부터 학생들은 이 역사적인 광장에 모여 정치와 경제 개혁을 요구하기 시작했다. 이후 7주 동안 학생들은 천막을 치고 단식투쟁을 벌이고 '민주주의의 여신'이라는 이름의 거대한 동상을 세우는 등 시위는 점점 더 확산했다. 동유럽 전역에서 공산주의와 사회주의 독재정권이 무너지면서 중국에서도 같은 일이 일어날 것 같았다. 하지만 6월 4일 새벽 1시, 군 탱크가 들이닥치고 홍군 병사들이 자동무기로 총격을 가해 수천 명이 죽거나 다쳤다. 광장의 콘크리트 벽돌은 피로 물들었고, 대학살의 현장은 곧 전 세계로 방송되었다.

대학살이 시작되었을 때 데이비드 세드니는 상황실에서 근무하고 있었다. "거기는 밤이었지만 우리에겐 한가한 시간대였습니다." 그는 내게 말했다. 시차 때문에 군대가 광장을 습격한 시간은 워싱턴 D.C. 기준으로 6월 3일 정오였다. 부시 대통령은 메인주 케네벙크포트에 있는 가족용 여름 별장에 있었지만, 그는 대통령이 사태의 진행 상황을 하나하나 보고받고 싶어 하리라는 것을 알았다. 상황실 직원들은 즉시 모든 정보를 전송하기 시작했다. "우리는 게이츠 국가안보 부보좌관을 통해 정보를 전달했습니다." 세드니는 회상했다. "우리가 대통령에게 (직접) 전화하지는 않았어요."

상황실 직원들은 부시 대통령의 경험과 중국에 대한 깊은 지식을 고려할 때, 그에게 적절한 정보를 제공하는 게 쉽지 않은 일이 되리라는 것을 알았다. 제임스 베이커 국무장관은 이렇게 말했다. "조지 부시는 중국에 대해 너무나 해박했고, 우리 정책의 대부분을 직접 관리하는 데 너무나 적극적이어서, 심지어 미국 내 주요 중국학자들조차도 그를 미국 정부의 중국 담당 실무관이라고 부르기 시작했어요." 이는 특이한 상황으로 이어졌는데, 오늘날에는 절대 일어날 수 없는 일이었다.

"부시 대통령은 사태 초창기에 탱크들이 광장으로 진입했을 때, 우리에게 전화를 걸어왔습니다." 데이브 라디는 회상했다. "그는 탱크들이 어떤 길을 따라 이동하고 있는지 알고 싶어 했습니다." 인터넷 이전 시대에 이런 정보를 찾는 것은 어려운 일이었는데, 대통령이 왜 그런 정보까지 필요로 하는지에 대한 논의가 있었다. "누군가가 '음, 그는 주중 미국 대사나 다름없는 자리에 있었어요. 그리고 자전거를 타고 (베이징 전체를) 돌아다녔죠'라고 말했어요." 다른 미국 대통령들과 달리, 부시 대통령은 중국 수도의 지형을 속속들이 알고 있었고, 군대와 탱크 그리고 학생들이 **정확히** 어디로 이동하고 있는지 실시간으로 알고 싶어 했다.

"패러것 광장에는 … 지도책과 지도 등을 판매하는 상점이 있었어요." 라디가 기억을 떠올렸다. "우리가 한 가장 현명한 행동은 그곳에 가서 베이징 시내가 나오는 상세한 관광 지도를 구입한 것이었습니다. 그 덕분에 대통령과 대화할 때 뭔가를 아는 듯이 굴 수 있었으니까요."

직원들은 대학살 사건에 대한 자세한 정보를 얻기 위해 티브이에 의존했다. 개국한 지 9년째를 맞이한 CNN은 상황실 뉴스 속보의 정보원으로 자리 잡았다. 즉각적인 티브이 보도는 매우 유용했지만, 딜레마도 있었다. "우리는 티브이에 나오는 것들에다 가치를 더하려고 했어요." 세드니는 회상했다. "사람들이 이미 CNN을 보고 있기 때문에 우리가 이미 방송된 것을 보고해서는 안 되는 거죠. … 그래서 사람들의 반응을 전달하거나, 티브이로는 알 수 없는 정보, 즉 우리가 가진 첩보를 활용하려 했습니다."

"CNN에서 뭘 보도하고 있는지 매우 주의 깊게 봐야 했어요." 세드니가 덧붙였다. "그게 모든 정책 결정자의 주요 정보원이었기 때문입니다."

베이커 국무장관도 대학살 소식을 CNN을 통해 알았다. 베이커가 아들 제이미에게 전화를 걸어 골프 치러 나가자고 하자, 제이미는 "아버지는 오늘 골프 치러 못 갈 것 같아요"라고 말했다.

"무슨 말이야?" 베이커가 물었다.

"음, 제가 지금 CNN을 보고 있는데, 탱크들이 천안문 광장을 가로지르고 있거든요." 제이미가 대답했다.

이게 **정말**이라고? 어떻게 국무장관이 그런 세계적인 규모의 사건 소식을 아들에게 전해 들을 수 있단 말인가? 잠시 후 국무부의 한 담당관이 베이커에게 이 소식을 전했지만, 그는 이 일련의 사건에 너무 놀랐고 자신의 회고록에다 관련 내용을 썼다.

종이 지도, CNN 방송, 출력된 보고서들, 그리고 호출기라고 불리는 새로운 기기들. 이런 것들이 1980년대 후반 상황실이 활용한 기술의 핵심 요소들이었다. 이것이 그리 발전된 시스템처럼 보이지는 않지만, 지원 담당 직원들의 노하우 부족이 그 이유는 아니었다. 게리 브레스나한은 이제 세 번째 대통령 행정부에서 근무하고 있었고, 그의 기술적 전문성과 백악관에서의 중요성은 대학살 몇 주 후에 드러났다.

부시 대통령은 베를린 장벽이 무너졌을 때 '아무것도 하지 않는 기술'을 보여줬지만, 천안문사건 이후 며칠 동안은 단도직입적으로 행동했다. 베이징에서 일어난 일에 분노한 그는 상대적으로 좋았던 관계를 회복하기 위해 덩샤오핑과 직접 소통하기를 바라며 그에게 긴 편지를 썼고, 브렌트 스코크로프트가 중국 대사에게 편지를 직접 전달했다. 그 편지는 감정적이고 직접적인 호소로 가득했다. 부시는 "중국의 역사, 문화, 전통에 대한 깊은 존경심"을 품은 채 "진정한 우정의 정신으로" 손을 내밀고 있다고 썼다.

부시는 이어서 "우리는 이 중요한 관계가 더 이상 손상되도록 해서는 안 된다"라고 썼다. 또한 그는 "지난 17년간 인내심을 가지고 쌓아온 중요한 관계가 최근의 비극적 사건들의 여파로 훼손되게 두어서는 안 된다"라고 덧붙였다. 대통령은 양국 관계에 대해 명백히 불안해하고 있었다. 그러나 그는 또한 독재자들을 달래는 것처럼 보여서도 안 된다는 것을 알고 있었다. 대학살에 대한 국제적 반응은 신속하고 매우 비판적이었으며, 미국 의회는 중국에 대한 강력한 제재를 승인했다. 하지만 부시의 도박(간곡한 편지를 보낸 일)은 성공적이었다. 덩샤오핑은 24시간 만에 비공개 답신을 보내, 부시에게 베이징에서 자신과 만날 특사를 보내달라고 요청했다.

회담은 극도의 기밀성이 유지되는 상태로 진행되어야 했기 때문에, 누가 베이징으로 가든 그는 전적으로 대통령이 신뢰할 수 있는 사람이어야 했다. 대통령은 브렌트 스코크로프트와 래리 이글버거를 선택했다. 스코크로프트는 그의 비서인 플로렌스 갠트를 대동했다. 지금껏 공개된 적이 없는 네 번째 인사는 게리 브레스나한이었다.

1989년 6월 30일, 표식이 없는 공군 C-141기가 여섯 명의 조종사를 태우고 앤드루스 공군기지에서 이륙했는데, 처음에는 임무의 최종 목적지가 어디인지 아무도 알지 못했다. 민간인 네 명은 C-141 기체 아랫배 속에 설치된, 민간 탑승객용 임시 객실인 '컴포트 팔레트'에 앉아서 장거리 비행을 해야 했다. 임무가 특급 기밀로 유지될 수 있도록 군용 스트래토탱커가 공중에서 비행기에 연료를 보급하도록 했고, 그렇게 함으로써 지상 근무 요원들이 스코크로프트나 이글버거를 알아볼 가능성을 피했다.

"그건 정말 이례적인 임무였습니다." 브레스나한은 내게 말했다. 이례적이라는 말은 그 자신에게도 쉽게 적용될 수 있는 말이었다. 이 임무에서 그가 맡은 일은 비행기와 대통령 간의 일급비밀 통신을 설정하고 감시하는 것으로, 1989년 당시로서는 결코 쉬운 일이 아니었다. "나는 패치 안테나라고 부르는 것을 가지고 있었어요. … 거기에 특수 안테나를 장착하면 UHF 위성통신을 연결할 수 있었죠." 그는 설명했다. 암호학자로 훈련받은 브레스나한은 도청을 막기 위해 암호화 키를 만들었다.

"우리에게는 그런 걸 만들 수 있는 생성기가 있었어요." 그는 말했다. "그래서 당시 출장을 위해 아무도 모르는, 특별한 암호화 키를 만들어야 했고, 백악관 통신실에 있는 사람들조차도 그 키를 가지고 있지 않았죠." 이 암호화된 회선에 접속할 수 있는 사람은 스코크로프트와 부시 대통령 단 두 사람뿐이었다. 대통령이 케네벙크포트에 있었기 때문에 누군가가 대통령에게 암호화 키를 전달해줘야 했다.

"나는 그것을 백악관 통신국 사령관에게 전달했습니다." 브레스나한이 기억했다. "사령관이 '이게 뭐냐'고 묻더군요. 나는 '사령관님, 저는 그저 메신저일 뿐입니다'라고 대답했습니다. … 그걸 만든 사람이 나였지만, 모른 척해야 했어요." 그는 웃으며 말했다.

브레스나한은 신중하게 계획을 세웠지만 여전히 실패할지도 모른다는 이상한 느낌을 떨쳐버릴 수가 없었다. 위성을 사용해 통신하는 경우, 지구의 만곡彎曲을 따라 비행하다 보면 한 위성에서 다른 위성으로 전환하는 'M-홉'을 수행해야 하는 시점이 찾아온다. "한 위성을 지나 지상 진입 지점으로 내려왔다가 다시 다른 위성으로 올라가 재진입해야 해요." 브레스나한은 설명했다. 이번 여행에서는 하와이에 있는 지상 기반 장비를 통해 전환이 이루어질 예정이었다. 어떤 이유로든 장비가 제대로 작동하지 않으면 스코크로프트와 대통령 사이의 중요한 통신연결이 끊어질 수 있었다.

그래서 비행하기 며칠 전, 브레스나한은 무선통신 전문가인 한 동료를 보내 살펴보기로 했다. "그의 사령관에게 '빌리가 하와이로 정비 관련 출장을 가야 할 것 같습니다'라고 말하자, 그 사령관이 '언제 떠나길 원하는데요?'라고 묻더군요. 나는 '내일 아침입니다'라고 대답했습니다." 그렇게 사령관은 워싱턴 D.C.에서 하와이로 기술자를 파견했다. 이것은 나중에 잘한 일이었음이 드러났는데, 브레스나한이 의심했던 대로 하와이의 장비가 정상적으로 작동하지 않았기 때문이다. "하와이에 있던 앰프는 고장 나 있더군요." 그는 회상했다. "그대로 뒀으면 나중에 제대로 작동하지 않았을 겁니다. 운 좋게도 하와이에 가서 장비를 확인해볼 사람이 필요하다는 직감이 들었던 거죠."

브레스나한이 이 이야기를 내게 들려줬을 때, 나는 전체적인 스토리라인이 정말 놀랍다는 생각을 하지 않을 수 없었다. 이 이야기 속의 육군 사병 한 명은 블루칼라 출신으로 권력의 중심지에서 아주 멀리 떨어진 곳에서 자란 사람이었다. 그는 백악관 극비 작전에서 중요한 역할을 맡게 되었고, 가족과 친구, 동료, 심지어 상사에게도 자신이 하는 일에 대해 단 한 번도 말한 적이 없었다. 하지만 그는 그냥 전화기를 들어 한 상관에게 하와이로 출장 갈 사람이 필요하다는 사실을 알렸다. 그러자 어떤 질문도 없이 그가 요청한 일이 바로 실행에 옮겨졌다.

브레스나한은 특유의 절제된 말투로 말했다. "그 사령관이 그러더군요. '하나는 분명해, 게리는 믿을 수 있어.' 그런데 솔직히 저도 그게 뭔지 모르겠어요. 그냥 운이 좋았던 것 같아요. 그들이 왜 절 믿었는지 저도 모르겠습니다."

운이 아니었던 건 분명했다. 그 신뢰는 다음 네 번의 대통령 임기 동안 지속되었다.

*

상황실 내 기술이 크게 발전한 건 사실 우연한 기회 덕분이었다.

브레스나한이 상황실 단지 안쪽 방에 보안화상회의시스템SVTS을 설치했지만 아무도 사용하지 않으려 했다. "실무급 조정 위원회에서 한두 번 사용했습니다." 데이브 라디는 회상했다. "하지만 그곳은 주로 점심 식사를 하는 용도로 사용되었어요. 왜냐하면 2년 반 동안 다들 직접 대면을 선호했지, 이 기술을 선택하지 않았기 때문이죠."

부시 행정부 시절 국무부 정치군사 담당 차관보로 일했던 리처드 클라크는 이 문제에 대해 자세히 설명했다. "아무도 SVTS를 사용하려 하지 않았는데, 백악관이 녹음을 하고 있다고 생각한 게 이유였어요. 그래서 우리는 그런 일이 일어나지 않도록 한다는 내용의 양해각서에 서명했죠." 그러자 사람들은 화상회의가 열릴 때마다 카메라의 시야 범위 밖이지만 실제로는 회의실에 다른 사람이 있을지도 모른다는 걱정을 하기 시작했다. "회의 시작 시점에 카메라 줌렌즈를 뒤로 당기는 전통이 시작되었죠." 클라크가 말했다. "그렇게 해야 회의실을 보고 아무도 숨어 있지 않다는 걸 알 수 있었으니까요."

사람들은 분명 SVTS를 신뢰하지 않았다. 상황실 회의는 항상 직접 대면으로 이루어졌는데 이제 와서 무엇 때문에 바꾸는 거지? 새 기술이 등장했다고 해서 그게 기존 방식보다 낫다는 걸 의미한단 말인가?

하지만 1989년 12월, NSC는 영상기술이 얼마나 유용할 수 있는지를 처음으로 알게 되었다. 필리핀에서는 축출된 독재자 페르디난드 마르코스에게 충성하는 군대가 쿠데타를 일으켜 민주적으로 선출된 코라손 아키노 대통령을 전복시키려 했다. 미국이 개입해야 할까? 아니면 싸움이 어떻게 전개되는지 지켜봐야 할까? 필리핀에 미군 기지가 있는 데다 아키노와 밀접한 관계를 맺고 있던 부시 행정부는 신속하게 대응해야 했다.

안타깝게도 그 순간 브렌트 스코크로프트와 제임스 베이커, 로버트 게이츠는 러시아와의 회담을 위해 지중해의 작은 섬 몰타로 향하는 비행기 안에 있었다. "우리는 브렌트가 상황실에 없었으니, 거기로 갈 필요가 없다고 판단했습니다. 그리고 게이츠도 없었고요. 그래서 이 영상기술을 사용하기로 했습니다." 클라크는 회상했다. "그리고 우리는 오로지 영상으로만 위기에 대응했고, 결과는 성공적이었습니다."

위에 사례에서 드러난 바와 같이, SVTS로 상황실 회의를 운영하면 상당한 이점이 있었다. 모두가 백악관으로 달려갈 필요 없이 각자의 사무실에서 비디오로 간단히 연결할 수 있었다. 또한 각자의 사무실에서 영상회의에 참여하기 때문에 부서의 모든 정보에 즉시 접근할 수 있었다.

"마지막엔 모두가 이렇게 말했습니다. '젠장, 이렇게 하는 게 맞는 거군. 우리 각자가 자기만의 지휘본부에 있는 게 되니까 말이야.'" 클라크는 회상했다. "만약 우리가 상황실에 있었다면 정보원으로부터 단절되었겠죠." 물론 상황실 직원의 업무 중 상당 부분은 다른 부서의 정보를 수집하고 선별하는 것이다. 하지만 NSC 위원들은 가장 중요한 정보를 직접 회의 석상에 가져올 수 있다는 점을 좋아했다.

"그것은 정부의 업무수행 방식을 완전히 바꿔놓았습니다." 로버트 M. 키밋 국무부 정책담당 차관이 내게 말했다. "상황실의 중요성이 줄어든 건 아니지만… '이 대화를 하려면 어떤 방에 있어야 한다'라는 식의 중앙집중화 대신 대화가 내부 여러 부서로 분산되고 확산하는 식으로 바뀌었죠." 하지만 키밋은 여전히 직접 대면하는 것이 중요하다고 믿었다. "화상회의를 포함하는 최신식 의사소통에 서로의 눈을 보며 직접 대면하는 회의가 보완될 때 NSC 시스템이 가장 잘 작동한다고 생각합니다." 그는 내게 말했다.

필리핀에서의 쿠데타 시도는 SVTS실의 정기적 사용의 시작을 알렸다. 8개월 후 사담 후세인이 쿠웨이트를 침공했을 때, 화상회의는 미국의 대응을 공식화하는 데 있어 중요한 도구가 되었다.

"차관급 회의가 셀 수 없을 정도로 많이 열렸습니다." 당시 국무부 차관보였던 존 볼턴은 말했다. "그리고 실제 위기 상황에서는 처음이었던 것으로 생각되는데, 수석 회의와 전체 NSC 회의에서 보안 영상통신이 많이 이용되었죠."

볼턴은 국무부 작전실에 있는 자신의 사무실에서 회의에 참여하곤 했다. "실제로 상황실에는 게이츠와 몇몇 사람만 있었어요." 그는 회상했다.

그가 생각한 이점은 이동 시간을 절약할 수 있다는 거였다. "사람들이 백악관을 오가는 데 얼마나 많은 시간을 허비했겠습니까?" 그는 물었다. "상황실이 국무부에서 800미터 정도 떨어져 있긴 하지만, 화상회의를 하는 것과 차를 운전하고 가서 보안 검색대를 통과해야 하는 것 사이에는 차이가 있었습니다. 그런 잡다한 일들을 하느라 허비되는 시간이 많았어요."

다른 미묘한 전략적 이점도 있었는데, 위기 사태가 외부에 알려지지 않도록 할 수 있다는 점이었다. 데이브 라디는 이렇게 말했다. "위기 사태가 발생한 경우, 검은 리무진들이 몰려드는 장면을 연출하는 대신 기술을 활용하면 (모든 참모가) 웨스트윙에 모이지 않아도 되었습니다. 어쩌면 시간을 벌기 위해 잠시 위기 사태를 숨길 수도 있을 테고요."

1990년 8월 2일 지정학적 재앙이 터졌을 때 그랬던 것처럼, 여분의 시간은 분명 유용할 터였다. 이날은 사담 후세인이 쿠웨이트를 침공한 날이었다.

*

"게이츠는 휴가 중이었습니다. 그리고 이글버거 역시 8월 초에 어디선가 휴가를 보내고 있었습니다. 베이커는 몽골에서 (조지아 지도자) 예두아르트 셰바르드나제와 사냥을 하고 있었습니다." 당시 대통령 특별 보좌관으로 근무하던 리처드 하스는 기억했다. "그래서 우리는 국무부에서 하루 종일 부처 간 회의를 했고⋯ 오후 4시나 5시쯤에 마침내 이렇게 말했습니다. '이 사람들은 예행연습만 하는 게 아니야. 쳐들어갈 생각인 거야.'"

사담 후세인 이라크 대통령은 2주 동안 쿠웨이트 국경 근처에 이라크 군대를 대규모로 배치하고 있었다. 이를 주시해온 사람들 대부분은 그가 실제로 침공할 것이라고 믿지 않았다. 대신 양국 간의 재정 분쟁을 해결하기 위해 쿠웨이트에 압력을 가하는 방식으로 무력시위를 하는 것이라고 생각했다. 2022년에 블라디미르 푸틴이 우크라이나를 침공하겠다고 한 위협과 마찬가지로 허풍처럼 보였다. 하지만 8월 1일 "모든 경고등이 꺼졌다". 하스가 말했다. 이날이 우리가 "이라크의 행동이 단순한 무력시위가 아니며 그들이 침공할 것임을 깨달은 날입니다".

하스는 대통령이 사담 후세인에게 직접 전화하게끔 설득하는 임무를 맡았는데, 이는 사담 후세인의 침략을 막기 위한 최후의 노력이었다. 그래서 그와 브렌트 스코크로프트는 이스트윙으로 걸어갔고, 그곳 의료실에서 마사지를 받고 있는 대통령을 발견했다.*

"대통령이 탁자 위에서 안마를 받고 있었습니다. 나는 거기 앉아서 사방을 두리번거렸습니다." 하스는 웃으며 회상했다. "내가 원하는 것보다 조금 더 가까이서 장면을 보게 된, 약간 기이한 순간 중 하나였죠." 부시와 스코크로프트, 하스는 당면한 문제에 대해 논의했다. 어떻게 해야 사담 후세인을 설득할 수 있을까?

"분명치가 않았어요." 하스는 말했다. "바그다드 밥이라는 정신 나간 이라크 공보장관**이 있었습니다. … 우리는 그런 상황에 어떻게 대응할지 논의했죠." 이때 워싱턴 D.C.는 저녁이었고, 따라서 바그다드는 한밤중이었다. "도대체 누가 새벽 2시에 사담 후세인을 깨울 수 있겠습니까?" 하스가 말했다. "이렇게 해서 '메신저를 총으로 쏴버린다'라는 표현이 생겼습니다. 그건 그저 단순한 표현이 아닙니다."

세 사람이 토론을 계속하는 동안, 로버트 M. 키밋이 국무부에서 전화를 걸어왔다. 전화의 내용은 너무 늦었다는 거였다. 사담 후세인이 이미 쿠웨이트로 탱크를 보냈다는 소식이었다.

---

* 스코크로프트와 함께 쓴 저서 《변화된 세계》에서 부시는 골프공 바구니에 부딪힌 후 어깨 통증으로 열 치료를 받고 있었다고 썼다. 하지만 하스는 맹세코 그가 분명 탁자 위에 누워 마사지를 받고 있었다고 말했다.

** 무함마드 사이드 알사하프를 지칭하는 말. 그는 이라크 공보장관으로 이라크군을 독려하면서 미국·영국 행정부 및 연합군을 상대로 독설을 날려 화제가 되었고, 특유의 화술과 독설로 이라크의 입이라는 별명을 얻었다. (옮긴이)

"내 기억이 맞다면, 브렌트와 나는 상황실로 내려갔습니다." 하스가 내게 말했다. 그들은 SVTS를 사용해 기관 간 회의를 소집했다. "그날 밤 우리는 이라크뿐만 아니라 쿠웨이트 자산도 동결했는데, 이라크가 쿠웨이트 자산을 손에 넣고 계좌 내 자금을 빼돌리는 것을 원치 않았기 때문입니다." 이것이 바로 '사막의방패'라고 불리는 연합군의 군사력 증강과 '사막의폭풍'으로 알려진 공습으로 이어진 6개월간의 분쟁, 즉 걸프전의 시작이었다.

"우리에겐 '소규모 그룹'이라는 게 있었습니다." 하스는 기억을 떠올렸다. "이 그룹은 보좌관 없이 소수의 차관급 인사들로 구성된 모임이었습니다. 국가안보 부보좌관인 로버트 게이츠가 의장을 맡았고, 국무부의 로버트 M. 키밋, 국방부의 폴 울포위츠, 합참의 데이브 제레미아, CIA의 딕 커, 그리고 나 자신이 구성원이었습니다. 그건 위기 대응을 위한 일종의 운영위원회였어요." 하스에 따르면, 이 그룹은 하루에도 여러 번 모여 회의했고, 그중 절반 정도는 SVTS를 사용했다.

그리고 부시의 전쟁 내각에 해당하는 '8인방' 회의가 있었다. 스코크로프트, 게이츠, 베이커, 딕 체니 국방장관, 존 수누누 비서실장, 댄 퀘일 부통령, 콜린 파월 합참의장, 그리고 윌리엄 웹스터 CIA 국장이 그 구성원이었다. 하스의 말에 따르면, 대부분의 회의가 상황실에서 이루어졌지만, 부시 대통령이 직접 상황실에 들어온 적은 거의 없었다. 대신 8인방이 자기들끼리 전략을 먼저 논의하고 나면, 대통령이 집무실에서 8인방과 만났다. "상황실에서 부시 대통령(41대)과 회의한 기억이 한번도 없습니다." 로버트 M. 키밋이 말했다.

하지만 부시 대통령은 상황실에서 열린 회의에 참석하지 않았어도, 린든 존슨처럼 매일 아침 일찍 상황실에 전화해 밤새 무슨 일이 있었는지 확인했다.

"우리는 오전 6시에 근무를 교대했어요." 데이브 라디가 말했다. "그는 보통 6시 1분에 전화를 걸어왔습니다." 백악관 교환원은 당직 요원의 이름을 물어본 다음 대통령을 연결했다. "대통령은 '데이브!', 하고 내 이름을 불렸고, 어느 순간부터 그는 '오, 이봐! 내 해군 친구!'라고 말하곤 했어요. … 그가 여전히 침대에 누운 채로 무슨 일이 벌어지고 있는지 알아내려고 한다는 걸 알 수 있었죠."

부시 대통령만이 해가 뜨기 전에 상황실과 연락한 게 아니었다. 리처드 하스는 실제로 사담 후세인이 쿠웨이트를 침공한 며칠 후부터 상황실 단지에서 살기 시작했다.

"내 사무실은 OEOB에 있었어요." 그는 회상했다. "그런데 대통령 집무실로 계속 호출을 받다 보니 오가는 게 비효율적으로 느껴졌죠. 하루에 열여덟 시간 정도를 사무실에서 보내다 보니 상황실에 있는 게 더 편해졌습니다." 약 한 달 동안 하스는 단지에서 잠을 잤다. 그는 잠에서 깨어나자마자 밤새 새로 들어온 첩보가 있는지 곧장 묻곤 했다.

"상황실 사람들은 계속해서 내게 해외 전신들을 제공했어요." 그는 말했다. "내가 확인할 시간이 없었던 건 이메일뿐이었습니다. 그래서 위기 발생 후 약 한 달이 지나서야 읽지 않은 미개봉 이메일이 1만 개 정도 있다는 사실을 깨달았죠." 그는 이메일을 읽어볼 생각도 하지 않고 단숨에 모두 삭제했다.

이라크의 쿠웨이트 침공 후 처음 며칠 동안 하스는 거의 잠을 자지 못했고, 상황실에서 잠을 자기로 한 그의 결정은 우스꽝스러운 순간으로 이어졌다. 8월 5일 일요일, 부시 대통령은 캠프데이비드에서 백악관으로 돌아오고 있었다. 헬기가 착륙하기 약 30분 전, 스코크로프트는 하스에게 대통령을 만나 최근 상황을 브리핑하고 주요 발언 내용을 전달해달라고 요청했다. 요청받은 일은 그가 처리할 수 있는 일이었다. 단, 한 가지 문제를 제외한다면. 그는 반바지와 티셔츠 차림이었고, 백악관 고위 보좌관이라기보다는 교외에 사는 칠칠치 못한 아빠와 같은 행색이었다.

그는 상황실을 돌아다니며 근무 중인 요원들에게 옷을 빌려달라고 부탁했다. "재킷도 빌리고 셔츠도 빌렸습니다. 그래도 여전히 꼴이 우스꽝스러웠습니다." 그는 기억을 떠올렸다. 데이브 라디가 하스의 의상 선택을 도와

쳤다고 그는 웃으며 말했다. "완전히 바보처럼 보이지 않게 하는 게 목적이라면 목적이었죠."

하스는 서둘러 발언 내용들을 정리했다. "나는 대통령에게 전달해야 할 내용이 무엇인지 알고 있었지만, 육체적으로 너무 피곤해서 빠른 속도로 작성할 수가 없었어요." 그가 말했다. "당시 콘돌리자가 함께 있었는데, 저를 보고 짜증을 내더군요. 그녀는 '이건 한심해. 도저히 참아줄 수가 없어!'라고 말하더니, 나를 의자에서 내쫓고는 '그냥 불러주기나 해'라고 말했습니다." 하스는 라이스가 타이핑하는 동안 자기 생각을 이야기했다. "내 인생에서 콘돌리자 라이스를 비서로 둔 건 그때가 처음이었죠." 그가 말했다. 라이스는 타자기가 뱉어낸 종이를 낚아채서는 대통령을 맞기 위해 서둘러 사우스론으로 가는 그의 손에 쥐어줬다.

부시가 헬기 계단에서 내려오자, 하스는 라이스가 타이핑한 내용을 부시에게 건넸다. 부시는 기다리던 기자들을 향해 의견을 피력하며 "이건 용

리처드 하스 고문은 며칠 동안 상황실에서 숙식을 하다가 부시 대통령을 만나기 위해 상황실 직원들에게 옷을 빌려 입어야 했다(조지 H. W. 부시 대통령 도서관 겸 박물관 제공).

납할 수 없습니다"라고 선언했다. 이 네 마디 말은 부시 대통령 재임 기간 중 가장 유명한 말이 되었다.

선은 이미 그어졌다. 이제 남은 건 전쟁 상황에서 부시 행정부가 어떻게 기능할지 지켜보는 일이었다.

*

"우리에게는 1990년 8월 사담 후세인이 쿠웨이트를 침공한 직후에 정한 리듬이 있었습니다." 로버트 M. 키밋이 내게 말했다. 오전 10시 30분에는 SVTS를 통해 차관급 회의가 열렸고, 정오에는 상황실에서 소모임 회의가 열렸다. 그 직후 대통령 집무실에서 8인방 회의가 열렸다. 그리고 더 많은 차관급 회의, 정책조정위원회 회의, 그리고 마지막으로 오후 8시에 국무부에서 모두가 참석하는 회의가 이어졌다.

"8월부터 분명 12월까지, 어쩌면 1월 초까지 그게 우리의 리듬이었습니다." 키밋이 기억을 떠올렸다. "일주일에 5일 동안 말이죠."

키밋이 국무부에서 그렇게 하고 있었다. CIA, 국방부 같은 모든 주요 기관에 있는 사람들도 각자 부서에서 같은 일을 하고 있었다. 아침 내내 엄청난 양의 정보가 상황실로 흘러들어갔고, 결국 대통령에게 전달되었다. 결정이 내려지면, 그 정보는 다시 각 부서와 기관으로 흘러들어가기 시작했다. "마치 모래시계와 같았던 거네요." 내가 과감하게 비유를 들어 말했다.

"네, 모래시계였죠." 키밋이 동의했다. "모래시계의 중심은 대통령 집무실이었습니다. 하지만 그 바로 위와 아래에는 상황실이 있었습니다."

나는 부시 대통령(41대) 백악관에 대한 거의 모든 이야기와 이 책을 위해 진행한 여러 인터뷰에서 같은 말을 반복해서 들었다. 부시 팀은 믿을 수 없을 정도로 서로 잘 협력했다. 상황실은 최고의 기능을 발휘했다. 의사결정과정은 효율적이고 전문적이었다. 부시 1기 행정부에서 일한 것에 대해 **나쁜** 기억을 가진 사람을 찾기는 어려웠다.

리처드 하스에 따르면, 그 모든 게 상층부에서부터 시작되었다. "부시 대통령이 정말 좋은, 서로 잘 협력하는 사람들을 모았기 때문에 모든 일이 잘 돌아갔습니다." 그는 말했다. 여기에는 특히 행정부가 원활하게 운영되는 데 중추적인 역할을 한 한 사람이 포함되었다. "스코크로프트가 중요한 역할을 했죠." 하스는 회상했다. "스코크로프트는 의견 차이 유무를 떠나 모든 사람의 신뢰와 존경을 받았습니다."

앞서 보았듯, 브렌트 스코크로프트 중장은 여러 행정부에 걸쳐 계속해서 등장하는 핵심 인물 중 한 명이다. 그는 공군 전투기조종사로 훈련을 받았지만, 1949년 전투기 추락 사고 이후 지상 기반 경력으로 방향을 틀었다. 체구는 작고 성격은 겸손하며, 누구와도 어디서든 잘 지내는 능력을 지닌 스코크로프트는 다양한 직책에서 빠르게 승진했다. 그는 합참에서 근무했고, 공군사관학교와 웨스트포인트에서 가르쳤으며, 해외에서도 복무했다.

그는 닉슨 행정부 시절에 백악관에서 일하게 되었는데, 대통령의 군사 보좌관으로 발탁된 다음이었다. 이후 닉슨과 포드 대통령 아래에서 국가안보 부보좌관으로 일했고, 포드와 조지 H. W. 부시 대통령 아래에서는 국가안보 보좌관으로 일했다. 레이건 행정부 시절에는 이란-콘트라 사건을 조사한 타워위원회에서 활동했으며, 이는 이후 행정부들이 그를 매우 중요한 인물로 여기게 된 여러 이유 중 하나였다. 조지 부시 대통령(41대)은 스코크로프트를 절친한 친구이자 자신의 또 다른 자아로서 행정부의 방향을 바로잡기 위해 기용했다. 스코크로프트는 올리버 노스의 월권행위와 백악관 내 병렬적인 상황실의 존재를 밝혀내는 데 기여했고, 이러한 경험을 바탕으로 부시 행정부의 백악관 운영 절차를 보다 효율적으로 만들었다.

"만약 사전적 의미에서 '완벽한 국가안보 보좌관'을 찾는다면, 그건 브렌트였을 거예요." 콘돌리자 라이스가 내게 말했다. "그는 자신을 드러내지 않는 사람이었습니다. 워싱턴 D. C. 거리에서 걸어 다녀도 아무도 그가 누구인지 몰랐을 겁니다." 스코크로프트는 국무장관 제임스 베이커에게 티브이에 출연하거나 연설을 하기 전에 반드시 사전 허락을 받겠다고 약속했다.

그리고 라이스가 본 바로는, 닉슨 대통령과의 단독 시간을 독점했던 권위적인 헨리 키신저와는 달리 "그는 장관들이 단지 정보를 제공받는 데 그치지 않고 대통령과 직접 대화할 기회를 갖도록 확실히 배려해주는 사람이었다". 그는 전형적인 '정직한 중재자'였다. 신뢰를 쌓기 위해, 그는 매주 보좌관들이 없는 상태에서 제임스 베이커 그리고 딕 체니와 함께 조찬을 가졌다. "그는 기준 그 자체였어요." 합참의장 마크 밀리가 내게 말했다.

"처음 상황실로 발령받아 갔을 때, 나는 육군 소속이었고 그는 퇴역 장군이어서 나는 계속 그를 '선배님'이라고 불렀습니다." 전 국가안보회의 직원이었던 제인 루트가 회상했다. 그녀는 상황실에서 배우자와 함께 근무한 몇 안 되는 사람 중 한 명이다(그녀의 배우자는 전 국가안보 부보좌관이자 나토 대사인 더그 루트이다). "그때 스코크로프트의 차석 부하인 로버트 게이츠가 '그 선배님이란 소리 그만 좀 해요!'라고 말하더군요."

루트가 말하길, 부시 1기 행정부에서 국가안보회의는 기름칠이 된 기계처럼 잘 돌아갔다. "브렌트와 부시 대통령(41대)은 서로 알고 지냈고 함께 일한 경험이 있었을 뿐만 아니라, 두 사람 모두 외교정책과 정치에 있어서 본능적 감각이 예리했습니다." 그녀는 말했다.

존 볼턴도 동의했다. "한 기구의 기능과 사용이라는 측면에서 전설과도 같은 시기였습니다. 그는 그러면서 당시의 부시 팀을 1927년 양키스 야구팀에 비유했다.

"정치를 떠나 분명히 말씀드리죠." 데이브 라디가 말했다. "그들은 이라크뿐만 아니라 베를린 장벽 붕괴, 천안문사건 등 모든 사태에 있어서 (남자건 여자건 할 것 없이) '적절한 때에 적절했던' 인물들이었습니다."

*

상황실에서 일어난 두 가지 사건은 전시 중 부시 행정부가 어떻게 기능했는지 잘 보여준다.

첫 번째 사건은 1990년 10월 11일에 있었다. 이날 NSC 핵심 그룹은 회의를 열고 쿠웨이트에서 사담 후세인을 몰아낼 방법에 대한 '폭풍의 노먼' 슈워츠코프 장군의 계획을 들었다. 슈워츠코프는 미 지상군을 사우디아라비아에서 곧바로 쿠웨이트로 보내 이라크군과 정면으로 대치하는, 국가안보 전문가들이 "무력 대 무력"이라고 부르는 작전을 원했다.

완곡하게 말하자면, 부시와 스코크로프트에게는 그 계획이 인상적이지 않았다. 두 사람이 공동 집필한 저서 《변화된 세계》에서 스코크로프트는 "그가 한 설명에 경악했다"라고 간단히 적었다. 존 볼턴은 그 회의에 대한 더 다채로운 설명을 내게 들려줬다. 그는 회의에 직접 참석하지 않았지만, 래리 이글버거가 그에게 전한 말은 이랬다.

모두 착석한 채로 귀를 기울이고 있었습니다. 슈워츠코프는 덩치가 아주 큰, 곰 같은 사람이었고, 차트들이 잔뜩 쌓인 작은 방에서 큰 목소리로 말했죠….

그러다 갑자기 작은 체구의 브렌트 스코크로프트가 작은 목소리로 말을 시작했습니다. "음, 노먼 장군, 왜 무력 대 무력 작전을 추진하는 거죠?" 이에 슈워츠코프는 감정적으로 변했습니다. 그러자 부시 대통령이 이렇게 말했습니다. "맞습니다, 왜 무력 대 무력을 강행하려는 겁니까?" 그렇게 해서 슈워츠코프의 플랜 A는 끝났고, 그들은 돌아가서 플랜 B를 실행해야 했습니다.

이 이야기는 "군 장성들을 경계하고, 군인이라는 이유만으로 군사 문제에 대한 그들의 의견이 중요하다고 여기려는 마음가짐을 피하라"라고 한 존 F. 케네디의 조언을 떠올리게 한다. 스코크로프트는 자기 상사를 위해 목소리를 냈고, 그러자 부시는 슈워츠코프를 몰아붙였다. 두 사람은 함께 힘을 합쳐 장군이 계획을 다시금 검토하게 했다.

두 번째 사건은 2주 후인 1990년 10월 30일에 있었다. NSC 핵심 그룹은 재차 상황실에서 회의를 했는데, 쿠웨이트에서 사담 후세인을 몰아내기 위해 제재와 군사력 중 어떤 게 더 나은 선택인지 결정하고자 했다. 당시 중동지역에는 20만 명이 넘는 미군이 주둔하고 있었기 때문에 밀고 들어갈 군사력은 충분했다. 하지만 로버트 게이츠에 따르면 슈워츠코프는 이번에는 이 계획에 반대했다. 그의 주장이 부풀려진 것에 불과했음이 드러난 거였다. 군 리더들은 무언가를 하고 싶지 않을 때 그게 실행 불가능하고 대학살이 예정된 것처럼 보이게 만들거나, 그 둘 다로 보이게 한다.

슈워츠코프 다음 서열인 부사령관이 브리핑하자, 부시 대통령이 물었다. "공세를 취해 쿠웨이트를 해방시키려면 무엇이 필요하겠습니까?" 게이츠는 다음에 무슨 일이 있었는지 내게 설명했다.

> 그는 군대에서 잔뼈가 굵은 3성 장군이었어요. 그는 이렇게 말했죠. "대통령님, 작전에 필요한 건 이런 것들입니다. 항공모함 타격을 위한 여섯 개 팀이 필요합니다. 그리고 제7군단을 독일에서 사우디아라비아로 이동시켜야 합니다. 그들은 1945년부터 그곳에 있었습니다. 미 육군 중에서 가장 중무장한 두 사단입니다. (사막 위장을 위해) 모두 얼굴을 황갈색으로 칠해야 합니다. … 그리고 (중간선거를 약 일주일 정도 앞두고 있었던 시점이었습니다) 주 방위군과 예비군을 동원해야 합니다."
>
> 아마 나는 죽는 날까지 이 장면을 잊지 못할 거예요. 부시 대통령이 자리에서 일어나더니 딕 체니를 가리키며 말했습니다. "알겠습니다. 그렇게 하시죠. 혹시 군대가 더 필요하면 알려주세요." 그러고는 그는 방을 나갔습니다.

대통령다운 순간이었다. 부시는 군부의 과장된 제스처를 간파했고, 주저하지 않고 병력을 22만 5000명에서 50만 명으로 두 배 이상 증강했다. 하스는 부시 대통령이 "결정을 내리는 데 있어 매우 편안했다"라고 내게 말했다. "그가 보기엔 한 가지 사안을 두고 열세 번이나 회의를 열 필요가 없었어요. 그리고 전투 경험이 있는 군인이었기 때문이었는지, 그는 무력 사용에도 주저함이 없었죠."

이것이 조지 H. W. 부시의 강인하고 결단력 있는 면모였다. 하지만 상황실 직원들의 기억에 가장 오래 남은 것은 그의 친근하고 온화한 면이다. 일부 대통령들과 달리, 부시 대통령(41대)은 자신을 위해 열심히 일하는 남녀 직원들과 교류하는 것을 진심으로 즐겼다. 그는 그들을 기계의 부품처럼 대하지 않았다. 그는 그들의 지식과 전문성을 인정하고 동등한 입장에서 대화했다. 걸프전쟁 당시 상황실에서 근무했던 케빈 오코넬은 이렇게 회상했다. "스코크로프트 장군과 그의 차석 부하인 로버트 게이츠는 상황에 대해 가장 많이 아는 사람이 대통령과 이야기해야 한다고 믿었어요. … 정보 담당관으로서 그에게 브리핑하는 것은 즐거운 일이었습니다. 왜냐하면 그는 모든 것을 이해했기 때문입니다."

사실 부시는 상황실을 너무나 존중한 나머지, 재임 초기 어느 토요일에 그곳에 들렀을 때 실제로 들어가도 되는지 허락을 구했다. 상황실 문밖에는 카메라와 전화기가 설치되어 있었는데, 그날 아침 그는 수화기를 들고 "대통령입니다. 들어가도 될까요?"라고 말했다. 깜짝 놀란 비서 질다 케이가 도어 장치의 버튼을 눌러 문을 열어줬다.

레이건 행정부 시절 근무했던 직원들에게 부시가의 격식 없는 모습은 처음에는 충격적이었다. 데이브 라디는 두 영부인 사이의 태도 차이를 이렇게 묘사했다. "레이건 여사를 몇 번 본 적이 있었는데, 정말 완벽하게 차려입은 분이었어요. 그리고 말은 없었어도 이런 말이 들리는 것만 같았습니다. **말을 걸려고 하지 마라, 눈을 마주치지 마라.**" 그리고 그는 부시 대통령(41대) 취임 후 몇 주가 지난 어느 날 바버라 부시 여사를 보았다. "그녀가 개를 끌고 손자, 손녀 몇 명과 함께 계단을 내려오고 있었습니다. 그런데 운동복 차림이었습니다. 부끄럽게도 내 첫 번째 반응은 '오, 저건 적절한 복장이 아닌데'였습니다."

하지만 부시가 사람들은 백악관을 자신들의 집처럼 여겼다. 그들은 개를 산책시키고, 가족과 시간을 보내고, 영화 상영실에서 영화의 밤을 개최하고 친구들을 초대했다. 그리고 때로는 상황실 직원들도 그곳에 초대했다.

"한가한 토요일이면 바버라가 전화를 걸어와 '여러분, 우리랑 같이 영화 안 볼래요?'라고 묻곤 했어요." 데이브 세드니는 회상했다. "그러면 우리는 아주 바쁘지 않으면 누군가를 보내곤 했죠." 직원들은 잊을 수 없는 추억을 만들었다. 그들은 부시 대통령 부부와 함께 영화를 보고, 팝콘을 즐기고, 또 세계에서 일어나고 있는 일들에 관해 대화를 나누곤 했다.

데이브 라디는 부시 대통령이 "주말에 지루해하는 것 같았다"라고 말했다. 특히 "부부가 캠프데이비드에 가지 않고 백악관에 머물 때 특히 그랬어요". 그는 부시가 상황실로 전화를 걸어 '흥미로운 전문'을 요청하곤 했던 것을 기억했다. "저기, 내가 정말 지독히도 재미있는 대사 몇 명을 임명한 걸로 아는데, 읽을거리 좀 가져다줘요!" 부시가 말했다. 라디는 전문 묶음을 들고 집무실 밖 작은 서재로 올라가곤 했다. 도착하기도 전에 그는 복도에 흐르는 대통령의 선곡을 들을 수 있었다. "대통령님은 그 서재에서 아주 끔찍하게 촌스러운 컨트리음악을 크게 틀어놓곤 하셨죠." 라디는 웃으며 말했다.

라디의 아들이 태어났을 때, 부시는 깜짝선물로 그를 놀라게 했다. "우리는 아마도 웨스트윙에서 가장 지위가 낮은 사람들이었을 텐데, 대통령께서 제 아들을 위해 샴페인 한 병을 직접 가져다줬습니다." 그는 여전히 그 기억이 놀라운듯 말했다. 그리고 이듬해 국가안보회의 피크닉에서 라디의 아들은 자신이 대통령의 음료수를 마실 권리가 있다고 생각한 모양이었다. "나는 아들을 안고 있었고, 대통령께서는 맥주를 드시고 있었습니다." 라디가 회상했다. "그런데 갑자기 아이가 대통령의 맥주에 손을 집어넣는 거 아니겠어요?" 라디는 당황했지만 부시는 전혀 동요하지 않았다. "대통령께서 아이의 작은 손을 빼내며 '남자는 맥주를 마시면 안 된다는 거니?'라고 했습니다." 라디와 그의 아내가 얼마나 당황해하는지 보고는 그는 웃음을 터트렸다. "두 사람 진정해요! 나는 저 애 할아버지입니다."

하지만 내가 가장 좋아하는 이야기는 게리 브레스나한이 들려준 일화이다. 어느 날 그는 케네벙크포트에서 다른 기술자와 함께 대통령 별장 다락방에다 통신 장비를 설치하고 있었다. 브레스나한은 동료를 호텔로 보내 그들이 두고 온 장비를 가져오게 했는데, 그가 다시 돌아오기까지는 한참이 걸렸다. 45분 정도 지나고 나서야 브레스나한은 마침내 등 뒤에서 나는 발소리를 들었다. 그는 몸을 돌리며 소리쳤다. "젠장, 도대체 어디 있다 오는 거야?!" 충격적이게도, 그는 자신의 코앞에 미국 대통령이 서 있다는 걸 깨달았다.

"내가 그렇게나 시간을 끌었다는 걸 몰랐네." 부시는 한 치의 망설임도 없이 말했다. 브레스나한은 웃었다. "바지에 오줌을 지릴 정도였습니다. 지금도 그때 이야기를 하면 등골이 서늘합니다. 나는 상사가 보는 앞에서 말 그대로 욕지거리를 내뱉은 거였습니다."

*

부시 대통령(41대) 팀은 긴밀하고 효율적이었으며, 외교정책을 처리하는 데 탁월했다. 하지만 그들은 제2차세계대전 후 윈스턴 처칠이 얻은 교훈을 똑같이 배웠다. 그건 전쟁에서 승리한다고 해서 지도자가 항상 정치적으로 보상을 받는 것은 아니라는 점이었다.

나는 부시의 대통령직을 결정짓고 궁극적으로 패배로 이끈 사건들을 그야말로 '1열'에서 직관했다. 1989년 여름, 나는 하원 다수당 원내대표인 리처드 게파트 의원의 수석 보좌관이라는 꿈의 직책을 제안받았다. 이 직책을 맡은 나는 국회의사당에서 그의 그림자이자 대리인으로서 그의 눈과 귀가 될 터였다. 보너스도 있었다. 게파트는 1992년 대통령 선거에 출마할 계획이었고, 나는 그 선거운동의 최전선에서 일할 예정이었다.

게파트는 1990년 예산안 협의에서 유리한 고지를 점한 것처럼 보였다. 그와 민주당 지도자들(톰 폴리 하원의장과 조지 미첼 상원 다수당 원내대표)은 부시 대통령이 1988년 선거운동 과정에서 했던 "제 입술을 보세요, 새로운 세금은 없습니다"라는 약속을 어길 때까지 협상을 거부했다. 높이 평가받아 마땅하게도, 부시 대통령은 재정적자를 줄이기 위한 초당적 합의에 도달하기 위해 세금 인상안에 동의했다. 하지만 그는 큰 대가를 치렀다. 1990년 가을, 그가 해외에서 이라크전쟁 연합군을 만들어가고 있었던 때에 공화당 연합은 의회 내에서 균열을 일으키고 있었다.

모든 정치적 문제는 걸프전의 빠른 승리에 휩쓸려 사라지는 듯했다. 1991년 여름, 부시는 90퍼센트에 가까운 지지율 고공행진을 이어갔다. 내 상사였던 게파트를 비롯한 민주당의 거물급 인사들은 그에게 도전하기보다는 뒤로 물러섰다. 덕분에 빌 클린턴과 내게 기회가 생겼다.

그해 가을 나는 클린턴의 선거운동에 합류했는데, 우리는 **말 그대로** '밑바닥'에서부터 시작해야 했다. 선거 사무실은 리틀록 시내에 있는 페인트 가게에 딸린 공간이었다. 처음 만난 순간부터 나는 그가 정치적 천재라는 것을 알 수 있었다. 30분 만에 그는 예비 선거운동이 어떻게 전개될지 계획을 세웠는데, 실제로 일어난 일과 거의 정확히 일치했다. 클린턴은 부시의 경제 성과를 강하게 비판하며, 미국에는 "중동부만큼 중서부도 신경쓰는" 대통령이 필요하다고 선언했다. 클린턴이 성 추문 그리고 징병 회피 의혹과 같은 악재들과 싸우며 험난한 선거운동이 이어졌지만, 결국 그는 변화를 약속하며 승리를 거두었다. 공화당 대통령들의 12년 집권에 마침표가 찍혔다.

백악관으로 돌아온 브렌트 스코크로프트는 올리버 노스가 이란-콘트라 작전을 구상한 OEOB 건물 208호실로 NSC 직원들을 불러 모았다. 제인 루트는《우리가 사는 세상을 바꾸다》라는 책에 쓴 글에서 당시 상황을 이렇게 회상했다. "그는 방 전체를 둘러보고는 아무 말도 하지 않았다. 그러다 '우린 모두 다 해고되었습니다'라고 선언했다. 스코크로프트는 그답게 희망의 끈을 놓지 않았다. 그는 모인 사람들에게 이번 해고가 외교정책 문제 때문이 아니라고 말한 다음 '이 정도면 만족할 수 있을 것 같군요'라고 무미

건조하게 말했다."

두 달 후 취임식이 있었다. 나는 서른한 살이었고, 백악관 홍보국장이라는, 내가 상상하는 것보다 훨씬 더 힘들고 어려울 직책을 맡기까지 몇 시간밖에 남아 있지 않았다. 우리는 미래에 무슨 일이 벌어질지 몰랐다. 하지만 나는 그날 아침 영빈관에서 클린턴의 취임 연설을 준비하며 브렌트 스코크로프트의 얼굴에서 백악관 생활이 얼마나 감정적으로 지칠 수 있는지, 그리고 그곳을 떠나는 게 얼마나 어려운 일인지 알 수 있었다.

그는 신임 대통령에게 브리핑하고 핵 암호를 전달하기 위해 영빈관으로 걸어 들어갔다. 그게 그의 마지막 공식 업무였다. 그러고 나서 스코크로프트(부시와 포드의 패배, 닉슨의 사임 이후 상황실 직원들의 사기를 북돋워준 충실하고 금욕적인 보좌관)는 주름진 레인코트에 중절모를 쓰고 혼자 영빈관에서 나왔는데, 그의 눈에는 눈물이 어려 있었다.

8장

대통령님 곧 오십니다

내가 처음 상황실에서 근무한 날이 어떠했는지 기억나지 않는다.

이 책을 집필하기 위해 인터뷰를 진행할 때마다 상대방에게 상황실에서의 첫날이 기억나는지를 가장 먼저 물었다. 어색한 분위기를 깨기에 적당한 질문이기도 했고, 대부분 자신이 겪었던 강렬한 경험과 첫인상을 매우 자세히 들려주기도 했다. 정작 나의 첫날은 기억나지 않았기에 대답을 듣고 있으면 멋쩍은 기분도 들었다. 하지만 내게는 첫날에 대한 기억이 희미할 수밖에 없는 이유가 있다.

나는 빌 클린턴이 취임하기 전까지 백악관에 딱 한 번 가보았다. 정권 인수 기간 중 부시 대통령의 대변인이었던 말린 피츠워터를 만나기 위해 백악관 웨스트윙으로 갔다. 피츠워터는 1970년대부터 대통령 대변인들 사이에 전해 내려오던 방탄조끼를 내게 건넸다. 연단 위의 대변인이 받는 온갖 비난을 맞이할 준비를 하는 듯한 상징적인 의식이었다. 그때 백악관을 완전히 다 돌아볼 시간은 없었기 때문에 그곳은 여전히 낯선 영역이었다. 취임식 이후에야 나는 4년 동안 끝없이 휘몰아칠 소용돌이 안으로 입성했다.

백악관에서 겪은 경험을 기록했던 나의 저서 《너무나 인간적인》에서 나는 "취임 첫 주는 공식적인 축하와 비공식적인 혼돈이 뒤섞여 정신없었다"라고 회상했다. 밤새 대통령의 연설문을 수정해야 했고, 취임식과 무도회에서 이어진 축하 이후에는 첫 백악관 브리핑을 해야 했다. 첫 브리핑은 보기 좋게 망했다. 평계를 대자면, 절대 쉬운 브리핑은 아니었다. 대통령의 첫 법무장관 지명자였던 조이 베어드가 세금 문제로 상원의 인준 과정에서 집중 공격을 당해 지명 철회되기 직전이었다. 그뿐 아니라 동성애자의 군복무를 허용하겠다는 클린턴 대통령의 선거공약 역시 거부권 행사가 불가능할 정도로 의회의 거센 반대에 부딪히고 있었다. 언론은 백악관 출입기자단의 웨스트윙 출입을 제한하겠다는 (결국에는 뒤집힌) 결정에 격분해 있었다. 첫 브리핑은 백악관 브리핑룸에서 치른 혹독한 환영식이었다.

취임 후 첫 며칠 동안에는 백악관 구내식당에서 식사를 때우다 한번씩 식당 바로 옆에 있는 상황실에 들어가보기도 했던 것 같다. 그 시절을 겪은 거의 모든 사람은 당시 상황실이 언뜻 보기에 특별한 점 없는 기대 이하의 평범한 공간이었다는 사실에 동의한다. 2006년 보수공사 전까지만 해도 첨단 장비 하나 없는 단순한 회의실이었다. 상황실이 특별한 공간이었던 이유는 그곳에서 논의되고 결정되는 일들 때문이었다.

내 백악관 근무 기간이 끝날 무렵이었던 1996년 12월에는 많은 시간을 상황실에 머무르거나 상황실 직원들과 연락하며 보냈다. 밤사이 발생한 위기 상황을 새벽 전에 당직자들에게 전화로 알려야 다음 날 아침 백악관 북쪽 정원 노스론에서 아침 생방송을 준비하는 출입기자들에게 브리핑할 수 있었다. 낮에도 CNN에서 뉴스 속보가 나올 때마다 상황실에 들러 확인해야 대통령에게 추가 정보를 전달할 수 있었다.

나는 NSC 수석 회의 위원은 아니었지만, 다양한 문제를 다루는 상황실 회의에 참석했다. 러시아의 경제위기, 북한의 핵무기 개발 시도, 아이티 쿠데타, 소말리아 내전과 같은 국외 문제는 물론 여러 음모론을 만들어 낸 1995년 오클라호마시티 폭탄테러와 1996년 TWA 800 여객기 추락 사건과 같은 국내 문제도 모두 상황실에서 다루어졌다. 상황실 회의에 참석해서 행정부의 대응을 어떻게 대중에게 전달할지 조언하고, 의회의 반응을 예측하고, 회의 때 결정되는 내용들이 클린턴의 과거 발언이나 선거공약과 일치하는지 확인하는 일이 나의 역할이었다.

내가 맡은 일은 모든 외교정책 사안과 관련해 섬세하게 균형을 유지해야 했다. 첫 번째 임기 중 클린턴을 가장 괴롭혔던 일은 바로 보스니아 분쟁이었다.

*

클린턴 대통령의 UN 대사였던 매들린 올브라이트는 키가 150 정도에 불과했지만, 화려한 스카프와 상징적인 브로치 덕분에 강인함을 넘어서 위압적인 인상을 주는 인물이었다. 1993년 올브라이트가 백악관 상황실에서 열린 회의 중 분노를 터뜨렸을 때 그녀의 강인한 모습이 잘 드러났다. 올브라이트는 미국이 NATO의 공습을 지원해 UN의 평화 유지 활동을 강력하게 지지하길 원했다.

올브라이트는 "사용하지도 않을 거면 그렇게 최고라고 늘 자랑해 대는 군대는 왜 가지고 있는 건가요?"라며 합동참모본부 의장 콜린 파월을 날카롭게 쏘아붙였다. 당시 발칸반도에서는 전쟁이 점점 격화되고 있었지만, 클린턴 행정부는 관망하는 태도로 상황을 지켜보기만 하고 있을 때였다. 하지만 보스니아의 세르비아계가 이슬람교도들을 상대로 피비린내 나는 공격을 강화하자 체코 태생의 올브라이트는 더 이상 지켜볼 수만은 없다고 생각했다. 클린턴 행정부가 세르비아계를 겨냥한 공습을 지원해서 학살을 멈춰야 한다고 믿었다. 그녀는 자신이 원하는 바를 실행으로 옮기기 위해서라면 사람 하나 난처하게 만드는 것쯤은 얼마든지 할 수 있었다.

190센티미터에 가까운 키로 올브라이트보다 훨씬 우람했던 파월 장군은 그녀의 가시 박힌 비판에 격노했다. 훗날 파월은 회고록에 "혈압이 솟구쳐 오르는 듯했다"라고 적었다.

"미국 병사들은 국제 분쟁이라는 체스판 위에서 여기저기로 이동시킬 수 있는 말이 아니다."

그의 이름을 따서 파월 독트린이라고 불린 정책은 병력 파견 기준을 높게 설정했다. 미국의 중대한 국익이 걸려 있어야 함은 물론이고, 국민의 지지를 받아 압도적인 병력을 투입할 수 있는 상황이어야만 했다. 파월은 발칸 지역의 상황이 그 기준을 충족하지 못한다고 여겼다.

NSC 유럽국장 제인 루트도 그날 상황실에 있었다. 루트는 "콜린이 아주 불쾌해했다"라고 내게 귀띔했다. 루트는 미군 파병과 관련해 민간인 출신 고위급 인사와 군 장병 출신 인사 사이에 자주 발생하는 의견 충돌에 관해서도 알려줬다.

루트에 의하면 1991년 걸프전 당시 사막의폭풍 작전으로 이라크를 침공한 이후로 미군은 '지상군' 투입에 관해서는 전혀 생각하지도 않고 이야기하지도 않는다고 한다. 그 대신 미군은 "굉장히 복잡한 배치, 무장, 회복 관련 시스템을 통한 군사적 해결책"을 찾는 데 주력했다. 올브라이트 같은 소수를 제외하고는 민간인이면서 전쟁을 제대로 알고 있는 사람은 없다는 게 루트의 입장이었다. 루트는 클린턴 대통령의 민간인 출신 보좌관과 나눴던 대화를 회상했다.

"그 보좌관이 '여단을 이동시켜야죠'라고 하길래 '여단이 얼마나 큰 규모인지 알고 있나요?'라고 되물었죠."

보좌관은 루트의 질문에 답하지 못했다. 루트를 포함한 여러 군사 전문가들은 이 질문을 '여단 테스트'라고 불렀다. 군사개입에 관해 이야기하면서도 자신이 무슨 말을 하고 있는지 모르는 사람을 골라낼 수 있는 꽤 신뢰도 높은 지표였다.

상황실 회의에서 클린턴 대통령이 루트에게 발칸 지역에서 일어나고 있는 상황에 대해 어떻게 생각하는지 질문한 적이 있었다.

"제인은 군에 속해 있잖아요. 당신이라면 보스니아에 병력을 보낼 건가요?"

질문을 받은 순간 루트의 동공은 활짝 열리고 항문은 바짝 움츠러드는 듯했다. 루트는 당시 느낌을 "눈알과 항문"의 균형 잡힌 반응이었다며 재치 있게 묘사했다.

"상황실에는 장관급 인사들이 앉아 있었습니다. 그 사이에 제가 있었죠. 그때 스코크로프트가 해준 말이 기억났습니다. 대통령이 질문하면 절대 '각하가 결정하시는 겁니다'라고 대답하지 말라고 했어요. 그런 것쯤은 대통령도 알고 있다면서 말이죠."

루트는 대통령의 질문에 진정성 있는 답을 해야 한다는 사실을 알고 있었다.

"네. 저라면 병력을 보내겠습니다. 하지만 미군만이 수행할 수 있는 능력이 요구되거나, NATO 회원국, 인명, 병력이 위협을 받는 비상 상황이라는 조건에서만 병력을 보낼 것입니다."

클린턴은 루트의 대답을 들었고, 회의는 계속되었다.

1993년에서 1995년 사이에 보스니아와 관련해 수없이 많은 회의가 열렸다. 대부분 회의는 비슷한 레퍼토리로 진행되었다. 올브라이트, 앤서니 레이크 국가안보 보좌관, 알렉산더 버시바우 NSC 유럽 담당 선임 국장이 적극적인 군사개입을 요구하면, 파월과 워런 크리스토퍼 국무장관이 반대했다. 이 두 진영은 클린턴 대통령을 중간에 둔 채로 늘 교착상태에 빠졌다.

클린턴은 학살이 일어나고 있는 상황에 비통해했다. "민간인 학살을 막기 위해서라면 무슨 일이든 하겠다"라고 약속하며 1992년 보스니아 사태에 대해 강경한 태도를 보였다. 하지만 클린턴은 주요 선거공약으로 "레이저광선처럼 경제에 초점을 맞춰" 국정을 운영하겠다고 약속하기도 했다. 대중과 의회는 발칸반도에서 일어난 내전 때문에 미국인의 희생을 감수하는 일에 회의적이었다. 특히 1993년 10월 소말리아 민병대가 미국 헬리콥터 두 대를 격추해 미군 18명이 전사했던 블랙호크다운 참사 이후로 그런 분위기가 더욱 심해졌다. NATO 회원국들과 민주화되기 시작한 러시아 역시 무력 사용에 반대하고 있었다. 상반된 긴장감이 고조되는 분위기에서 불간섭

주의적 분위기가 우세했다. "많은 이들에게 어영부영 넘어가는 것이 가장 안전한 선택지처럼 보였을 것"이라고 버시바우는 결론지었다. 사람들은 "너무 위험한 개입이 자칫 망신으로 끝나게 될까 봐" 두려워했다.

앤서니 레이크는 계속해서 이어지는 끔찍한 전쟁의 참상에 마음이 불편했다. "클린턴은 이 상황이 너무 싫었고, 나도 견딜 수 없었다"라고 레이크는 회상했다.

"이 문제를 해결하려면 어느 정도 위험은 감수하고 정면으로 맞서야 했습니다."

레이크는 뭐든 할 수 있기를 간절히 바랐고, 늘 그랬듯 조용히 배후에서 움직였다.

브렌트 스코크로프트 스타일을 똑 닮은 국가안보 보좌관 레이크는 야망이 큰 사람이었지만 대중에게 알려지고 싶지는 않았다. 자존심이 강했지만 거만하지는 않았고, 도덕적이었지만 도덕주의자는 아닌 사람이었다. 카터 행정부의 베테랑 외교관이었던 레이크는 인정이나 주목을 받기 위해서가 아니라 당연히 해야 할 일이라서 자신이 맡은 일을 할 뿐이었다. 담담하고 자조적 유머를 지닌 사람으로 장기적 목표에 집중할 줄 알았다. 보스니아 사태의 끝없는 악순환 때문에 미칠 것 같았던 레이크는 결국 1995년 여름, 행동에 나서야겠다고 결심했다.

"영국의 메리 여왕을 알고 있습니까?"

인터뷰 중 레이크가 내게 질문했다.

"메리 여왕은 자신이 죽으면 전투에서 잃은 프랑스 북부 도시 '칼레'의 C가 자기 심장에 새겨져 있을 거라고 했습니다. 나는 대통령과 오전 회의를 할 때마다 내 이마에 보스니아의 B가 새겨진 기분이 들었습니다."

레이크가 백악관 집무실에 들어설 때마다 보스니아 분쟁에 관한 끝없는 논쟁이 또 시작할 참이라는 것을 눈치챈 클린턴 대통령이 얼굴을 찡그리곤 했다.

레이크의 기억에 따르면 조금 더 공식적인 상황실 회의 중에는 참석자들 사이에 합의를 이루는 것이 불가능했다.

"그래서 소규모로 모여야겠다고 생각했습니다. 공문과 공식적 토론을 통해 상황실에서 계속 논쟁을 벌이는 것보다는 내 사무실에 있는 작은 테이블에서 국무장관, 국방장관, 매들린과 모여 점심 식사를 함께하기 시작했습니다."

그렇게 레이크는 자신의 사무실에서 핵심 인물끼리 허심탄회하게 의견을 주고받을 기회를 가질 수 있었다.

나는 레이크에게 강력한 군사적 압박과 유연한 외교를 결합한 방식인 이른바 종결 전략을 논하는데 왜 소규모의 회의가 필요하다고 느꼈는지 물었다.

"더 융통성 있는 대화가 가능했기 때문입니다."

레이크는 상황실 자체가 합의를 이루지 못한 문제의 한 부분이라고 여겼다.

상황실이 문제라고 생각하는 사람은 레이크뿐만이 아니었다. 올브라이트의 수석 고문이었던 데이비드 셰퍼는 "솔직히 말해서 상황실에서는 주요 안건이 제시되거나, 제시되더라도 채택되는 경우가 너무 희박하다는 게 문제인 것 같습니다"라고 했다. 셰퍼는 사람들이 상황실에서 주요 안건을 상정하거나 과감한 정책 구상을 제시하는 일을 주저한다고 느꼈다.

"일단 새로운 제안을 하고 나면 곧바로 형식적인 비판에 직면하게 됩니다. 대부분 비판은 새로 제안한 안건이나 정책의 위험 요소와 비용 최소화에 초점이 맞춰져 있죠."

1993년 올브라이트가 처음으로 보스니아 사태에 군사적 개입을 해야 한다고 강력하게 요구했던 때 상황이 딱 그랬다.

"올브라이트는 '보세요, 기존에 없던 새로운 방법으로만 지금 상황을 끝낼 수 있습니다. NATO의 공군력을 투입해서 NATO에 반하는 병력에 맞서야 합니다'라고 말했습니다. 올브라이트는 새로운 제안을 제시했지만, 일단 그 안이 거부된 후로는 상황이 허락할 때까지 몇 년 동안이나 마냥 보류할 수밖에 없었습니다."

　1995년 7월 스레브레니차 학살 사건이 발생하면서 병력 투입은 더 이상 미룰 수 없는 일이 되어버렸다. 세르비아군은 8000명이 넘는 보스니아의 무슬림 남성들과 소년을 학살하고, 2만 명이 넘는 무슬림을 강제 추방하며 인종청소를 자행했다. 사건이 발생한 후 잔혹한 만행의 규모가 바로 밝혀지지는 않았지만, 7월 첫 주부터는 조금씩 보고가 이루어지기 시작했다. UN은 추가 공습을 요청했고, 자크 시라크 프랑스 대통령은 클린턴에게 직접 전화를 걸어 행동에 나서달라고 압박했다. 클린턴은 마침내 결단을 내렸고, 앤서니 레이크의 지휘로 병력 투입이 진행되었다.

　7월 17일, 레이크는 그의 사무실에서 아침 회의를 주재했다. 올브라이트, 크리스토퍼, 샌디 버거 국가안보 부보좌관, 윌리엄 페리 국방장관, 존 샬리캐슈빌리 합참의장이 회의에 참석했다. 레이크는 전쟁을 끝내기 위한 대담한 조치들을 포함하고 있는 '종결 전략'을 회의에서 제시했다. 알렉산더 버시바우는 이 회의가 "NSC와 앤서니 레이크의 합작이었으며, 기존의 틀에서 벗어나 새로운 방안을 모색하려는 노력"이었다고 했다.

　"공식적인 부처 간 협의에서는 계속 아무런 대안을 내놓지 못한 채 시간만 끌고 있었기 때문이었습니다."

　평소처럼 크리스토퍼, 페리, 샬리캐슈빌리는 군사개입에 따르는 위험부담이 너무 크다고 주장했다. 그들은 레이크에게 이미 시행 중인, 획기적이지는 않지만, 안전한 전략을 따르자고 촉구했다. 그때 클린턴 대통령이 레이크 사무실 문 앞에 나타났다. 사무실 안으로 들어온 클린턴은 정책 방향을 바꾸고 싶다고 말했다.

　"우리가 처한 상황이 마음에 들지 않습니다. 지금의 정책은 미국에 막대한 피해를 주고 있을 뿐 아니라 미국의 국제적 입지에도 큰 타격을 주고 있어요. 우리가 너무 약해 보인단 말입니다."

　클린턴은 회의에 참석한 사람들에게 새로운 아이디어를 제시해달라고 요구했다.

레이크는 미소를 지으며 다음과 같이 말했다.

"그 순간은 사실 조금은 연기였습니다. 클린턴은 전쟁을 끝내고 싶어 했고, 제가 점심때마다 무슨 일을 하고 있는지 알고 있었죠. 제가 클린턴에게 어떻게 하라고 직접 알려준 것은 아니었지만, 클린턴이 점심때 한번 불쑥 찾아온 적이 있었어요. 그리고 거기 있던 모든 사람에게 이 상황을 너무나 끝내고 싶다고 말했습니다."

하지만 대부분 사람은 레이크가 실제로 대통령에게 그렇게 말하도록 **부추겼다**고 보고 있다. 알렉산더 버시바우는 "내가 당시 그곳에서 기록을 담당하고 있었기 때문에 이제는 말할 수 있습니다. 그 일은 확실히 연출된 장면이었죠"라고 인터뷰 때 언급했다. 클린턴과 레이크는 종결 전략은 물론 깜짝 방문까지 이미 사전에 논의했다. "대통령은 연출된 깜짝 방문의 공모자였다"라고 버시바우는 증언했다.

대통령의 깜짝 방문 사건은 큰 전환점이 되었다. 참모진들은 이제 대통

'연출된 순간' 앤서니 레이크의 사무실에서 열린 보스니아 사태와 관련한 중대 회의 모습 (왼쪽부터: 클린턴 대통령, 워런 크리스토퍼, 앤서니 레이크, 윌리엄 페리, 존 샬리캐슈빌리 장군). (윌리엄 J. 클린턴 대통령 도서관 제공)

령이 전략 변경을 원한다는 사실을 확실하게 인정하는 수밖에 없었다. UN의 임무가 실패할 경우 미군이 투입될 수밖에 없다는 사실도 알고 있었기 때문에 이제는 더더욱 피할 수 없었다. 버시바우에 따르면 완전히 새로운 패러다임이 필요한 순간이었다.

"우리는 더 이상 어영부영 시간을 끌 수 없었습니다. 그들은 여전히 적극적인 군사개입에는 반대한다는 입장을 고수했지만, 적어도 실무자들은 우리와 협력하기 시작했죠."

클린턴은 1996년 선거가 코앞으로 다가온 상황에서 보스니아 분쟁이 자신의 발목을 잡도록 놔둬서는 안 된다는 점을 잘 알고 있었다. 데이비드 셰퍼는 다음과 같이 회상했다.

"상황실에서 아무도 함부로 그 말을 꺼내지는 못했지만, 분명 모두 알고 있었죠."

당시 클린턴은 내게도 속내를 털어놓았다. 대통령은 "앞으로 몇 달 안에 합의를 끌어내기 위해 죽도록 뛰어야 한다"라고 말했다.

"모든 대안을 검토하고, 던질 수 있는 주사위는 다 던져봐야 합니다."

대통령은 이 문제가 "선거운동이 한창인 와중에 터질까 봐" 걱정하고 있었다. 대통령은 이미 결단을 내렸지만, 그 결단을 실행으로 옮길 수 있도록 만든 것은 그 후에 지구 반대편에서 일어난 비극이었다.

*

1995년 8월 중순, 리처드 홀브룩 국무부 차관보는 대표단을 이끌고 분쟁 지역으로 향했다. 웨슬리 클라크 중장과 협상 팀이 새로운 평화안을 제시하기 위해 함께했다. 홀브룩 차관보가 이끄는 미국 대표단은 회의를 위해 사라예보로 가야 했다. 하지만 슬로보단 밀로셰비치 세르비아 대통령은 미국 대표단이 항공편을 이용하는 데 안전을 보장할 수 없다고 했다. 보장할 의지가 없었을지도 모른다. 8월 19일, 결국 대표단은 장갑차 두 대에 나눠

타고 사라예보의 남서쪽에 있는 이그만산을 가로질러야 했다. 사라예보까지의 길은 좁고 질척이는 붉은 진흙 길이었다.

홀브룩과 클라크 장군은 미군 험비 차량에 올라탔고, 나머지 협상 팀은 프랑스의 병력 수송 장갑차 APC에 몸을 실었다. 여정의 중간쯤 다다랐을 때, 반대 방향으로 이동 중이던 UN 호송 차량과 마주쳤다. 미국 대표단이 타고 있던 차량 두 대는 도로 가장자리로 비켜섰다. 그때 갑자기 APC 아래의 붉은 진흙 길이 무너져내리기 시작했다. 길 위의 장갑차는 산비탈을 따라 미끄러지며 100여 미터 넘게 굴러떨어졌다. 그리고 폭발해버렸다.

클라크 장군은 APC에 타고 있던 사람들을 어떻게든 구조해내기 위해 험비에서 뛰쳐나와 허겁지겁 산비탈을 타고 내려갔지만 이미 너무 늦은 후였다. NSC 보좌관이었던 넬슨 드루 대령과 로버트 프레이저 특사가 불길 속에서 사망했고, 조지프 크루젤 국무부 차관보는 야전병원으로 이송되었으나 결국 그날 부상으로 숨졌다. 대표단과 함께 장갑차에 올랐던 프랑스 병사 역시 목숨을 잃었다.

"당시 국무부 복도를 재빠르게 달려가 작전 상황실에 보고했던 일이 기억납니다. 가능한 많은 정보를 요청했고, 전달받은 그대로를 올브라이트에게 보고했습니다"라고 데이비드 셰퍼는 회상했다. 셰퍼의 마음 한편에 로버트 프레이저가 몇 달 동안 평화를 위해 얼마나 노력했는지가 떠올랐다.

"정말 훌륭한 협상가였죠. 비상한 표현력으로 읽을 때마다 참 잘 썼다는 생각이 절로 드는 보고서를 작성해 보내왔습니다. 그런데 그런 사람을 사고로 잃어버린 겁니다."

알렉산더 버시바우는 상황실로부터 사고에 관해 보고받았다. 그날이 토요일이었기 때문에 자신은 집에 있었다고 버시바우는 기억했다.

"상황실 당직 요원에게서 전화가 왔었습니다. '사고와 관련해 초기 보고가 들어오고 있습니다'라고 하더군요. 그 후로 상세한 내용이 신속하게 전달되었어요."

버시바우 역시 협상가 세 명을 잃었다는 사실에 망연자실했다. 하지만 한편으로는 아주 복잡미묘한 감정도 들었다. 왜냐하면 원래는 자신이 그 임무를 수행하기 위해 그곳에 있을 예정이었기 때문이다.

"내가 넬슨 드루 대신에 그 APC에 탔을 수도 있는 상황이었기 때문에 '신이 도왔구나'라는 생각이 들 수밖에 없는 상황이었습니다."

앤서니 레이크에게 드루는 단순한 동료 이상의 존재였다. 공군 복무 시절에 레이크는 드루의 상관이었다.

"제가 직접 드루의 아내를 찾아가서 남편의 사망 소식을 전해야 했습니다."

레이크는 알렉산더 버시바우, 샌디 버거, 공군 소속 군목과 함께 동료의 집 앞에 섰다. 레이크가 문을 두드렸고 드루의 아내가 문을 열었다.

"드루의 아내는 제 얼굴을 보자마자 두 아이에게 부엌에 가 있으라고 했죠."

레이크의 방문이 무엇을 의미하는지 드루의 아내는 직감했다.

버시바우는 그날을 다음과 같이 기억했다.

"부인께 안타까운 소식을 전했습니다. 그녀는 '넬슨을 위해서라도 이 문제를 꼭 해결해주세요'라고 했죠. 이제는 이 문제를 꼭 해결해야 한다는 생각뿐이었습니다."

버시바우는 이 사고 때문에 "모두 이제 더 이상 실패는 없다"라는 생각을 하게 되었다고 했다.

"이전 모든 작전이 실패했지만, 이번에는 성공해야 했습니다."

당시 NSC에서 근무하던 이보 달더에 의하면 "클린턴 대통령은 이미 그것이 무엇이든 조치를 하기로 결정한 상태"였다.

"이번에는 정말 **제대로** 대응할 수 있기를 바라고 계셨습니다."

사고가 발생한 지 나흘 후, 세 외교관을 위한 추모식이 알링턴 국립묘지에서 거행되었다. 대통령은 이 순간을 그냥 넘기지 않았다. 장례식에 참석했던 모든 고위급 인사를 국립묘지 인근에 있는 포트마이어 군사기지로 소집해 회의를 진행했다.

당시 회의 사진을 보면 클린턴 대통령은 작고 소박하게 꾸며진 방에 앉아서 행정부 고위 인사들을 상대로 연설하고 있다. 클린턴이 전쟁을 끝낼 방법을 찾으라고 촉구하고 있고, 앤서니 레이크, 웨슬리 클라크 장군, 리언 패네타 백악관 비서실장, 리처드 홀브룩, 워런 크리스토퍼, 윌리엄 페리, 매들린 올브라이트, 존 샬리캐슈빌리 장군이 모두 경청하고 있다.

달더에 의하면 "그때 회의에서 클린턴은 '이렇게 된 이상, 우리는 반드시 성공해야 합니다'"라고 말했다.

"자기를 위해 일하던 참모가 문제를 해결하려고 노력하다 목숨을 잃으면, 그 일은 이전보다 사적이고 직접적인 문제가 되어버리죠."

동료의 죽음이 헛되지 않으려면 전쟁이 끝나야만 한다. 군사개입은 이제 그냥 필요한 정도가 아니라 아주 시급한 일이 되었다. 평범하기 그지없는 포트마이어의 회의실에서 예고 없이 열렸던 이 회의는 보스니아 분쟁의 전환점이 된다.

일주일 후, 미국의 지원으로 NATO는 전쟁 종식을 목적으로 한 격렬한 폭격 작전을 시작했다. 매들린 올브라이트가 2년 전에 주장했던 군사개입이 바로 그런 것이었다. 그녀의 예상대로 이 작전은 아주 성공적이었다. 이 작전이 성공했다는 것은, 만약 1993년 상황실에 있던 사람들이 올브라이트의 제안을 받아들였다면, 수천 명의 목숨을 구할 수 있었을지도 모른다는 것을 의미했다. 하지만 너무나 뒤늦은 결정이었음에도, 공습을 최종적으로 승인한 이들이 모든 공을 자기들의 업적인 것처럼 가로챘다.

나는 인터뷰를 진행하면서 상황실의 여성들에게는 이런 경험이 너무도 흔하다는 안타까운 사실을 알게 되었다.

*

게일 스미스는 매들린 올브라이트를 다음과 같이 기억했다.

"매들린이 저에게 이런 이야기를 해준 적이 있어요. 한번은 일요일에 어떤 위기 상황과 관련해서 전화 회담을 한 적이 있었다고 합니다. 전화상으로 남성 참여자들이 이야기를 주고받는데 매들린이 끼어들려고 할 때마다 남성 참여자들이 계속 가로막았다고 해요. 그래서 매들린이 전화기 버튼을 눌러대면서 '여보세요?! 여기 음 소거 설정 안 되었는데요. 여보세요!'라고 말했다고 해요."

올브라이트가 큰 소리로 자신의 이름과 직함을 분명하게 외친 후에야 남성 참여자들은 그녀의 말에 귀 기울였다.

스미스는 올브라이트가 "스스로 자리를 쟁취"했다고 말했다.

"그러고 나서야 존중받을 수 있었죠."

올브라이트는 많은 여성에게 롤 모델이었다. 다른 이들보다 먼저 모든 수난을 겪었기에 여성들이 어떤 일을 당하는지 이해하는 멘토가 될 수 있었다.

클린턴 행정부에서 NSC의 아프리카 담당 선임 국장이었던 스미스는 올브라이트와 관련된 일화를 더 들려줬다.

"저는 아프리카에서 20년을 살았습니다. 그러다가 어느 토요일에 갑자기 미국으로 돌아왔고, 바로 월요일부터 NSC로 출근했죠. 지구 반대편에서 다른 반대편으로 삶의 터전을 바꾸는 일이 어떤지 알고 싶나요? 그냥 '맙소사. 어쩌다가 여기까지 온 거지?'라는 느낌이었죠."

출근 첫날, 스미스는 백악관 집무실 바깥에 서서 남들보다 짧고 위로 솟구쳐 있는 자신의 헤어스타일 때문에 민망함을 느끼고 있었다. 그때 올브라이트가 스미스에게 다가와 아주 밝게 외쳤다.

"미 연방정부에서 근무하는 사람 중 가장 멋지네요!"

스미스는 "괜찮아 보이나요?"라고 물었다.

"당연하죠. 그렇게 다녀요!"라고 올브라이트가 대답했다.

스미스가 웨스트윙에서 만난 사람들은 스미스에게 헤어스타일을 바꿀 생각은 있는지, 패션에 변화를 줄 생각은 있는지 등을 물었다. 그때마다 스미스는 "이런 저를 채용한 거잖아요"라고 대답했다.

"하지만 올브라이트만은 늘 든든한 지지자였습니다. 그녀는 정부 부처에서 일하는 모든 여성과 연대감을 느끼고 있었죠."

상황실이 생기고 처음 몇 년간은 여성 근무자가 단 한 명도 없었다. 닉슨 행정부 시절 일을 시작했던 샐리 봇사이 박사가 아마도 상황실에서 근무한 **최초**의 여성이었을 것이다. 행정부가 바뀔 때마다 상황실의 여성 인사도 점점 늘어났다. 선임 당직 요원 보니 글릭에 의하면 클린턴 대통령 취임 후에도 상황실은 여전히 남성이 우세한 곳이기는 했지만 "60 대 40 정도의 남녀 비율"이 유지되고 있었다. 클린턴의 두 번째 임기 중 상황실에 근무하던 당직 장교는 글릭을 포함해 15명이었다.

"남자만 있었던 것은 아닙니다. 남자가 세 명, 여자가 두 명이었습니다…. 하지만 저희 세대 이전에 상황실에서 근무한 군 출신 인사는 모두 남성이었던 듯해요."

외교 공관에서 근무했던 글릭은 외교관 출신과 비외교관 출신 사이에 차이가 있듯이 남성과 여성 직원 간에도 차이가 존재한다는 것을 몸소 느꼈다. 2000년대 초반 나와의 인터뷰에서 글릭은 다음과 같이 말했다.

"지나치게 근엄한 해군 출신 남성 당직 장교가 있었어요. 제가 유머 감각은 한 계급 더 승진해야 받을 수 있는 거냐고 물어볼 정도였으니까요. 상황실에는 자존감이 강한 사람들이 들어왔어요. 상황실도 사람이 운영하는 곳이라는 사실에는 신경 쓰지 않는 듯했죠."

글릭은 NSC 직원들의 안부를 챙기며 비공식적으로 '유대인 어머니'라는 직함으로 알려지기 시작했다. 한번은 짜증이 잔뜩 난 샌디 버거에게 "이건 저보다 당신에게 더 필요한 듯하네요"라는 말과 함께 그래놀라 바와 물 한 잔을 건네며 진정할 수 있도록 도운 적도 있었다.

글릭은 상황실의 내부 분위기에 유머와 친근함을 더했다. 하지만 상황실에는 자신의 의견을 확실히 전달하기 위해 강하게 맞서 싸우는 사람들이 많았다.

나는 제인 루트에게 상황실에서 성차별적 편견을 경험한 적이 있는지 물었다.

"아무렴요. 그런 경험이 없는 여성 고위 인사는 단 한 명도 없을 겁니다."

루트는 시간이 지남에 따라 군 내부에서 여성에 대한 처우가 어떻게 달라졌는지를 들려줬다.

"70년대에 제가 입대했을 때만 해도 '네가 무슨 일을 하든, 나한테 방해만 되지 말라'라는 암묵적인 규칙이 있었습니다. 바보처럼 굴면 안 된다. 아무한테나 함부로 들이대지 마라. 그리고 꽤 많은 사람에게 해당하는 사항이었는데, 혹시 동성애자라면 그냥 알아서 행동 조심해라. 즉, 무엇이 되었든 내 앞길에 방해만 되지 말라라는 거였습니다."

루트의 기억에 의하면 여성끼리도 서로 힘이 되고 의지하기보다는 각자 갈 길 가는 데 집중하는 분위기였다.

"시간이 지나면서 알게 되는 것이 하나 있었죠. 모두가 그 자리까지 가고 싶어 하지만, 그렇다고 모두가 그 자리로 올라가기 위해 해야 할 꼭 필요한 노력을 하지는 않는다는 사실입니다. 만약 그만한 노력을 했다면, 그 자리까지 오를 자격이 있는 겁니다."

루트는 권력의 중심부까지 올라갔고, 그 자리에 있는 동안 자신에게 주어진 시간을 최대한 의미 있게 사용할 의지도 있었다. 루트는 "누구에게도 사과하지 않는다"라고 해야 할 정도로 강한 어조로 말해야만 남성 동료들이 자신의 의견에 귀 기울였던 몇 가지 일화를 들려줬다.

"제가 국토안보부 차관으로 재직하던 당시 키스 알렉산더 국가안보국 국장과 4년 동안 거의 매주 상황실에서 칼싸움하는 듯한 신경전을 벌였습니다. 알렉산더는 '미국을 지킬 수 있는 유일한 방법은 국가안보국이 모든 통신망에 연결되는 것'이라고 했죠. 저는 거기다 대고 '내 눈에 흙이 들어가기 전에는 절대 그런 일은 없을 겁니다. 미국의 골목골목마다 연결된 인터넷망에 미군을 배치할 생각은 없습니다'라고 대답했습니다."

당시 상황실에서 알렉산더에게 루트처럼 말할 수 있는 사람은 아무도 없었다.

"'왜 이런 헛소리에 우리 모두가 눈치를 봐야 하는 거지? 여기서 말도 안 되는 소리를 하는 사람은 알렉산더잖아!'라고 속으로 생각했죠."

루트는 "국가안보와 관련된 결정을 내릴 때 거쳐야 하는 구닥다리 관행" 때문에 좌절감을 느꼈다. 남성 동료들이 상황실에 함께 있는 여성들의 목소리에 귀 기울이지 않는 것도 구닥다리 관행 중 하나였다.

"여자가 몇 번이고 멋진 발언을 하고 현명한 의견을 내도 사람들은 그냥 무시했습니다. 하지만 남자가 똑같은 말을 한참 후에야 하면 모두가 그의 통찰력에 칭찬을 쏟아부었죠."

이번에도 해결책을 제시한 사람은 매들린 올브라이트였다. 다른 여성들과 대화하던 중 올브라이트는 이 문제가 심각한 사안이라는 점을 지적했다. 국제 문제를 담당하고 있던 폴라 도브리언스키 국무부 차관은 올브라이트가 "여성들이여, 이 문제는 여기서 끝나야 합니다. 우리끼리 네트워크를 만들어 뭉칩시다"라고 했던 일을 기억했다. 올브라이트는 남성들이 여성들의 공을 가로채 갈 때, 여성들이 바로 그곳에서 직접 목소리를 내야 한다고 강조했다.

클린턴, 오바마, 바이든 정부 시절 재임했던 웬디 셔먼 국무부 부장관은 "그 자리에 있는 여성들은 모두 막중한 임무를 맡고 있는 사람들"이었다고 기억했다.

"하지만 여전히 여성이 내는 목소리는 다르게 받아들여졌습니다. 우리끼리만 그 사실을 알고 있는 듯했어요. 그래서 여성끼리 서로를 지지하려고 노력했습니다. 여성이 먼저 한 제안이 무시당하고 나서, 나중에 남성이 똑같은 제안으로 공을 인정받을 때마다 우리 중 한 명이 '그녀가 했던 말을 다시 한번 강조해줘서 고마워요!'라고 말하곤 했죠."

이러한 변화를 눈치채고 달라진 남성들도 있었지만, 상당수 남성은 영원히 무엇이 잘못되었는지 깨닫지 못했다.

올브라이트와 동료이자 친구 사이였던 셔먼 역시 젊은 여성들의 멘토가 되었다. 셔먼은 여성 동료들을 위한 정의로운 싸움을 수년 동안 해왔지만, 우스갯소리로 이제는 "나이가 일흔셋인데, 야망도 졸업할 때"이지 않느냐고 했다.

"이제는 내가 믿는 바를 말할 권리를 얻어냈다고 느껴집니다. 그래서 저는 제 생각을 그대로 드러내려고 합니다."

바이든 행정부 인사 중 많은 이들이 클린턴과 오바마 때도 함께 일했던 사람들이었다. 그러다 보니 "서로 더욱 직설적으로" 이야기를 나눴다고 셔먼은 기억했다. 셔먼이 느끼기에는 같이 일하는 사람들은 서로 편한 사이이기도 했지만, "기준이 달라"지기도 했다.

"주변 여성들에게 벌어지고 있는 일을 충분히 이해하지 못했을 수도 있다는 점을 남성들이 스스로 자각하기에 이르렀다고 봅니다."

*

1999년 5월, 엘리엇 파월이 아프리카계 미국인으로는 처음으로 상황실장 자리에 오르며 상황실은 또 하나의 장벽을 허물었다. 걸프전쟁 당시 기뢰 제거용 소해정을 지휘하던 파월은 역사광이기도 했다. 파월은 상황실을 지휘한다는 사실에 매우 들떠 있었고, 근무 첫날부터 클린턴 대통령과 토니 블레어 영국 총리가 전화를 주고받는 것을 목격하게 되어 더욱 신이 났다.

퇴임하는 케빈 코스그리프 전 상황실장이 파월을 직접 백악관 집무실로 안내해 대통령에게 소개했다. 파월은 당시 순간을 다음과 같이 기억했다.

"서로 악수를 나눴습니다. 그 후 코스그리프 제독이 대통령은 전화로 회의에 참석해 상황이 어떻게 돌아가는지 확인할 거라고 말했습니다. 전화는 상황실이 담당하는 일 중 하나입니다. 국가 정상들 사이의 전화 통화를 상황실에서 준비하는 거죠."

실제로 전화 연결은 상황실이 담당하는 업무 중 가장 중요한 일이다.

이는 외부에서 생각하는 것보다 훨씬 복잡하고 외교적으로 민감한 일이다.

오바마 시절 상황실장이었던 래리 파이퍼는 "정상 간 전화 연결이 볼쇼이발레단의 안무 같았다"라면서 웃음을 터뜨렸다. 이상적으로는 두 정상이 동시에 수화기를 들고 전화 통화를 시작하기 바라지만, 그런 일은 쉽게 일어나지 않는다. 각국 관계자들은 자신의 국가원수가 조금이라도 덜 기다리게 하려고 치열하게 전략을 짜야 한다.

데이브 라디는 인터뷰에서 다음과 같이 말했다.

"까다로운 상황이 발생하기도 합니다. 왜냐하면 누구나 자기 나라 대통령이 마지막 순간에 전화 연결되기를 바라거든요. 우리 대통령이 누군가를 기다려서는 안 되죠."

이전에 선임 당직 요원으로 상황실에서 근무했던 롭 하르기스는 평범한 전화 연결 과정을 액션영화처럼 묘사했다.

"상황실에서는 모두 헤드폰을 착용하고 있습니다. 통화가 연결되면 바로 말합니다. '다우닝가 10번지, 여기는 상황실의 롭입니다. 클린턴 대통령과 토니 블레어 총리의 전화 연결 준비 중입니다. 블레어 총리는 어디쯤 있나요?' '블레어 총리는 제시간에 오실 겁니다. 3분 후 도착 예정입니다. … 여보세요, 롭, 총리님 연결되었습니다. 30초 후 전화 연결됩니다.'"

그때 상황실은 전화를 백악관 집무실로 넘긴다. 집무실에서는 보좌관이 대통령의 위치를 초 단위로 보고한다. **복도를 지나고 있다! 점점 가까워진다! 대통령과 연결될 때까지 기다려달라!** 그 순간 전화 연결이 각국 정상들에게로 넘어간다. 보좌관은 양측 통화 연결이 완벽한 순간에 또렷한 음질로 이루어지길 간절히 바란다.

이 모든 과정이 대통령에게는 "아주 자연스럽게 모든 일이 순조롭게 처리되는 것처럼" 보였을 것이라며 롭은 웃었다.

"'이봐, 2시에 토니 블레어랑 통화 약속이 잡혀 있으니 얼른 시작하지!' 라면서 1시 59분에 대통령이 수화기를 들죠. '이봐 토니! 잘 있었나요? 오랜만에 이야기 나누네요'라며 대화를 시작할 겁니다. 그러나 이 순간을 위해

30분의 준비 작업이 필요했습니다. 겉보기에는 평온했지만, 오리가 물밑에서 발을 쉴 새 없이 휘젓듯이, 뒤에서는 늘 분주했죠."

전화 연결 준비에 너무 많은 시간이 필요했기 때문에 당직 요원들은 하루에 두 건 이상의 전화 통화는 하지 않기를 바랐다. 하지만 많을 때는 하루에 다섯 건 이상의 전화 연결을 준비해야 하기도 했다. 알카에다 수장 오사마 빈라덴 사살 작전이 끝난 뒤 몇 시간 동안은 상황실에서 65건의 전화 통화를 연결해야 했다. 이는 24시간 안에 연결된 통화 건수로는 최다 기록이었다.

기다리는 일을 좋아하는 사람은 없지만, 세계 각국 정상 중에서도 특히 블라디미르 푸틴 러시아 대통령은 다른 사람을 기다려야 하는 상황을 극도로 싫어한다. 푸틴 측근들은 백악관 상황실에 푸틴이 이미 수화기를 들고 있다고 거짓말을 하기도 했다. 상황실에서 당직 요원으로 근무했던 드루 로버츠는 다음과 같이 회상했다.

"오바마 대통령이 수화기를 들고 '여보세요, 블라디미르'라고 하면 그제야 러시아 쪽 사람들이 '대통령님, 연결될 때까지 기다려주십시오'라고 말했습니다. 정말 끔찍하게도 매번 그랬습니다."

파이퍼는 당시 상황을 다음과 같이 기억했다.

"푸틴은 항상 오바마를 기다리게 했습니다. 이제야 하는 말이지만, 상황실에 서서 정상 간의 전화가 얼른 연결되기를 기다리는 동안에는 시간이 얼마나 느리게 가는지 모릅니다. 한번은 우리 쪽에서 거의 20분은 기다린 것 같았죠. 실제로는 고작 5분 흘렀더라고요. 결국 저는 오바마 대통령을 쳐다보며 '원하시면 통화를 끊으셔도 됩니다'라고 말했어요. 아래층으로 가서 다시 통화를 연결하겠다면서 말이죠. 대통령은 웃으면서 말했습니다. '아닙니다. 괜찮아요. 단어 퍼즐 맞추기나 하고 있죠, 뭐.' 그러면서 오바마는 아이패드를 꺼내들고 워드 위드 프렌즈Words with Friends 단어 게임을 했습니다. 푸틴과의 전화 연결을 기다리는 동안 잠깐 쉴 수 있었기 때문에 오히려 그 시간을 즐겼을지도 모른다고 생각하기도 했어요."

백악관 상황실에서 러시아 측에 되갚아주기도 했다. 대통령 흉내를 그럴듯하게 낼 수 있는 당직 요원이 수화기를 들고 "여보세요"라고 대통령인 척했던 적도 있다. 딸깍 소리와 함께 푸틴의 목소리가 들려오기 시작하면 미국 측 당직 요원이 "푸틴 대통령님, 미국 대통령님 연결될 때까지 기다려주십시오"라고 전달했다.

"그때 짠! 미국 대통령이 수화기 너머로 등장했죠"라고 롭이 떠올렸다. 속임수를 썼다는 점이 마음에 걸리기는 했지만, 임무를 성공적으로 수행한 기분이었다.

"와, 지금 누군가는 나 때문에 시베리아로 쫓겨났겠다 하고 생각하기도 했습니다."

상황실에는 장난 전화가 걸려오기도 했다. 의심스러운 전화를 받은 당직 요원은 자신이 국가 정상이라고 우기는, 또는 국가 정상을 대신해 전화를 걸었다는 전화 속 인물에게 퀴즈를 내는 방법으로 확인 작업을 거쳤다. 퀴즈를 통해 대부분 사기꾼을 가려낼 수 있었지만, 한번씩 실제로 해당 인물인 경우도 있었다. 레이건 정부 시절, 찰스 왕세자라고 주장하는 사람이 전화를 걸어온 적이 있었다. 사람들은 당연히 장난 전화라고 생각했고, 데이비드 세드니가 전화 속 남성에게 영국 역사 관련 퀴즈를 냈다. 전화 속 남성은 모든 질문에 정확히 대답했고, 알고 보니 그는 실제로 찰스 왕세자였다. 하지만 전화한 사람이 실제로 자신이 주장하는 인물일지라도 상황실은 절대로 그 사람을 대통령에게 직접 연결해주지 않는다. 대신 국가안보 보좌관에게 상황을 보고하고, 국가안보 보좌관이 나중에 전화 통화를 다시 주선하는 식이다.

예정되어 있던 전화 통화라 할지라도 수화기 너머에 누가 있는지 확인하기 어려울 때도 있다. 2012년 3월, 사우디아라비아의 나예프 빈 압둘아지즈 왕세자가 클리블랜드 클리닉에서 치료를 받기 위해 오하이오에 도착했다. 오바마 대통령이 쾌유를 기원하는 인사를 전하고 싶어 했기 때문에 상황실은 백악관 집무실과 클리블랜드 클리닉 간 전화 통화를 주선했다.

그러나 이 상황을 믿지 않는 클리닉의 접수 담당자에게서 전화 연결이 막히는 사태가 발생했다. 드루 로버츠는 당시 접수 담당 직원들이 "네 그러시겠죠" 하고는 끊어버렸던 일을 회상했다.

"전화를 다섯 번 더 했습니다. 매번 '잠시만요! 진짜입니다!'라는 말을 다양한 방법으로 전달했지만, 그때마다 전화를 끊어버리더군요."

결국 상황실 직원 한 명이 영화 〈대통령의 연인〉의 한 장면을 따라 해야 했다.

"여섯 번째 전화를 걸었을 때는 접수 담당 직원에게 지금 알려주는 번호로 전화를 걸어보라고 말했습니다. 백악관 전화 교환대 번호니까 전화를 직접 걸어서 상황실로 연결 부탁하라고 했죠."

클리닉 접수 담당자들은 그 말에 따랐고, 대통령은 드디어 사우디 왕세자에게 안부 인사를 할 수 있었다.

클린턴은 자신의 속마음을 거침없이 말할 정도로 토니 블레어와 아주 친한 사이였다. 하지만 클린턴이 처음 취임했을 당시 영국 총리는 보수당 당대표인 존 메이저였다. 클린턴과 메이저의 관계는 차가웠다. 선거유세가 막바지에 이르렀던 1992년, 존 메이저는 조지 H. W. 부시의 재선을 도울 목적으로 클린턴 후보에게 불리한 정보를 찾는 작업을 승인했다. 1993년 대통령으로 당선된 이후에도 클린턴은 존 메이저에게 불쾌한 감정을 품고 있었다.

당시 상황실장이었던 짐 리드는 클린턴과 메이저가 가졌던 첫 전화 통화가 어떠했는지 기억하고 있었다.

"제 기억으로는 전화 연결 준비가 끝난 후에도 존 메이저가 45분 정도 대기했던 것 같습니다. 그 긴 시간 동안 우리는 메이저와 이런저런 잡담을 나눴습니다."

존 메이저는 45분 동안 클린턴을 기다려야 했다. 이는 누가 봐도 주도권을 과시하기 위한 힘겨루기였다. 하지만 클린턴은 상대편을 기다리게 했다는 사실만으로는 만족하지 못했다.

"결국 클린턴이 전화 통화를 할 생각이 애초에 없었다는 것을 깨달은 메이저는 '이건 말도 안 되는 상황이다!'라고 화내며 수화기를 세게 내리쳤어요."

전화 연결을 준비하는 단계에서 이미 클린턴이 전화를 받을 생각이 없다는 사실을 알고 있었는지 리드에게 물었다. 리드는 웃으며 대답했다.

"아니요. 클린턴은 저희에게 이런 식으로 존 메이저를 골탕 먹일 거라고 미리 말하지 않았습니다. 백악관 집무실로 전화를 걸어 메이저가 전화를 끊었다는 소식을 알렸을 때 클린턴은 이미 육해군 컨트리클럽 골프장으로 떠나고 없었을 겁니다. 해외 정상에게 새로 취임한 대통령이라고 '만만하게 보지 마라'라는 메시지를 보내기에 꽤 괜찮은 방법이었던 것 같아요."

세계 정상 간의 전화는 대부분 보안이 되지 않는 일반전화 회선을 통해 이루어진다.

한번은 상황실에서 아주 긴급하게 기밀정보 취급 허가를 받은 터키어 통역사를 구해야 한 적이 있었다. 이때가 아마 상황실 직원들이 겪었던 가장 기이한 전화 경험이었을 것이다. 당시는 오바마 대통령이 레제프 타이이프 에르도안 터키 국무총리와 급하게 전화 통화를 해야 하는 상황이었다. 하지만 통역을 할 수 있는 통역사가 뉴저지에서 워싱턴 D.C.로 95번 고속도로를 타고 올라오는 중이었다. 통역사는 고속도로 주행 중에 통역을 하기로 했고, 모든 관계자가 이러한 특수 상황을 인지한 채로 전화가 연결되었다. 드루 로버츠는 당시 상황을 생생하게 기억하고 있었다.

"전화 통화가 절반쯤 진행된 시점에 통역사가 3분간 휴식이 필요하다고 말했습니다. 오바마와 터키 총리 모두 불쾌해했죠."

통역사는 곧 볼티모어 근처 터널을 지나는데 그곳에서 연결이 원활하지 않을 거라고 설명했다. 그리고 터널을 통과하면 차를 세우고 전화를 다시 걸겠다고도 했다.

"통역사와 다시 통화 연결이 되고 2분이 채 안 되어서 수화기를 통해 창문을 똑똑 두드리는 소리가 들렸습니다. 주립 경찰이 '괜찮으신가요? 도움이 필요하신가요?'라며 멈춰 선 통역사의 차를 확인하러 온 것이었죠. 통역사는 '아니에요, 아닙니다! 괜찮아요! 그냥 전화 한 통 하려는 거예요!'라고 대답하더군요."

*

지금까지 국가 정상 간의 통화가 녹음된 적은 한 번도 없다. 녹음은 하지 않지만, 상황실 직원 세 명이 헤드폰을 통해 통화를 들으면서 미친 듯이 양측 간의 대화를 타이핑한다. 전화 통화가 끝나면 세 명의 직원이 서로의 기록을 비교하면서 최대한 정확한 내용의 최종 문서를 만들어낸다. 전화 대화를 기록으로 남긴 문서를 멤콘memcon, 즉 비공식 회담용 메모라고 부른다. 멤콘을 작성하는 일은 신경이 많이 쓰이지만 어디서 인정받지는 못하는 지루한 작업이다. 드루 로버츠가 멤콘 작성 경험을 떠올렸다.

"멤콘을 작성할 때 가장 가까이 둬야 하는 두 가지가 있습니다. 하나는 백악관 직원들이 미리 제공해준 발언 요지 요약본입니다. 그리고 다른 하나는 '청취 불가'라는 단어죠. '청취 불가'는 통화 내용을 듣다가 놓친 부분을 메우기 위한 단어입니다."

두 사람이 실시간으로 나누는 대화 내용을 정확하게 기록하는 일은 절대 쉽지 않다.

"두 정상 간 대화에 통역사, 서툰 영어, 수화기 너머에 보이지 않는 여러 인물의 목소리까지 더해지다 보니, 아주 정확한 문서를 만들어내는 일은 불가능하다고 보면 됩니다."

로버츠는 특히 에르도안과 전화 연결 중일 때가 힘들었다고 회상했다.

"에르도안은 말도 빠르고 영어도 서툴렀습니다. 무슨 말을 하는데 '금방 뭐라고 한 거지?'라고 잠깐 멈춰 생각하는 순간 이미 문장 두 개가 지나가버리는 정도였습니다. 그냥 계속 멈추지 않고 말하더군요. … 우리끼리는 '속기사 좀 고용하면 안 되나!'라고 말했지만 그런 일은 일어나지 않았어요."

대통령의 전화 통화 내용을 듣는 사람은 모두 보안 인가를 받은 정보요원이어야만 했다.

롭 하르기스에 따르면 대통령의 전화 내용을 타이핑하는 업무가 너무 과중했기 때문에 낮 시간에는 상황실에 정보분석가 두 명이 더 배치되었다. 모두가 대화를 완벽히 기록하기 위해 최선을 다했지만 결국 마지막에는 서로를 바라보며 누가 멤콘을 작성할지 눈치를 살폈다. 멤콘을 작성하고 싶어하는 사람은 아무도 없었기 때문에 가위바위보로 담당자를 정하기도 했다.

"이때까지 최선을 다해 타이핑한 통화 내용을 모두 출력해서는 가위바위보에서 진 불쌍한 사람에게 모두 몰아줬습니다."

워드 문서 출력본을 받아든 사람은 전체 대화를 한 장, 한 장 확인하고 정리해 멤콘을 완성했다. 정말 고통스러운 작업이었다.

하르기스는 멤콘이 정확한 기록도 아니었고, 법적 지위가 인정되는 문건도 아니었다는 점을 강조했다. 그렇다면 왜 전화 통화를 그냥 녹음하지 않는 것일까? 정확한 대화를 남기기 위해서라면 녹음이 가장 적절한 방법이다. 토니 캄파넬라는 여기에 대해 다음과 같이 답했다.

"'신사는 다른 신사의 대화를 녹음하지 않는다'라고 하더군요. 하지만 저는 그게 통화 녹음본을 남기지 않는 이유라고 생각하지 않습니다. 아마도 훗날을 대비해 회피책을 만들어 놓은 게 아닐까 싶습니다."

캄파넬라는 대통령이 약간의 여지를 남겨두는 것을 선호한다고 생각했다.

"멤콘에는 인간의 실수가 있을 수밖에 없습니다. 대통령은 훗날 무슨 일이 생기면 '저는 그런 의도로 말했던 게 아닙니다. 상황실에서 잘못 이해했네요'라고 말하고 싶은 건지도 모르죠."

그런 일이 실제로 트럼프 대통령과 볼로디미르 젤렌스키 우크라이나 대통령이 나눈 전화 통화 후에 발생했다. 이 일은 결국 트럼프의 첫 번째 탄핵으로 이어졌다.

대통령이 다른 정상들과 전화로만 소통하는 것은 아니다. 현장에서 발로 뛰는 기술 전문가 게리 브레스나한이 구축한 대통령 전용 화상통화도 정상들 간 소통 방법이다. 브레스나한은 조지 H. W. 부시 행정부 때 화상통화시스템을 구축하게 된 계기를 들려줬다.

"조지 H. W. 부시가 지하 회의실에서 이라크 총리와 통화할 일이 있었습니다. 미리 계획되어 있던 통화였습니다. 예정된 시간이 2시라고 치면, 대통령이 2시에 회의실로 내려갔고 30분 뒤에 다시 나왔습니다. 전화 연결에 실패한 것이었습니다."

스티브 해들리 국무부 차관보가 굳은 표정으로 상황실에서 나오며 브레스나한에게 말했다.

"게리, 전화 연결에 실패했어요. 이 문제를 해결해야 할 것 같군요."

해들리는 이 상황이 언짢았지만, 프로답게 대처했다. 해들리 뒤로 콘돌리자 라이스가 등장했다. 라이스는 브레스나한을 죽일 듯이 노려보았다.

"스티브는 작은 목소리로 제가 해야 할 일을 알려줬지만, 라이스는 눈으로 고함을 치고 있었습니다."

하지만 알고 보니 기술적인 문제 때문에 전화 연결에 실패한 게 아니었다. 이라크 총리가 보안 문제 때문에 약속 시간에 맞춰 지정된 장소로 이동하지 못한 것이었다.

"저는 통신 담당인데, 보안이 제가 해결해야 하는 문제인가요?"라고 브레스나한이 물었다. 답은 '그렇다'이다. 대통령이 추적 불가능한 통신 연락을 희망하면, 통신 담당이 보안까지 해결해야 한다. 이틀 후, 브레스나한은 이라크로 날아가 보안이 보장되는 이라크 총리용 화상통신시스템을 설치해야 했다.

브레스나한이 처음 구축한 화상통화시스템은 그 후로 그 수가 점점 늘어났다.

"현재 우방국뿐 아니라 적국과 화상통화를 할 수 있는 전용회선이 25개 구축되어 있습니다. 하나하나 전부 제가 설치했습니다."

브레스나한은 수십 년 동안 상황실의 음향 및 시각 기술을 최첨단으로 유지했다. 하지만 다른 분야에서는 상황실이 시대에 뒤처지는 경향이 있다. 클린턴의 두 번째 임기 중에도 상황실은 《워싱턴포스트》와 《뉴욕타임스》의 종이신문에 실린 기사를 복사해서 팩스로 전달했다. 그러다 어느 순간 상황실 당직 요원들이 신문사의 웹사이트에 모든 기사가 똑같이 게시된다는 사실을 발견했다. 월드와이드웹이 발명된 지 9년 후, 야후! 검색엔진이 온라인에서 사용된 지 4년 후, '춤추는 아기'가 최초의 바이럴 영상이 된 지 2년 후였던 1998년이 되어서야 케빈 코스그리프 선임 국장은 상황실에 '인터넷 단말기'를 설치했다. 시대에 한참 뒤처진 행보였다.

토니 캄파넬라에 의하면 상황실에는 1997년까지도 자동화된 메시지 분류시스템조차 없었다.

"그래서 CIA, 국무부, 국방부, 국가안보국 등에서 오는 메시지를 하나하나 직접 검토해야 했습니다. … 그리고 배포 담당자들은 그렇게 수동으로 분류된 메시지를 다시 수동으로 전달해야 했죠."

당직 요원은 정부 메시지를 취합하는 단순 작업에 대부분 시간을 허비하고 있었다. 그래서 케빈 코스그리프는 직원들에게 어떻게 상황실을 현대화할 수 있을지 물었고 캄파넬라는 그 질문을 기다렸다는 듯이 바로 대답했다.

"저는 푸시 알림시스템을 만들어야 한다고 주장했습니다. 그래야 **직원들이 직접 푸시 알림 기능을 해야 하는 현실**에서 벗어날 수 있었으니까요."

캄파넬라는 요즘 매일 스마트폰에서 받아볼 수 있는 푸시 알림 기능 같은 메시지 분류체계 도입을 희망하고 있었다. NSC에서는 직원들이 관심 있는 주제를 설정하면 관련 메시지가 자동으로 분류되어 전달되는 기술을 이미 개발해 활용하고 있었다.

"상황실에서는 중간급 관리인 저 토니 캄파넬라가 정부 메시지를 직접 읽고 '음, 이 메시지는 (상관이) 읽어야 하겠군'이라면서 메시지를 전달하는 방식으로 일이 진행되었습니다. 시대에 뒤처졌다고 할 수밖에 없죠."

앤서니 레이크 역시 상황실의 부족한 역량에 실망했다. 그의 저서 《여

섯 개의 악몽: 미국 안보를 위협하는 것들》에서 이런 정부 내 한계들이 미국이 직면한 큰 문제들을 상징적으로 보여주고 있다고 피력했다.

"1996년 저는 국가안보 보좌관 자리에 있었습니다. 하루는 대통령의 국가안보 팀이 화학 및 생물테러와 관련해 논의하기 위해서 모였습니다. 하지만 당시 회의실의 수준 낮은 기술력이 새로운 종류의 테러에 대응하는 미국의 국가안보 수준을 그대로 보여준다고 느낄 수밖에 없었습니다."

상황실이 하루 24시간 내내 수행하는 업무를 고려해보면, 변화가 왜 그렇게나 더딘지 이해 못 할 일은 아니다. 상황실 직원들은 대통령에게 정보를 전달하는 핵심 임무를 수행해야 한다. 아무리 작은 정보라도 놓쳐서는 안 된다. 엘리엇 파월의 설명처럼 상황실의 장비를 개선하는 순간에도 임무 수행에 지장이 가서는 안 된다.

"상황실 네트워크를 구리선에서 광섬유로 전환하던 그 순간에도 상황실의 모든 일은 원래대로 진행되어야 했으니까요."

상황실 직원들은 업무에 공백이 생기지 않도록 별도의 백업 네트워크를 구축해야 했다. 파월은 당시 일을 웃으며 회상했다.

"옛 속담에 천 리 길도 한 걸음부터라고 했습니다."

*

게리 브레스나한은 수많은 최첨단 기술을 상황실에 적용해왔지만, 그런 그도 크게 당황했던 적이 한 번 있었다.

1998년 여름이었다.

"샌디 버거가 저를 부르더니 찰스 러프가 곧 전화할 거라고 말했습니다."

백악관 법률고문이었던 러프는 화이트워터 게이트라고 알려진 클린턴의 주지사 시절 부동산 비리 의혹 사건과 관련해 대통령을 변호하고 있었다. 케네스 스타 특별검사 팀은 사건 조사 과정에서 백악관 인턴으로 일하던 스물두 살의 모니카 르윈스키와 대통령의 관계를 밝혀냈다. 이 사건은 워싱턴 D.C.는 물론 전 세계에 큰 충격을 줬다.

7월 말, 르윈스키는 연방대배심에서 증언하는 대가로 면책특권을 보장받았다. 그녀는 클린턴이 법정에서 증언했던 내용을 정면으로 반박하며 두 사람의 관계를 인정했다. 사법적 위기에 빠진 클린턴은 연방대배심에 할 증언을 녹화해서 제출하는 데 동의했다. 샌디 버거는 이런 상황에서 게리 브레스나한에게 전화했던 것이다.

브레스나한은 버거가 다음과 같이 말했다고 기억하고 있었다.

"샌디는 러프가 저에게 전화해서 화이트워터 사건의 증언과 관련된 부탁을 하나 할 거라고 했어요. 대통령이 법정에 제출할 증언을 녹화해야 하는데 촬영을 저에게 맡기길 원한다면서요. 저는 왜 하필 저냐고 물었죠. 저는 촬영 담당자가 아니거든요. 촬영을 어떻게 하는지도 모르고요. 전문가를 데려오는 게 낫겠다는 말도 했습니다. 그런데도 버거는 끝까지 제가 해야 한다면서, 믿을 수 있는 사람은 저밖에 없다고 했어요."

리처드 클라크는 당시 대통령이 보안을 최우선으로 생각하고 있었다고 했다.

"대통령은 변호사 사무실에서 진술하기를 원하지 않았습니다. 백악관에서 진술하기를 희망했고, 촬영은 게리에게 맡기고 싶어 했습니다. 철저하게 보안이 유지되어야 하고, 허가받지 않은 그 어떤 녹화도 이루어지지 않아야 한다고 강조했죠."

녹화가 이루어질 최종 장소는 백악관 맵룸으로 결정되었다. 원래 당구장이었던 맵룸은 40여 년 전 프랭클린 루스벨트가 상황실과 비슷한 전쟁지휘본부로 활용했던 곳이기도 하다.

브레스나한은 당시 상황을 다음과 같이 회상했다.

"언론들은 '맵룸에서 진행되는 상황을 모두 들을 수 있을 것'이라고 생각했을 겁니다. 저는 '아무도 듣지 못할 것'이라고 누군가를 붙들고 말하고 싶었어요. 왜냐하면 국가안보국에서 사용하는 암호기법을 사용했거든요."

조금의 위험도 감수할 만한 상황이 아니었다. 대통령은 자신의 증언과 관련해 철저하게 보안이 유지되기를 바랐기 때문에 브레스나한은 그 부분만큼은 확실하게 처리해야 했다.

"우리는 맵룸에 보안 통신 장비를 설치했습니다."

브레스나한은 변호사들이 화이트워터 거래에 관한 질문을 대통령에게 퍼붓는 방식으로 진행된 증언 예행연습을 목격했다.

"변호사들이 대통령을 몰아붙이더군요. 그리고 휴식 시간을 가졌습니다. 대통령이 맵룸 한쪽 구석에서 저를 향해 돌아서더니 '어땠나?'라고 물어보셨어요. 저는 '아주 훌륭하십니다'라고 대답했지만, 사실 제가 뭘 알겠습니까?"

그 당시 브레스나한은 이미 수많은 특수 상황과 역사적 순간을 직접 목격한 직원이었다. 카터 대통령의 데저트원 작전 때는 통신을 총괄했고, 레이건 대통령이 암살 시도 후 수술실로 실려갔을 때는 바로 그 병원에 있었다. 1986년에는 로버트 맥팔레인 국가안보 보좌관이 레이건의 서명이 담긴 성경을 이란 지도부에 선물했던 '케이크와 성경' 비밀 임무 수행을 위해 이란으로 가기도 했다. 천안문사건 직후에는 베이징에 몰래 잠입했으며, 오바마 대통령과 오사마 빈라덴을 제거한 특수부대 간 통신 장비 설치도 직접 했다. 브레스나한은 빈라덴이 사살되던 순간은 물론 2001년 9월 11일 테러 때도 상황실에 있었다. 브레스나한이라는 이름을 들어본 사람은 별로 없겠지만, 그는 분명 백악관에서 가장 중요한 인물이었다. 일곱 명의 대통령을 거치며 역사적 순간마다 재빠르게 기술적 해결책을 제시한 사람이 바로 브레스나한이었다.

나는 브레스나한에게 이때까지 경험한 모든 순간 중에 가장 기억에 남는 때가 언제였는지 물었다. 브레스나한은 클린턴 대통령과 맵룸에 있었던 순간이라고 답했다.

"화이트워터 사건부터 탄핵의 순간까지, 클린턴과 모든 일을 함께했던 그때가 가장 기억에 남습니다. 기술자로서 그런 일에 직접적으로 관여되어 있었다는 것 자체가 정말 심장이 두근거리는 일이었죠."

브레스나한은 당시 '세상에, 미국 대통령이 법정 증언을 하는데 내가 맵룸에 같이 있다니!'라고 생각했다.

"정말 놀라웠습니다."

*

20세기가 저물어갈 무렵, 미국은 불안감에 휩싸여 있었다. 1998년 8월, 탄자니아와 케냐에 있는 미국대사관이 동시에 폭탄테러 공격을 받아 200명 이상의 사람이 목숨을 잃었다. 4개월 후, 클린턴 대통령은 르윈스키와의 성 추문과 관련된 위증과 사법 방해 혐의로 탄핵 소추되었다. 미국 대통령이 탄핵을 당한 것은 앤드루 존슨 이후 처음이었으며, 이에 따라 클린턴은 미국 역사상 두 번째로 탄핵당한 대통령이라는 오명을 썼다. 1999년, 콜로라도주에 있는 컬럼바인 고등학교에서는 학생 두 명이 총으로 학급 친구와 교사 총 12명을 죽이는 사건이 발생해 온 나라가 충격에 빠졌다. 같은 해 10월에는 이집트항공 990편이 낸터킷 해안 근처로 곤두박질치며 탑승객 전원이 사망하는 사건이 일어났다. 나중에 여객기 추락이 의도적이었다는 사실이 밝혀져 논란이 더 커진 일이었다.

세기말의 불안감과 불확실함을 더 악화시킨 것은 점점 더 코앞으로 다가오는 Y2K 문제였다. 수십 년 동안 컴퓨터프로그램 개발자들은 연도의 마지막 두 숫자만 사용해 코드를 작성해왔다. 2000년이 다가오자, 컴퓨터가 2000을 나타내는 '00'을 1900년으로 인식해 대혼란을 초래할지도 모른다는 걱정이 퍼지기 시작했다. 전 세계의 은행, 증권거래소, 항공 등 컴퓨터에 의존하고 있는 모든 시스템의 동시다발적 마비를 예측하는 사람도 있었다. 컴퓨터의 마비가 사회 붕괴로까지 이어질 거라는 최악의 종말론을 경고하는 예언가들도 등장했다.

1999년 12월 31일이 가까워지자, 기업, 비정부기구, 정부 기관들은 최악의 참사를 막기 위해 수억 달러를 들여 컴퓨터코드를 업데이트했다. 프로그래머들은 실제 효과가 있을지, 혹은 정말 필요한 것인지도 모르는 패치들을 개발하고 배포했다. 글렌 벡과 알렉스 존스 같은 음모론자들은 라디오를 통해 청취자들을 선동했다. 음모론에 빠진 사람들은 소프트웨어 수정판을 샀고, 집에는 냉동식품, 건조식품, 총기, 골드바 등을 비축했다.

게리 브레스나한에 의하면 백악관에서 Y2K 사태를 담당하던 책임자는 리처드 클라크였다. 연방총무청이 Y2K 총괄 본부가 되었으며, 새해 전날을 앞두고 몇 달 동안 클라크와 브레스나한을 포함한 여러 사람이 발생할지도 모르는 모든 상황에 대비하기 위한 회의를 여러 차례 열었다. 엘리엇 파월 상황실장은 당시 상황실 모습을 다음과 같이 회상했다.

"상황실에서도 여러 대비책을 살펴보았습니다. 그리고 복제 네트워크라고까지 하기는 좀 그렇지만, 메인 네트워크와 동일하게 작동할 수 있는 다른 네트워크를 구축하는 데까지 시간이 얼마나 걸릴지도 계산해보았죠. 최악의 상황이 오더라도 상황실은 계속 똑같이 운영되어야 했기 때문에 예비 컴퓨터들도 설치해두었습니다. 모두가 최악의 상황이 오지 않기를 바라고 있었지만, 대비는 되어 있었어요."

짐 스타인버그 국가안보 부보좌관은 2000년 새해가 오기 전 3일 동안 한숨도 못 잤다고 기억했다. 하지만 짐이 잠을 못 이룬 이유는 컴퓨터가 모두 마비될지도 모르는 상황이 걱정되어서가 아니었다.

"저는 Y2K가 뭔지도 몰랐습니다. 하지만 당시 테러 공격이 있을 거라는 첩보가 있었습니다."

12월 14일, 워싱턴주 포트앤젤레스 국경수비대가 알제리 국적의 남성 아흐메드 레삼을 체포했다. 레삼의 차 트렁크에서는 50킬로그램가량의 황산 요소가 발견되었다. 아프가니스탄에 있는 알카에다에서 훈련받은 레삼은 12월 31일 로스앤젤레스 국제공항을 폭파하는 임무를 맡고 있었다고 밝혔다. 스타인버그는 당시 밝혀진 테러 음모에 대해 다음과 같이 말했다.

"테러 계획 하나를 성공적으로 저지한 셈이었습니다. 하지만 이미 밝혀진 테러 계획은 아무런 걱정거리가 아닙니다. 테러가 무서운 이유는 밝혀지지 않은 계획들이 존재하기 때문이죠."

12월의 마지막 두 주 동안은 매일 회의가 열렸다. 테러 용의자 간의 대화 첩보가 계속해서 보고되었기 때문이다.

스타인버그는 고전영화 〈이것이 스파이널 탭이다〉를 언급해 당시 상황을 평가했다.

"〈스파이널 탭〉에 비유해보자면, 테러 위험은 11단계에 해당했고, Y2K 문제는 10단계에 해당하는 정도였어요."

드디어 12월 31일이 되었을 때, 스타인버그는 집에 있었다.

"저는 테러가 어떻게든 일어날 거라고 확신하고 있었어요. Y2K와 테러가 동시에 일어난다고 생각하니 모든 것이 너무나 두려웠죠."

스타인버그는 하루 종일, 그리고 밤늦게까지 두려움 속에서 전화를 기다리고 있었다.

"전화벨이 울릴까? 전화벨이 울릴까? 하루 종일 그러고 있었습니다."

엘리엇 파월은 그날 상황실에 있었다. 그는 12월 31일을 다음과 같이 회상했다.

"지금 생각하면 웃기기도 한데, 시차 때문에 호주가 새해를 가장 먼저 맞이했습니다. 그 순간 모두 상황실에 있었죠. 대통령도 있었고, 부통령도 전화로 연결되어 있었습니다. 참모진도 모두 모여 있었고요. 모두들 '자, 이제 시작이다'라며 긴장하고 있었습니다."

100만 명의 인파가 시드니에서 서로 껴안고, 건배를 하고, 항구를 수놓은 화려한 불꽃놀이를 즐기며 새해를 맞이했다. 전등은 여전히 켜져 있었고, ATM에서도 아무 문제 없이 현금을 인출할 수 있었다. 모든 것이 정상적으로 작동했다. 워싱턴 D.C.는 아직 오전 10시 1분을 지나고 있었다. 파월은 당시를 떠올리며 다음과 같이 말했다.

"호주에서 자정이 지나는 순간 저는 안도의 한숨을 내쉬었습니다. 지구 반대편에 있는 모두가 그랬을 겁니다. 제 기억으로는 그때 모두가 서로 새해 인사를 나눈 후 '드디어 새 천 년이 시작되는군요!'라며 축하했습니다."

몇 시간 후, 유럽에서 자정이 지날 무렵에는 상황실에 파월과 영국 관련 직원 한 명만 남아 있었다. Y2K 사태는 별다른 소란 없이 조용히 끝났다. 하지만 테러 위협은 여전히 유효했다. 그리고 미국은 아직 자정을 맞이하지 않은 상황이었다.

엘리엇 파월은 동부표준시 기준으로 자정이 될 때까지 상황실에 남아 있다가 샴페인을 터뜨렸다. 짐 스타인버그는 태평양표준시 기준으로 자정이 될 때까지 자택에서 세 시간이나 더 긴장을 늦추지 않고 대기했다. 그리고 드디어 짐도 안도의 한숨을 내쉴 수 있었다. 미국 본토에서는 아무런 테러 공격이 발생하지 않았다. 아무 문제 없이 모든 일이 잘 풀리고 있었다.

적어도 그때는 그렇게 생각했다.

9장

"우리는 이곳에서 싸운다"

2001년 9월 11일 오전, 상황실 선임 요원 에드 파딘스키는 중요 임무를 수행 중이었다. 아내 하이디와 함께 버지니아주 페어팩스에서 딸의 유치원 첫날 등원을 책임져야 하는 중대한 임무였다.

키가 185센티미터인 파딘스키는 유치원 오리엔테이션에 참석하기 위해 작고 귀여운 플라스틱 의자에 최선을 다해 몸을 웅크려 앉았다.

"저는 의자에 어떻게든 앉아 있으려고 애쓰고 있었습니다. 그때 보조 선생님 한 분이 제 어깨를 두드리더니 말하더군요. 직장에 전화해보셔야 할 것 같다고요."

파딘스키가 백악관에서 일한다는 사실을 알고 있던 보조 선생님이 세계무역센터에 항공기가 충돌했다는 소식을 들은 것이다.

파딘스키는 벌떡 일어나 바로 주차장으로 향했고, 그때 호출기가 울렸다. 동료 선임 당직 요원이었던 롭 하르기스의 호출이었다.

"모두 즉시 상황실로 투입될 준비를 하라는 내용이었습니다. 혹시 백악관에 대한 위협이 있을 시에는 작전계획지속성에 따라 상황실 대체 장소로 이동한다는 내용도 포함되어 있었죠."

파딘스키는 차에 올라타자마자 라디오를 켜고 상황실로 전화를 걸었다. 전화를 받은 당직자는 비행기 두 대가 세계무역센터에 충돌했고, 이는 테러 공격이 확실하다고 했다.

파딘스키가 확인하려고 한 내용은 그게 다였다. 그는 유치원에 있는 아내와 딸을 모두 데리고 나와 차에 태우고 160킬로미터의 속도로 페어팩스카운티 파크웨이 고속도로를 질주해 귀가했다. 집에 가족을 내려주고는 미 해군 제복으로 갈아입었다. 그리고 다시 95번 고속도로로 차를 몰았다. 오전 9시 37분, 파딘스키가 워싱턴을 향해 달려가던 그 순간, 아메리칸항공 77편이 펜타곤을 향해 나선을 그리며 하강하더니 그대로 펜타곤 건물로 돌진해 충돌했다.

파딘스키는 상황실에 다시 전화를 걸어 하르기스와 통화했다.

"그때 정확히 무슨 말을 했는지는 기억나지 않습니다만, 비행기들이 실종되었다는 내용을 들었습니다."

하르기스는 파딘스키에게 백악관으로 오지 말라고 지시했다. 납치된 비행기가 백악관으로 향할지도 모르는 상황이었기 때문이다. 하르기스는 "다른 장소에 상황실을 새로 구축해야 할 필요가 있을지도 모른다"라고 말했다. 이는 상황실과 그곳에 있는 모든 사람이 오늘 오전 중으로 모두 공격당해 사라질 수도 있다는 내용을 놀랍도록 냉정하게 표현한 말이었다.

그 후 30여 분 동안 파딘스키는 백악관에서 충분한 거리를 유지한 채 차로 주변을 천천히 돌았다. 경찰과 국가방위군이 급히 곳곳에 검문소를 설치하면서 워싱턴 D.C.는 봉쇄되었다. 오전 10시가 막 지날 무렵, 유나이티드항공 93편이 펜실베이니아주 섕크스빌 근교에 추락하자 파딘스키는 결단을 내렸다. 그는 바로 상황실로 향했다. 검문소에 다다랐을 때 파딘스키는 백악관 복무 배지에 그려진 백악관 앞 잔디밭 일립스를 가리키며 말했다.

"이곳으로 가야합니다."

파딘스키가 백악관에 도착했을 때는 이미 오전 9시 45분에 내려진 대피 명령으로 백악관 내 인원이 모두 대피 완료한 상태였다(미국 국회의사당은 그 후 30분 안에 대피 명령이 떨어졌다). 하지만 상황실에는 대피를 거부한 충직한 당직 요원들과 직원들이 남아 있었다. 그중 많은 이들이 파딘스키처럼 그날 근무일이 아님에도 불구하고 기어코 달려온 요원들이었다.

9월 11일 집에서 휴식을 취하던 해병대 장교 밥 슈버트 역시 뉴스를 보자마자 바로 상황실로 향했다. 도시가 봉쇄되었다는 사실을 알고 있었기 때문에 차 대신 자전거를 타고 백악관을 향해 미친 듯이 페달을 밟았다. 워싱턴 기념탑 근처에서 경찰이 밥을 멈춰세웠을 때 밥은 신분증을 보여줬고, 경찰차 호위를 받으며 자전거로 백악관에 도착할 수 있었다.

하르기스는 당시 상황을 다음과 같이 기억했다.

"웨스트게이트 비밀경호국에서 걸려온 전화를 받았습니다. '롭, 여기 지금 밥 슈버트가 왔습니다. 출입 허가하겠습니까?'라고 묻더군요. 저는 바로 들여보내라고 했죠. 밥은 비밀경호국 사람들에게 '여기 내 자전거 그냥 놔두고 가도 도난당하지 않도록 지켜줄 건가요?'라고 말하더군요."

불타고 있는 세계무역센터로 달려드는 뉴욕 소방관들처럼 상황실 근무자들은 백악관으로 속속 모여들었다. 하지만 사람들이 자꾸 모여들자, 하르기스는 두 가지 가능성에 대해 걱정하기 시작했다.

"하나는 우리가 근무를 마친 후 교대해줄 사람이 없다는 점이었습니다. 다른 하나는, 혹시 우리가 공격당한다면, 상황실을 다른 장소에 재배치할 사람이 없다는 거였죠."

백악관에 대피 명령이 떨어지고 나서 3분 후, 비밀경호국 직원들이 찾아와 상황실 문밖에 있는 인터폰으로 다음과 같이 말했다.

"우리 모두 대피합니다. 여러분도 떠나셔야 합니다."

하르기스는 인터폰으로 "알았다고 대답하고는 상황실 사람들 모두 자기가 맡은 일로 돌아갔다"라고 당시 상황을 기억했다. 아무도 상황실을 떠날 생각이 없었다.

다시 몇 분 후, 마침 그날 아침 뉴욕에 머물고 있던 스티브 비건 NSC

사무국장이 상황실로 전화를 걸어왔다.

"이봐요, 백악관에서 모두 대피했다고 들었는데, 당신들은 왜 아직 거기 있는 겁니까? 백악관이 다음 목표일 수도 있습니다."

하긴스는 비건에게 대답했다.

"우리는 대피할 수 없습니다. 우리가 떠나면 대통령에게 실시간으로 긴급 정보를 전달하기 힘들어질 겁니다."

어떠한 상황에서도 백악관의 정교한 통신망을 지킬 수 있는 체계가 완비되어 있었지만, 테러 공격은 예상 시나리오에 없었다.

인터뷰를 통해 하르기스는 다음과 같이 밝혔다.

"그날 있었던 많은 문제 중에서도 이 문제는 잘 알려지지 않았어요. 대통령의 통신망은 대통령이 어디에 있든지 대통령과 꼭 연결되도록 설계되어 있었습니다. 그리고 상황실이 바고 그 통신망의 핵심 접속점이었죠. 만약 대통령이 에어포스원에 탑승 중이라면, 상황실에서는 UHF 무전기와 전화로 대통령과 연결을 유지합니다."

마찬가지로 만약 대통령이 백악관 이스트윙 아래에 구축된 지하 벙커인 대통령 긴급상황실PEOC로 이동한다면 상황실은 "2만 평이 넘는 백악관에 설치해둔 모든 회선을 통해 대통령과 연결을 유지"한다.

하르기스에 따르면 통신 문제가 여기서 발생했다.

"촘촘하게 갖춰진 전체 통신망에 빠진 부분이 어딘지 아시겠습니까? 바로 지하 벙커와 대통령 전용기 사이의 연결입니다. 왜냐하면 둘 다 대통령이 있을 곳인데, 대통령이 본인한테 연락할 일이 뭐가 있겠습니까?"

9.11 테러가 발생하기 전까지 아무도 대통령은 에어포스원에 있고 나머지 대부분 보좌관은 PEOC에 남아 있는 상황을 상상조차 하지 못했다. 딕 체니 부통령, 콘돌리자 라이스 국가안보 보좌관, 캐런 휴스 백악관 고문을 비롯한 많은 이들이 PEOC에 있었다. 만약 상황실 인력이 모두 철수하면, 대통령과 PEOC는 직접 통신을 할 수 없는 상황이었다.

하지만 스티브 비건은 포기하지 않았다. 상황실에 여러 차례 전화해서 계속 대피하도록 재촉했다. 결국 하르기스가 답답한 마음에 단호하게 말했다.

"이렇게 합시다. 여기 모든 사람에게 대피하라고 말하겠습니다.' 그리고 저는 뒤돌아서 말했죠. '자, 여러분. 우리에게 대피 명령이 떨어졌습니다.' 순간 상황실에 2, 3초간 정적이 흘렀어요. 사람들은 서로를 쳐다보다가 저를 바라보더군요. 그리고 아무 일없다는 듯 자기 할 일로 돌아갔습니다. 저는 다시 수화기에 대고 말했습니다. '스티브, 모두에게 대피하라고 명령 내렸습니다. 나중에 다시 이야기합시다.'"

에드 파딘스키가 상황실에 도착했을 때쯤 프랭크 밀러 국방정책 담당 선임 국장도 상황실로 들어오고 있었다. 밀러 역시 모든 직원에게 신속하게 대피하도록 다그쳤다. 지금 상황에 납치된 비행기가 백악관과 충돌해 모두가 잿더미로 변하는 일은 시간문제라고 생각했기 때문이다. 파딘스키는 당시 상황을 바다 위 교전 용어를 사용해 가며 묘사했다.

"저는 해군 출신입니다. 그날은 전투배치 명령이 떨어진 그런 상황이었습니다. 우리가 싸워야 할 자리는 바로 그곳, 상황실이었습니다. 대통령, 라이스 보좌관, NSC 모두에게 상황실이 필요했기에 저희는 위험을 감수하기로 했어요."

결국 상황실 건물 안에 남은 스무 명 남짓 되는 사람 중 아무도 꿈쩍할 생각이 없다는 것을 깨달은 밀러는 방침을 바꿨다.

"좋아. 그렇다면 여러분의 이름과 사회보장번호를 남기도록 합시다. 후에 시신 확인은 할 수 있어야 하는 거 아닙니까."

밀러는 하르기스에게 메모장과 펜을 건냈다. 모든 사람이 하나하나 자신의 신상 정보를 남겼다.

파딘스키는 이 모든 상황에 입이 떡 벌어졌다고 했다. 하지만 하르기스는 그렇게 느끼지 않았다.

"그렇게 대단하고 극적인 상황은 아니었습니다. 아주 절제된 분위기였습니다."

그때 상황실에서 호들갑 떠는 사람은 아무도 없었다. 밀러는 남은 사람들의 신상이 적힌 메모를 상황실 보조로 근무하고 있던 해군 지원병에게 건넸다. 그리고 목록을 문서로 작성해서 CIA와 에어포스원을 포함한 여러 감시 팀에 보안 팩스로 전송하도록 명령했다. 이 목록은 백악관이 공격당할 시 상황실에서 사망할 사람의 정보였고, 후에 '사망자 명단dead list'으로 알려지게 된다.

상황실 직원들 외에도 대피를 거부했던 사람들이 있었다. 백악관 비서실장 사무실에 근무 중이던 여성 두 명도 다른 모든 백악관 직원이 대피하는 동안 자신의 자리에 남아 있겠다고 했다. 그리고 상황실 바로 옆 백악관 구내식당에 파견 근무 중이던 해군들 역시 대피 명령을 따르지 않았다. 파딘스키는 구내식당에 근무 중이던 해군 상사와 알고 지내던 사이였다.

"제가 해군 출신이라서 구내식당에 근무하던 해군 상사와 친했습니다. 정말 맛있는 텍스멕스 감자튀김을 만들어주던 친구였습니다. 그래서 그 친구를 찾아가서 말했죠. '상사님, 웨스트윙 직원들은 전부 대피했다고 합니다. 여기 근무자들도 얼른 대피하세요.' 그랬더니 그 친구가 '그럼 담당관님은 어떻게 하십니까?'라고 묻더군요. 우리는 여기 남을 거라고 답했어요. 그 해군 상사는 '뭐라도 드시면서 일하셔야 하지 않습니까? 뭐 드시고 싶으십니까?'라고 말하더니 바로 요리를 시작했고 상황실로 음식을 배달해줬습니다."

*

상황실장인 데버라 로어 해군 대령은 9월 11일 아침 백악관에 없었다. 그녀는 부시 대통령과 플로리다주 사라소타에 있었다.

대통령은 어딜 가든 항상 NSC 참모진에 포함되는 NSC 사무국장, 사무차장, 상황실장 중 한 명과 함께 움직였다. 그날은 마침 상황실장이 대통령과 함께하고 있었고, 롭 하르기스는 이를 "3분의 1 확률의 행운"이었다고 표현했다. 대통령은 지역 초등학교에 방문해 2학년 학생들에게 책을 읽어주는 일정을 소화하고 있었다.

로어는 당시 상황을 다음과 같이 회상했다.

"호텔에서 (CIA 분석가) 마이크 모렐과 함께 대통령에게 브리핑을 마친 후, 우리는 바로 이동 차량에 올라탔습니다. 오전 8시 48분, 에마 E. 부커 초등학교로 가던 길에 전화가 울렸습니다."

상황실에 있던 하르기스에게서 걸려온 전화였다. 하르기스의 전화 통화 내용은 간결했다.

"데버라, 방금 들어온 소식입니다. 그리고 뉴스에서도 확인했습니다. 8시 46분에 항공기가 세계무역센터와 충돌했습니다."

로어는 "알고 있는 내용을 모두 알려주세요"라고 말했다. 로어는 소식을 들은 순간에 크게 동요하지 않았다고 했다.

"우리는 그런 종류의 소식을 늘 접합니다. 비행기가 큰 건물에 충돌하는 그런 이야기들 말입니다."

하르기스는 아직 파일럿, 항공기, 사고 순간의 기상 상황 등과 관련한 정보를 모르고 있었다.

"그래서 저는 그 소식을 들었을 때 '그래서 뭐?'라고 생각했습니다."

하지만 로어는 초등학교에 모여 있는 취재진이 대통령에게 사고 관련 질문을 할 수도 있다는 사실을 깨달았다. 그래서 차량이 모두 학교에 도착하자마자 바로 자신이 타고 있던 통제 차량에서 뛰어내려 대통령이 탄 리무진으로 달려갔다. 앤드루 카드 비서실장과 대통령은 로어에게서 소식을 들은 후 학교로 향했다.

백악관 소속 기술 전문가들은 학교에 미리 통신실을 구축해두었다. 로어는 곧장 그곳으로 가서 통신 보안 상태를 점검했다. 모든 준비 상황을 확인한 로어는 기술 전문가들에게 "티브이 하나 설치해주시겠어요?" 하고 부탁했다. 로어는 당시 상황을 다음과 같이 기억했다.

"처음에는 모두 제가 미친 게 아닌가 하고 쳐다보기만 하더군요. 그래서 한 번 더 말했습니다. '얼른 티브이 찾아오세요.'"

그때가 오전 9시였다. 대통령은 교실로 가는 길에 통신실을 지나갔고, 로어는 그 뒤를 따라가며 교실이 어떻게 꾸며져 있는지 슬쩍 고개를 내밀어 살폈다. 로어는 여전히 비행기 충돌이 단순한 사고인지 아닌지 몰랐지만, 모든 상황에 대비해 준비해야 했다. 그녀는 당시 모습을 다음과 같이 기억했다.

"그때 교실 한쪽을 올려다보니 티브이가 있었어요. 저는 '티브이 켜서 CNN 틀어주세요'라고 부탁했죠."

로어는 보안전화로 상황실의 롭 하르기스에게 전화를 걸었다.

"그때 롭이 속이 울렁거릴 만한 보고를 했습니다. '데버라, 사고 당시 기상 상황은 아주 좋았습니다. 충돌한 비행기는 여객기였고 파일럿에게는 아무 문제 없었습니다. 여객기가 건물로 바로 돌진하면서 사고가 발생했습니다.' 보고를 듣고 있는데 심장이 멈춰 버리는 기분이었죠."

로어는 보고 내용을 받아 적었다. **상황이 좋지 않군**. 그리고 상황실에서 CNN을 보고 있던 하르기스와 전화 연결을 계속 유지한 채로 지금 무슨 일이 일어나고 있는 것인지 알아내기 위해 머리를 맞댔다.

롭 하르기스는 그 후로 일어난 일들을 다음과 같이 설명했다.

"상황실에서도 티브이로 무슨 일인지 확인하면서 로어 대령과 통화를 이어갔습니다."

하르기스는 CNN을 통해 항공기가 세계무역센터를 향해 돌진하는 영상을 봤다. 그리고 로어에게 말했다.

"잠깐만요. 영상을 다시 보여주네요."

그런데 그 순간 뉴스 화면 구석에 '생방송'이라는 단어가 보였다.

"90초 정도 영상을 보고 있다가 깨달았습니다. 첫 번째 건물은 이미 불타고 있었고, 제가 보고 있는 장면은 두 번째 비행기가 화면을 가로질러 날아오는 순간이라는 걸요."

항공기는 세계무역센터 사우스타워를 들이박은 후 무시무시한 화염을 내뿜으며 폭발했다.

생방송을 보던 로어가 탄식했다.

"이게 무슨…."

하르기스가 수화기를 통해 말했다.

"대령님, 두 번째 항공기가 두 번째 타워를 들이받았습니다. 미국이 공격당하고 있습니다."

로어는 당시 감정을 다음과 같이 풀어냈다.

"'세상에'라는 말 밖에 나오지 않는 순간이었습니다. 저는 수화기에 대고 말했죠. '롭, 일단 끊어야겠어요.' 롭도 저와 동시에 말했습니다. '일단 끊어야겠어요.' 우리 둘 다 수화기를 내려놓았습니다. 왜냐하면 우리 모두 이제 무슨 일을 해야 하는지 알게 되었으니까요."

로어는 부시 대통령과 동행 시 꼭 지켜야 하는 기본 규칙 두 개를 잘 알고 있었다. 대통령은 절대 시간을 어기지 않는다. 그리고 절대 방해받지 않는다. 하지만 지금은 그런 규칙을 지킬 수 있는 상황이 아니었다. 로어는 교실 문 앞에 서 있던 비밀경호국 경호원에게 다가갔다.

"경호원이 '아니오. 절대 대통령을 방해할 수 없습니다'라는 표정을 지어 보이더군요. 저는 티브이를 가리켰습니다. 그리고 말했죠. '저거 보세요. 지금 들어가겠습니다.' 경호원은 바로 '네, 알겠습니다'라고 대답하고는 문을 열어줬습니다."

교실 문을 지나가던 순간을 로어는 다음과 같이 기억했다.

"대통령은 제가 교실로 들어가는 모습을 봤습니다. 교실 문에서 대통령이 앉아 있던 곳까지는 약 5미터 정도 떨어져 있었죠. 대통령은 바로 심각한 일이 있다는 것을 눈치챘습니다."

로어는 부시 대통령과 여러 차례 동행한 경험이 있었다.

"대통령도 제가 단순히 참견하러 들어올 만한 사람이 아니라는 것을 알고 있었습니다. 저는 곧장 앤드루 카드에게 다가가서 무슨 일이 일어나고 있는지 귓속말로 보고했습니다. '두 번째 항공기가 세계무역센터 두 번째 타워와 충돌했습니다. 미국이 공격당하고 있습니다'라고 바로 말했죠."

로어는 당시 느낌을 다음과 같이 떠올렸다.

"방금 내가 무슨 말을 했는지 스스로도 실감 나지 않았어요. 그냥 머리에서 나오는 대로 말할 뿐이었습니다. 지금 이런 일이 일어나고 있다고 말이죠. 앤드루는 제 말을 듣고도 그냥 저를 쳐다보고 있었습니다. 그래서 한 번 더 말해줬습니다."

카드는 같은 이야기를 두 번 듣고 나서야 로어가 무슨 말을 하고 있는지 이해하는 듯했다. 이야기를 전해 들은 카드는 대통령이 있는 곳으로 걸어가서 몸을 숙이고 귓속말로 상황을 전달했다.

카드가 대통령에게 귓속말하는 모습을 담은 사진은 그가 속삭인 말과 함께 유명해졌다.

"두 번째 비행기가 두 번째 타워와 충돌했습니다. 미국이 공격받고 있습니다."

하지만 대부분 사람이 그 말을 가장 먼저 한 사람이 상황실의 롭 하르기스였다는 사실은 잘 모른다. 롭 하르기스의 말이 데버라 로어, 앤드루 카드, 그리고 대통령에게까지 차례대로 전달된 것이었다.

*

두 번째 비행기가 충돌할 때 콘돌리자 라이스 국가안보 보좌관은 상황실 구역 내에 있었다. 그날 오전 라이스는 평소처럼 전 세계가 돌아가는 상황을 NSC 직원에게 보고 받으며 업무를 보고 있었다. 그때 보좌관 한 명이 라이스에게 메모를 전달했고, 라이스는 곧바로 미국이 공격받고 있음을 깨달았다.

그날을 라이스는 다음과 같이 기억했다.

"상황실 뒤편에 모든 통신 장비가 설치된 사무실이 하나 있습니다. 저는 바로 그곳으로 가서 당시 페루에 있던 콜린 파월에게 전화를 걸었습니다. (CIA 국장) 조지 테닛에게도 전화했는데, 그는 이미 벙커에 들어가 있더군요. 도널드 럼즈펠드에게 건 전화는 신호음만 울릴 뿐이었습니다."

오전 9시 40분쯤, 라이스는 우연히 그녀 뒤에 있던 티브이로 눈길을 돌렸다. 그리고 비행기가 펜타곤으로 돌진하는 장면을 보았다. 럼즈펠드는 살아 있을까? 아니면 지금 펜타곤의 한편을 집어삼킨 저 화염 속에 있는 걸까? 더 생각할 겨를도 없이 곧바로 비밀경호국 경호원들이 들이닥쳐 라이스를 사무실 밖으로 거칠게 밀어냈다.

"저는 정말 공중에 붕 뜬 채로 끌려나갔습니다. 저를 들어 올려 밀어내더군요. 정말 혼란스러웠습니다."

경호원들은 라이스를 최대한 빨리 PEOC 벙커로 데려가는 임무를 수행 중이었다. 하지만 라이스가 경호원들을 멈춰세웠다. 라이스는 당시 상황을 다음과 같이 기억했다.

"상황실 밖에 전화가 하나 있습니다. 제가 '잠깐만요! 지금 바로 대통령과 통화해야 합니다'라고 말하고 상황실 밖에 있는 전화로 대통령에게 전화를 걸었어요. 그리고 말했죠. 돌아오시면 안 된다고요. 지금 미국이 공격당하고 있다고요."

바깥세상은 혼돈에 빠져 있었지만, 상황실 직원들은 차분하게 자신의 자리를 지키면서 속속 들어오는 정보를 체계적으로 정리했다. 하르기스는 다음과 같이 말했다.

"상황실 직원들은 모두 자신의 임무를 정확히 수행했습니다. 우리는 즉각적으로 반응했습니다. 우리는 공격 받고 있다. 우리는 무엇을 해야 하는가? 백악관 누구에게 연락해야 하는가? … 아무도 허둥대지 않았고, '우리 가족에게 전화해야 해'라고 하는 사람도 아무도 없었습니다."

하르기스는 잠깐 여유가 생길 때마다 상황실에 있는 직원들의 배우자에게 전화해 모두 안전하게 잘 있으며, 오늘 퇴근이 좀 늦어질지도 모르겠다고 알렸다.

나는 상황실 직원들이 평소 어떤 훈련을 받았길래 극한의 상황에서도 그렇게 침착하게 행동할 수 있었는지 하르기스에게 물었다.

"저는 평소 상황실 팀과 함께 '근육 기억'을 형성하기 위한 훈련을 많이 했습니다. 프로 운동선수들을 생각해보세요. 부상을 당하거나 고통을 느껴도 끝까지 결승선을 통과합니다. 마음속 떠오르는 감정이나 의심을 '내가 맡은 일은 해야 한다'라는 마음가짐과 따로 분리하도록 훈련받았기 때문이죠."

하르기스는 멤콘 작성처럼 따분한 일상 업무를 언급하며 씁쓸하게 덧붙였다.

"상황실 직원들이 이곳에서 맡은 업무는 명확합니다. 평소에는 손가락 두 개로 대통령의 전화 통화 대화를 기록하는 데 집중하지만, 지금 맡은 이 업무는 절대 실패할 수 없는 일이었습니다."

국가안보 부보좌관 스티브 해들리는 상황이 전개되는 동안 상황실 여러 구역에서 서로 다른 팀이 일하고 있었다고 기억했다.

"리처드 클라크는 뒤쪽 사무실에서 대테러 작전 실무진을 이끌었습니다. 그리고 본회의실에서는 제가 NSC 직원들을 소집해 대응 전략의 다양한 측면을 검토했습니다. 그때 비행기 한 대가 워싱턴을 향해 날아오고 있으며, OEOB의 모든 인력이 대피했다는 소식을 들었습니다."

하지만 상황실 당직 요원들처럼 NSC 직원들 역시 대피하지 않기로 결정했다.

"우리 모두 **대통령을 위해서** 우리가 여기 남아서 임무를 계속 수행해야 한다고 생각했습니다."

약 5분 후에 콘돌리자 라이스가 해들리에게 전화해 당장 PEOC로 오라고 했다. 보안을 유지하기 위해 PEOC 문이 곧 닫힐 예정이었다.

해들리는 수화기를 통해 라이스에게 전했다.

"갈 수 없습니다. 우리는 이곳에 남아서 위험을 감수하기로 결정 내렸습니다. … 저 혼자만 안전한 벙커로 갈 수 없습니다. 우리 병사들에게 그런 상관이 될 수 없습니다."

라이스는 "그런 것보다 당신이 이곳에 와서 해야 할 일이 있어요"라고 답했다. 해들리는 상황실 자리를 떠나 이스트윙으로 서둘러 이동했다.

드루 로버츠는 PEOC 벙커를 지하 잠수함 같다고 묘사했다.

"그 아래는 항상 이상한 냄새가 났어요. 해군 친구가 말하길, 함선에서 맡을 수 있는 냄새라고 했어요. 사방이 금속으로 되어 있으면 그런 냄새가 난다고 하더군요."

PEOC 벙커의 문이 닫히고 나면 아무도 들어갈 수 없었다.

해들리는 제시간에 PEOC에 도착했다. 회의실 크기의 공간은 이미 사람들로 가득 차 있었다. 그날 PEOC에는 체니, 라이스, 휴스를 비롯해 메리 마탈린 대통령 고문, 조시 볼턴 비서실 부실장, 노먼 미네타 교통부 장관, 로라 부시 여사, 린 체니 부통령 부인 등이 경호원 및 소수의 직원과 함께 대피해 있었다. 로라 부시 여사는 벙커로 가기 위해 복도를 지나가는 길에 본 "낡은 타일 바닥, 파이프와 전선이 여기저기 매달려 있는 천장"을 잊지 못했다.

조시 볼턴은 벙커 안의 상황을 다음과 같이 기억했다.

"사람들이 계속 들어왔습니다. 그러자 경비를 맡고 있던 병사가 저에게 와서 말하더군요. '지금 사람이 너무 많습니다. 산소가 부족할 것 같습니다. 애초에 이렇게 많은 사람에게 산소를 공급할 수 있도록 설계된 공간이 아니라서요.' 그리고 그 말을 듣고 있는 순간에 저는 실제로 호흡곤란을 느끼고 있었죠."

여객기가 백악관에 충돌한다면 그 충격을 견딜 수 있는 유일한 장소는 백악관 지하 깊숙이 지어진 PEOC 벙커였다. 납치된 비행기가 백악관으로 향하고 있을지도 모르는 상황에서 누군가를 PEOC 밖으로 내보내는 일은 사형선고와 다름없었다. 볼턴은 당시 책임질 사람이 필요했다고 말했다.

"누군가는 해야 할 일이었습니다. 경비를 맡고 있는 사람이 그런 일을 할 수는 없었습니다. 그렇다고 부통령에게 부탁할 수도 없었죠. 그래서 결국 제가 책임자가 되기로 했습니다."

나는 재난 상황에서 안전한 공간에 있는 사람에게 어떻게 나가 달라고 말하냐고 물었다. 볼턴은 "다정하게 말하면 되죠"라고 답했다.

그날 PEOC에는 부족한 산소 외에도 큰 문제가 있었다.

라이스는 PEOC 안에서의 통신도 문제였다고 했다.

"9.11 테러로 알게 된 사실 중 하나는 상황실 통신 체계가 완벽하지 않다는 것이었습니다. PEOC에 도착하고 보니, 티브이를 켠 상태에서는 상황실과 통신을 할 수 없더군요. 하나를 사용하려면 다른 하나를 꺼야 했어요. (그리고) 에어포스원과의 통신 상태도 엉망이었죠."

9.11 테러 이후 몇 주, 몇 달에 걸쳐 수많은 정보가 쏟아져나왔지만, 그날의 혼돈과 혼란스러움은 쉽게 잊혔다. 얼마나 많은 비행기가 납치되었는지 모른다는 유언비어가 퍼지기도 했고, 국무부가 폭탄테러를 당했다는 보도도 나왔다. 롭 하르기스는 상황실에서 EEOB가 불타고 있냐는 확인 전화까지 받았다. 하르기스는 당직 요원 존 셔먼에게 해당 사실 확인을 부탁했고, 셔먼은 자신의 책상에서 일어나 창문을 통해 건물 밖을 확인했다.

"글쎄요, 불이 난 게 맞다면, 그렇게 심한 화재는 아닌 듯합니다."

모든 사람이 정보에 목말라 있었다. 하지만 통신망이 원활하게 작동하지 않는 상황이 지휘 체계 전반에 큰 걸림돌이 되었다. 볼턴은 당시 상황을 다음과 같이 기억했다.

"부통령은 굉장히 화가 나 있었습니다. 이전에는 부통령이 화내는 모습을 거의 본 적이 없었습니다. 딱 한 번 전화기를 세게 내려치면서 욕하는 장면을 본 게 다였습니다."

미국 본토가 공격당한 순간, 대통령과 부통령은 계속 단절되어 있었다. 볼턴은 계속 끊기는 전화 연결이 벙커 쪽 문제였는지, 에어포스원 쪽 문제였는지 알 수 없었다.

"하지만 정말 답답한 상황인 점은 확실했습니다."

나는 게리 브레스나한에게 9.11 테러 당시 통신 상태가 어땠는지 물었다.

"사람들이 모두 할 수 있는 게 아무것도 없다면서 불평하고 투덜댔어요. 하지만 저는 계속 이렇게 말했죠. '그래도 연결은 되었잖아요.' 그 사람들도 결국 해야 할 일은 어찌 되었든 다 해냈어요."

브레스나한은 9.11 당시 접수된 민원들 덕분에 상황실을 대대적으로 개편할 수 있었음을 인정했다. "서비스를 제공해야 하는 사람으로서 불만을 자주 접하기는 하지만" 그렇다고 여기저기서 터져나오는 불만을 듣는 게 기분 좋은 일은 아니었다.

"대통령은 모든 게 엉망진창이고 하나도 되는 게 없다고 말했습니다. 그런데 사실 모두 제대로 작동했어요. 대통령은 그냥 본인이 이곳에 없었기 때문에 답답했던 겁니다."

모든 사람이 그 점에는 동의한다. 그 순간 대통령은 그 누구보다도 워싱턴 D. C.에 있기를 바랐다.

*

9월 11일 이른 아침, 알카에다가 공격을 시작하기 전에 이미 비밀경호국 소속 경호원들이 대통령을 목표로 하는 위협 가능성에 대한 신빙성 있는 정보가 있다고 데버라 로어에게 전달했다. 그래서 항공기 두 대가 세계무역센터와 충돌한 순간에 대통령 측은 이미 최고 경계 태세를 갖춘 상태였다. 세계무역센터 다음 목표는 대통령일까? 아무도 확신할 수 없었다. 그리고 더 많은 정보가 쏟아져들어올수록 상황은 명확해지기보다는 점점 혼란스러워졌다.

로어는 혼돈의 근원을 다음과 같이 설명했다.

"전 세계에서 가장 정확하게 정보를 처리할 수 있는 곳이 바로 상황실입니다. 하지만 그때는 비밀경호국, 정부, 지역 경찰, 우리가 사라소타에 있는 동안 동행한 사람들 등 온갖 주체들로부터 정보가 쏟아져들어왔어요."

심지어 에어포스원이 이륙할 예정인 활주로 끝부분에 정체를 알 수 없는 사람들이 서 있다는 이야기까지 보고되었다.

"그래서 저희는 정체를 알 수 없는 사람들이 지상에서 대통령 전용기를 격추할 수 있는 휴대용 미사일MANPADS를 가지고 있는 것은 아닐까 하고 추측하기까지 했습니다."

이는 데버라 로어의 경력 중 가장 극적이었던 순간으로 이어졌다. 데버라는 다른 일행과 함께 에어포스원에 탑승했고, 사람들이 자리에 앉아 안전벨트를 맬 때 그녀는 대통령 옆에 서서 현재까지 상황을 브리핑했다. 그때까지는 활주로 끝에서 기다리고 있을지도 모를 위협에 관해서 전혀 알지 못한 상태였다. 하지만 에어포스원의 조종사 마크 틸먼 대령은 알고 있었다. 틸먼은 위협에서 벗어나기 위해 최대한 빨리 가장 높은 지점까지 비행기를 이륙시키는 방법을 선택했다.

로어는 당시 비행 경험을 다음과 같이 묘사했다.

"앞쪽 문이 닫히자마자 비행기가 움직이더군요. 엔진이 굉음을 내더니 비행기 안에 있는 모든 게 흔들렸습니다. 대통령과 저는 서로를 쳐다봤습니다. 직원용 좌석으로 돌아가서 안전벨트를 매기에는 이미 늦었다는 것을 직감할 수 있었죠."

그렇게 비행기는 이륙하자마자 하늘로 솟구쳐 올랐다. 부시의 고문이었던 칼 로브는 기장이 비행기를 수직으로 세워버려서 롤러코스터를 타는 기분이었다고 회상했다.

로어는 넘어지지 않으려고 바닥으로 몸을 낮춘 채로 한쪽 발은 대통령의 책상 위에 두고 등은 책장에 기댔다. 에어포스원이 하늘로 치솟자 무중력 상태가 되었다.

"대통령이 손을 제 앞으로 뻗었습니다. 저는 공중으로 떠올랐고, 대통령은 저를 붙잡았죠."

자동차가 갑자기 멈춰 설 때 부모가 아이를 보호하듯이 부시는 로어를 팔로 감싸안고 튕겨나가지 않도록 보호했다.

"그 극적이었던 순간 덕분에 조지 W. 부시와 저는 평생 잊히지 않을 유대감을 형성하게 되었어요."

몇 분 만에 비행기는 고도 3만 피트에 도달했고, 곧이어 고도 4만 5000피트를 유지하며 순항하기 시작했다. 정신을 차린 로어는 자기 자리로 돌아갔다. 그녀는 놀란 마음을 전혀 내색하지 않았다. 비행기에서 받은 충격을 뒤로한 채 해야 할 일에 집중해야 했다. 로어가 해야 할 일은 대통령이 원하는 사람과 통신할 수 있도록 연결하는 일이었다.

"저는 대통령이 백악관, 상황실, PEOC와 소통할 수 있도록 통신연결을 해야 했습니다. 그래서 항공기 내 통신 장비가 있는 곳을 백악관 NSC 권한으로 접수했죠."

로어는 비행기에 함께 탑승해 있는 다른 사람들도 통신 장비 사용을 원한다는 사실을 알고 있었지만, 외부와 연결하려는 모든 시도를 의도적으로 차단했다.

"비행기에 타고 있던 군 간부 중 한 명은 X가 잘 있는지 확인하고 싶어 했고, 또 다른 사람은 Y가 어떻게 되었는지 확인하고 싶어 하는 그런 상

9.11 테러 당시 상황실장 데버라 로어는 부시 대통령 일정에 동행 중이었다. 사진은 에어 포스원에서 촬영된 모습이다(촬영: 에릭 드레이퍼, 조지 W. 부시 대통령 도서관 제공).

황이었습니다. 하지만 그 순간 모든 통신회선은 오로지 대통령만을 위해서 사용할 수 있도록 통제했습니다."

브레스나한과 마찬가지로 로어도 그날 통신이 원활하게 잘 연결되었다고 기억하고 있었다.

"통신연결에는 아무 문제 없었습니다. 에어포스원에 탑승 중이던 대통령은 부통령을 포함해 누구든 원하는 사람과 통화할 수 있었습니다. 통신 자체는 문제가 아니었죠."

로어가 에어포스원에서 가장 먼저 연결한 사람은 PEOC에 있는 딕 체니 부통령과 라이스 국무장관이었다. 로어는 당시 통화를 다음과 같이 기억했다.

"대통령, 부통령, 국무장관은 9시 37분에 펜타곤이 공격당했다는 내용을 시작으로 긴 대화를 나눴습니다. 저희는 펜타곤이 공격당했다는 소식을 하늘에서 처음 접했습니다."

펜타곤 관련 새로운 정보 및 아직 총 몇 대의 비행기가 사라졌는지 알 수 없다는 점을 고려해 부시 대통령은 그날 대부분 시간을 워싱턴 D. C. 밖에 머무르기로 했다.

로어는 당시 에어포스원 내부에서 있었던 이야기를 들려줬다.

"저, 앤드루 카드, 군 보좌관이 모여서 어디로 가야 할지 논의했습니다. 저는 네브래스카주에 있는 오펏 공군기지를 추천했습니다. 또 다른 방안으로 비행기를 최대한 오랜 시간 공중에 띄워놓자는 말도 나왔습니다. 에어포스원은 공중급유를 할 수 있었기 때문에 충분히 실행 가능한 대안이었습니다."

논의가 오가는 동안 비행기는 약 25분을 공중에서 선회했다. 결국 부시 대통령이 루이지애나주 북서부 지역에 있는 박스데일 공군기지에 착륙해서 성명을 발표했으면 한다는 의사를 밝혔다.

박스데일 공군기지에서 로어는 과거 펜타곤에서 함께 근무했던 커티스 베드키라는 장교를 발견했다.

"저는 대통령께 메모를 전달할 일이 생길 때를 대비해서 늘 증명사진 크기의 메모지를 들고 다녔습니다. 커티스를 본 순간 저는 바로 메모지 한 장을 써서 그에게 건네줬습니다. '커티스, 우리 부모님께 전화해서 내가 무사히 잘 있는 걸 직접 확인했다고 전달 좀 해줄 수 있겠어요?'라고 부탁했죠. 왜냐하면 그때 제는 이제 어떡하지? 앞으로 두 시간은 또 어디로 가야 하는 걸까?라는 혼란에 가득 차 있었거든요."

베드키는 기꺼이 로어의 부모님께 전화를 드리겠다고 했다.

로어는 그 찰나의 개인적 순간을 제외하고는 그날 하루 종일 자신의 임무에 집중했다.

*

한편 상황실에서는 당직 요원들이 각국 정부와 지도자에게서 걸려오는 전화를 받느라 아주 분주하게 움직이고 있었다. 에드 파딘스키는 당시 정상들에게서 걸려온 전화만 50여 통을 받았다고 기억했다. 보통은 다른 나라의 참모진이 자기 나라 지도자와 미국 대통령의 전화 연결을 요청하는 형식으로 업무가 진행되지만, 9월 11일은 평범한 날이 아니었다.

"제가 받은 전화의 절반쯤은 실제 국가 지도자가 직접 걸어온 전화였습니다."

파딘스키는 국가 정상들과 직접 통화를 하게 되어 너무 놀랐다고 했다.

"제가 국가 정상들과 사람 대 사람으로 통화를 했습니다. 그들은 위로의 말을 건넸습니다. 그리고 '우리나라에서 지원할 수 있는 게 있다면 무엇이든 말해달라. 당장 필요한 게 뭐냐?'라고 묻더군요. '저는 상황실에서 근무하는 해군 대위입니다. 다시 연락드리도록 하겠습니다'라고 대답할 수밖에 없었습니다."

롭 하르기스도 그날 받은 전화 중 기억에 남는 통화가 있다고 말했다.

"전화벨이 울리는데 발신자를 확인해보니 '다우닝가 10번지'였습니다.

그래서 영국 쪽에서 위로 인사 겸, 도와줄 일은 없는지 물어보려고 전화했다고 생각했죠. 그날 수도 없이 많은 전화를 받았지만, 단 한 건도 미국 대통령에게 바로 연결하지 않았습니다. 대신 대부분 전화를 PEOC에 있는 라이스 보좌관에게로 돌렸습니다."

하르기스는 전화를 받았다.

"저는 수화기를 들고 '여기는 상황실 롭입니다'라고 말했죠. 그러자 상대편이 '롭, 여기는 다우닝가 10번지에 있는 닉입니다'라고 하더군요. 저는 '총리가 대통령과 대화하길 원하나요? 지금은 연결해드리기 어렵습니다'라고 대답했습니다. 그랬더니 그쪽에서 '아닙니다. 여기 다우닝가 10번지에 있는 우리 모두 무슨 일이 일어나고 있는지 보고 있습니다. 그저 여러분 편에 함께 서 있다는 말을 꼭 해드리고 싶어서 전화했습니다'라고 말했습니다."

하지만, 그날 가장 인상 깊었던 대화는 단연 콘돌리자 라이스와 블라디미르 푸틴의 전화 통화였다. PEOC에 대피해 있던 라이스는 문득 러시아 측에 전화해봐야겠다고 생각했다. 그 이유를 라이스는 다음과 같이 설명했다.

"'경계 태세 악순환'이라고 하죠. 한쪽이 경계를 강화하면, 다른 쪽도 따라서 경계를 강화합니다. 우리가 위협에 대비하는 수위를 높이면 의도적이지 않게 전 세계적으로 불안정한 상황이 만들어질 수 있는 겁니다."

라이스는 그런 상황을 미연에 방지하고 싶었다.

전화를 걸면서 라이스는 보좌관이 받을 것이라고 예상했지만 푸틴이 직접 수화기를 들었다. 푸틴은 안 그래도 부시 대통령과 통화하려 했다고 말했고, 라이스는 대통령이 안전한 장소로 이동 중이라고 답했다.

"저는 푸틴에게 '대통령님, 미군은 경계 태세를 강화하고 있습니다'라고 말했습니다. 푸틴은 '알고 있습니다. 러시아는 경계 태세를 늦추고 예정된 군사훈련도 취소할 생각입니다'라고 하더군요."

레이건 암살 미수 사건이 발생했을 때, 혼란을 틈타 소련 잠수함이 미국 해안 근처까지 이동해왔던 과거와는 아주 다른 상황이었다. 러시아는 의도적으로 한발 물러서 있었다. 라이스는 당시 상황을 다음과 같이 해석했다.

"러시아는 무슨 일이 일어나고 있는지 제대로 파악하고 있었습니다. 푸틴은 의심을 살 만한 어떠한 행동도 하지 않겠다는 점을 우리에게 알리고 싶어 했죠."

푸틴의 대응 방식은 신중하고 침착했으며 협조적이기까지 했다. 러시아 전문가이자 러시아어에도 능통했던 라이스는 다음과 같이 생각하며 안도할 정도였다.

'냉전이 정말 끝났구나.'

미국과 러시아의 관계가 다시 원점으로 돌아가 서로 으르렁거리게 될 20년 후의 상황은 당시 라이스에게는 상상조차 할 수 없는 일이었다.

*

에어포스원에 탄 대통령은 네브래스카주에 있는 오펏 공군기지를 두 번이나 경유한 후에야 메릴랜드주에 있는 앤드루스 공군기지에 도착할 수 있었다. 오후 6시 54분, 대통령은 백악관으로 돌아왔다. 데버라 로어는 바로 상황실로 향했고, 상황실을 지키고 있던 사람들을 보았다. 로어는 상황실 팀이 자랑스러웠다.

두 번째 항공기가 세계무역센터와 충돌했을 때 상황실 모든 인원에게 대피 명령이 내려졌다는 사실을 로어는 그때 처음 알았다. 당시 팀원들의 모습을 떠올리자 로어의 감정이 북받쳤다.

"소방관들이 자신의 자리를 지켰듯이, 상황실의 제 팀원들은 끝까지 자기 자리를 지켜줬습니다. 저와 계속 소통했고 정보를 전달했습니다. … 상황실에 도착하기 전까지 저는 부실장과 계속 통화했고, 부실장은 저에게 상황실 직원들 모두 임무 수행 중이라고 말해줬죠. 하지만 대피 명령이 여러 번 내려졌다는 말은 한 번도 하지 않았습니다."

상황실에 남아 있던 팀원들은 이미 열 시간이 넘는 동안 최악의 상황에 대응해야 하는 압박감을 있는 그대로 느껴가며 임무를 수행하고 있었다. 로어가 아무리 퇴근하라고 말해도 아무도 듣지 않았다.

"그날 저녁 저는 강제로 제 상황실 팀원들을 집에 보냈습니다. 상황실은 하루 24시간 쉬는 날 없이 운영되어야 하므로 정신 말짱한 직원들이 필요했거든요. 그리고 이번에는 아주 길게 이어질 싸움에 대비해야 하기도 했고요."

게리 브레스나한도 상황실을 쉽게 떠나지 못한 인물 중 하나였다. 테러 공격이 시작된 순간 브레스나한은 집에서 잔디를 깎고 있었다. 그는 오전이 반쯤 지났을 무렵, '사망자 명단'이 작성된 직후 백악관에 도착했다.

"그래서 제 이름은 그 명단에 없었습니다. 하마터면 무명용사로 남을 뻔했어요."

브레스나한은 조금 늦게 상황실에 합류했지만, 누구보다 오래 상황실에 남아 있었다. 정확히 사흘간이었다.

"잠은 상황실 뒤편 회의실 바닥에서 잤습니다. 리처드 클라크가 제게 퇴근하라고 했어요. 하지만 그럴 수 없었습니다. … 상황실의 모든 기계는 제 책임입니다. 하나라도 작동하지 않는다면, 제가 바로 나서야 했어요."

브레스나한은 아무렇지도 않은 듯 덧붙였다.

"그리고 전에도 거기서 자봤어요."

데버라 로어는 자정이 넘어서야 퇴근해 자기 아파트로 갔다. 로어는 순전히 아드레날린의 힘으로 오전 8시 48분부터 쉬지 않고 달릴 수 있었다. 엇갈리는 정보를 걸러냈고, 위협의 순간들을 파악했으며, 진주만 이후 미국 본토에서 발생한 최악의 위기 속에서 대통령의 통신연결을 책임졌다. 그날 로어가 맡은 임무는 "대통령에게 정보를 전달하는 일"뿐 아니라 "대통령과 대통령직 자체를 지키는 일"이었다.

"처음에는 '미국 정부가 공격당하고 있다'라는 생각으로 시작했지만, 이는 곧 '미국의 대통령직을 지켜야 한다'라는 인식으로까지 일이 커졌습니다. 그날 우리는 그만큼 중요하고 심각한 일을 해냈습니다."

집에 도착한 로어는 비로소 하루 동안 무슨 일이 일어났는지 곱씹어볼 수 있었다. 그리고 하루를 다시 한번 되돌아보던 그 순간이 가장 가슴 아픈 때였다고 로어는 기억했다.

"백악관에서 제가 살고 있는 버지니아주 크리스털시티까지 차를 얻어 타고 왔습니다. 저는 9층에 살아요. 집에서는 펜타곤이 보이죠. 집에 도착해서 발코니로 나가봤습니다. … 저는 화염에 휩싸인 펜타곤을 마주하며 서 있었습니다."

로어는 주황색으로 활활 타오르는 불길을 보았다. 연기, 고열에 녹고 있는 금속, 잿더미의 매캐한 냄새도 맡을 수 있었다.

"저는 그제야 깨달았어요. 내가 알고 있는 사람들, 육군과 해군 지휘본부에서 함께 일했던 사람들이 죽었다는 사실을요."

로어는 세계무역센터와 섕크스빌에서 죽은 이들도 떠올렸다.

"그날 집에서 보낸 그 몇 분이 제 생애 가장 고통스러운 시간이었던 것 같습니다."

로어 외에도 펜타곤의 파괴된 구역에서 근무했던 상황실 직원이 또 있었다. 에드 파딘스키는 불과 넉 달 전까지만 해도 펜타곤에서 정보 요원으로 근무했다.

"제가 2001년 4월까지 함께 일했던 팀원들이 모두 9.11 테러로 목숨을 잃었습니다. 그중에는 제 가장 친한 친구도 있었고, 제 자리를 넘겨받은 동료도 있었어요."

파딘스키는 그 후 몇 주 동안 펜타곤에서 함께 일했던 동료들의 장례식 여덟 건에 참석해야 했다.

파딘스키가 아내와 딸을 차에 태우고 페어팩스카운티 파크웨이 고속도로를 질주하던 그날, 아내가 파딘스키에게 물었다.

"도대체 누가 이런 짓을 한 거야?"

파딘스키는 조금의 망설임도 없이 대답했다.

9장 "우리는 이곳에서 싸운다"

"알카에다 소행이 분명해."

9.11 테러 공격이 발생하기 전까지 대부분 미국인은 오사마 빈라덴이 이끄는 테러단체에 대해 모르고 있었다. 하지만 파딘스키는 전 세계에 이 정도 규모의 공격을 감행할 수 있는 단체가 몇 개 없다는 사실을 알고 있었다. '우리가 뭘 놓친 거지?'라는 생각이 파딘스키의 머릿속을 떠나지 않았다.

"정보기관 관계자 중에서도 군사 분야를 담당하는 사람들 사이에는 이런 말이 있습니다. '정보 수집에는 성공이란 없다.' 오로지 작전 성공과 정보 수집 실패만 있을 뿐입니다."

파딘스키는 이 말을 신입 요원들에게도 해준다. 이미 일어난 일에 집착하지 말고 여전히 도사리고 있는 위협에 집중하는 것이 중요하다는 점을 강조하기 위해서다. 과거에서 교훈을 얻어 미래를 대비해야 한다.

테러 공격이 발생하고 몇 주, 몇 달이 지나는 동안 파딘스키는 알카에다가 자신의 조국, 동료, 친구들에게 무슨 짓을 저질렀는지에 집착하지 않으려 애썼다. 10여 년 후, 전혀 예상하지 못한 방식으로 오사마 빈라덴을 다시 마주하겠지만, 그때 파딘스키는 만반의 준비가 되어 있을 것이었다.

*

9월 12일 이른 아침, 데버라 로어가 아파트 발코니에 서서 불타고 있는 펜타곤을 멍하니 바라보고 있을 때, 리처드 클라크는 상황실에서 나와 집으로 향하고 있었다. 샤워도 하고 옷도 갈아입어야 했기 때문이다. 클라크는 약 한 시간 만에 상황실로 돌아오면서 웬만한 사람은 함부로 백악관에 가지고 출입할 수 없는 물건 하나를 가지고 왔다. 바로 357 매그넘 권총이었다. 클라크는 그 후 며칠 동안 권총을 허리에 찬 채로 상황실 회의를 주재했다.

"이상하게 들리겠지만, 9.11 테러 훨씬 전, 클린턴 정부 시절에 빈라덴이

저를 청부 살해하려 한다는 첩보를 입수한 적이 있었습니다."

그때는 그 위협을 심각하게 받아들이지 않았다. 하지만 클린턴은 달랐다. 클린턴은 비밀경호국에 클라크를 밀착 경호하도록 명령했다.

"하지만 저는 주위 시선을 너무 끄는 그런 경호를 원하지 않았습니다. 그래서 좀 더 수위를 낮추자고 비밀경호국과 타협점을 찾아봤습니다. 그들의 해결책은 저에게 권총을 지급하는 것이었죠. 정말 최악의 해결 방법이었습니다. 제 사격 실력은 정말 꽝이거든요. 그리고 저는 총을 좋아하지 않아요. 하지만 밀착 경호에서 벗어날 수 있는 유일한 방법은 제가 권총을 지니고 다니는 것뿐이었어요."

클라크는 백악관 배지에 빨간 점이 찍혀 있는 몇 안 되는 사람 중 하나다. 배지에 찍힌 빨간 점은 백악관 내부에서도 무장할 수 있음을 의미했다. 클라크가 9.11 테러가 발생한 직후부터 다시 권총을 가지고 상황실로 출근해야겠다고 마음먹은 이유는 하나였다.

"알카에다 조직원이 백악관 담을 넘어 침입해온다고 해도 전혀 놀랍지 않은 상황이었으니까요."

9월 12일의 해가 떴다. 모든 게 다르게 느껴졌다. 집에서 잠깐 눈을 붙인 후 다시 상황실로 돌아온 데버라 로어는 분위기가 확 달라졌음을 느낄 수 있었다.

"9월 10일 저녁에는 상상할 수 없던 긴장감이 맴돌고 있었습니다."

로어는 오전에 있을 NSC 회의를 팀원들과 함께 준비해야 했기 때문에 새벽 6시에 상황실에 도착했다.

"우리 팀은 청소 도구를 챙겨 회의실로 모였습니다. 걸레, 행주 등을 가지고 회의실 테이블과 의자 구석구석을 모두 닦았습니다. 커피가 충분한지도 확인했죠. 회의실의 모든 것을 점검하고 또 확인했어요."

단순히 깨끗한 회의실 환경을 만들기 위한 준비가 아니었다.

"사실 저는 생물학적 세균전까지 염두에 두고 있었어요."

알카에다가 비행기만 납치해서 공격 수단으로 활용하고 있는 것인지

9장 "우리는 이곳에서 싸운다"

조차 아무도 확신하지 못하던 때였다. 클라크는 침입자에 대비해 총을 준비했고, 로어는 세균전에 대비해 소독제를 준비했다. 불안감이 가득했던 2001년 9월, 딕 체니 부통령은 캠프데이비드에 머물러야 했고, 백악관은 극도의 긴장 상태에 놓여 있었다. 탄저균이 든 편지가 정부와 언론으로 배달되어 다섯 명이 숨지는 일도 발생했다.

NSC는 매일 상황실이나 백악관 집무실에 모여 회의를 열었다. 로어와 그녀의 팀원들은 몇 주 동안이나 매일 아침 상황실을 소독해야 했다.

"저만큼 겁에 질리지 않았던 사람들도 있었겠죠. 하지만 저는 대통령의 안전을 확실하게 보장해야 했습니다. 지금은 전시 상황과 다름없다고 대통령이 여러 번에 걸쳐 직접 강조하기도 했고요."

부시 정부는 9.11 테러 이전 몇 달 동안 이어진 위협 경고에 주의를 기울이지 않았다. 테러 공격이 발생한 후 며칠 동안 조지 W. 부시가 수행하는 대통령직에 큰 변화가 있었다. 9월 11일 밤, 백악관에서 짧게 발표한 성명에서 대통령은 다음과 같이 선언했다.

"이 악랄한 행위를 한 자들을 찾기 위한 수색이 시작되었습니다. 우리 정보기관과 법 집행기관에 총동원령을 내려 책임자들을 모두 찾아 정의의 심판을 받도록 할 것입니다. 우리는 이 테러를 자행한 테러리스트들과 그들을 숨겨주는 자들을 똑같은 적으로 취급할 것입니다."

다음 날, 정부는 테러 공격을 '전쟁 행위'라고 공식 선언하며 중앙아시아와 중동지역에 군대를 파병하기 위한 근거를 마련했다. 그 주에 상황실을 비롯해 여러 곳에서 열린 일련의 회의를 통해 부시 정부는 전시 태세에 돌입했다. 의회는 대통령이 테러 공격을 감행한 적들에 대응해 '적절하고 필요하다고 여겨지는 모든 무력'을 사용할 수 있도록 승인했다.

이라크와 아프가니스탄에서 벌어진 전쟁에 관해서는 이미 수많은 책에서 상세하게 다루고 있다. 9.11 테러가 발생한 지 한 달도 안 된 시점에 미군은 알카에다 세력을 숨겨줬다고 알려진 아프가니스탄을 침공했다. 2003년 3월에는 대통령이 이라크로 미군을 보내도록 명령했고, 이는 이때까지의 대테러 방침보다 더 큰 논란을 불러일으켰다. ABC 방송에서 나는 도널드 럼즈펠드 국방장관과 이라크의 상황에 관해 날 선 인터뷰를 여러 차례 진행했다. 그중 한번은 럼즈펠드가 전쟁 비용이 500억 달러도 들지 않을 것이라고 주장한 적이 있다. 또 한번은 정부가 사담 후세인이 대량살상무기를 숨기고 있다는 사실을 알고 있다면서 삿대질하기도 했다. 딕 체니는 미군이 파견되는 곳마다 '해방군으로서 환영받을 것'이라고 단언했다. 하지만 이라크 전쟁이 10년 넘게 지속되면서 미국은 2조 달러 이상의 비용을 감당해야 했으며, 그 어디에서도 대량살상무기를 발견하지 못했다. 심지어 아프가니스탄에서는 20년이 넘는 세월 동안 미군이 전쟁을 이어갔는데, 이는 제1차세계대전, 제2차세계대전, 베트남전쟁을 모두 합친 것보다 더 긴 기간이었다.

테러 공격은 미국인의 삶을 근본적으로 변화시켰다. 9.11 테러 이후 미국인들 마음 한쪽 구석에는 테러리스트의 위협에 대한 공포가 늘 자리 잡고 있다. 미국 교통안전국TSA의 보안 검사, 지하철에서 계속 방송되는 '의심되면 신고하세요' 캠페인, 공공장소에서 쉽게 볼 수 있는 중무장한 경찰 등, '국토 안보'가 미국의 전시 전략의 중요한 부분이 되었다.

CIA는 일주일에 여섯 번씩 부시 대통령에게 '위협 지표'를 보고했다. 부시 대통령은 자신의 회고록에 다음과 같이 썼다.

"9.11 테러 이후 2003년 중반까지 CIA는 매달 평균 400건의 구체적인 위협을 보고했다. 나 역시 9.11 테러를 겪고 몇 달 동안은 한밤중에 갑자기 잠에서 깨는 일이 반복되었다. 낮에 보고 받은 위협들이 떠오를 때마다 불안감에 휩싸였기 때문이었다."

그 당시 미국이 겪은 일련의 사건들을 떠올리며 콘돌리자 라이스는 다음과 같이 말했다.

"가슴 아픈 순간이 너무 많았습니다."

라이스는 특히 10월 중순 부시 대통령, 콜린 파월, 앤드루 카드와 함께 상하이에서 아시아태평양경제협력체 정상회담 참석 중 겪은 일을 떠올렸다. 수행원들이 그곳에 민감특수정보시설sensitive compartmented information facility,

SCIF을 임시로 설치했다. SCIF는 이동형 상황실과 같은 곳이었다. 라이스와 일행은 당시 뉴욕에 있던 딕 체니 부통령과 화상통화를 하기 위해 좁은 SCIF로 모였다.

"부통령이 화면에 등장하자마자 백악관에서 보툴리누스 독소가 발견되었다고 말했습니다. 그리고 우리 모두 그 독소에 노출되었기 때문에 곧 죽을 거라고 말하더군요."

SCIF에 모인 이들은 질병통제본부에서 보툴리누스 독소 의심 물질을 채취해 실험실 쥐를 대상으로 검사가 진행 중이라는 보고를 받았다. 라이스는 바로 스티브 해들리 국가안보 보좌관에게 전화를 걸었다. 해들리는 거친 비유로 상황을 다음과 같이 설명했다.

"쥐들이 뒤집히면, 우리도 끝장입니다. 쥐들이 네 발로 걸어 다닌다면, 우리도 괜찮을 거예요."

결과는 24시간 후에 알 수 있다고 했다. 마냥 기다리기에는 너무나 고통스러운 시간이었다.

다음 날 해들리가 라이스에게 전화를 걸었다.

"쥐들이 네 발로 걸어 다니고 있습니다!"

라이스는 해들리의 메시지를 단어 하나 바꾸지 않고 그대로 대통령에게 전달했다. 그때 대통령은 중국 대표단과의 회의에 참석 중이었다. 콘돌리자 라이스는 당시를 떠올리며 말했다.

"중국 대표단들도 그 말을 통역된 버전으로 들었을 겁니다. 아마 무슨 암호라고 생각했겠죠."

그 순간 느낀 감정은 끊임없는 긴장감과 불안감이 계속되는 극한의 상황 속에서 오랜만에 느껴본 행복감이었다.

나는 라이스에게 진짜 위협과 거짓 위협을 구분하는 일이 얼마나 어려웠는지에 대해 질문했다. 쏟아지는 위협 경고와 잠재적 테러 관련 정보 하나하나에 모두 대응하는 일은 분명 쉽지 않았을 것이다.

"우리는 9.11을 놓쳤잖아요. 그 후로는 위협이 진짜인지 가짜인지는 생각하지 않았습니다."

미국 정부는 작은 경고 하나를 놓쳤을 때 치러야 할 대가가 얼마나 끔찍할 수 있는지 경험으로 깨달았다.

*

9.11 테러 공격이 발생한 후 5년이 지나고 나서야 상황실은 마침내 그렇게나 간절했던 시설 개보수 작업을 진행할 수 있었다. 9.11 당시 발생했던 통신연결 실패가 개보수 작업 시작의 촉매가 되었지만, 부시 대통령은 첫 번째 임기 시작 시점부터 백악관 상황실과 제반 시설을 새롭게 만들겠다는 뜻을 분명히 밝혔다.

2001년 3월, 부시는 캠프데이비드에서 주말을 보내고 있었다. 보통은 헬리콥터로 이동했지만, 그날은 눈보라 때문에 차를 타고 갔다. 조 헤이긴 백악관 부비서실장은 대통령과 다른 차로 대통령 차량 행렬을 따라갔다. 주말이 끝나고 다시 백악관으로 돌아왔을 때, 헤이긴은 부시 대통령이 자신을 기다리고 있는 모습을 보고는 당황했다.

"대통령이 건물 안으로 들어가다 말고 뒤를 돌아보더니 팔짱을 꼈습니다. 좋은 징조는 아니었죠. 그러더니 저와 국방 담당 보좌관을 손가락으로 가리켰습니다. 지목받은 우리는 곧장 대통령과 함께 집무실로 갔습니다."

집무실에서 대통령이 한 말을 헤이긴은 다음과 같이 기억했다.

"대통령은 '이봐, 금요일에 캠프데이비드까지 차를 타고 가는데 두 시간 삼십 분이 걸렸고, 일요일에 다시 백악관으로 돌아오는 데 두 시간이 걸렸어. … 그런데 그 시간 동안 나는 단 한 통의 전화도 걸 수가 없었네!"

대통령은 리무진에서 개인용 휴대전화, 보안전화, 심지어 '최악의 비상사태를 대비한 붉은색 전화기'까지 모든 전화기를 다 시도해봤다고 했다.

"대통령이 직접 다 걸어봤다고 하더군요. 그런데 작동하는 게 하나도 없어서 몹시 화가 난 상황이었습니다. '긴급 상황이라도 닥쳤다면 어떡할 뻔했나? 당장 이 문제를 해결하게'라며 대통령이 저희를 다그쳤습니다."

헤이긴은 백악관 통신국에 대통령과 연결되는 모든 통신시스템을 철저하게 검토하도록 지시했다. 보안 여부와 상관없이 음성, 데이터, 영상 연결 전반을 점검했다. 몇 달에 걸쳐 매우 세밀한 점검이 이루어졌다. 헤이긴은 당시 점검 결과를 보고서로 전달받았다.

"통신시스템과 관련된 예비 보고서가 제 책상에 전달된 게 9월 10일이었습니다. 통신시스템 점검 보고서는 그렇게 제 책상 위에서 9월 11일을 보냈습니다."

9.11 테러 발생 2주 후, 부시 대통령은 다시 헤이긴을 집무실로 호출해 이번에는 딱 한 마디만 전달했다.

"고치게."

9.11 테러를 겪으며 통신시스템의 문제점이 확연히 드러난 만큼 대대적 개편에 필요한 예산 확보는 어렵지 않았다.

상황실 개보수는 2006년까지도 진행되지 않았지만, 통신시스템 업그레이드 작업은 바로 시작되었다. 헤이긴은 2년에 걸쳐 업그레이드된 통신시스템을 2003년 8월 처음으로 실전에서 선보일 수 있었다. 뉴욕시부터 오대호에 이르는 미국 북동부 지역 대부분이 정전 사태로 전력이 마비된 순간, 부시 대통령은 캘리포니아주에 있는 군사기지를 방문 중이었다.

헤이긴은 당시 상황을 다음과 같이 회상했다.

"우리는 대통령에게 새로운 통신시스템이 이미 완전히 작동 중이라고 전달했습니다. 대통령은 믿지 않는 눈치였습니다."

헤이긴은 대통령이 있던 군사기지에서 백악관 상황실로 보안화상통화 연결을 시도했다.

"정말 완벽하게 작동했습니다. 호텔로 돌아가는 길에는 제가 대통령과 같은 리무진에 탔습니다. 차 안에서도 보안 통신연결이 문제없이 이어졌습니다. 대통령의 방에서도 보안화상통화는 계속 이어졌고 단 한 번도 끊기지 않았습니다."

업그레이드된 통신시스템이 통과해야 할 마지막 관문은 에어포스원에서의 연결이었다.

헤긴스는 에어포스원의 새 통신 장비에 대해 다음과 같이 설명했다.

"에어포스원 회의실에도 커다란 스크린을 새로 설치했습니다. 비행기가 활주로를 달리기 시작할 때 저는 숨죽이며 신경을 곤두세웠습니다. 비행기가 이륙할 때 물건이 부서지거나 깨지는 일은 아주 흔하니까요. 하지만 이번에는 달랐습니다. 화면에 줄 하나 생기지 않았습니다. 비행 내내 신호가 아주 안정적으로 잡혔어요. 그제야 저는 대통령이 고치라고 한 문제를 해결했다고 확신했습니다."

헤이긴은 마침내 안도했다. 새로 보수한 통신 장비가 모두 문제없이 작동했다.

"통신 기술은 상황실 운영에 꼭 필요한 핵심 요소였습니다."

그 당시 상황실 보수 작업은 계획 단계에 머물러 있었다.

헤이긴이 '보수의 대부'라고 부른 게리 브레스나한은 진작부터 상황실 개선과 관련한 아이디어를 많이 생각해놓고 있었다. 통신 장비 업그레이드, 보안화상회의시스템 도입, 개인용 휴대전화 감지센서 설치 등, 브레스나한은 큰 계획을 이미 다 머릿속에 그리고 있었던 것이다. 헤이긴은 브레스나한에 대해 다음과 같이 평가했다.

"브레스나한은 이 많은 아이디어를 혼자 고안해냈습니다. 그리고 시공업자들과 함께 일하면서 모든 아이디어를 현실로 구현했죠. 그는 정말 어디서도 본 적 없는 국보급 인재입니다."

하지만 브레스나한이 구상한 상황실을 구축하기 위해서는 상황실과 연결된 시설 전체를 철거해야 했다. 헤이긴은 백악관을 처음 지은 당시 세운 기둥이 드러날 정도로 모든 부분을 철거해야 했다고 설명했다.

"웨스트윙은 원래 지하부터 지붕까지 아트리움 형태의 건물이었어요. … 그리고 로마양식 기둥들이 건물 전체를 지탱하고 있었죠. 벽을 허물었더니 처음에 세운 그 기둥들이 그대로 있었습니다."

건축 유산을 발견한 점은 놀라웠지만, 시공업자들은 우려스러운 부분도 발견했다.

"하루는 공사를 하던 사람들이 저를 찾아와서는 '웨스트윙의 모든 전기 스위치는 1932년에 설치된 겁니다. … 언제 건물 전체가 불타도 이상하지 않은 상황이에요'라고 말하더군요. 공사 인부들이 벽을 뜯어봤더니 이미 새카맣게 탄 전선들이 낡은 천으로 둘둘 싸여 있었습니다. 정말 재앙 수준이었죠."

결국 웨스트윙의 모든 전선을 철거하고 처음부터 다시 시작하기로 결정했다. 헤이긴은 당시 웨스트윙의 상태를 다음과 같이 묘사했다.

"웨스트윙은 그야말로 언제든지 불지옥이 될 수 있는 상태였습니다. 오래된 전선이 벽을 타고 수 킬로미터나 이어져 있었죠. 전선들은 심지어 뜨겁게 달궈져 있었어요. … 그때까지 큰 화재가 한번도 발생하지 않은 것은 정말 천운이었다고밖에 설명할 수 없어요."

더그 루트에 의하면 건물 전체를 철거한 덕분에 얻은 좋은 점은 또 있었다.

"퀴퀴한 곰팡내가 사라졌어요."

상황실이 있던 층은 엄밀히 말하면 지반 위쪽이었지만, 백악관 건물을 기준으로 하면 지하였다. 그래서 상황실의 본회의실에는 창문이 하나도 없었다.

"백악관이 건축된 이후로 상황실 공기는 계속 이곳에서만 순환했다고 보면 됩니다. 그리고 절대 잊어서 안 될 점이 바로 40년 넘게 쌓인 담배 연기죠. … 유령들이 많이 오가는 그런 장소이기도 하고요."

상황실은 개보수공사 덕분에 신선한 공기를 얻을 수 있었다. 하지만 헤이긴의 주목적은 신선한 공기가 아니었다.

"대통령 지원 체계를 21세기에 걸맞게 현대화하는 게 최종 목표였습니다. 상황실의 설계는 케네디 시절 이후로 바뀐 게 없었거든요."

상황실 개보수의 최우선 과제는 최첨단 기술 도입이었고, 이를 위해서는 공간 확장과 효율적인 재배치가 우선되어야 했다.

존 볼턴은 상황실의 변신에 대해 다음과 같이 말했다.

"전반적인 개보수 덕분에 상황실 밖에서의 통신연결 기능이 획기적으로 향상되었습니다. 그리고 상황실 안에도 더 많은 회의실이 생겼습니다. 그전에는 상황실 여기저기에 직원들 책상과 감시 요원 자리가 마구잡이로 배치되어 있었습니다. 상황실은 한 개뿐이었거든요."

새로운 상황실은 규모 면에서 전보다 훨씬 커졌다. 통신 장비 전용 구역, 당직 요원들을 위한 근무 공간, 다양한 크기의 회의실 네 개도 새롭게 구축되었다.

헤이긴은 회의실을 다양한 크기로 만든 데는 이유가 있다고 설명했다.

"대통령이 큰 회의실을 원하지 않을 때도 있습니다. 그리고 백악관에서 열리는 회의에 빈 의자가 보이면 사람들이 어떻게든 거기에 앉아서 참석하고 싶어 합니다. 그래서 저는 소형 회의실과 중형 회의실이 꼭 있어야 한다고 강하게 밀어붙였죠. 회의할 때마다 30명 이상의 사람이 몰리는 일을 방지하고 싶었거든요."

상황실의 다른 공간 역시 세심하게 설계했다고 헤이긴은 덧붙였다.

"벽을 바라보고 근무해야 했던 상황실 요원들 자리를 극장식 배치로 바꿨습니다. 좌석 배열을 길게 두 층으로 해 모두가 앞쪽 큰 스크린을 바라볼 수 있도록 했어요."

당직 요원이 근무하는 구역 바로 옆에는 미닫이문이 있는 중형 회의실을 둬서 회의실 안팎의 요원들이 서로를 볼 수 있도록 했다. 헤이긴은 그 이유를 다음과 같이 설명했다.

"모든 장소가 서로 연결되도록 설계한 이유가 있습니다. 정말 일이 완전히 꼬인 상황에서는 CIA나 국가군사지휘본부와 직접 이야기하고 있는 사람들의 분위기를 살피는 일도 중요하거든요. 모두가 자기 자리에서 자연스럽게 이야기하고 있으면, 회의실 밖에서도 분위기를 파악할 수 있도록 했습니다. 이렇게 설계된 공간은 이때까지 없었어요."

세심하게 설계된 상황실에서는 국가안보 부보좌관이나 국토안보부 보좌관과 같은 고위 참모들도 당직 요원들이 듣고 있는 회의 내용을 실시간으로 듣고, 즉각적으로 정보를 주고받을 수 있었다.

헤이긴을 통해 상황실의 변화된 모습이 어떠했는지 듣다 보니 궁금한 점이 생겼다. 그럼 도대체 이전에는 그런 기능이나 구조 없이 상황실이 어떻게 운영되었던 것일까? 긴급 상황이 발생했을 때 사람들이 서로 소통하고 눈길을 주고받을 수 있는 공간이 필요하다는 점은 너무나 당연한 것 같은데 말이다. 왜 그제야 헤이긴이 처음부터 모든 것을 창조해내야 했을까? 이 질문에 대해 헤이긴은 다음과 같이 답했다.

"제가 다 새롭게 만든 건 아니었어요. 우리는 어떤 상황실을 만들지 고민하는 단계에서 수많은 작전본부를 살펴보았습니다."

업그레이드된 상황실은 사실 펜타곤을 모델로 한 결과물이었다. 덕분에 상황실은 부서마다 각자의 공간이 있지만, 모두 하나로 연결되어 공동으로 작전을 수행할 수 있는 현대적인 공간으로 재탄생했다.

조지 W. 부시 행정부에서 국토안보부 부보좌관으로 역임했던 톰 보서트는 당시 상황실에 셀 수 없이 많은 기술적 혁신이 일어났다고 했다. 보안 화상회의시스템이 구축된 사무실이 두 개에서 다섯 개로 늘어났다. 덕분에 부시 대통령은 정기적으로 세계 정상들과 화상통화를 할 수 있었다. 에어포스원과 언제든지 연결될 수 있는 보안화상전화시스템, 여러 대의 대형 평면 티브이, 암호화된 디지털팩스 기계, 투명에서 불투명 유리로 바뀔 수 있는 사생활 보호용 창문도 상황실에 새롭게 설치되었으며, 깡통에 소리 지르는 듯했던 아날로그 전화 대신 인터넷 전화VoIP 선도 도입되었다.

보서트는 상황실에 일어난 변화를 더 자랑했다.

"우리는 드디어 현대적인 인터넷 세상으로 진입했습니다. 최첨단의 표준을 우리가 만들었어요. … 장관들이 상황실에서 회의를 마친 후 '이거 정말 멋지군. 나도 이런 시스템을 가지고 싶네. 이렇게 멋진 전화가 제대로 작동하다니!'라고 감탄했습니다."

상황실은 처음으로 할리우드 영화 속 미래형 작전지휘본부와 비슷해 보이기 시작했다.

상황실 개보수공사는 5개월 정도 걸렸다. 일급 기밀 보안 인가를 받은 계약 업체 직원들만이 공사에 투입되었다. 나는 조 헤이긴에게 공사 비용을 물어봤다. 헤이긴은 공사 비용에 관해서는 전혀 모른다고 답했다. 헤이긴이 맡은 일은 예산이 문제가 되는 종류의 프로젝트가 아니었다. 특히 9.11 테러 직후였기 때문에 정치색을 떠나 모두가 이 공사를 지지하고 있었다.

*

임기 마지막 해, 부시는 조시 볼턴 보좌관을 따로 불러 다음과 같이 말했다.

"이번 정권 이양은 완벽해야 합니다. 국가가 위협을 받는 상황에서 진행되는 현대사 최초의 정권 이양입니다."

9.11 공격 이후 백악관에는 늘 테러 위협의 그림자가 드리워져 있었다. 부시의 말은 실제 앞을 내다본 듯했다.

2008년 11월 버락 오바마가 당선되고 난 뒤 몇 주 후, 미국 정보기관은 소말리아 출신 테러리스트들이 대통령 취임식에서 테러 감행을 계획 중이라는 교신 내용을 포착했다. 볼턴은 당시 정보가 믿을 만했다고 말했다.

"상당히 신빙성 있는 위협이었습니다. 공격 대상은 취임식에 참석한 군중들까지 포함되는 것이었죠."

테러 첩보 덕분에 취임식에서는 이전 행정부와 새로 취임하는 행정부 간의 놀라운 협력 장면이 연출되었다. 특히 두 행정부가 다른 정당 소속이었기에 더 인상적이었다.

그해 12월, 볼턴은 곧 취임할 오바마의 비서실장 람 이매뉴얼을 상황실로 초대해 소말리아 테러리스트들의 계획을 알렸다. 이 회의가 정권 이양 준비 기간 중 열렸던 여러 차례 회의 중 첫 번째였다. 당시 상황을 이매뉴얼은 다음과 같이 말했다.

"매주까지는 아니었지만, 회의를 자주 했던 것은 맞습니다. 우리는 테러 위협이 진짜라고 전적으로 확신했습니다. 대통령 연설문 초안을 준비하면서 모든 사람을 안전한 장소로 대피시키는 계획까지 준비했어요."

이매뉴얼은 데이비드 액설로드 대통령 고문을 불러 테러 공격이 발생할 경우를 대비한 대체 연설문을 작성하도록 했다. 액설로드를 따로 부른 이유는 오바마의 연설문 작성 담당자들이 테러 계획을 알 수 있을 만큼 기밀 보안 인가를 받지 못했기 때문이었다. 취임식 날 오바마가 취임 선서를 하려고 연단에 서기 직전에 이매뉴얼이 대체 연설문을 오바마에게 전달할 계획이었다. 혹시 모를 모든 상황에 대비해야 했기 때문이다.

새 정권의 국가안보 부보좌관 토머스 도닐런은 스티브 해들리, 조시 볼턴과 정권 이양 기간 내내 연락을 주고받았다. 그리고 이때까지 상상할 수 없던 계획을 도닐런, 해들리, 볼턴이 함께 힘을 합쳐 구상했다. 도닐런은 당시 계획에 대해 다음과 같이 말했다.

"퇴임하는 주요 인사들과 백악관으로 새로 들어오는 인사들이 한자리에 모일 수 있도록 계획을 세웠습니다. 당시 보류 중이던 몇 가지 주요 사안들을 함께 논의할 수 있는 자리를 마련하고자 했죠."

두 정당의 협력을 끌어내는 이런 모임은 역사상 전례가 없던 일이었다. 이는 양측 행정부 모두 국가에 대한 위협을 얼마나 심각하게 받아들이고 있었는지 단적으로 보여주는 예다. 양측 인사들은 본회의실에 모여 서로 마주 보며 앉았다. 퇴임 측 인사들은 자신들이 생각하기에 가장 중요하다고 여겨지는 사안들을 오바마 측 인사들에게 전달했다.

취임식 당일 아침, 부시 대통령과 영부인은 오바마 대통령과 그 가족을 모두 초대해 다과를 대접했다. 볼턴과 이매뉴얼도 그 자리에 함께했다. 하지만 두 사람은 커피 몇 모금만 마신 후 곧장 상황실로 내려가 테러 위협과 관련한 상황을 점검했다. 상황실에는 부시 행정부의 국토안보부 보좌관 마이클 처토프와 오바마 행정부의 국토안보부 보좌관 재닛 나폴리타노가 함께 보안 영상을 통해 상황을 살피고 있었다.

케빈 두네이는 2007년 11월부터 상황실장으로 근무했다. 그는 새 행정부에서도 자리를 유지하게 된 웨스트윙의 몇 안 되는 인사였다. 그 덕분에 두네이는 그날 하루 종일 온전히 자신이 맡은 일에 집중할 수 있었다.

"자리에 남아 있어야 한다고 저에게 말한 사람은 아무도 없었습니다. 그렇다고 떠나라고 말한 사람도 없었죠. 상황실의 일은 그런 식으로 진행됩니다."

반면에 부시 행정부의 고위 관리 중에는 취임식 당일 잠시 상황실에 들러 업무를 보고 12시 5분이 되자마자 바로 자리를 뜬 사람도 있었다. 두네이도 그 사람을 기억하며 웃음을 터뜨렸다.

"그 사람은 웨스트윙에서 빠져나가더니 운동복 차림으로 달려가버리더군요."

정오 취임 선서 시간이 다가오자 모두 긴장했다며 두네이는 당시 상황을 떠올렸다.

"오바마 행정부의 국가안보 담당자들과 고위 참모들이 상황실로 직접 와서 취임식을 봤습니다. 저도 매우 긴장한 상태였습니다. 사람들이 오고 가는 그 순간이 취임식에서는 보안상 가장 취약한 시점이거든요. 저 사람들이 통신 장비는 제대로 갖추고 있는가? 12시 5분에 무슨 일이 생기면 어떻게 대응할 것인가? 저는 모든 상황에 대비해 예비책을 가지고 있어야 했고, 또 그 예비책이 잘못된 경우를 대비해 또 다른 예비책도 생각하고 있어야 했습니다."

다행히 취임식은 아무 문제 없이 순조롭게 진행되었다. 오바마가 취임 선서를 마치고 부시 행정부 소속 직원들은 상황실에서 빠져나갔다. 동시에 오바마 행정부 직원들이 업무를 이어받아 시작했다. 두네이는 그 순간을 "실행 모드에 돌입"했다고 표현했다. 갑자기 다른 정당 소속의 새 대통령을 보좌해야 하고, 처음 본 새로운 팀과 일하게 되어 어색하지는 않았을까? 내 질문에 두네이는 다음과 같이 답했다.

9장 "우리는 이곳에서 싸운다"

"제 임무는 모든 사람이 각자 맡은 업무를 성공적으로 수행하도록 돕는 것입니다. 저는 사람들의 정치 성향에는 전혀 관심이 없습니다. 모두 인간이라는 점과 새로운 상사 앞에서 일을 망치고 싶어 하는 사람은 없다는 점은 동일합니다. 저는 그저 제 팀원들에게 각자 맡은 일을 성공적으로 수행할 수 있는 환경을 만들어주면 됩니다."

두네이는 그가 맡은 임무와 상황실에서 근무하는 모든 사람이 해야 할 일을 네 단어로 완벽하게 요약했다.

"우리는 대통령직의 수행을 지원합니다."

10장

걷는 남자

밸러리 재럿은 더 이상 참을 수 없었다.

　백악관 선임 고문이었던 재럿은 거친 시카고 정치판에서 경력을 쌓았고, 그곳에서 젊은 변호사 미셸 오바마의 멘토가 되었다. 재럿은 참모보다는 가족이라는 단어가 더 어울릴 정도로 오바마 부부와 끈끈한 사이였고, 그 강한 유대감은 그녀가 가진 영향력의 원천이 되었다. 재럿은 대통령 부부의 개인적인 이익을 지키기 위한 일이라면 거침없이 나섰다. 그런 재럿의 모습이 오바마의 두 번째 임기 중 상황실에서 열린 한 회의에서 여실히 드러났다.

　2012년 9월부터 2013년 9월까지 상황실 선임 실장으로 재직한 래리 파이퍼가 그날 회의에 참석해 있었다. 파이퍼는 그날 회의에서 오갔던 이야기 중에 크게 특별한 점은 찾아볼 수 없었다고 기억했다. 회의 주제는 백악관 웨스트윙의 보수공사였고, 그 이유는 국가안보를 위해 필요하다는 것이었다. 당시 상황을 파이퍼는 다음과 같이 떠올렸다.

　"자세한 내용은 기억나지 않습니다. 큰 폭탄이 17번가에 떨어진다면 웨스트윙이 산산조각 날 거라는 말이 나왔습니다. 웨스트윙 건물은 시어도어 루스벨트 대통령 시절에 엉성하게 지었던 건물이었습니다. 그 후로 보강된 적이 없다고 알고 있습니다. 그래서 지금까지 보안상 취약한 채로 남아 있던 거죠."

대규모 보수공사는 조지 H. W. 부시 대통령 시절부터 수십 년간 논의되었다. 나와 함께 클린턴 행정부에서 일한 적 있는 리처드 클라크가 웨스트윙 보수공사에 대해 다음과 같이 설명했다.

"부시 행정부는 보수공사와 관련해 모든 계획을 세웠고, 두 번째 임기 때 실행에 옮기려 했습니다. 그러다 시간이 흘러 지금에까지 이르렀고, 공사가 이제 와서야 실제로 진행될 거라는 이야기를 우리 행정부 사람들은 아무도 모르고 있었습니다. 저는 게리 브레스나한을 통해 들었어요. 그리고 앤서니 레이크에게 가서 '웨스트윙을 폐쇄할 거라는 데 알고 있었어요?'라고 물었습니다. 레이크는 '제정신이냐?'라고 반문하더군요."

사정은 이랬다. 백악관 집무실에 입성한 대통령 중, 그곳에 들어오자마자 밖으로 쫓겨나고 싶었던 사람은 아무도 없었던 것이다. 공사가 진행되는 동안만 임시로 다른 곳에 머무르는 조치라 하더라도 달가운 일이 아니었다. 결국 각 행정부는 진작에 해야 했던 일을 조금씩 미뤘다. 조지 H. W. 부시 행정부 때부터 클린턴, 조지 W. 부시, 결국 오바마에게까지 일이 미루어졌다. 파이퍼는 당시 상황을 다음과 같이 회상했다.

"백악관 군사실은 오바마 대통령에게 웨스트윙을 비워달라고 간절히 요청했습니다. 웨스트윙 전체를 완전히 철거해서 다시 짓기를 희망하고 있었죠. 대테러 작전 수행을 위해 꼭 필요한 조치라면서 말이죠."

보수공사를 시작하기 전, 게리 브레스나한은 백악관 맞은편 EEOB 안에 완전히 새로운 웨스트윙을 구축해놓았다. 그곳에는 백악관 집무실을 완전히 똑같이 그대로 옮겨놓은 공간도 있었다. 브레스나한은 당시 기억을 떠올리며 다음과 같이 말했다.

"웨스트윙 공사가 며칠 안 남은 시점이었기 때문에 웨스트윙 전체를 EEOB에 재현해뒀습니다. 1층과 2층은 웨스트이그제큐티브 대로를 바라보도록 했고, 3층에는 상황실을 그대로 옮겨놓았습니다."

이 시점에 실제 상황실에서 바로 그 회의가 열린 것이다. 모든 게 준비된 상황이었기에 이제 대통령이 공사가 예정된 2년 동안 웨스트윙에서 나가겠다고 동의만 하면 되었다. 파이퍼는 당시 회의 상황을 다음과 같이 기억했다.

"저도 웨스트윙 보수공사 관련 회의에 여러 번 참석했지만, 밸러리 재럿이 그 회의에서 결국 폭발한 거죠. '됐어요. 이제 그만하세요. 우리는 미국 역사상 첫 흑인 대통령을 집무실에서 내보내지 않습니다. 그런 일은 절대 일어나지 않을 겁니다'라고 말하더군요."

재럿이 이 시점에 이의를 제기한 이유는 따로 있었다. 오바마 행정부는 이미 2년에 걸친 백악관 북쪽 정원 노스론 보수공사 때문에 매우 힘든 날들을 견뎌야 했다. 재럿은 다음과 같이 덧붙였다.

"저는 우리 측에서 이미 할 만큼 했다고 생각합니다. 다음 단계는 다음 대통령이 실행에 옮겨야죠."

게다가 최근 진행된 EEOB 보수공사로 방탄 창문과 방탄 문이 설치되었으니, 바로 인근에 있는 웨스트윙도 이전보다 안전해졌다고 재럿은 생각했다. 재럿의 입장에서 웨스트윙 보수공사는 시급한 사안이 아니었다.

재럿은 파이퍼가 인용한 말을 명확하게 인정하지도, 부인하지도 않았다. 하지만 NSC 부보좌관 벤 로즈도 같은 말을 인용하며 다음과 같이 언급했다.

"그 말이 많은 사람의 입에 오르내렸습니다. '첫 흑인 대통령은 나가지 않는다'라면서요."

로즈는 대니얼 그레이 수석 고문조차 EEOB에 만들어진 임시 집무실 사용에 회의적이었다면서 웃었다.

"그레이는 대통령이 EEOB 집무실로 옮긴다면 70년대 시트콤 〈샌퍼드와 아들Sandford and Son〉의 재연 같을 거라고 농담했습니다. 웨스트이그제큐티브 대로를 바라볼 수 있는 방에는 제대로 준비된 것 하나 없이 잡동사니만 가득할 거라면서 말이죠."

결국 오바마 대통령은 8년에 걸친 재임 기간 내내 웨스트윙을 한 번도 비우지 않았다. 한편으로는 잘된 일이었다. 오바마가 웨스트윙에 상주한 덕분에 백악관 사진작가 피트 수자의 상징적인 상황실 사진이 탄생할 수 있었다. 사진 속 오바마 대통령은 둘러앉은 참모진과 군 고위 인사들 옆에서 파키스탄 아보타바드 습격 작전을 지켜보고 있었다. 이 작전 중 오사마 빈 라덴이 사살되었다.

*

사우디아라비아에서 태어난 빈라덴은 긴 수염에 광신적인 성향을 지닌 인물이었다. 알카에다 지도자로 수년 동안 미군의 추적을 피해 숨어 지냈다. 1980년대 후반, 그는 지하드 전사를 양성할 목적으로 아프가니스탄에 훈련 캠프를 세웠다. 빈라덴에게 훈련받은 지하드 전사들은 후에 전 세계적 테러 공격을 감행한다. 1993년에는 세계무역센터 지하 주차장에서 폭탄을 터뜨리며 미국 본토를 공격했고, 5년 후에는 케냐와 탄자니아에 있는 미국대사관에 폭탄테러 공격을 했다. 그렇게 빈라덴은 FBI의 '10대 중대 수배자' 명단에 이름을 올렸다. 2년 후, 알카에다가 예멘 아덴항에서 미 해군 구축함 USS 콜을 공격해 해군 17명이 숨지는 사건이 발생했다. 그리고 2001년, 끔찍한 9.11 테러가 발생한 것이다.

9.11 발생 6일 후, 조지 W. 부시 대통령은 빈라덴을 반드시 찾아내겠다고 맹세하며 펜타곤에서 다음과 같이 말했다.

"우리는 정의가 실현되길 원합니다. 서부 개척 시대에 있을 법한 '사살 또는 생포' 현상수배 전단이 생각나네요."

군 장성들은 2001년 후반 아프가니스탄 토라보라를 공격할 때만 해도 빈라덴을 거의 다 잡았다고 생각했다. 하지만 빈라덴의 행방은 묘연해졌고, 부시 대통령은 결국 남은 임기 7년 동안 빈라덴을 잡겠다는 약속을 지키지 못했다. 버락 오바마 역시 대통령 선거에 출마하면서부터 생포든 사살이든 빈라덴을 찾아내는 일을 외교정책의 핵심 공약으로 내세우며 강경한 태도를 보였다.

첫 번째 임기 초반에 오바마는 빈라덴 수색에 박차를 가했다. 2009년 3월 26일, 오바마는 상황실에서 회의를 마친 뒤 리언 패네타 CIA 국장, 마이클 라이터 국가대테러본부NCTC 수장, 토머스 도닐런 국가안보 부보좌관, 람 이매뉴얼 백악관 비서실장을 가리키며 말했다.

"당신, 당신, 당신, 당신. 위층에서 봅시다."

지목된 사람들은 상황실을 나와 뒤편 계단을 통해 집무실로 올라갔다. 오바마는 그곳에서 네 사람에게 다음과 같이 지시했다.

"일이 진척되는 상황을 30일마다 보고서로 제출하도록 하세요."

나는 마이클 라이터에게 당시 회의가 어떠했는지 물었다. 라이터는 웃으며 말했다.

"람은 늘 그렇듯 아주 확실하게 말했습니다. '당장 가서 그 자식을 찾아내! 반드시 찾아내!'라고요. 여러 회의가 있었는데 그중 마이클 디앤드리아가 했던 말이 가장 인상 깊었습니다. 마이클은 CIA의 대테러본부 책임자였고, 보통은 농담을 잘하지 않는 그런 사람이었습니다. 그런데 한번은 회의를 마치고 나오는데 저에게 말하더군요. '마이클, 저 사람들한테 말 좀 해주세요. 우리가 빈라덴을 왜 그렇게 못 잡고 있는지요. 왜냐하면 **빈라덴이 지금 숨어 있잖아요**.'"

오바마의 지시로 수색 작전은 더욱 강화되었다. 라이터는 당시 작전 진행 상황을 다음과 같이 기억했다.

"NSA, NGA(국가지리정보국), CIA, NCTC, FBI에서 분석가 수백 명이 모든 정보를 샅샅이 뒤졌습니다."

그렇게 정리된 모든 정보는 상황실로 흘러들어왔고, 상황실 요원들은 그중 대통령에게 보고할 만한 정보를 선별했다. 라이터는 쉽지 않았던 그때 임무를 떠올렸다.

"헛된 희망을 하나하나 확인하는 작업도, 효과 없는 모든 작전을 다 해보는 과정도 모두 의미가 있었습니다. '빈라덴은 저기 있다!'라고 말하는 사람을 쫓아가면 마법처럼 빈라덴을 잡을 수 있는 게 아니었으니까요. 세상은 그렇게 돌아가지 않죠. 선택지를 하나하나 지워가며 좁혀나가야 했습니다."

패네타는 매주 CIA 팀이 올리는 보고를 직접 받았다.

"팀원들이 보고서를 들고 오면 저는 빈라덴 수색과 관련해 새로운 소식 다섯 가지를 말해달라고 했습니다."

라이터는 아무리 사소해 보이거나 터무니없어 보이는 아이디어도 함부로 무시할 수 없었다고 회상했다.

"만약 누가 '빈라덴이 7년 전에 방귀 뀐 장소를 찾은 것 같습니다'라고 말했다면, 당장 모든 팀원이 최소 2년은 그 정보에 매달려서 빈라덴의 흔적을 찾아내려고 했을 겁니다. 그 정도로 모두가 빈라덴 추적에 간절했습니다. 보고서 내용이 아무리 말도 안 된다 싶더라도 모두 하나하나 확인했습니다."

CIA가 빈라덴의 심부름꾼으로 의심되는 남성에게 집중하기 시작하면서 임무 진행에 결정적인 전환점이 찾아왔다. 라이터는 당시 "빈라덴이 어떤 방식으로든 외부의 누군가와 소통할 수밖에 없다"라는 결론에 다다랐다고 기억했다. 만약 그 남성이 빈라덴과 바깥세상을 이어주는 통로라면 그는 알카에다 지도자가 있는 장소를 들락날락하고 있을 가능성이 컸다.

CIA는 심부름꾼의 흰색 SUV를 추적하기 시작했다. 그리고 2010년 여름, 마침내 결정적인 단서를 포착하게 된다. 위성사진에 흰색 SUV 차량이 파키스탄 아보타바드의 대형 주택단지로 들어가는 모습이 찍혔다. 아보타바드는 파키스탄의 수도 이슬라마바드 북쪽에 있는 인구 25만 명의 도시였다. 패네타는 차량이 들어간 주택단지에 대해 다음과 같이 설명했다.

"그 지역에 있는 다른 단지보다 크기가 세 배나 컸습니다. 한쪽에는 5미터 정도 되는 벽이 세워져 있었고, 다른 쪽 벽은 4미터 정도였습니다. 그런데

3층 벽은 사방이 5미터인 점이 이상했죠. 3층에서는 빨랫줄도 발견되었습니다. 거기 걸린 옷을 보고 한 가족이 그곳에 살고 있다는 걸 알게 되었고, 몇 명인지도 파악했습니다. 그런데 3층 밖으로 나오는 사람은 아무도 없었습니다."

CIA가 해당 주거 지역을 24시간 감시하기 시작하면서 누군가 정원에서 원을 그리며 계속 걷는 모습이 관찰되었다.

CIA는 정원을 뱅뱅 도는 그 남성을 '걷는 남자'라고 불렀다. 그리고 확신할 수는 없었지만, 그 걷는 남자가 바로 빈라덴이라고 추측했다. 현장에서 DNA를 확보하려는 시도도 있었지만, 결정적인 단서 확보에는 실패했다.

패네타는 당시 상황을 다음과 같이 웃으며 회상했다.

"CIA 팀에게 '망원경이든 카메라든 뭐 좀 줘봐! 얼굴 확인이라도 해보게!'라고 말했던 게 기억납니다. 팀원들은 '담장이 높고 장애물이 있어서 어렵습니다. 제대로 된 사진을 찍을 수가 없습니다'라고 말했습니다. 저는 팀원들에게 '영화에서는 CIA가 이런 일도 문제없이 다 잘하던데!'라고 소리 질렀죠. 결국 확실한 신상을 확보하는 데는 실패했습니다. 대신 다른 정보기관을 동원했죠. 하지만 그 무렵부터는 대통령이 혹시라도 정보가 새어나가 빈라덴을 놓칠까 봐 심히 우려하기 시작했습니다."

빈라덴 추적에 너무 많은 인력이 투입되다 보니 정보 유출에 대한 우려는 늘 존재했다. 결국 상황실에서는 이례적인 조치들이 시행되었다.

당시 상황실에서 작전을 지휘하던 미 해군 제독 카일 코자드는 전례 없는 작전 진행 모습을 다음과 같이 설명했다.

"제가 상황실에서 근무한 2년 동안 비밀리에 진행되는 일이 수도 없이 많았지만, 이 작전은 그중에서도 가장 철저하게 비밀리에 진행되었습니다. 실제 습격 작전이 시작되기 전에 서너 달의 준비 기간이 있었죠. 당시 대테러 작전과 국토안보를 담당하던 존 브레넌 국가안보 부보좌관이 제 사무실로 와서는 그날 늦게 대통령과 아주 민감한 주제로 회의를 했다고 말하더군요. … 그리고 '자네가 몇 가지 해줘야 할 일이 있네'라고 했습니다."

코자드는 이어서 말했다.

"존은 우선 'CIA에서 요원 몇 명이 물건 하나를 가지고 상황실로 올 텐데 비밀경호국의 확인 절차 없이 바로 통과할 수 있도록 해달라'라고 하더군요. 평상시에는 웨스트윙 서쪽에 있는 방문객용 입구를 통해 요원들이 들어옵니다. 그곳에서 상황실 뒤편 본회의실로 통하는 문으로 바로 갈 수 있죠. 그런데 존이 '비밀경호국을 그냥 통과하도록 도운 후에는 평소 하지 않는 몇 가지 조치를 더 부탁하네'라고 하더군요."

코자드는 상황실에 있는 본회의실에 관한 설명을 덧붙였다.

"본회의실은 뒤편 벤치까지 포함하면 40명 정도 들어갈 수 있는 공간입니다. 상황실의 모든 공간에는 카메라와 오디오 시설이 설치되어 있습니다. 존 브레넌은 CIA 요원들과 회의를 진행하는 중에는 카메라를 모두 차단하고 회의실 내부의 소리가 절대 오디오를 통해 밖으로 나가지 않도록 해달라고 요청했습니다."

나는 브레넌이 이전에도 그런 부탁을 한 적이 있는지 코자드에게 질문했다.

"아니요, 단 한 번도 없었습니다. 상황실 근무자들은 누가 상황실 내부로 들어오고 누가 나가는지 꼭 확인합니다. 제 근무 기간 중 그런 부탁은 처음 받아봤어요."

이 회의가 극도로 비밀리에 진행된다는 사실을 확인할 수 있는 또 다른 요청도 있었다. 상황실에서 열리는 회의는 회의 주제와 참석자가 모두 기록에 남지만, 이번 회의는 '민감한 주제의 회의'라고만 기록하라고 브레넌이 특별히 지시했다. 게다가 참석자는 아예 기록에 남기지 않도록 했다. 코자드는 "아주 이례적인 일"이었다고 말했다.

당시 벤 로즈는 뭔가 다르다는 사실을 바로 눈치챘다.

"2011년 초부터 상황실 일정에 올라와 있지 않은 회의들이 열리기 시작했습니다."

나는 로즈에게 혹시 무슨 일이 벌어지고 있는지 알아보려고 시도해봤는지 물었다.

"무슨 일인지 전혀 감도 잡을 수 없었습니다. 제가 그 회의 참석자 중 하나가 아니라는 점도 이미 불쾌하고 당황스러운데, 무슨 일인지 알아보려고 여기저기 묻고 다니면 더 창피해질 것 같았어요. 생일 파티에 초대도 못 받았는데 다른 친구한테 전화해서 '너는 초대 받았어?' 하고 묻지 않잖아요."

그렇다면 코자드가 직접 문을 열어준 CIA 요원들이 가지고 온 물건은 무엇이었을까? 코자드는 당시 자신이 목격한 것을 다음과 같이 묘사했다.

"CIA 사람들은 커다란 물건을 들고 왔습니다. 합판으로 된 접이식 상자처럼 보였습니다. 어릴 때 가지고 놀던 기찻길 놀이 세트 같았어요."

CIA 요원들이 가지고 온 물건은 당연히 기찻길 놀이 세트가 아니었지만, 그 비슷한 것이긴 했다. CIA에서 현재 감시 중인 아보타바드 주택단지 건물들을 정밀하게 축소 재현한 모형이었다.

아보타바드에 있던 오사마 빈라덴의 주택단지 모형은 일급 기밀이었다. 상황실장 카일 코자드가 모형을 가지고 이동하는 CIA 요원들을 직접 상황실로 안내할 정도였다. 코자드도 CIA 요원들이 가지고 온 물건이 무엇이었는지 습격 작전 이후에야 알 수 있었다(촬영: 앤젤라 와이스, 게티이미지).

10장 걷는 남자

"이제 와서 생각해보면, 아보타바드 단지였다고 확실히 말할 수 있습니다. 라벨이나 표식이 붙어 있지는 않았어요. 단지, 이 사람들이 회의실에서 저 장소에 대해 구체적으로 이야기를 나누고 싶어 한다는 사실 정도만 알 수 있었죠."

모형을 들고 온 CIA 요원들을 상황실 내부로 직접 안내한 코자드는 회의실 밖으로 나가기 위해 몸을 돌렸다. 브레넌은 코자드에게 어떠한 경우에도 회의를 방해하지 말라고 강조했다. 만약 정말 꼭 전달해야 하는 메시지나 전화가 있다면, 코자드나 CIA에서 파견된 상황실 선임 실장 존 뷰캐넌만이 회의실로 오도록 했다.

NSC 대테러 부서 선임 국장이었던 니콜라스 라스무센은 주택단지 안에 있는 남성이 빈라덴일 가능성에 어느 정도 확신을 가지게 된 후로는 CIA가 미군과 함께 앞으로 펼칠 수 있는 작전을 논하기 시작했다고 했다. 포트브래그에 있는 합동특수작전사령부 사령관이었던 윌리엄 맥레이븐 제독이 CIA와 소통하며 다양한 비상 계획과 작전을 수립하기 시작했다. 이 시점에서 상황실은 쉴 새 없이 바쁜 벌집처럼 돌아갔다. 그리고 곧 오바마 재임 기간 중 가장 위험한 결정이 내려졌다.

라스무센은 당시 상황실에서 열린 회의에 관해 다음과 같이 말했다.

"2011년에 접어들면서 다양한 규모의 국가안보회의가 열일고여덟 차례 정도 열렸습니다. 차관급 회의는 데니스 맥도너 NSC 부보좌관과 존 브레넌이 주재했고, 장관급 회의는 토머스 도닐런이 주재했습니다. NSC 본회의는 물론 대통령이 직접 주재했고요. 상황이 급속도로 진전되었기 때문에 모든 회의는 상황실에서 그 어느 때보다 비밀리에 진행되었어요."

*

3월 14일, 오바마 대통령은 상황실에서 NSC 팀과 만났다. 대통령은 걷는 남자를 제거하기 위해 어떤 작전이 가능한지 확인하길 원했다.

패네타는 회의실에서 세 가지 작전을 두고 실효성이 논의되었다고 했다.

"첫 번째 작전계획은 B-1 폭격기로 빈라덴의 은신처에 폭탄을 퍼부어버린다는 내용이었습니다. 마음에 드는 작전이긴 하지만, 문제는 성공한다고 하더라도 그곳에 있던 사람이 빈라덴인지 아닌지 영원히 알 수 없다는 겁니다. 게다가 엄청난 화력으로 인해 근처 마을까지 파괴될 수 있었습니다."

두 번째 계획은 첫 번째보다는 더 정밀한 공격을 가능하게 했다. 패네타는 두 번째 작전에 관해서도 설명했다.

"원을 그리며 걷고 있는 남성을 드론으로 공격하는 작전이었습니다. 여기에도 문제가 있었습니다. 드론이 항상 목표물을 정확하게 공격하지 못한다는 점과, 드론 공격 역시 성공하더라도 목표물이 빈라덴인지 아닌지 영원히 알 수 없다는 점이었습니다. 그래서 우리는 결국 세 번째 작전으로 의견을 모았죠. 세 번째 작전은 헬리콥터를 탄 특수부대 두 팀이 건물 안으로 침투하는 특공작전이었습니다."

맥레이븐은 상황실 프로젝터로 슬라이드를 띄워 대통령에게 작전 세부계획을 설명했다. 맥레이븐은 당시 회의 상황을 다음과 같이 기억했다.

"구체적인 작전계획을 논하던 3월 14일 회의에는 여섯 명 정도 참석했습니다. 회의 전에 이미 작전의 구체적인 부분까지 계획이 세워져 있었습니다. 아주 단순한 작전이었습니다. 우리가 직접 날아가서 건물에 도착한 후, 놈을 잡아서 돌아온다. 그게 다였죠."

이런 종류의 작전은 이라크에서 하룻밤에도 여러 차례 수행되는 일이었다. 그리고 당시 맥레이븐은 군 생활 중 이런 임무를 수만 번 수행해본 베테랑이었다.

"저는 이런 종류의 작전을 직접 지휘도 해봤고, 감독도 해봤습니다. 작전의 개념부터 검토도 했습니다. 이번 작전은 전술적으로 어려운 임무가 아니었습니다."

어느 작전으로 갈지는 결정했으니, 이제 다음 질문에 대해 생각해봐야 한다. 파키스탄 정부에 이번 작전을 미리 알려야 할까? 패네타는 다음과 같이 말했다.

"파키스탄 측에 목표물 정보를 공유한 후 목표물이 사라졌던 적이 이미 수차례 있었어요. 대통령은 '이번 작전을 수행하는 데 있어서 파키스탄 측을 믿기는 어려울 것 같군'이라고 말했죠."

파키스탄에 알리지 않겠다고 결정함으로써 작전 수행 과정이 조금 더 복잡해졌다. 파키스탄이 상황을 감지하고 대응하기 전에 미국의 헬리콥터가 파키스탄 영토 안에서 250킬로미터를 날아가 임무를 수행하고 다시 빠져나와야 했다.

나는 맥레이븐에게 대통령이 이 작전과 관련해 가장 걱정했던 부분이 무엇이었는지 질문했다.

"음, 많은 이야기가 오갔습니다. 대통령은 계획 단계부터 깊이 관여하고 있었죠. 대통령은 헬리콥터에 대해서도 알고 싶어 했고, 성능이 어느 정도인지까지도 확인했습니다. 헬리콥터를 타고 이동할 수 있는 인원이 한정적이었기 때문에, 현장에 몇 명이 투입될지도 중요한 문제였죠. 대통령이 목표 지점에서 누가 오른쪽으로 가고, 누가 왼쪽으로 갈지 수준으로 세부적으로 들어가지는 않았지만, 제가 상황실에서 작전이 정확히 어떻게 진행되며 빈라덴을 어떻게 잡을 계획인지 대통령에게 모두 보고했습니다."

맥레이븐은 작전과 관련해 구체적으로 어떤 걱정거리가 있었는지도 덧붙였다.

"모두 걱정이 많았습니다. 우선 은신처에 함정이 설치되어 있지는 않을지 걱정이 되었습니다. 직접 들어가기 전까지는 알 방법이 없거든요. 실제로 이라크와 아프가니스탄에서 특수부대원들이 목표 지점에 도달하고 보니 함정이었던 경우가 여러 번 있었습니다. 자살폭탄 조끼를 입은 테러범이 목표 지점에서 기다리고 있다든지, 원격 폭파 장치로 전체 장소를 폭발시켜 버린다든지 하는 상황들이었죠. 당시 우리는 빈라덴이 이번 작전의 목표 지점에서 최소 5년을 지냈다고 파악했는데, 그렇다면 분명 탈출 계획도 있지 않을까 생각했죠."

맥레이븐은 수십 년간의 경험뿐 아니라 철저한 준비성에서 우러나오는 차분한 자신감이 느껴지는 인물이었다. 그는 자신만의 작전 준비 과정을 다음과 같이 설명했다.

"이번 작전을 계획하면서도 저는 '결정의 순간을 위한 지표'를 만들었습니다. 저는 계획 단계에서 제 팀원들을 앉혀놓고 이야기했습니다. '나는 현장의 긴장감 속에서 즉흥적으로 무언가를 결정해야 하는 일이 생기지 않기를 바란다. 그래서 지금부터 작전 수행 중에 일어날 수 있는 모든 가능성을 생각해보고 대비책을 세울 것이다. 헬리콥터가 이륙해 국경을 넘었는데 파키스탄 측이 우리를 포착해서 작전이 노출된다면, 우리는 작전을 계속 진행해야 하는가?' 대답은 예 아니면 아니오가 됩니다. 결정의 선택지가 두 개인 거죠."

그러나 작전의 큰 틀, 작전 중 결정의 순간을 위한 지표, 작전 이해를 위한 도표 등, 맥레이븐의 철저한 계획을 보여주는 그 어떤 것도 상황실 회의에서 문서로 확인할 수 없었다. 당시 토머스 도닐런과 존 브레넌의 업무 지원을 담당하던 니콜라스 라스무센은 빈라덴 습격 작전을 위해 열렸던 일련의 회의들이 다른 상황실 회의들과는 아주 달랐다고 설명했다.

"백악관에는 모든 일을 문서화하는 체계적인 문서 처리 절차가 있습니다. 장관급 회의가 열리면 안건, 회의록, 사전 참고 자료 같은 문서들이 항상 공유됩니다. 하지만 이번에는 모든 문서, 회의록 등을 생략했습니다. 미리 공유되는 사전 자료도 전혀 없었습니다."

이번 작전을 위해 상황실에서 이어진 회의는 이례적인 수준을 넘어서 기이할 정도였다. 백악관 상황실에서 대통령이 주재하는 회의에 호출되었다고 상상해보자. 국제 정세를 급진적으로 변화시킬 수 있는 극비 임무를 논하는 자리다. 그런데 너무나 비밀스러운 일이라 사전 정보를 얻을 수 있는 어떠한 문서도 보지 못한 채로 회의에 가야 한다. 어떤 기분이겠는가? 실제 그런 일이 일어났고, 라스무센은 그곳에 있었다.

"참석자들은 그냥 일단 와서 참석하라는 지시를 받았던 겁니다. 미리 준비할 방법이 없었죠."

게다가 회의에 참석한 이들은 상황실 내부에서 들은 내용을 자신의 팀원, 동료, 심지어 배우자와도 공유할 수 없었다. 라스무센은 다음과 같이 말했다.

"(힐러리) 클린턴 국무장관도 회의 후 국무부로 돌아가면, 그 누구와도 회의 내용을 논의할 수 없었습니다. 중요한 결정과 관련된 생각을 정리하는 데 누구의 도움도 받을 수 없었죠. 모든 회의 참석자는 실명으로 초대되었기 때문에 다른 사람이 대리 참석도 불가능했습니다. 당연히 화상회의시스템을 통한 회의 참석도 모두 금지했죠."

하지만 아무런 기록이 남겨지지 않은 회의가 역사에 어떤 영향을 미칠지 진지하게 의식하던 회의 참석자가 한 명 있었다. 라스무센은 습격 작전 이후 있었던 일을 다음과 같이 회상했다.

"습격 작전이 성공적으로 끝나자마자 토머스 도닐런은 사람들에게 '빨리, 우리 회의에서 나왔던 말들을 생각나는 대로 전부 적도록 해'라고 말했습니다. 후에 우리가 한 일을 보여줄 역사 기록이 최대한 많이 남아 있길 바랐으니까요."

*

5월 1일 습격 작전이 수행되기 전, 오바마 대통령은 상황실에서 다섯 번의 NSC 회의를 주재했다. 다섯 번의 고위급 회의가 진행되는 동안, 이번 일이 순조롭게 흘러가는 데 특별히 유리하게 작용하는 요소 하나를 알아차린 사람들이 있었다. 라스무센은 다음과 같이 말했다.

"이 일이 오바마 행정부 1년 차 때 일어나지 않았다는 게 큰 차이를 만들었다고 생각합니다. 빈라덴을 찾아낸 시점이 2011년이었으니까, 오바마 행정부 3년 차 때 일이었습니다. 그때는 오바마와 내각 모두 한마음으로 대테러 정책을 최우선 과제로 여기던 시기였습니다."

실제로 대통령은 매주 상황실에서 수십 명의 고위급 인사가 참석하는 회의를 열어 테러와의 전쟁이 어떻게 진척되고 있는지 이야기를 나눴다. 화요일마다 열리는 회의를 두고 어떤 이들은 '화요일은 테러의 날'이라고 말할 정도였다. 라스무센은 당시 분위기를 다음과 같이 회상했다.

"맥레이븐은 3성 장군이었음에도 상황실 사람들에게 너무 잘 알려진 인물이었어요. 왜냐하면 오바마 행정부 첫 3년 동안 상황실에서 열린 다수의 회의에 주제를 막론하고 맥레이븐이 많이 참석했거든요. 그래서 클린턴 국무장관과 게이츠 국방장관도 빈라덴 습격 작전이 성공적일 거라고 말하는 맥레이븐을 의심하거나 '저 사람이 누구길래?'라는 생각은 하지 않았을 겁니다."

라스무센이 말한 오바마 행정부의 특징이 왜 빈라덴 습격 작전의 성공에 영향을 끼친 중요한 요소인지는 데저트원 작전과 비교해보면 명확해진다. 카터 대통령은 작전 개시 8일 전까지도 당시 작전 지휘관이었던 찰리 벡위스를 만난 적이 없었다. 반면 오바마와 맥레이븐은 서로를 잘 알고 있었다. 작전계획에 참여했던 나머지 팀원들 역시 3년 동안 서로 가깝게 지내며 많은 일을 해낸 사이였다. 오바마의 팀원들은 마치 한 시즌 내내 함께 경기를 치른 후 최상의 컨디션으로 슈퍼볼에 진출한 미식축구 팀 선수들 같았다. 작전까지 이르는 과정은 공통된 언어, 익숙함, 신뢰가 더해져 원활하게 흘러갔다. 거기다 팀원 모두가 잦은 상황실 회의 경험을 통해 의사결정 근육이 단련되어 있었다. 라스무센은 다음과 같이 덧붙였다.

"오바마의 사람들은 단순히 감정이나 상황의 긴급함에 휘둘려 즉흥적으로 판단을 내리고 있는 게 아니었습니다."

마이클 라이터 역시 라스무센과 같은 견해를 가지고 있었다.

"빈라덴을 잡으려고 열 명, 열두 명, 열다섯 명이 무작위로 모인 게 아니었습니다. 우리는 서로를 아주아주 잘 알고 있었습니다. 저희 중에는 10년을 함께 일한 사람들도 많았습니다. 누구든 최소 2년은 함께 일해본 사이였죠. 그 점이 성공의 비결이었다고 생각합니다."

빈라덴 습격 작전의 계획과 준비 과정은 데저트윈 작전 때보다 훨씬 뛰어났다. 두 작전 모두에 참여했던 두 사람이 누구보다 그 사실을 잘 알고 있었다. 한 명은 로버트 게이츠 국방장관이었고, 다른 한 명은 언제나 현장에서 함께하는 기술 전문가 게리 브레스나한이었다.

나는 브레스나한에게 빈라덴 습격 작전에 관해 언제 알게 되었는지 질문했다.

"저는 2주 전에 알게 되었습니다. 왜냐하면 제가 몇 가지 세팅을 미리 해야 했거든요."

브레스나한은 상황실과 현장을 연결할 수 있는 시청각 장비를 미리 준비해야 했다.

"그 유명한 사진 보셨죠?"

상황실에서 오바마와 참모들이 습격 작전 현황을 지켜보는 모습을 담은 피트 수자의 상징적 사진을 언급하며 브레스나한이 말했다.

"그 방 사람들 모습을 보면 모두 완전히 화면에 몰입하고 있죠. 상황실에서 사람들이 습격 작전을 실시간으로 보고 있었습니다. 그 화면이 바로 제가 연결한 겁니다. 그전까지는 상황실에서 불가능하던 일이었죠."

그전까지만 해도 이런 영상은 보통 펜타곤을 거쳐 전달되었다. 백악관으로 바로 연결된 적은 이번 작전 때가 처음이었다.

나는 브레스나한에게 어떻게 실시간 연결이 가능했는지 질문했다.

"글쎄요, 일부는 아직 기밀이라 말할 수 없어요."

그러더니 브레스나한은 웃으며 덧붙였다.

"사실 애인에게는 말했습니다. 제가 2주 동안 매일 새벽 1시, 2시쯤 집에 들어가니까 여자 친구는 제가 바람을 피운다고 생각하더군요. 저는 상황실에서 남자 직원들이랑 열심히 일하고 있었는데 말이죠."

카일 코자드도 상황실과 작전 현장을 실시간으로 연결한 기술에 관해 덧붙였다.

"맥가이버 드라마를 보는 느낌이었어요. '이걸 어떻게 해내지?'라고 걱정하고 있었는데, 그때 기술 팀이 투입되었습니다. 우리는 이 장소와 저 장소를 연결해야 했죠. 기술 팀은 단 하루 만에 보안 네트워크로 작전 지역과 우리가 있는 상황실을 연결했습니다. 물론 우리는 '작전 지역'이 정확히 어딘지 몰랐지만, (미 공군의) 브래드 웨브 장군이 현장과 연결된 컴퓨터를 조종했어요."

코자드와 상황실 직원들은 정확히 어디에서 작전이 수행되는지 알지 못했지만, 준비가 진행될수록 점점 감이 잡혔다.

"기밀정보 조각조각을 모아볼 수 있습니다. … 정보를 이리저리 조합하다 보면 '이거 말이 되네' 싶은 순간이 오죠."

*

로버트 게이츠 국방장관은 오래도록 데저트원 작전을 잊지 못하고 괴로워했다. 당시 게이츠는 스탠스필드 터너 CIA 국장의 보좌관으로 재임하고 있었다. 게이츠는 빈라덴 습격 작전과 관련해 몇 가지 우려스러운 점이 있었다고 했다.

"데저트원은 저에게 아주 오랫동안 잊을 수 없는 사건으로 남아 제 사고에 많은 영향을 미쳤습니다. 빈라덴 습격 작전과 관련해서 저는 두 가지가 걱정되었어요. 우선 저는 드론으로 빈라덴을 제거하는 작전이 더 나아 보였습니다. 지상군 투입은 성공 여부를 떠나 파키스탄 측의 격렬한 반발을 불러올 수 있었으니까요. 파키스탄과 사이가 틀어지면 미국은 아프가니스탄으로 통하는 유일한 보급로를 잃을 수도 있는 상황이었죠. 그렇게 되면 우리는 하룻밤 사이에 전쟁에서 패배할 수도 있었습니다."

게이츠의 또 다른 걱정은 해군 특수부대를 작전 현장으로 수송할 헬리콥터와 관련된 것이었다.

"빈라덴 습격 작전을 계획하고 논의하는 과정 중에 제 머릿속에서 떠나지 않은 생각은 헬리콥터 추락과 관련된 걱정이었습니다. (1980년) 데저트원 참사도 헬리콥터 추락으로 시작되었거든요. 제가 빈라덴 습격 작전을 계획하면서 도움이 된 게 있다면, '헬리콥터를 여러 대 투입하라'라고 조언한 것이었습니다."

습격 작전에 대해서는 많은 기록이 남아 있다. 게이츠의 발언이 헬리콥터 증편으로 이어진 결정적 계기였다는 기록은 없지만, 습격 작전 당시 게이츠의 최고 정책 고문이었던 미셸 플러노이는 다음과 같이 말했다.

"게이츠가 우려하는 부분을 들은 맥레이븐은 작전계획을 다시 살펴봤어요. 그리고 '이 지점에 들키지 않고 예비 헬리콥터 몇 대를 배치할 수 있겠군'이라고 말했습니다."

맥레이븐 제독 역시 데저트원을 쉽게 잊을 수 없었다. 실패한 데저트원 작전을 철저히 분석한 맥레이븐은 작전에 여러 치명적인 문제가 있었다고 결론지었다. 첫 번째 문제는 이란 측에 무선 교신을 감청당하지 않으려고 아군끼리의 소통을 너무 줄여버렸던 점이다. 맥레이븐은 다음과 같이 말했다.

"C-130 수송기들이 모래 폭풍을 뚫고 지나가면서 헬리콥터에 기상 상황을 알리지 않았습니다. 이란에서 교신 내용을 감청할까 봐 걱정했기 때문이었죠. 그래서 저는 제 팀에게 '나와 다른 팀원들에게 기회가 있을 때마다 교신하라. 파키스탄 측에서 엿듣지 않을까 하는 걱정은 하지 마라. 그런 걱정은 내가 하겠다'라고 말했습니다."

데저트원 작전의 두 번째 문제는 전체 예행연습이 부족했던 점이다. 데저트원 작전 수행 팀들은 전체 임무를 여러 부분으로 따로 분리해서 연습했다. 임무의 처음부터 끝까지 전 과정을 총괄적으로 연습한 적이 없었다. 그래서 맥레이븐은 빈라덴 습격 작전의 모든 과정을 처음부터 끝까지 한두 번도 아니고 여러 번 리허설해야겠다고 결심했다. 맥레이븐은 작전 전체를 시뮬레이션해보는 일이 얼마나 중요한지 강조하며 다음과 같이 말했다.

"저는 해군대학원에서 여러 특수작전을 분석하는 논문을 썼습니다. 그때 배운 게 하나 있습니다. 전체 임무를 처음부터 끝까지 리허설해보지 않은 작전들은 실제 임무 수행 때 꼭 실패하고 만다는 사실입니다."

맥레이븐은 빈라덴 습격 작전에 투입될 특수부대 팀을 훈련시킬 준비가 되어 있었다. 3월 29일, 맥레이븐이 기다리던 총사령관 대통령의 최종 승인이 떨어졌다. 상황실에서 열린 NSC 회의 중 오바마 대통령이 맥레이븐에게 물었다.

"윌리엄. 할 수 있겠습니까?"

맥레이븐은 작전 전체 리허설을 해봐야 성공 가능 여부를 알 수 있겠다고 답했다. 그리고 3주의 시간을 달라고 부탁했다. 오바마는 그렇게 하라고 승인했다.

이제는 시간과의 싸움이었다. 4월 한 달 동안 맥레이븐은 특수부대 팀들을 훈련시켰다. 아보타바드 주택단지 모형을 실제 크기로 제작해 습격 작전을 처음부터 끝까지 여러 번 반복 연습했다. 맥레이븐은 헬리콥터 편대가 어둠 속에서 작전 현장까지 이동하는 게 가장 안전하다고 생각했기 때문에 실제 작전을 달빛조차 없는 밤중에 진행하고 싶었다. 다행히 30여 년 전 데저트원 작전 때는 상상조차 할 수 없었던 정확한 날씨와 기상정보를 확보할 수 있었다.

중동 전문가 게리 식에 따르면, 1980년대에는 이란의 기상 관측소 중 제대로 작동하는 곳이 별로 없었다고 한다. 그리고 당시 기술로는 위성사진을 통해 거대한 먼지구름을 포착할 수 없었다. 결국 데저트원 작전은 모래폭풍이라는 복병 때문에 헬리콥터도 잃고 임무 수행도 실패했다.

게리 식은 1980년과 2011년의 습격 작전 준비 과정을 비교하며 다음과 같이 말했다.

"세상이 바뀌었습니다. 미군이 현재 갖추고 있는 수준 높은 작전 수행 전문성이 그때는 아예 없었습니다. 그때의 경험을 통해 미군이 새로 태어났다고 보면 됩니다."

기상정보에 따르면 파키스탄에 달빛조차 없는 암흑 같은 어둠이 내릴 날은 4월 30일이었다. 4월이 저물어갈 무렵, 특수부대 팀들은 모두 준비를 마친 상태였지만, 오바마 대통령이 아직 최종 결정을 내리지 못하고 있었다. 4월 28일 목요일, NSC 회의가 다시 상황실에 소집되었다. 이번 회의에서는 오바마의 대통령 임기 중 가장 위험천만한 결정을 내려야 했다. 갈 것인가, 여기서 멈출 것인가.

*

오바마 대통령은 이번 회의의 방향을 분명히 하며 논의를 시작했다. 니콜라스 라스무센은 당시 회의를 다음과 같이 기억했다.

"회의가 시작되자 대통령이 먼저 말했습니다. 이번 회의에서는 모든 사람의 조언과 생각을 듣고 싶다고요. 그리고 이 회의에서 대통령 자신은 아무런 결정을 내리지 않을 거라고 했습니다. 대통령이 그렇게 말하고 나니 회의 분위기가 조금 달라졌습니다. 왜냐하면 이제 아무도 대통령이 어떻게 생각하는가에 맞추려고 노력하지 않아도 되었으니까요."

빈라덴 습격 작전을 수행할 특수부대 팀은 이미 아프가니스탄에서 대기 중이었고, 바로 작전을 시작할 준비가 되어 있었다. 달의 위치와 기상 조건도 완벽했다. 단 하나, 아무도 답할 수 없는 문제가 유일한 걸림돌이었다. 과연 그 걷는 남자가 빈라덴인가? 만약 그 남자가 빈라덴이 아니라면 미국 정부는 특수부대원의 목숨뿐 아니라 파키스탄 민간인들의 목숨을 위태롭게 하면서까지 위험한 습격 작전을 수행하는 꼴이 된다. 누구인지도 모르는 남성 때문에 파키스탄과 전쟁을 해야 할 수도 있었다.

NCTC의 마이클 라이터는 CIA가 확보한 걷는 남자의 정보와 관련한 검증 보고서를 준비했다. 라이터가 회의에서 제시한 보고서에 따르면 최고 수준의 분석가들도 그 남성이 빈라덴일 가능성은 40에서 60퍼센트에 그친다는 결론을 내렸다. CIA는 그보다 높은 60에서 80퍼센트 정도라고 추측했지만, 검증 보고서에서의 평가는 기대에 못 미치는 수준이었다.

맥레이븐 장군도 당시 상황실에서 보고서를 확인했다. 라이터의 검증 결과를 들은 맥레이븐은 가슴이 철렁 내려앉았다. 당시 느꼈던 감정을 맥레이븐은 다음과 같이 떠올렸다.

"40퍼센트라는 이야기를 듣는 순간 저는 **이번 작전은 끝났다**고 생각했습니다. 어떤 정신 나간 사람이 40퍼센트 정도 빈라덴일지도 모르는 사람을 잡으려고 특수부대원들을 파키스탄 깊숙이 250킬로미터 날려보냅니까?"

확률 이야기가 오가자, 오바마 대통령이 답답함이 섞인 말투로 결론지었다.

"결국 50대 50의 선택이군요."

대통령직을 걸기에는 위험부담이 너무 큰 확률이었다.

대통령은 참모 한 명, 한 명의 의견을 묻기 시작했다. 라스무센은 당시 모습을 다음과 같이 회상했다.

"대통령이 상황실의 길쭉한 테이블을 쭉 돌면서 그 자리에 앉아 있던 모든 사람에게 질문했습니다. 바이든 부통령, 게이츠 장관, 클린턴 장관, 제임스 클래퍼(국방정보국 국장), 브레넌, 패네타 모두 준비 중인 작전을 그대로 수행할지, 아니면 멀리서 공격하는 드론 작전으로 바꿀 건지 자신의 의견을 말해야 했습니다."

오바마 대통령은 자신의 회고록 《약속의 땅》에서 당시 상황을 다음과 같이 묘사했다.

"리언 (패네타), 존 브레넌, 마이클 멀린 합참의장은 습격 작전을 계획대로 수행하는 데 찬성했다. 힐러리는 습격 작전의 위험 요소들을 하나하나 꼼꼼하게 따져보더니 51대 49라고 답했다.

라스무센은 당시 장면을 조금 더 상세히 설명해줬다.

"힐러리는 계속 '다른 한편으로는, 그건 그렇지만, 또 다른 한편으로는, 하지만, 그러나, 하지만…'을 이어갔습니다. 충분히 그럴 만한 상황이었습니다. 힐러리가 머릿속으로 40퍼센트와 70퍼센트 가능성 간의 괴리를 정리하려고 애쓰는 게 보였어요."

결국 힐러리는 습격 작전을 승인하는 쪽으로 마음을 굳혔다. 패네타는 당시 상황을 다음과 같이 기억했다.

"힐러리는 '더 많은 정보를 확보할 수 있다면 좋겠지만, 지금 여기서 결정을 내려야겠군요'라고 말했어요. 그리고 습격 작전 승인에 손을 들었죠."

패네타에 의하면 바이든 부통령은 위험성에 대해 크게 우려했다고 한다.

"바이든은 그곳에 있는 남성이 빈라덴인지 아닌지에 대한 정보를 더 확보해야 한다고 생각했습니다."

작전이 잘못된 방향으로 흘러갈 가능성이 너무나 컸다. 습격 목표물이 무고한 민간인 가정일 수도 있었다. 총격전이 발생할 수도 있었고, 작전 중 특수부대원들이 다치거나 목숨을 잃을 수도 있었다. 파키스탄군이나 경찰이 습격 작전을 눈치챈다면 반격에 나설 가능성도 배제할 수 없었다. 그렇게 되면 파키스탄과 미국의 관계가 심각하게 나빠질 수밖에 없었다.

회의 참석자 중에는 바이든이 강력하게 작전 승인에 반대했다고 기억하는 사람도 있었고, 오바마 대통령에게 여러 선택지를 주기 위해 다른 의견을 제시했다고 보는 사람도 있었다. 《약속의 땅》에서 오바마는 당시 바이든의 입장을 다음과 같이 회상했다.

"조 바이든이 대세에 편승하지 않고 어려운 질문을 던져줘서 고마웠다. 덕분에 이 문제에 대해 나 스스로 깊이 고민해볼 시간을 조금 더 가질 수 있었다."

회고록 내용에 따르면 오바마는 부통령이 자신에게 여러 선택지를 열어줬다고 생각한 듯하다.

로버트 게이츠는 작전 승인에 단호하게 반대하고 있었다. 앞선 회의에서도 여러 차례 작전과 관련한 우려를 표했고, 데저트원 작전의 실패를 거론하는 데도 주저함이 없었다. 헬리콥터를 이용한 습격 계획이 구체화된 3월 말,

게이츠는 데저트원을 직접적으로 언급하며 "그때도 헬리콥터가 꽤 괜찮은 아이디어라고 했었죠"라고 비꼬았다. 하지만 4월 19일 회의에서는 습격 작전에 대한 기대감이 고조되는 분위기를 감지하고 한발 물러섰다. 게이츠는 대통령에게 자신의 의견은 1980년 참사에 많은 영향을 받았을 수 있다고 언급했다. 게이츠는 자신의 회고록 《임무》에서 당시 회의 모습을 다음과 같이 묘사했다.

"나는 모든 사람이 듣는 앞에서 대통령에게 말했다. 이번 작전과 관련해서는 내가 겪은 과거 경험이 오히려 폐를 끼치는 듯하다고 말이다. 과거의 실패 경험 때문에 나는 너무 위축되어 있었다. 대통령은 강하게 반발했다. 나의 반대의견은 대통령이 최종 결정을 내리기 위해 반드시 고려해야 할 중요한 관점을 제시한다고 말해줬다."

4월 28일은 마지막 결정을 내리기 위한 회의였다. 게이츠는 미국인의 목숨을 위험에 빠뜨리지 않을 드론 공격이 더 안전하고 적절하다고 주장했다. 벤 로즈는 당시 상황을 다음과 같이 설명했다.

"게이츠는 자신의 의견을 조리 있게 잘 제시합니다. 목소리 톤을 일정하게 유지하면서 불필요한 말은 덧붙이지 않죠. 분석적이기도 합니다. 습격 반대의견을 내세우면서도 감정에 치우치지 않고 근거를 들어가며 조목조목 말했습니다. … 게이츠는 작전이 다른 방향으로 흘러갈 수 있는 경우를 하나하나 살폈습니다. 그 말을 듣고 있던 한 사람이 '잘못하면 헬리콥터를 잃을 수도 있겠군요'라고 말했죠."

로즈는 당시 회의실에서 오갔던 이야기와 관련해 다음과 같이 덧붙였다.

"데저트원 이야기기가 길게 오가지는 않았습니다. 하지만 '그때 당시 내가 여기 있었다'라는 게이츠의 말은 상황실의 유령처럼 계속 우리 머릿속을 떠나지 않았죠. … 우리 모두 게이츠가 한 말의 정치적 의미를 알고 있었어요."

상황실은 원래 정치와는 무관한 장소였지만, 작전이 실패했을 때 감당해야 할 정치적 파장을 모두 고려해야 하는 게 로즈의 역할이었다.

"게이츠의 말을 듣는 순간 저는 생각했습니다. 세상에. 만약 작전이 실패한다면, 실패한 데서 끝나지 않겠구나. 국방장관이 실패할 수 있다고 경고했는데도 작전을 강행했고, 결국 실패했다고 대서특필되겠구나."

로즈는 처음부터 오바마 대통령이 작전을 승인하리라고 믿고 있었다. 하지만 게이츠의 발언 이후로 대통령이 주저할 수도 있겠다고 생각했다.

"'국방장관이 작전에 반대하다니!'라고 생각했겠죠. 이건 아주 큰 문제거든요. 정말 어려운 선택이 될 수밖에 없죠."

패네타 역시 게이츠의 반대표가 오바마에게 큰 영향을 미쳤다고 생각했다. 패네타는 다음과 같이 말했다.

"대통령은 게이츠가 바른말을 할 줄 아는 사람이라고 믿고 있었습니다. 게이츠가 조금 강경파 기질이 있다고는 생각했지만, 그의 의견을 존중했습니다. 그래서 게이츠가 '저는 확신이 서지 않습니다'라고 말한 점은, 분명 오바마가 결정을 내리기 전 다시 한번 깊이 생각하게 만들었을 겁니다."

패네타는 작전 수행에 적극 찬성하고 있었다.

"대통령이 저에게 질문했을 때 저는 말했습니다. '아시지 않습니까. 저는 의회에 있을 때부터 중요한 결정을 내려야 하는 상황이 되면 저만의 오래된 방법을 썼습니다. 저는 제 지역구의 평범한 시민과 이야기 나눈다고 상상합니다. 시민에게 당면한 문제를 설명해준 후, 어떤 결정을 내릴 건지 물어보는 겁니다. 평범한 시민은 어떤 결정을 내릴까? 만약 보통의 시민에게 우리가 토라보라 이후 드디어 빈라덴이 있는 장소 정보를 확보했다고 말한다면, 당연히 공격하라고 말할 것 같습니다. 제 의견도 시민과 같습니다. 작전을 수행해야 한다고 봅니다.'"

회의에 참석한 참모들의 의견을 모두 들은 후, 오바마 대통령은 평소와 다른 행동을 하나 더 했다. 라스무센은 당시 상황을 다음과 같이 말했다.

"대통령이 참석자 이야기들을 다 듣고 나서 한 행동은 이때까지 상황실에서 한 번도 보지 못한 장면이었습니다."

대통령은 벽을 따라 앉아 있던 고문과 보좌관들을 향해 몸을 돌렸다. 평상시에는 참모들이 회의하는 중 조용히 듣고 있다가 필요한 말을 귓속말로만 전달하던 사람들이었다. 하지만 이번에는 대통령이 직접 그 사람들에게 이번 작전에 대한 의견을 물었다.

"그 사람들은 늘 거기 있었습니다. 하지만 늘 조용히 회의 내용 메모만 했을 뿐 절대 회의에 참석하지 않던 사람들이었습니다. 그런데 갑자기 대통령이 그 사람들에게 돌아가면서 자신의 의견을 말하라고 한 겁니다."

라스무센은 그 상황이 얼마나 놀라웠는지 덧붙였다.

"이 흔치 않은 모습에 너무 놀랐습니다. 대통령은 정말 모든 사람의 의견을 다 듣고 싶었던 겁니다."

미국의 대통령이 역사적으로 아주 중요한 결정을 내려야 하는 순간 당신의 의견을 묻는다면 어떻게 대답해야 할까? 라스무센은 다음과 같이 말했다.

"저는 아주아주 짧게 답했어요. 정확히 뭐라고 했는지는 기억이 나지 않습니다만, 습격 작전에 찬성한다고 했습니다. 왜냐하면 저는 그곳에 빈라덴이 있다고 확신했거든요."

라스무센은 웃으며 덧붙였다.

"제 발언이 용감한 선택이라고 보긴 어렵습니다. 왜냐하면 제 직속상관인 존 브레넌이 회의 중에 똑같은 취지로 의견을 밝혔거든요. 상관과 같은 생각이라고 말하면 곤란한 상황을 마주할 일이 없죠. … 저는 최대한 간략하게 왜 위험을 감수하면서까지 이 작전을 실행해야 하는지 설명했습니다."

이때가 바로 상황실의 가장 이상적인 모습이 발현된 순간이었다. 정보에 기반한 사고와 냉철한 토론이 오가는 곳. 정치적 이해관계에서 벗어나 자신을 과시하려는 마음 없이 진솔한 의견을 나누는 곳. 그날 상황실에 있던 모든 사람이 각자 자신의 역할을 정확히 이해하고 있었고, 결정해야 할 문제가 얼마나 중대한 사안인지 제대로 파악하고 있었다. 그날 상황실 회의에서는 참모진 이외의 참석자들까지 모두 포용해 전례 없는 규모의 솔직한 대화가 오갔다.

그날 회의에서 대통령의 질문을 마지막으로 받은 사람은 40에서 60퍼센트 검증 보고서를 제출했던 마이클 라이터였다. 순전히 자리 배치에 의한 순서였다.

이전부터 라이터는 걷는 남자가 빈라덴이라는 주장에 회의적이었다. 라이터는 다음과 같이 말했다.

"CIA가 처음 증거를 제시했을 때부터 다른 대안은 전혀 고려하지 않았다는 게 눈에 보였어요. '그곳에서 남성이 혼자 마당을 걸어서 돌고 있으니 당연히 빈라덴이다'라는 식이었죠."

나는 조지 W. 부시 시절의 대량살상무기 관련 정보 오류 대참사가 라이터의 회의적인 태도에 영향을 미쳤는지 질문했다. 라이터는 다음과 같이 답했다.

"아주아주 많은 영향을 미쳤습니다. … 저는 '커브볼'을 만나 정보를 얻었던 요원들을 직접 만나 이야기를 나눠봤거든요."

커브볼은 이라크에 대량살상무기가 있다는 거짓 정보를 흘렸던 이라크 내 정보원을 가리키는 암호명이다.

"커브볼에게서 이라크에 이동식 생물학무기 실험실이 있다는 정보를 얻었지만, 아무도 해당 정보를 진지하게 검증하지 않았습니다. 아무런 검증 없이 모두 그 정보를 믿은 이유 중 하나는 모두 대량살상무기가 이라크에 있다고 믿고 싶었기 때문이었죠. 그리고 이번에도 마찬가지였습니다. **저를 포함해 모두 빈라덴이 그곳에 있다고 믿고 싶어 했어요.**"

대량살상무기 대참사는 오래도록 라이터의 머릿속에서 남았지만, 데저트원의 실패는 그렇지 않았다. 라이터는 그 이유를 다음과 같이 설명했다.

"데저트원은 쉽게 극복할 수 있었습니다. 왜냐하면 우선 모두가 윌리엄 맥레이븐을 절대적으로 신뢰했으니까요. 맥레이븐은 마치 '우리는 이런 작전을 지난 10년간 1만 2265번 수행했습니다. 이번에는 단지 작전 수행의 위치를 이곳에서 저곳으로 옮겼다는 차이가 있을 뿐입니다'라고 말하는 듯했어요. 이번 작전의 가장 큰 문제는 그곳에서 작전을 수행했는데 빈라덴이 거기 없으면 어쩌나 하는 점이었죠."

라이터는 습격 작전 수행 여부에 관해 자신의 의견을 공개적으로 밝힌 적이 없다. 왜냐하면 작전을 개시해야 하는지를 결정하는 일은 자신의 역할이 아니라고 생각했기 때문이다. 라이터는 다음과 같이 회상했다.

"저는 제 속마음을 아주 조심스럽게 숨겨왔습니다. 오바마 대통령이 제 의견을 물어보기 전까지는 아주 잘 숨기고 있었죠."

대통령의 질문에 대한 라이터의 대답은 간결하고 직설적이었다.

"가장 낮은 가능성으로 고려해보더라도 지난 10년간 확보한 정보보다 38퍼센트 더 높은 정확성을 보입니다. 이제는 행동에 나서야 할 때입니다. … 이번 기회를 그냥 날려보낼 수는 없습니다."

대통령은 회의에 참석한 모두에게 감사를 표하며 다음 날 아침까지 결정을 내리겠다고 약속했다.

*

로버트 게이츠는 회의가 끝난 후 펜타곤으로 돌아갔다. 이번 작전에 대한 정보를 공유받은 미셸 플러노이와 마이크 비커스 국방부 차관은 게이츠가 드론 공격을 주장했다는 사실을 알고 있었다. 플러노이는 당시 상황을 다음과 같이 회상했다.

"우리는 '드론은 잘못된 선택이야'라고 생각했어요. 드론 공격은 아직 실험 단계였기 때문에 실패할 확률이 높았습니다. 드론 공격을 감행한다면 해당 지역에서 최대한 많은 정보를 수집할 수 있는 민감 장소 탐사도 불가능해지고, 많은 것을 놓치게 될 게 뻔했습니다. 그래서 비커스와 함께 게이츠의 사무실로 말도 없이 불쑥 찾아가서는 15분만 시간을 내달라고 했죠."

플러노이는 게이츠와의 대화를 다음과 같이 기억했다.

"게이츠는 조금 투덜거리긴 했지만, 함께 자리에 앉아서 대화를 나누기 시작했어요. 저희는 왜 습격 작전이 더 나은 선택인지 설명했습니다. '저희는 장관님이 걱정하시는 부분을 해결하기 위해서 26가지, 아니 32가지, 아니 58가지 조치를 취했습니다'라며 하나하나 짚어 드렸습니다. 게이츠는 저희 말을 경청했습니다. 그리고 정말 대단했던 게, 대화가 끝나자마자 바로 백악관에 있던 토머스 도닐런에게 전화를 걸어서 다음과 같이 말하더군요. '마음을 바꿨네. 대통령에게 드렸던 드론 작전 권고를 취소하고 싶네. 나 역시 습격 작전을 지지하네.'"

상황실에서 자신의 의견을 밝혔던 장관급 인사가 몇 시간 후에 대통령에게 전화해서 입장을 철회하는 일은 아주 드물다. 플러노이는 다음과 같이 말했다.

"자화자찬하려는 것은 아닙니다만, 마이크와 제가 이런 문제와 관련해서는 게이츠 장관님에게는 가장 믿을 만한 참모가 아니었나 생각됩니다. 저희 둘 다 '장관님이 틀렸습니다. 이유는 이렇습니다'라고 이야기하며 차근차근 논리적으로 설명한 덕분에 결국 장관님도 생각을 바꾸게 된 것이죠."

그리고 나서 플러노이는 나를 깜짝 놀라게 할 만한 말을 덧붙였다.

"조지, 당신도 이번 일에 어느 정도 공이 있습니다. 기억할지 모르겠지만, 클린턴 행정부 시절 당신이 대통령을 보좌하던 때였습니다. 저는 소말리아 사건과 관련한 보고서를 작성하고 있었죠. 소말리아 사건에 관한 추악한 진실과 뼈아픈 교훈들이 담긴 보고서였어요. 저는 그때 당신과 이야기를 나누며 이렇게 말했습니다. '사람들이 이 보고서에 적힌 내용을 알고 싶지 않을 듯해 걱정됩니다. 이것 때문에 저는 해고당할지도 모르겠네요.' 그 말을 들은 당신이 제게 말했죠. '미셸, 공무원은 자기 자리를 지키는 데 급급하고, 군인들은 다음 보직을 생각하느라 전전긍긍합니다. 하지만 정무직 공무원은 상관에게 듣고 싶은 말이 아니라 들어야 하는 말을 해줘야 합니다.' 게이츠한테 불쑥 찾아갔던 그때 당신한테 들었던 이 말이 생각났답니다."

플러노이는 게이츠를 찾아갔던 때가 '권력 앞에서 진실'을 말한 순간이었다고 했다. 비커스와 함께 게이츠를 찾아가 이야기한 내용을 게이츠가 좋아할 리 없었다.

"하지만 조지, 당신이 제게 말했잖아요. '미국 대통령이 매일 제게 호통칩니다. 하지만 그게 제 일이죠. 그러니 당신도 사람들에게 야유받는 위험을 감수할 수 있을 겁니다. 괜찮아요'라고 말이죠."

20년 전에 백악관에서 나눴던 대화가 빈라덴 습격 작전에 영향을 미쳤을 거라고는 상상조차 하지 못했다. 여러 행정부를 거치며 계속 헌신하는 공직자들 덕분에 이런 소중한 가치가 지켜질 수 있는 것이다. 로버트 게이츠와 미셸 플루노이 같은 공직자들은 수년에 걸쳐 축적한 지식과 경험을 현 상황에 적용할 수 있다. 이런 공직 업무의 연속성이야말로 훌륭한 의사 결정을 가능하게 하는 핵심 요소다.

4월 29일 금요일 아침, 오바마 대통령은 마침내 결정을 내렸다. 토머스 도닐런은 그날 아침을 다음과 같이 기억했다.

"8시쯤이었습니다. '외교접견실에서 만납시다'라는 이메일을 확인했습니다."

토머스 도닐런, 존 브레넌, 데니스 맥도너는 백악관 1층에 있는 외교접견실로 모였다.

도닐런은 그날의 상황을 다음과 같이 기억했다.

"외교접견실은 사우스론으로 바로 이어지는 곳입니다. … 전망이 아름다운 곳이죠. 뒤쪽 문을 통해 헬리콥터도 보였고, 워싱턴 기념탑도 볼 수 있었습니다."

그날 대통령 전용 헬리콥터 마린원이 그곳에 있었던 이유는 오바마 대통령이 폭풍 피해 현장을 살펴보기 위해 앨라배마주로 갈 예정이었기 때문이다.

"대통령은 바람막이 점퍼를 입고 있었습니다. … 우리에게 가까이 오라고 하더니 우리가 앉기도 전에 바로 말하더군요. '습격 작전을 진행하기로 결정했습니다. 작전 개시를 지시하세요.' 그게 다였습니다. 그곳에서 대화는 그게 전부였습니다."

작전은 승인되었다. 작전은 바로 다음 날인 4월 30일 수행될 예정이었다. 그날은 백악관 출입기자단 연례 만찬이 예정되어 있던 날이었다.

*

나와 나의 아내 알리는 4월 30일 저녁 백악관 출입기자단 연례 만찬에 참석했다. 우리는 토머스 도닐런, 윌리엄 데일리 비서실장과 같은 테이블에 앉았다. 그날 저녁 내내 도닐런은 상자에서 튀어나오는 용수철 장난감처럼 앉았다가 일어서기를 반복했고, 데일리는 계속 휴대전화를 확인했다. 식사 예절에 어긋나는 행동인 데다가, 술 한잔씩 나누며 업무는 잠시 잊자는 의미로 주최하는 백악관 기자단 만찬 자리에서는 더욱 이상하게 느껴지는 행동들이었다.

우리와 한 테이블에 앉아 있던 〈모던 패밀리〉의 배우 에릭 스톤스트리트는 취소된 백악관 투어에 대해 계속 이야기했다. 윌리엄 데일리가 식은땀을 흘리며 휴대전화를 두드리는 모습과 스톤스트리트가 백악관 폐쇄에 대해 불평하는 모습을 보면서 분명 무슨 일이 벌어지고 있다는 확신이 들었다.

나는 참지 못하고 데일리에게 물었다.

"무슨 큰일이 났나요?"

데일리는 아주 잠깐 나를 쳐다보더니 중얼거리듯 대답했다.

"아니요, 아닙니다. 백악관 배관에 문제가 생겼습니다."

배관 문제가 아닌 게 확실해 보였지만, 그 이상의 정보를 얻기는 어려워 보인다는 점도 분명했다. 내 아내가 계속 휴대전화만 들여다보는 데일리에게 살짝 눈치도 줘봤지만 소용없었다. 결국 나는 만찬의 다른 행사에 집중하기로 했다. 그날 저녁, 오바마 대통령이 만찬 연설 중 도널드 트럼프를 통렬하게 비판했고, 트럼프는 얼굴을 찌푸리며 못마땅함을 표출했다.

후에 전 세계가 알게 되었듯이, 아보타바드 습격 작전은 그다음 날인 5월 1일 일요일로 연기되었다. 당시 맥레이븐 제독은 그의 팀과 아프가니스탄에 있었다. 원래 작전이 예정되어 있던 날 저지대 계곡에 안개가 낀 것을 본 맥레이븐이 파키스탄까지 헬리콥터를 띄우기에는 위험하다고 판단했고, 작전을 24시간 연기하기로 결정한 것이다. 데일리와 도닐런은 습격 작전이 다음 날로 미루어졌다는 사실을 알고 있었다. 오바마 대통령, 벤 로즈 등 작전에 대해 알고 있던 다른 사람들 역시 아무 일 없는 평범한 날 백악관 기자단 만찬에 참석하고 있는 것처럼 행동해야 했다. 하지만 마이클 라이터의 상황에 비하면 아무것도 아니었다. 라이터는 실제로 그날 저녁 결혼식을 올렸다. 신혼여행은 미루어야 했는데 신부에게는 그 이유를 설명할 수 없었다. 라이터는 당시를 떠올리며 다음과 같이 말했다.

"아내는 왜 결혼식 당일 신혼여행을 바로 갈 수 없는지 눈치챘다고 말하더군요. 하지만 저는 아내에게 아무 말도 하지 않았어요."

*

CBS 뉴스 사장인 벤 로즈의 형은 백악관 기자단 만찬에 참석하기 위해 벤의 집에서 주말을 함께 보냈다. 하지만 벤 로즈는 형에게 아무 말도 할 수 없었다. 일요일 아침, 로즈는 너무 긴장해서 늦잠도 마다하고 일찍 일어났다.

"일요일 아침 일찍 상황실로 출근했던 게 기억납니다. 사실 상황실에서 할 수 있는 일은 아무것도 없었습니다. 마이클 모렐 CIA 부국장은 하루에 한 번꼴로 최신 첩보 상황을 브리핑했습니다. '그들이 쓰레기를 태우는 모습을 목격했습니다' 같은 이야기들이었는데 새로운 정보는 전혀 없었죠."

습격 작전은 동부표준시 기준으로 오후 2시에서 2시 30분 사이에 시작하기로 예정되어 있었다. 로즈가 상황실에 머무는 동안 NSC 직원들이 시간차를 두고 하나둘씩 백악관에 도착했다. 오바마 대통령은 평소처럼 앤드루스 합동기지에서 골프를 쳤다. 보통은 18홀을 다 돌지만, 그날은 9홀만 돌았다. 상황실의 당직 요원은 긴 하루에 대비해 코스트코에 가서 샌드위치와 과자를 잔뜩 사왔다. 코자드는 그날 아침을 다음과 같이 기억했다.

"정말 여느 일요일 아침처럼 여유로웠어요. … 백악관 웨스트윙은 평소처럼 조용했죠."

참모진이 오전 11시쯤 도착하기 시작했고, 정오에는 최종 검토 회의를 열었다. 오후 2시가 막 지날 무렵, 오바마 대통령이 상황실에 들어섰다. 이제 작전을 개시할 시간이었다.

상황실에 있던 모든 사람이 헬리콥터로 아보타바드 주택단지까지 가려면 한 시간 이상 걸린다는 사실을 알고 있었다. 앞으로 일어날 일과 관련해 아무것도 할 수 없는 상황에 처한 와중에 인생에서 가장 긴장되는 90분을 어떻게 보내야 할까? 오바마 대통령은 몇몇 보좌관들과 위층으로 올라가 스페이드 카드 게임을 했다. 그 자리에는 백악관 전속 사진작가 피트 수자도 함께했다. 나머지 사람들은 상황실에 남아서 잡담을 나눴다. 맷 스펜스 NSC 보좌관은 당시 모습을 개릿 그래프 기자에게 다음과 같이 묘사했다.

"결혼식 같은 분위기였습니다. 식이 끝난 후, 모두 신랑 신부가 피로연에 등장하기를 기다리는 모습 같았죠."

벤 로즈는 다음과 같이 말했다.

"이상했어요. 아홉 시간은 기다린 것 같은 느낌이었습니다. 우리는 그냥 할 일 없이 상황실에 앉아 있었어요. … 그리고 9.11 테러 당시 각자 어디에서 무엇을 하고 있었는지 이야기하기 시작했습니다. 그 상황에서 그런 이야기를 듣고 있자니 마음이 더 아픈 느낌이 들었죠."

제일 먼저 이야기를 시작한 사람은 벤이었다.

"저는 제 이야기를 했습니다. '저는 시의회 선거캠프에서 일하며 소설 창작을 주제로 석사 공부를 하고 있었습니다. 그러다가 직접 9.11 테러 공격을 목격했죠.'"

로즈는 그날 세계무역센터 건물이 무너지는 모습을 눈앞에서 봤다. 그 일이 발생한 후 로즈는 미국 정부를 위해 일하겠다고 결심했다.

"저는 '9.11 테러 때문에 내가 여기에 있게 되었다. 그리고 지금 오사마 빈라덴을 제거하는 순간을 기다리고 있다'라고 말했습니다. 그 순간 감정적으로 벅차올랐습니다."

로즈가 자신의 이야기를 들려주자 다른 사람들도 이야기를 꺼내기 시작했다. 현재 미국 지리정보국 국장인 러티샤 롱은 당시 펜타곤에 있었다. 데니스 맥도너는 국회의사당에 있다가 혼란 속에서 다른 사람들과 함께 대피했다. 조지 리틀 CIA 대변인은 그날 쌍둥이 빌딩에서 가족을 잃은 일을 떠올렸다. 브레넌은 9.11 테러 공격 이전에 사우디아라비아에서 CIA 지국장으로 일했었다. 로즈는 브레넌의 이야기를 다음과 같이 떠올렸다.

"브레넌은 지난 15년을 빈라덴 제거를 위해 바쳤다고 했습니다."

상황실에 있던 모든 사람의 삶이 오사마 빈라덴이 감행한 테러 공격으로 송두리째 바뀌었다. 그리고 놀랍게도 그들은 이 순간 백악관 상황실에 모여 각자의 이야기를 나누며 맥레이븐의 팀이 빈라덴을 사살하든 생포하든 어떠한 방법으로든 정의를 실현할 수 있을지 지켜보고 있었다.

로즈는 당시 기다림의 순간을 다음과 같이 회상했다.

"아주 고통스러운 시간이었어요. 손에 땀이 날 정도로 긴장되었고요. 헬리콥터가 추락할 수도 있었고, 파키스탄 레이더에 걸릴 수도 있었죠. … 파키스탄이 전투기를 출격시킬 수도 있었죠. 잘못될 수 있는 경우가 너무나 많았습니다."

맥레이븐과 그의 특수부대원들에게 습격 작전은 익숙한 임무였다. 하지만 안전하게 파키스탄을 빠져나오기 전에 파키스탄 측에 발각될 위험이 존재했다.

실제로 특수부대 팀이 아보타바드에 도착하자마자 일이 제대로 꼬이기 시작했다. 헬리콥터 한 대가 주택단지 안으로 추락해버린 것이다. 작은 회의실에 모여 있던 대부분 참모는 충격과 공포 속에서 그 모습을 실시간으로 바라보고 있었고, 그 장면을 피트 수자가 잊을 수 없는 사진으로 남겼다.

빈라덴 습격 작전의 경과는 이미 많은 책과 기사에서 상세하게 다뤘다. 그런데 습격 작전과 관련한 상황실의 역할을 조사할수록, 머릿속을 떠나지 않는 질문이 하나 생겼다. 왜 그 많은 사람이 평소 NSC 회의가 열리던 큰 회의실이 아니라 그 작은 회의실에 빽빽하게 모여 있었던 걸까?

답은 늘 그랬듯이 게리 브레스나한에게서 찾을 수 있었다.

브레스나한은 상황실과 작전 현장 팀 사이의 화상통신 연결을 직접 구축했다. 본회의실의 화면으로는 랭리의 CIA 본부에 있는 리언 패네타와 백악관에 있는 NSC 팀이 연결되어 있었다. 소형 회의실에서는 수많은 훈장과 휘장이 빛나는 파란색 공군복을 입은 브래드 웨브 장군이 맥레이븐과 화상통신으로 연결되어 있었다. 그뿐 아니라 아보타바드 현장의 영상도 주택단지 상공을 날고 있는 센티넬 드론을 통해 전달되고 있었다. 센티넬 드론은 야간 투시 기능도 갖추고 있었다. 맥레이븐은 당시 상황을 다음과 같이 기억했다.

"브래드는 작은 회의실에 있었습니다. 저와 화상회의를 하며 소통도 하고 제가 보고 있는 화면을 그대로 보기도 했습니다."

원래 계획대로라면 오바마 대통령과 다른 참모들은 맥레이븐과 계속 소통하고 있던 패네타를 통해 상황 보고를 받아야 했다. 게리 브레스나한은 당시 소통이 이루어지던 방식을 다음과 같이 설명했다.

"저는 작은 회의실에서 맥레이븐과 계속 연결되어 있었습니다. 멀린이 한번씩 작은 회의실로 들어와서 2분 정도 간략한 상황 보고를 받았습니다."

멀린은 보고 받은 상황을 본회의실에 가서 그곳에 모여 있던 사람들에게 전달했다. 그러다 사람들이 소형 회의실에 가면 파키스탄의 상황을 실시간으로 볼 수 있다는 사실을 깨달았다. 그렇게 하나둘씩 그 방으로 모여들기 시작한 것이었다. 바이든 부통령이 작은 회의실로 가자 로버트 게이츠도 뒤따랐다.

브레스나한에 따르면 토머스 도닐런이 소형 회의실의 영상을 본회의실에서 볼 수 있도록 옮겨달라고 요청했다고 한다.

"저는 못한다고 했습니다."

브레스나한은 당시 영상을 옮겨볼 수도 있었지만 두려웠다.

"나쁜 의도는 없었지만, 거짓말이었습니다. … 혹시라도 영상을 옮기다가 통신 전체가 끊겨버리거나 실패하는 일이 생길 수도 있어서 걱정되었거든요."

브레스나한은 도닐런의 요청을 거부한 일을 두고 복잡한 감정이 든다고 말했다.

"그때 그냥 시도해볼 걸 그랬나 하는 생각이 듭니다. 더 큰 회의실에서 다 같이 볼 수 있을 수도 있었잖아요. 하지만 또 한편으로는 그날 제가 요청을 거절하길 잘했다는 생각도 있어요. 덕분에 수자의 사진이 훨씬 더 상징적인 모습으로 기록에 남게 되었으니까요."

대통령은 계속 큰 회의실에 남아서 멀린을 통해 상황을 보고 받았다. 그러다 결국 멀린에게 물었다.

"어디에서 그런 정보를 얻는 건가요?"

멀린은 옆 회의실에서 작전 현장 상황을 실시간 영상으로 볼 수 있다고 말했다. 대통령은 재빠르게 소형 회의실로 이동해 직접 영상을 보기 시작했다. 라이터는 당시 모습을 다음과 같이 정리했다.

"모든 사람이 그 작은 회의실에 빽빽하게 들어가 있는 서커스 차량 같은 장면이 그렇게 탄생한 거죠. 큰 회의실로 영상을 옮기지 못해서 생긴 일이었어요."

아프가니스탄 잘랄라바드에 있던 맥레이븐은 NSC 전체가 이제 습격 작전을 실시간으로 지켜보고 있다는 사실을 알고 있었다. 맥레이븐은 당시 모습을 다음과 같이 떠올렸다.

"목표 지점에 도달하기까지 2분 정도 남아 있던 시점에 브래드 웨브에게서 채팅 메시지를 받았습니다. '부통령이 회의실로 입장했습니다.' 그리고 얼마 지나지 않아 '대통령이 회의실로 입장했습니다. 이제 모두 회의실에서 상황을 지켜보고 있습니다'라는 메시지가 오더군요. 바로 그때 헬리콥터가 추락했습니다. 웹 장군은 그 순간 작전 현장에서 무슨 일이 벌어지고 있으며 그 이유는 무엇인지 아주 훌륭하게 설명했습니다."

계획에 따라 헬리콥터 두 대가 빈라덴이 있다고 여겨지는 주택단지로 접근했다. 하지만 그중 한 대가 '원형와류상태'에 빠졌다. 원형와류란 예상보다 높은 기온과 높은 벽으로 인해 발생하는 현상으로, 헬리콥터가 정지 비행하는 데 영향을 줬다. 결국 헬리콥터의 꼬리 부분이 담장에 부딪히면서 주택단지 안쪽으로 추락했고, 기체가 45도 각도로 벽에 기댄 채로 멈춰버렸다.

로버트 게이츠는 헬리콥터가 추락하던 당시를 다음과 같이 떠올렸다.

"빈라덴 습격 작전 중 헬리콥터가 추락했을 때 저는 혈압이 치솟는 듯했습니다. … '세상에, 또 이런 일이!'라고 생각했죠. 그 일이 있은 지 거의 30년 만이었습니다."

실제로 31년이 지난 때였다. 하지만 그때 기억은 너무도 생생하게 남아 여전히 고통스러웠다.

작은 회의실에 모여 헬리콥터 추락 장면을 실시간으로 보던 사람들은 모두 얼어붙었다. 모두가 두려워하던 데저트원의 악몽이 실제로 반복되고 있었다. 그때 맥레이븐 제독의 차분하고 안정된 목소리가 통신 장비를 통해 울려 퍼졌다. 맥레이븐은 마치 자연 다큐멘터리 해설자처럼 담담한 목소리로 말했다.

"보시다시피 헬리콥터가 추락했습니다. 이제 플랜 B로 가겠습니다."

제임스 클래퍼는 후에 개릿 그래프 기자와 인터뷰하며 다음과 같이 말했다.

"맥레이븐은 마치 택시를 부르는 것처럼 침착하고 냉정하게 말했습니다."

맥레이븐이 말했던 '결정의 순간을 위한 지표'가 이때 빛을 발했다. 맥레이븐은 일어날 수 있는 모든 시나리오를 사전에 생각해보고 대비책을 만들어두었다. 헬리콥터 추락도 그 수많은 시나리오 중 하나였다.

미셸 플러노이는 다음과 같이 말했다.

"우리는 헬리콥터 추락에 대비해서도 계획을 세웠습니다. 파키스탄 레이더 탐지를 피할 수 있는 지형물 뒤쪽에 헬리콥터 두 대를 추가로 대기시켰습니다. 그 두 대는 미리 로터를 구동해 호출되는 즉시 날아갈 수 있도록 준비 중이었죠."

경험에서 배운 교훈 덕분에 특수부대원들은 과거의 실수를 되풀이하지 않을 수 있었다.

피트 수자가 포착한 그 상징적인 순간에 정확히 어떤 상황이 벌어지고 있었는지는 알 수 없다. 수자는 당시 상황을 다음과 같이 설명했다.

"움직이기도 어려울 정도로 비좁은 그 회의실 구석에 제가 있었습니다. 제 바로 앞에 또 다른 사람이 있었기 때문에 실제로 움직이는 게 불가능했습니다. 양쪽에도 사람이 있었고 제 엉덩이는 구석에 있는 레이저프린터랑 닿아 있었어요. 저는 그 안에 40분 정도 머물면서 수백 장의 사진을 찍었습니다. 그런데 그 한 장의 사진을 보자마자 '바로 이거다!'라고 생각했죠."

수자는 그 사진이 찍힌 순간 무슨 일이 있었는지 기억하려 했다. 사진에 남은 시간 기록을 토대로 보면 습격 작전이 거의 끝나갈 무렵에 찍힌 사진이었다.

"추측컨대 빈라덴을 잡았다는 사실을 알고 있던 무렵이었어요. 하지만 특수부대원들이 모두 무사한지 여부는 아직 모르던 때였죠."

팔자는 수자에게 당시 그 회의실 안의 분위기가 어땠는지 물었다.

"평소 상황실에서는 어떤 공간에서든 대화가 오갔습니다. 사람들이 보고하면 대통령은 듣고, 답하고, 질문했죠. 하지만 빈라덴 습격 작전을 지켜보던 40분간은 거의 정적에 가까웠어요."

여러 보도에 따르면 정확히 빈라덴이 언제 사살되었는지에 대해서는 처음에 다소 혼란이 있었다. 특수부대 팀은 빈라덴을 찾았다는 의미의 '제로니모Geronimo'라는 암호를 송신했다(물론 아파치족 추장의 이름을 이번 작전 암호로 사용했다는 점은 후에 미국 원주민들로부터 비난받았다). 처음 보내 온 암호에는 빈라덴을 사살했는지 아니면 생포했는지에 관한 정보가 없었다. 맥레이븐은 즉시 생사 여부 확인을 요청했고 바로 답이 왔다. '제로니모 EKIAenemy killed in action' 즉 빈라덴은 작전 중 사살되었다는 것이었다. 빈라덴 가족과 DNA 대조를 통해 빈라덴의 정확한 신원을 확인한 것은 그 후의 일이었지만, 그 순간 오바마 대통령이 듣고 싶었던 모든 정보를 담은 암호였다. 오바마는 그 자리에서 외쳤다.

"우리가 잡았다."

대통령은 그 작은 회의실에서 나오면서도 우리가 잡았다는 말을 반복했다. 게리 브레스나한은 참모들이 비좁은 회의실로 몰려드는 바람에 작전이 진행되는 동안 회의실 밖에 서 있어야 했다. 하지만 회의실 바깥에 나와 있어야 했던 점이 섭섭하지 않았다고 했다.

"저희는 어차피 무대 뒤에서 일하는 사람들입니다."

게다가 브레스나한은 회의실 밖에 대기하고 있던 덕분에 예상치 못한 행운도 얻었다.

"오바마가 회의실 밖으로 걸어 나오면서 가장 먼저 주먹 인사를 한 사람이 바로 저였습니다. 대통령은 '우리가 잡았네'라고 말했고, 저는 '네, 저희가 해냈네요'라고 대답했죠."

*

습격 작전이 진행되던 중에는 정적만 흘렀던 상황실에 특수부대원들이 안전하게 잘랄라바드로 복귀했다는 소식이 전해진 후로는 분주하게 대화가 오가기 시작했다. 상황실 직원들은 신속하게 미국 정치 지도자들과 해외 정상들 간의 전화 통화를 연결했다. 소문은 빠르게 퍼지는 법이므로 CNN이나 다른 뉴스 매체가 아닌 오바마 대통령에게 직접 이 소식을 들어야 했던 해외 정상들과 재빠르게 전화를 연결해야 했다.

상황실 당직 요원으로 근무한 적 있는 드루 로버츠는 상황실에서 좋은 날이란 정상 간 전화 통화가 한두 건만 있는 날이고, 힘든 날은 다섯 건 이상인 날이라고 말했다. 정상 간 전화 통화 연결에는 준비 과정만 있는 게 아니라 통화가 끝난 후 신속하고 정확한 대화 기록 작업까지 요구되었기 때문이다. 로버츠는 그날 상황실에 없었다. 로버츠의 상황실 근무는 빈라덴 습격 작전이 일어나기 한 달 반 전에 종료되었기 때문이다. 하지만 로버츠는 동료들을 통해 그날 상황실에서 65건의 전화 통화를 연결했다는 소식을 들었다. 숫자만으로도 놀라웠지만, 아주 짧은 시간 안에 긴박하게 처리해야 했다는 점에서 더 대단했다.

로버츠는 다음과 같이 말했다.

"불쌍한 주간 근무조 직원들은 그날 밤늦게까지 어떤 상황이 펼쳐질지 뻔했기 때문에 야간 근무까지 이어서 했다고 들었습니다. 국가 기록 보존용으로 전화 통화 내용을 정리하는 데 직원 열네 명 정도가 필요했다고 합니다. 모든 통화 내용을 타이핑하고, 확인하고, 수정하고, 발송해야 했다고요."

마이클 멀린은 파키스탄 시각으로 새벽 3시에 아슈팍 파르베즈 카야니 파키스탄 육군 참모총장에게 전화를 연결해 파키스탄에서 습격 작전이 수행되었음을 알렸다.

오바마 대통령이 동부표준시 기준으로 밤 11시 35분 빈라덴 사망을 공식 발표하기 전에 파키스탄에서 큰 사건이 일어났다는 소문이 빠르게 퍼지고 있었다. 사실 무슨 일이 일어나고 있다는 소문은 습격 작전이 진행 중일 때 이미 시작되었다. 아보타바드에 거주하던 소헤이브 아타르라는 사람이 '새벽 1시에 아보타바드 상공에 헬리콥터들이 날아다니고 있다. 드문 일이다'라고 당시 상황을 트위터로 공유했기 때문이었다.

나도 작전 전날 저녁 뭔가 큰일이 벌어지고 있다는 낌새를 느꼈지만, 윌리엄 데일리가 별일 아니라고 한 후로는 더 이상 캐지 않았다. 그런데 5월 1일 저녁, 제이 카니 백악관 대변인이 나를 깨우더니 다음과 같이 말했다.

"이봐요, 조지. 지금 출근해야겠어요."

그날 밤에는 원래 카메라 앞에 설 계획이 없었다. 하지만 제이의 빠른 연락 덕분에 곧장 스튜디오로 달려갈 수 있었다.

내가 스튜디오에 도착했던 무렵, 2주 동안 극심한 긴장감 속에서 습격 작전을 준비했던 게리 브레스나한은 탈진한 상태로 애인이 있는 집으로 돌아갔다. 그날 밤늦게 침대에 누우며 브레스나한은 애인에게 잘 자라고 인사했다.

"여자 친구는 반쯤 잠든 상태였습니다. 저는 '미국을 위한 밤이야. 잘 자!'라고 말하고는 옆에서 잠들었습니다. 두세 시간쯤 지난 후에 뉴스에 그 소식이 나오기 시작했습니다. 여자 친구가 저를 깨우더니 '미국을 위한 밤이라고?'라며 소리 지르더군요."

적어도 브레스나한의 애인은 그가 지난 2주 동안 바람을 피운 게 아니었다는 사실을 확실히 알게 되었다.

*

빈라덴 습격 작전 후 두 달이 채 지나기 전, 로버트 게이츠는 공직에서 물러났다. 게이츠는 1966년 인디애나대학교 재학 중 CIA에 채용된 이후 50여 년간 국가를 위해 헌신했다. 존슨, 닉슨, 포드, 카터, 레이건, 부시, 클린턴, 부시, 오바마, 총 아홉 명의 대통령과 수십 명의 장관을 만났고, 여러 전쟁, 사고, 승리, 패배를 겪었다. 나라의 운명이 달린 중대한 결정을 내려야 하는 상황실 회의에 수백, 수천 번 참석했다. 이제는 게이츠도 점점 지쳐가는 게 느껴졌다.

게이츠는 다음과 같이 말했다.

"결국 모든 문제의 마지막에는 대통령, 부통령, 국무장관, 국방장관, 국가안보 보좌관, CIA 국장, 합참의장 여덟 명이 상황실에 모여 일을 처리합니다. 항상 팽팽한 긴장감 속에서 일해야 하죠. 가장 심각한 수준의 이해관계가 걸려 있는 중대한 문제들이기에 조직들은 늘 경쟁 관계를 형성하고 있습니다. 세부 사항 하나하나 놓치지 않고 모두 짚고 넘어가야 하는 고된 일이면서, 중압감도 심합니다."

게이츠는 이어서 대통령과 함께 일하며 느낀 점을 말했다.

"대통령이 결정 내려야 하는 일 중에 쉬운 일은 하나도 없습니다. 해결하기 쉬운 문제라면 더 밑에 있는 사람이 처리하고 그에 따르는 인정도 받았겠죠. 대통령이 결정해야 하는 일 대부분은 가장 덜 나쁜 선택지를 찾아내는 겁니다."

빈라덴 습격 작전이 완수되기까지 모든 과정을 되짚어보면, 한 가지 결론에 도달할 수 있다. 버락 오바마라는 사람을 어떻게 평가하든, 빈라덴 습격 작전을 지휘하는 과정에서는 올바른 방식으로 일을 처리했다는 점이다. 중요한 문제에 직면할 때마다 오바마는 체계적으로 일을 처리했고, 준비된 모습을 보였다. 상황실에서는 가장 효율적이고 생산적인 방식으로 전 과정을 지휘했다. 역사에서 배운 교훈을 소중히 여겼고, 모든 가치관을 고려했으며, 결단력 있게 행동했다.

게이츠는 자신의 회고록 《임무》에서 다음과 같이 쓰며 오바마의 결정을 평가했다.

"내가 백악관에서 본 가장 용기 있는 결정을 내린 대통령과 함께 일할 수 있어서 자랑스러웠다."

*

오사마 빈라덴의 시신은 아라비아해 북쪽에 정박해 있던 핵 추진 항공모함 USS 칼빈슨호로 옮겨졌다. 하얀 수의로 감싼 빈라덴의 시신은 이슬람교 전통에 따라 사후 24시간 내 수장하기 위해 넓은 판자 위에 놓여 있었다. 수장 전 짧은 종교의식이 진행되는 동안 갑판 위에는 십여 명 남짓한 사람이 지켜보고 있었다. 그중 한 명은 빈라덴의 죽음과 마지막 장례 의식을 통해 마음속에 큰 마침표 하나를 찍고 있었다.

앞에서 등장했던 에드 파딘스키를 기억하는가? 상황실의 선임 요원으로 재임 중이던 2001년 9월 11일 아침, 근무일이 아니었음에도 용감하게 백악관으로 달려가 하루 종일 자리를 지켰던 군인이다. 그는 9.11 테러로 펜타곤에 있던 여러 친구와 동료를 잃었고, 테러 후 2주 동안 여덟 건의 장례식에 참석해야 했다. 그리고 빈라덴의 시신이 칼빈슨호로 옮겨지던 그 순간, 파딘스키는 순전히 우연에 의해 그 항공모함에 배치되어 근무 중이었다. 파딘스키는 당시 감정을 다음과 같이 묘사했다.

"마치 제 인생을 건 임무의 마지막 책장을 덮는 순간처럼 느껴졌습니다."

항공모함의 고위급 정보장교였던 파딘스키는 빈라덴의 시신이 함정을 향해 이동 중이라는 통보를 받았다. 당시 상황을 파딘스키는 다음과 같이 떠올렸다.

"무슨 일이 벌어지고 있는지 부관에게조차 말하기 어려웠습니다. 그때 보초를 서던 준위 한 명이 문을 열고 고개를 내밀더니 'CNN에서 우리가 빈라덴을 죽였다고 보도하고 있습니다'라고 말했어요. 저는 바로 작전상 보안을 유지하기 위해 말했습니다. '맷, 벌써 수십 번 들은 이야기야. 좋아, 바로 나가겠네.'"

파딘스키는 당장 자신에게 주어진 임무를 완수하기 위해 모든 감정을 억눌러야 했다. 파딘스키는 다음과 같이 당시 상황을 묘사했다.

"당시 함정에 있던 몇 안 되는 고위 간부들은 각자 맡은 임무에 집중했습니다. 우리가 맡은 임무가 국가적으로 어떤 의미를 가지는지는 생각하지 않았죠. 우리는 스스로 칼빈슨을 '미국이 가장 사랑하는 항공모함'이라고 부르고 있었기 때문에, 해군, 미군, 나아가 우리 조국에게 이번 임무를 제대로 완수하는 모습을 보여주고 싶었습니다."

파딘스키는 작전의 구체적인 내용까지는 말할 수 없지만, 함정 전체가 봉쇄 상태에 들어갔다고 말했다.

"몇몇 허가받은 인원을 제외하고는 그 누구도 통로를 오가거나, 평소처럼 업무를 볼 수 없었어요. 저는 그 허가받은 인원 중 한 명이었고요. 함정 전체가 그렇게 고요한 적은 처음이었습니다. 통로를 지나다니면서 CNN과 다른 뉴스 채널 소리를 들을 수 있었고, 뉴스에서 보도되는 이야기가 모두 사실이길 바라는 기대와 설렘도 느낄 수 있었죠. '그래, 예전부터 계획해오던 일이잖아'라고 말하는 사람도 있었습니다."

파딘스키는 그의 부관이 지금 무슨 일이 벌어지고 있는지 눈치챌 때까지 아무런 감정을 내보이지 않았다. 마침내 부관이 상황을 파악했을 때, 파딘스키와 부관은 서로 하이 파이브를 했다고 한다.

빈라덴의 시신이 수장될 때, 파딘스키가 관을 운반하지는 않았지만 바로 그 옆에 있었다고 했다. 특유의 담담한 어조로 파딘스키는 다음과 같이 말했다.

"확실히 마무리 짓는 느낌이 들었죠. 그리고 바로 그 자리에서 그 결말을 지켜볼 수 있어서 영광이었습니다."

파딘스키는 그의 친구이자 멘토인 메리 소브레이 소령에게 보낸 편지에 바다로 미끄러져내려가는 빈라덴의 시신을 지켜보며 느낀 감정을 더 진솔하게 털어놓았다. 2001년 펜타곤에서 해군 정보작전참모부 팀 전원이 희생되었을 때, 소브레이는 파딘스키와 다른 이들이 끔찍하리만큼 고통스러운 슬픔을 이겨낼 수 있도록 도와준 친구였다. 빈라덴의 수장 의식이 끝난 후, 파딘스키는 소브레이에게 다음과 같이 이메일을 보냈다.

"걱정하지 마세요, 메리. 해군 정보작전참모부가 배 위에 함께 있었습니다."

11장

백악관의 할리우드 스토리

"넌 해고야!"

이 말은 도널드 트럼프의 리얼리티 티브이쇼 〈어프렌티스〉의 대표 유행어인 동시에 트럼프 행정부가 상황실에 도입한 유일한 혁신이었다. 2017년 12월 12일, 존 켈리 백악관 비서실장은 트럼프 대통령의 최측근 비서 오마로사 매니골트 뉴먼을 상황실로 불러 더 이상 백악관에 출근할 필요가 없다고 통보했다. 우리는 켈리가 정확하게 어떻게 말했는지 알고 있다. 왜냐하면 오마로사가 모든 규범과 보안규정을 어기고 상황실에 녹음기를 몰래 들고 들어갔기 때문이다.

켈리는 오마로사에게 다음과 같이 말했다.

"내가 보기에는, 지난 몇 달 동안 꽤 심각한 성실의무 위반 관련 문제가 있었습니다. 당장 법적 조치를 취하지는 않을 겁니다. … 큰 소란 없이 원만하게 떠나준다면, 백악관에서 일한 기간을 1년 동안 나라를 위해 봉사한 경력으로 고려할 수 있을 거고, 이후로도 당신 평판과 관련해서는 아무 문제 없이 지낼 수 있을 겁니다."

클린턴 행정부 시절에도 백악관에서 근무한 적이 있고, 〈어프렌티스〉

에서는 세 개 시즌이 진행되는 고정 출연자로 활약한 오마로사는 켈리의 발언을 협박으로 받아들였다고 말했다. 인사 담당 직원 아이린 포라다가 회의실로 들어왔을 때도 오마로사는 계속 대화를 몰래 녹음했다. 포라다는 오마로사에게 물을 건네며 "힘든 날이라는 걸 알아요"라며 말을 걸었다. 두 사람은 오마로사의 퇴직 조건에 대해 협의했다. 포라다는 20년 넘게 백악관에 근무한 직원이었지만 상황실에 들어온 것은 이번이 처음이었다.

오마로사는 여러 번 나가게 해달라고 요청했지만, 두 시간 동안 상황실에서 나갈 수 없었다고 했다.

"저는 계속 나가게 해달라고 요청했습니다. 제가 녹음한 내용을 들어보면 '이제 나가도 되나요?'라고 묻는 걸 들을 수 있을 겁니다. 그 사람들은 세 번이나 제 요청을 거부했습니다. 제가 천식이 있어서 흡입기를 가지러 가도 되냐고 물었는데, 그때도 안 된다고 했어요."

오마로사는 죄수처럼 갇힌 상태였다고 말했다.

그날 낮에는 제프 파울러 상황실 선임 실장이 근무하고 있었지만, 켈리와 오마로사가 만난 시간에는 이미 백악관을 떠나고 없었다. 파울러는 두 사람이 상황실에서 만난다는 사실은 알고 있었지만, 왜 만나는지는 몰랐다고 했다. 그리고 오마로사가 상황실에 갇혀 있었다는 주장에는 이의를 제기하며 다음과 같이 말했다.

"웃음밖에 나오지 않습니다. 왜냐하면 상황실의 문은 안에서만 잠글 수 있습니다. 화장실처럼요. 회의 중에 다른 사람이 들어오는 일을 막기 위해 안에서 잠그도록 설계되어 있습니다. … 사람들이 하는 말이 전부 사실은 아니죠."

트럼프 행정부가 시작된 후로 진실과 거짓을 구분하는 일이 쉽지 않아졌다. 오마로사는 NBC와의 인터뷰에서 다음과 같이 말했다.

"백악관에서는 모두가 거짓말을 합니다. 대통령은 미국 국민에게 거짓말을 합니다. 백악관 대변인 세라 허커비는 국민 앞에 서서 매일 거짓말을 하죠."

그날 상황실에서 무슨 말이 오갔는지 정확한 진실을 알게 된 이유는 단 하나, 오마로사가 대화를 녹음했기 때문이다. 그런데 오마로사는 도대체 어떻게 세상에서 가장 보안이 철저하다고 여겨지는 상황실에서 **대화를 녹음할 수 있었을까?**

래리 파이퍼 전 상황실장은 다음과 같이 추측했다.

"제가 알고 있는 바로는 오마로사가 펜처럼 생긴 녹음기를 들고 갔다고 합니다. 비밀경호국은 백악관 전역에서 전자신호를 탐지할 수 있는 장비를 가지고 있습니다."

누군가 휴대전화, 애플워치, 아이패드, 킨들처럼 신호를 송출하는 기기를 상황실로 들고 들어가려고 시도하는 순간 전자신호 감지기가 이를 감지한다. 하지만 신호를 송출하지 않는 소형 전자기기는 잡아내기 어렵기 때문에 반입 가능할 수도 있다.

상황실 구역 바깥에는 전자기기를 반입할 수 없다는 안내문이 붙어 있다. 그리고 상황실 앞 안내 직원도 출입하는 사람들에게 전자기기는 모두 상황실 바깥에 준비된 상자에 놔두고 들어가도록 직접 안내한다. 하지만 상황실에 들어가기 전에 탐지기를 통과하거나 몸수색을 받아야 하는 것은 아니다. 파이퍼는 그 이유를 다음과 같이 설명했다.

"상황실에서는 자율 관리 제도를 시행하고 있습니다. … 상황실을 오가는 사람은 대부분 고위급 인사들이고 아주 중요한 사람들입니다. 이곳을 출입할 만한 사람들이라면 알아서 올바른 행동을 하리라고 전제하는 겁니다."

가끔 해야 할 일을 잊어버리는 사람들이 있다. 그럴 때는 전자신호 감지기가 기기를 감지하고, 상황실 직원이 와서 해당 기기를 회수한다. 그런데도 여전히 휴대전화를 몰래 반입하려는 사람들이 있다. 전자신호 감지기를 설치하기 전의 모습을 파이퍼는 다음과 같이 회상했다.

"상황실의 모든 회의실에는 카메라가 설치되어 있습니다. 누군가 손을 테이블 아래에 두고 계속 밑을 보고 있을 때가 있죠. 그러면 저희는 토머스 도닐런에게 '누군가 상황실에서 휴대전화를 사용하고 있다'라고 적힌 메모를 전달합니다. 그렇게 적발되고 나면, 휴대전화를 상황실 내부로 들고 온 사람들은 도대체 얼마나 바쁘고 중요한 일이 있길래 다른 사람처럼 폰을 밖에 놔두고 오지 않았나 하는 부끄러움을 느낄 수밖에 없죠."

파울러는 상황실의 보안에 관해 다음과 같이 말했다.

"보안은 양파 같다고 볼 수 있습니다. 물리적 보안부터 신원 조회까지 겹겹의 보호막이 필요하죠. 하지만 보안에서 가장 중요한 것은 신뢰입니다. 최악의 상황은 신뢰를 저버리는 사람, 믿음을 깨버리는 사람이 내부에 생기는 겁니다."

트럼프의 해결사 마이클 코언과 오마로사와 같은 트럼프 측근들이 서로를 녹음한다고 늘 바빴던 것을 보면, 트럼프의 백악관에서는 믿음과 신뢰가 충분하지 않았던 듯하다. 트럼프는 백악관에 들어오기 전부터 습관적으로 전화 통화를 녹음했다. 나도 트럼프 측근과 대화할 때면 늘 녹음되고 있다고 생각할 수밖에 없었다.

오마로사가 상황실에서 해고 통보를 받던 당시, 혹시 자신이 녹음되고 있는지 질문했다는 사실은 흥미롭게 느껴진다. 오마로사 본인은 회의를 몰래 녹음하고 있으면서 자신은 어떠한 녹음에도 동의하지 않았다고 그 자리에서 당당하게 밝혔다. 기이한 상황에서 기가 찰 정도로 대담한 모습이 연출된 순간이었다.

오마로사 사건은 상황실이 직원을 해고할 용도로 사용된 유일한 사례였다. 그리고 해고 과정이 녹음된 유일한 사례이기도 했다. 이 사건은 트럼프 행정부에 관한 더 큰 진실을 드러내 보여줬다. 바로 이 행정부에서 정상적인 것은 찾아보기 힘들다는 점이다. 이 책은 현대 대통령제가 어떻게 국가 위기를 헤쳐나가는지 살펴보고 있다. 하지만 트럼프 정부에서는 대통령이 헤쳐나가야 할 위기였다.

대통령 때문에 닥친 문제를 해결해야 했던 사람들에게는 모든 상황이 큰 부담이었다. 트럼프는 국가안보 팀을 망가뜨리고 지치게 했다. 네 명의 국방장관, 네 명의 국방정보국 국장, 네 명의 백악관 비서실장, 다섯 명의 국토안보부 장관이 트럼프 정부를 거쳐갔다. 그리고 가장 중대한 직책에 임명되었던 그 사람들이 트럼프의 대통령으로서의 자질과 인성에 가장 가혹한 평가를 내렸다. 트럼프 정부의 첫 국무부 장관으로 임명된 렉스 틸러슨은 동료들에게 대통령을 '멍청이'라고 말해서 유명해졌다. 트럼프 정부의 첫 국방장관이었던 제임스 매티스 전 해병대 장군은 트럼프를 헌법에 위협을 가하는 인물이라고 평가했다. 매티스는 트럼프가 "국민을 하나로 모으지도 않고, 모으는 척도 하지 않는다"라며 비판했다. 같은 해병대 출신으로 백악관 비서실장을 지낸 존 켈리는 트럼프를 "평생 만나본 사람 중에 가장 결점이 많은 사람"이라고 비난했다.

이곳에 트럼프 대통령을 보좌했던 이들이 상황실에서 겪은 이야기를 모아보았다. 트럼프와 함께한 이들이 겪은 황당했던 순간에 대한 광기에 찬 고백들이다. 바로 백악관의 〈할리우드 스토리 The postcards from the edge〉다.

*

국토안보 보좌관 톰 보서트는 트럼프에 대해 다음과 같이 말했다.

"제가 본 사람 중 가장 무절제하고, 무질서했습니다. 보좌관들과 각료들이 어떤 방법을 써봐도 트럼프는 늘 절차를 무시한 결정을 내렸고, 저희의 모든 노력은 수포로 돌아갔어요."

보서트는 매티스와 틸러슨에 대해서도 다음과 같이 덧붙였다.

"매티스와 틸러슨처럼 조금이라도 분별력이 있는 사람들은 곧장 트럼프를 피하고 멀리했습니다. 매티스는 백악관에 들어가려 하지도 않았습니다. 매티스는 '저 둥그런 방에서 미치광이가 소리 지르고 있잖아. 저기 들어가지 않고 그냥 내 할 일 하겠어'라고 생각했을 겁니다."

실제로 틸러슨과 매티스는 대통령을 피해 백악관 밖에서 정기적으로 만났다.

니콜라스 라스무센은 국가대테러본부 국장으로 오바마 행정부에서 2년, 트럼프 행정부에서 1년간 재임했다. 라스무센은 두 행정부의 차이가 아주 컸다면서 다음과 같이 설명했다.

"트럼프 행정부가 시작된 후 상황실에서 진행되는 회의가 매우 많이 줄어들었습니다. 오바마 시절에는 일주일에 세 번, 네 번, 다섯 번이라도 백악관으로 달려가 각종 회의에 참석해야 했어요. 하지만 트럼프 행정부에서는 아무 회의 없이 몇 주가 그냥 지나가는 일이 다반사였죠."

보서트는 트럼프와 상황실에 대해 다음과 같이 말했다.

"제가 백악관에서 일했던 1년 반 동안 트럼프가 상황실에 갔던 게 네 번 정도뿐이었어요. 트럼프는 상황실을 좋아하지 않았어요. 그 방에 직접 가야 한다는 생각 자체를 싫어했습니다. 모든 사람이 자신에게 오기를 원했죠."

보서트는 트럼프의 스타일에 맞춰서 상황실 운영 방식을 조정해보려고 했다. 정권 인수 기간 중 보서트는 고위 관계자들과 매뉴얼을 새롭게 다듬었다.

"오바마가 정보를 취하던 방식과 트럼프의 방식이 달랐기 때문에 매뉴얼 형식도 바꿔보려고 노력했습니다."

사실 새로 취임하는 대통령이 어떤 방식으로 정보를 전달받고 싶은지 분명히 해야 하지만, 트럼프는 그런 세세한 부분에는 관심이 없었다.

트럼프가 상황실에 정보를 요청한 적은 거의 없었다. 보고서를 요구하지도 않았고, 전화를 걸어 질문한 적도 없었다. 나는 보서트에게 트럼프가 정말 상황실보다 폭스뉴스 채널을 통해 더 많은 정보를 얻었다고 볼 수 있는지 질문했다. 보서트는 다음과 같이 대답했다.

"그게 질문이 될 거라고도 생각하지 않습니다. 100퍼센트 정확한 팩트입니다."

그리고 보서트는 내가 한 번도 들어보지 못한 이야기를 해줬다.

"트럼프는 한동안 여러 뉴스 채널에서 뭐라고 하는지 듣고 싶어 하지 않았습니다. 진짜 뉴스보다는 티브이 화면 아래로 지나가는 짧은 자막 뉴스 읽기를 더 좋아했습니다. 심지어 자막 뉴스를 캡쳐해서 출력해달라고까지 했습니다. … 상황실에서 그 일을 맡아서 했죠. 상황실 직원들이 자막 뉴스를 인쇄한 후 책자로 묶어서 트럼프에게 전달했습니다."

자막 뉴스 모으기는 고도로 훈련된 백악관 정보 요원들이 할 수 있는 최악의 임무였을 게 확실하다.

*

니콜라스 라스무센은 트럼프 대통령의 취임 첫 주에 나눴던 대화를 기억하고 있었다. 당시 대화는 트럼프 행정부가 다른 행정부와는 얼마나 달라질지 잘 보여줬다.

"예멘 문제로 K. T. 맥팔런드 국가안보 부보좌관과 회의를 한 적이 있습니다. 회의 중 누군가 '다음에는 무슨 일이 일어날까요?'라고 질문했습니다."

회의 참석자들은 대통령의 대응 등을 포함해 여러 가능한 시나리오를 논의하고 있었다.

"그때 맥팔런드가 말했습니다. '여러분 지금 너무 진지하게 생각하고 있네요. 지금 논의하는 내용은 전부 우리 생각이지, 대통령의 생각이 아닙니다.'"

맥팔런드는 트럼프가 그의 가족, 정치 전략가, 주변에 어슬렁거리는 사람들을 데리고 비밀리에 여러 정책과 관련한 결정을 내리는 방식을 선호한다고 설명했다.

트럼프가 민감한 회의에 아무 사람이나 불러들이는 습관은 여러 차례 난처한 상황을 만들기도 했다. 보안 인가를 받지 않았지만, 그렇다고 대통령의 뜻을 거스르고 싶지도 않았던 사람들은 극도로 예민해진 정보 요원들과 마주해야 했다. 기밀정보 브리핑이 진행되는 중에는 트럼프를 제외한 모든 사람이 난처해하거나 불편해했다. 하지만 트럼프는 친한 사람들과 함께 있다는 사실에 마냥 행복해하는 듯했다.

대통령이 상황실에 있을 때면, 언제나 그 자리에 끼어보려는 사람들이 있기 마련이다. 보서트는 "상황실에서 다루어지는 문제에는 항상 부차적인 이해관계가 얽혀 있기 때문에 사람들은 그곳에서 무슨 말이 오가는지 직접 듣고 싶어 한다"라고 말했다. 트럼프 행정부 시절에는 너무 많은 사람이 상황실 회의에 참석하고 싶어 해서 별도의 대기실까지 마련되었다. 많은 이들이 상황실 내 다른 공간에 앉아서 화면으로 회의를 시청했다. 전국 티브이 화면에 자주 등장한 덕에 유명세를 얻은 트럼프 대통령에게 딱 어울리는 상황실의 혁신이었다.

보서트가 백악관을 떠난 뒤 어느 날, 트럼프 대통령이 직접 보서트에게 전화를 걸어왔다. 전화를 받았을 때 보서트는 한국에 있었고, 두 사람 모두 개인용 전화를 사용 중이었다. 보서트는 당시 전화 통화를 다음과 같이 기억했다.

"저는 '아무 말씀도 하지 마십시오'라고 말했습니다. 저는 외국에 있는 상황이었고, 제 전화는 외국 통신망에 연결되어 있었죠. 대통령의 전화가 도청될 확률이 100퍼센트였고, 제 전화가 그 나라에서 도청될 확률도 90퍼센트였습니다. 그런 저희 둘이 통화를 한다는 것은 백만 퍼센트 누군가 대화를 들을 거라는 뜻이었어요."

수학적으로 이상하게 들릴지 모르겠지만, 보서트가 우려하던 바가 무엇인지는 확실히 전달되었다.

트럼프는 다음과 같이 답했다.

"알았네, 톰. 도청하는 사람들한테 정말 지긋지긋하다고 말해주게."

그리고 트럼프는 보서트의 경고를 완전히 무시한 채 대화를 이어갔다. 보서트는 아직도 그때 상황이 놀랍다는 듯이 말했다.

"아시잖아요. 트럼프는 남의 말을 듣지 않습니다."

트럼프는 정보 유출이 너무 심하다고 늘 불평했지만, 사실 '최고 유출자'는 항상 개인용 전화기를 사용하던 트럼프였다.

보서트는 다음과 같이 덧붙였다.

"제가 직접 봤습니다. 트럼프와 대화를 끝내고 집무실에서 나가려는데, 다 나가기도 전에 트럼프가 수화기를 들고 어떤 기자에게 전화를 걸어 금방 무슨 일이 있었는지 이야기하더군요. 저는 바로 뒤돌아서 소리쳤습니다. '지금 도대체 누구한테 말씀하시는 겁니까?'라고요."

대통령은 어깨를 으쓱할 뿐, 통화를 들켰다는 사실에 전혀 개의치 않는 듯했다.

보서트는 다음과 같이 말했다.

"트럼프 자신이 정보를 흘리니까 다른 사람도 모두 그렇게 한다고 생각하는 거죠. 모든 사람이 자기처럼 행동한다고 여기니까 편집증이 생기는 겁니다."

*

레이건, 조지 H. W. 부시, 조지 W. 부시, 트럼프 행정부에서 고위직을 지낸 존 볼턴은 철저하고 꼼꼼한 사람이다. 그래서 트럼프의 변덕스러움은 존 볼턴에게 끔찍할 정도로 참기 힘들었다. 나는 볼턴에게 트럼프 행정부의 상황실 회의가 다른 행정부들과 비교했을 때 어떠했는지 질문했다. 볼턴은 다음과 같이 답했다.

"재앙 수준이었어요. 트럼프는 회의 주제가 뭔지도 몰랐습니다. 배우려는 의지도 없었고요. 트럼프도 본인에게 어울리지 않는 자리에 있다는 사실을 느꼈을 겁니다. 사람들에게 둘러싸여 있었지만 모두 트럼프보다 더 똑똑한 사람들이었죠. 그래서 트럼프는 상황실보다 백악관 집무실로 물러나 있기를 더 선호했어요."

볼턴은 트럼프와 조지 W. 부시를 비교하며 다음과 같이 말했다. 부시 행정부 시절 볼턴은 UN 주재 미국 대사로 재임했다.

"조지 W. 부시는 아버지 부시만큼 외교정책에 정통한 사람은 아니었습니다. 부시는 그 사실을 알고 있었고, 그래서 열심히 배웠습니다. 트럼프 역시 배워야 할 게 많았지만, 애초에 노력할 생각조차 하지 않았죠."

볼턴은 시간이 지나면 트럼프가 대통령 자리에 걸맞은 인물로 성장하리라고 생각했다.

"전임 대통령들이 그래왔듯이 트럼프도 중대한 문제들을 다루며 책임감을 느끼다 보면 절제와 기강을 습득할 줄 알았습니다. 하지만 얼마 지나지 않아 그런 일은 일어나지 않겠다는 사실을 깨닫게 되었습니다."

트럼프가 외교정책을 대하는 태도는 특히 불쾌했다. 볼턴은 그 이유를 다음과 같이 설명했다.

"트럼프는 처음 대통령이 될 때부터 외국 정상들과 자신의 개인적인 관계가 공식적인 양국 관계를 결정한다고 생각했습니다. 지금도 그렇게 생각하고 있고요. '나는 푸틴과 관계가 좋았고, 시진핑과는 친구 사이이고, 김정은과는 브로맨스를 과시한 적이 있었지' 이런 식입니다."

국제 문제에서 개인적인 관계가 중요한 역할을 할 수는 있다. 하지만 국가이익보다 개인적인 관계가 우선이어서는 안 된다고 볼턴은 강조했다.

"푸틴, 시진핑, 김정은 같은 국가 정상들에게 개인적 관계는 아무 의미 없습니다. 그러나 트럼프는 그 사실을 끝내 알아차리지 못했죠."

2019년 6월에 일어난 사건은 볼턴이 기억하는 최악의 순간이었다. 그때 사건 때문에 볼턴은 국가안보 보좌관직에서 사임할 뻔했다. 당시 이란을 겨냥한 미사일 공격이 계획되어 있었고, 트럼프는 미사일 발사 직전 일방적으로 모든 계획을 취소했다.

호르무즈해협에서 이란군이 1700억 원 상당의 미국 글로벌호크 무인기를 격추했고, 이 사건으로 미국은 보복 공격을 준비하고 있었다. 볼턴은 당시 있었던 일을 다음과 같이 설명했다.

"우리는 마치 브렌트 스코크로프트처럼 아주 체계적이고 완벽한 NSC 회의를 열었습니다. 우리가 고려해야 할 사항들과 선택할 수 있는 선택지 등 모든 요소를 검토했죠."

6월 20일 상황실에서 열린 오후 회의에는 여야 지도부도 모두 참석해 공격 계획을 최종적으로 확정 지었다.

볼턴은 회의가 끝난 후 귀가해 씻고 옷을 갈아입을 생각이었다. 백악관에서 밤을 새워야 할 수도 있는 상황이었기 때문이다. 집으로 향하던 볼턴은 조지 워싱턴 메모리얼 파크웨이의 교통체증에 갇혀 있는 동안 마이크 폼페이오와 전화 통화를 하고 있었다. 그때 상황실에서 전화 한 통이 걸려 왔다. 당직 요원은 대통령이 볼턴, 폼페이오, 패트릭 섀너핸 국방장관 대행, 조지프 던퍼드 합참의장과 전화 회의를 하길 원한다고 전했다. 전화 회의가 성사되자 트럼프는 이란 공격을 취소하겠다고 통보해 모든 사람을 당혹스럽게 만들었다.

도대체 무슨 일이 있었던 것일까? 신중하게 검토한 후 결정된 계획을 트럼프는 왜 갑자기 창문 밖으로 집어던져버렸을까? 이 질문에 볼턴은 다음과 같이 답했다.

"백악관 변호사 중 한 명이 트럼프에게 달려가서 150명의 이란인이 죽을 수도 있다고 말했습니다. 트럼프는 그 말에 겁먹고는 공격 계획을 취소했습니다. 공격용 전투기들이 이미 출격한 상황이었는데 모두 그냥 철수해야 했죠."

볼턴은 당시의 기억을 자신의 회고록에 다음과 같이 기록했다.

"정부에서 오랫동안 일했지만, 이번만큼 비합리적인 대통령의 행동은 처음 보았다."

마지막 순간에 이란 공격을 취소했던 사건은 늘 마지막에 들은 말에 휘둘려 행동을 취하는 트럼프의 전형적인 모습을 잘 보여줬다. 그 말을 누가 했는지는 트럼프에게 아무 상관 없었다. 볼턴은 회고록에 다음과 같이 적었다.

"이란의 도발에 대한 보복 공습이 너무 과하다는 변호사의 말은 사실과 전혀 달랐고, 깊이 생각한 발언도 아니었다. 단지 트럼프의 관심을 끌기에 충분한 정보였다."

*

코로나19는 상황실에 새로운 혼란을 초래했다. 국회의사당이 공격받은 1월 6일 폭동 당시 상황실 근무 중이던 장교 마이크 스티글러는 코로나19 대유행이 백악관의 절차와 규정을 완전히 뒤흔들어놓았다고 말했다.

"유행이 막 시작했을 때, 몇몇 사람이 '지정생존자'로 정해졌습니다."

스티글러를 포함한 '지정생존자'들은 감염 위험을 최소화하기 위해 집과 직장 외에는 아무 데도 가지 말라는 지시를 받았다. 스티글러도 이곳저곳 돌아다니지 말고, 백악관이 폐쇄될 경우를 대비해 차에 비상 대피용 가방을 준비해두라는 지침을 받았다고 했다.

스티글러는 다음과 같이 당시 상황을 떠올렸다.

"상황실 내부에서 누군가 코로나에 걸리면, 전원이 격리되어야 하던 때였습니다. 그런 일이 생기면 상황실 전체를 소독해야 했고, 나머지 인력은 대체 장소에서 근무해야 했죠."

상황실 직원들은 누군가 백악관 내부에 바이러스를 퍼뜨리는 상황에 대비하는 훈련을 반복했다.

코로나19 대유행 초기 몇 달 동안은 사람들 간 거리를 유지 방침 때문에 모두가 고립된 생활을 해야 했다. 스티글러는 당시 생활을 다음과 같이 회상했다.

"우리는 단체 채팅방을 만들어서 매일 서로 안부를 묻고 상황실은 괜찮은지 확인했어요. 한동안 저희는 정말 홀로 지내야 했거든요. 정부는 완전히 마비 상태였습니다. 무슨 일이 생기면 우리가 알아서 처리해야 했고요."

코로나19에 대응할 수 있는 안전 수칙은 대통령의 태도 때문에 복잡해지기만 했다. 당시 상황실 상황을 스티글러는 다음과 같이 말했다.

"상황실은 실패가 허용되지 않는 곳입니다. 저희는 하루 24시간 마스크를 착용해야 했습니다. 하지만 상황실에서 나가면 마스크를 벗으라고 하더군요. 공포에 질린 듯한 모습을 보이지 말라는 이유였어요."

도널드 트럼프가 마스크를 극도로 싫어했다는 사실은 유명하다. 트럼프는 마스크가 나약함을 상징한다고 믿었다. 스티글러는 다음과 같이 덧붙였다.

"화장실 갈 때는 마스크를 써도 되었지만, 백악관 밖에서는 마스크를 벗어야 했습니다. 이런 방침이 저희에게는 심리적으로 큰 부담이었습니다. 안 그래도 걱정되고 지치는데, 어떨 때는 서로에게 짜증을 내는 상황이 생기기도 했어요. 불필요한 감정적 마찰이 생겼습니다."

하루는 스티글러의 감정이 백악관 바깥에서 폭발하는 일이 생겼다. 상황실 선임 실장이 직원들에게 백악관 내부로 입장하면서 체온을 측정할 때 마스크를 착용하지 말라는 지시를 내렸다. 상식적으로 앞뒤가 맞지 않는 명령이었다. 만약 누군가 바이러스에 감염된 채로 체온을 측정한다면, 체온 측정기를 통과하는 모두가 감염 위험에 노출되는 상황이 벌어질 수 있었기 때문이다.

"그때 제가 조금 많이 흥분해서 말했습니다. '그 지시를 무시하고 마스크를 착용한 채로 들어오면 어떻게 할 겁니까?'라고 선임 실장에게 직설적으로 쏘아붙였습니다. 그랬더니 제 보직에서 바로 해임될 수 있다고 답해주더군요."

코로나19 대유행이 한창이던 그 당시, 상황실 바깥에서 마스크를 착용하는 일이 해임 사유가 될 수 있었다.

화가 난 스티글러는 그날 퇴근길에 아내에게 전화를 걸었다.

"'나 일주일 안에 여기서 잘릴 것 같아. 쓸데없는 위험을 감수하면서까지 이곳에 있고 싶지 않아'라고 말했습니다."

사흘의 휴가를 보낸 후 스티글러가 상황실에 복귀했을 때, 마스크 정책이 바뀌어 있었고, 덕분에 스티글러는 상황실 근무를 계속할 수 있었다.

백악관에서 마스크를 마음대로 착용할 수 없다는 사실에 당황한 이들은 상황실 직원 외에도 더 있었다. 데버라 버크스는 수십 년을 세계 보건 분야에서 일해온 의사이자 면역학자였다. 그녀는 코로나19 대응조정관으로 재임하던 중 웨스트윙에 근무하는 사람들에게 마스크 착용의 중요성을 직접 교육했다.

버크스는 다음과 같이 말했다.

"제가 만난 사람 중 상당수가 기저질환을 가지고 있었기 때문에 걱정이 많이 되었습니다. 겸상 적혈구 체질, 당뇨, 다양한 연령대 등 우려스러운 상황이 한둘이 아니었죠. 저는 직접 뛰어다니며 모두가 코로나19의 심각성을 깨달을 수 있도록 하려고 신경 썼어요. 당시 백악관 내의 마스크 착용률이 아주 낮았거든요."

2020년 봄, 상황실에서 마스크를 착용하는 사람은 아무도 없었다. 5월 8일 마이크 펜스 부통령의 대변인 케이티 밀러가 코로나 양성 판정을 받은 후에야 백악관 사람들은 마스크 착용을 진지하게 고민하기 시작했다. 하지만 그때도 여전히 모두가 심각성을 깨달은 것은 아니었다.

국립알레르기전염병 연구소 소장이자 코로나바이러스 대책 위원회 소속 위원이었던 앤서니 파우치 박사는 다음과 같이 당시 상황을 회상했다.

"케이티가 코로나에 걸렸다는 사실을 알게 되었습니다. 그제야 와, 이제 어떡하지? 마스크를 착용해야 하나 말아야 하나? 라고 묻기 시작했죠. 하지만 트럼프가 마스크를 너무 싫어했기 때문에 쉽지 않았습니다."

파우치는 상황실에서 마스크를 착용하기 시작했다.

"마스크를 항상 쓴 건 아니지만, 안 쓸 때보다 쓸 때가 더 많았어요. 하지만 상황에 따라 달랐습니다. 모두가 항시 마스크를 쓰던 때가 아니었거든요."

코로나바이러스 대책 위원회는 매일 상황실에서 회의를 소집했다. 지금 생각하면 충격적이지만, 창문 하나 없는 본회의실에 참석자들이 마스크도 없이 빽빽이 둘러앉아 서로의 날숨을 들이마시며 회의를 진행했다. 파우치는 당시 모습을 다음과 같이 묘사했다.

"여러 정부를 거치며 상황실에서 회의를 해봤지만, 코로나바이러스 때가 가장 힘들었습니다. 조지 W. 부시 행정부 시절 탄저균 위협에 대응할 때만 해도 몇 주에 한 번, 어떨 때는 몇 달에 한 번씩 회의하는 게 다였습니다. 오바마 때는 조금 더 자주 상황실에 모였습니다. 특히 에볼라와 지카바이러스 관련 사안을 다룰 때는 모든 회의가 상황실에서 열렸습니다. 코로나19 때는 몇 달 동안 하루도 빠지지 않고 매일 상황실에 모였습니다. 트럼프가 이제 더 이상 코로나와 관련된 일에는 관여하고 싶지 않다고 선언해 버릴 때까지는요."

트럼프가 초기 회의에는 참석했을까? 파우치는 다음과 같이 답했다.

"아마 열 번 중 한 번 정도나 그 이하로 참석했습니다. 3주에 한 번 정도 꼴이었죠. 트럼프가 회의에 들어오더라도 그냥 자기 얼굴 비추는 정도였습니다."

데버라 버크스도 파우치와 똑같이 기억하고 있었다.

"상황실에 트럼프가 내려온 게 아마 네 번 정도뿐이었을 거예요."

버크스는 당시 백악관의 문제를 단번에 이해할 수 있는 일화를 하나 들려줬다.

코로나바이러스 대책 위원회가 상황실에서 국토안보부 과학기술국 차관 대행이었던 윌리엄 브라이언의 브리핑을 듣고 있었다. 국토안보부의 새로운 연구 결과에 따르면 표백제, 알코올, 햇빛 같은 소독제로 표면에 남아있는 코로나바이러스를 죽일 수 있다는 내용이었다. 버크스는 특히 햇빛에 코로나바이러스가 죽을 수 있다는 내용에 관심이 쏠렸다. 시장들과 주지사들에게 팬데믹 초기 폐쇄되었던 놀이터를 다시 개방하도록 설득할 생각이었기 때문이다.

상황실 회의가 끝나면 보통 마이크 펜스 부통령과 그의 비서실장 마크 쇼트가 백악관 집무실로 가서 회의 내용을 트럼프에게 전달했다. 그러면 대통령은 백악관 기자회견실에서 기자들에게 이야기를 전했다. 평소에는 파우치도 집무실로 자주 동행했다. 하지만 그날은 달랐다고 파우치가 다음과 같이 말했다.

"저는 무슨 이유에서였는지 그날 집무실로 함께 가지 않았습니다. 집무실로 올라가고 싶지 않다는 불길한 느낌 아주 강력하게 들었거든요."

파우치나 버크스도 모르는 사이에, 과학적, 의학적 지식이 전혀 없는 윌리엄 브라이언이 집무실로 올라가서 트럼프에게 직접 회의 내용을 브리핑하는 상황이 벌어졌다. 파우치는 다음과 같이 말했다.

"늘 그랬듯이, 대통령은 회의 내용을 들으면서 완전히 문맥에서 벗어난 내용으로 이해하고는 혼자 신이 났습니다. 늘 신이 나서는 안 될 내용에 신이 난다는 게 문제였죠."

상황실 회의가 끝난 뒤 버크스는 바로 기자회견실로 향했다. 그런데 시간이 흘러도 트럼프가 나타나지 않았다. 버크스는 다음과 같이 당시를 회상했다.

"마침내 브라이언과 대통령이 복도를 걸어 나왔고, 모두 함께 기자회견장으로 입장했습니다. 그 둘이 무슨 말을 나눴는지 전혀 모르는 상태였죠. 브라이언은 기자들에게 햇빛과 표백제와 관련한 연구 결과를 발표했습니다. 저는 그 말을 들으면서 '좋아, 이제 사람들이 햇빛도 효과가 있다는 사실을 알게 되겠구나'라고 생각했습니다."

하지만 그때, 트럼프 대통령이 한발 더 나가 자신의 가설을 이야기하기 시작했다.

"우리 몸에 자외선이든 뭐든 아주 강력한 빛을 쏜다고 생각해보세요. 피부를 통해서든 다른 방식으로든, 몸속으로 빛을 넣으면 어떨까요?"

대통령은 아주 신이 나 있었다.

"저는 소독제가 1분 만에 바이러스를 없애버리는 것을 봤습니다. 1분 만에요! 그렇다면 주사기나 그런 것들을 통해 몸 안을 깨끗이 할 방법이 있지 않을까요?"

대통령의 말을 듣던 버크스는 경악했다. 트럼프의 말은 상황실에서 대책 위원회가 논의한 바와 전혀 다른 방향으로 흘러가고 있었다. 도대체 어디서 이런 헛소리가 나온 것인가?

이후 이어진 질의응답 시간에 트럼프는 다음과 같이 말했다.

"밖에 나가서 햇볕을 쬐거나 열을 받으면 다른 바이러스를 물리치는 데도 효과가 있다는 아주 긍정적인 소문이 있습니다."

트럼프는 그 순간 버크스를 바라보며 말했다.

"데버라, 그런 말 들어본 적 있어요? 빛과 열이 여러 바이러스에 효과가 있잖아요. 이 바이러스에는 어때요?"

지금 대통령이 어떠한 의학적 근거도 없이 햇빛이 사람 몸속 바이러스를 죽일 수 있다고 말하고 있는 것인가?

버크스는 의자에서 녹아 없어져버리고 싶다는 표정을 지어 보이며 중얼거렸다.

"치료 효과가 있다는 것은 아닙니다. 제 말은, 사람 몸에서 열이 난다는 것은, 몸에서 열이 나면 면역 반응이 있다는 좋은 현상이긴 하지만, 어, 빛과 열이 치료 효과가 있다는 말은 들어본 적이…"

버크스가 당황해서 말을 잇지 못하고 있을 때 트럼프가 끼어들었다.

"한번 고려해볼 만한 훌륭한 방법인 것 같네요. 그렇죠?"

트럼프는 자기 말에 반박하는 의견은 적극적으로 차단했다.

기자회견장의 분위기는 너무나 불편하고 어색했다. 후에 데버라 버크스는 트럼프의 위험한 발언에 강력하게 반박하지 않았다는 이유로 거센 비난을 받아야 했다. 하지만 파우치는 다음과 같이 버크스를 두둔했다.

"버크스는 브라이언이 한 말 중 하나가 대통령의 귀에 꽂혔다는 사실을 알아차리지 못한 상황이었습니다. 그날 기자회견장에서 오갔던 말들은 전부 데버라에게 정말 안타까운 일이었죠."

버크스는 기자회견장에서 공개적으로 대통령에게 맞서지는 않았지만,

기자회견이 끝난 후 웨스트윙에서는 곧바로 강력하게 항의했다.

버크스는 기자회견 후 모습을 다음과 같이 기억했다.

"저는 기자회견장에서 나오자마자 소리를 지르며 (펜스의 보좌관이던) 올리비아 트로이에게 달려갔습니다. 그리고 제기랄, 제기랄, 제기랄이라며 욕을 퍼부었죠. 그 후 바로 재러드 쿠슈너를 찾아갔습니다. '당장 대통령한테 가서 얼마나 말도 안 되는 짓을 했는지 꼭 전해요'라고 말했고, 재러드는 그렇게 했습니다."

다음 날, 트럼프는 자신이 한 말을 번복하며 기자들에게 다음과 같이 말했다.

"저는 기자님들에게 짓궂은 질문을 던졌던 겁니다. 여러분이 늘 하듯이 말이죠. 어떤 반응일지 보고 싶었을 뿐입니다."

몇 년이 지난 지금도 버크스는 백악관이 그런 방식으로 운영되었다는 사실을 믿을 수가 없다고 했다.

상황실에서 논의된 공식 입장은 명확했다고 버크스는 말했다.

"아무도 트럼프가 치료법 이야기를 할 줄 몰랐습니다. 대책 위원회에서는 치료법 관련 이야기는 단 한마디도 나온 적이 없었거든요."

*

백악관의 모든 절차는 수십 년에 걸쳐 정교하게 다듬어져온 결과물이다. 모든 규칙은 보안, 기록, 행정부에 대한 견제와 균형 등 다 그만한 이유가 있기 때문에 존재한다. 하지만 도널드 트럼프는 규칙이라고 하면 치를 떠는 사람이었다. 자기만의 방식으로 일을 처리하길 원했고, 대통령에게 요구되는 관례나 행동 규범을 지킬 만한 인내심이 전혀 없었다.

존 볼턴은 다음과 같이 말했다.

"트럼프는 누군가 자신의 전화 통화를 듣고 있다는 생각 자체를 몹시 싫어했습니다. 하지만 아시다시피 저는 워싱턴에 있는 한 대통령의 전화 통화 대부분을 들어야 했죠."

마이크 폼페이오, 제임스 매티스, 마크 에스퍼 국방장관 역시 자주 대통령의 전화 통화를 들었고, 상황실 당직 요원들도 당연히 녹취록을 남기기 위해 대통령의 전화에 연결되어 있었다. 볼턴은 다음과 같이 덧붙였다.

"트럼프는 전화와 관련해 모든 사람이 연결된 상황을 참지 못했습니다. 상황실이 모든 문제의 원흉이라고 여겼고, 그런 생각은 트럼프를 점점 더 미치게 했죠. … 결국 정부 내 숨어 있는 딥스테이트가 트럼프 자신이 하는 모든 일을 지켜보고 있다는 음모론에 점점 더 빠져버렸습니다."

2019년 7월 25일, NSC 유럽 국장 알렉산더 빈드먼은 트럼프와 볼로디미르 젤렌스키 우크라이나 대통령의 전화 통화를 듣고 있었다. 그 통화에서 트럼프는 조 바이든 부통령의 아들 헌터 바이든에 대한 불리한 정보를 제공하지 않으면 군사원조를 중단하겠다며 젤렌스키를 협박했다. 전화 통화 중 나온 트럼프의 악명 높은 발언은 다음과 같다.

"부탁을 하나 좀 들어줬으면 하는데, 바이든 아들에 대해 말이 많아요. 바이든이 수사를 막았다는 말도 있고요. 많은 사람이 그 일에 대해 알고 싶어 하거든…."

3주 후, 빈드먼은 내부고발을 통해 트럼프 대통령이 직권을 남용해 외국 정부를 2020년 미국 대선에 개입시키려 했다고 주장했다. 결국 이 사건과 관련한 의회 조사가 시작되었고, 트럼프의 두 번 중 첫 번째 탄핵으로 이어졌다.

나는 빈드먼에게 NSC, 특히 상황실에서 경험했던 일에 관해 질문했다. 빈드먼은 트럼프 행정부에서 일을 시작하기 전에도 앞으로 벌어질 혼란을 예견하는 듯한 경험을 한 적이 있다고 했다.

"도널드 트럼프는 예측할 수 없는 사람이었습니다. 그래서 저는 앞으로 제가 어떤 상황에 놓이게 될지 알아보기 위해 철저하게 사전조사를 했습니다."

빈드먼은 군 시절 멘토에게 백악관에서 근무 중인 사람들과 연결을 부탁했다. 트럼프 밑에서 일한다는 게 어떤 것인지 알고 싶었기 때문이다. 그렇게 연결된 사람 중 한 명이 NSC 부비서실장이던 제임스 갤리번 대령이었다. 빈드먼은 갤리번의 초대를 받아 상황실로 갔다.

갤리번은 빈드먼을 오바마 대통령과 그의 참모진이 빈라덴 습격 작전을 지켜보던 작은 회의실로 데리고 들어갔다. 빈드먼은 당시 상황을 다음과 같이 기억했다.

"회의실에는 저희 둘 뿐이었습니다. 갤리번은 자신이 과거에 세 번이나 실제 전투에 참전해봤지만, 상황실이야말로 제가 경험할 가장 위험한 근무환경일 거라고 말했죠."

갤리번의 말은 정신이 번쩍 들게 할 만큼 충격적이면서도 진솔한 발언이었다. 빈드먼은 잠시 생각에 잠겼다. 하지만 빈드먼은 피오나 힐 NSC 유럽 및 러시아 담당 선임 국장과 함께 이번 행정부의 러시아 전략을 설계한 핵심 인물이었기 때문에, 본인이 누구보다 그 자리에 어울리는 적임자라고 생각했다. 빈드먼은 NSC 근무가 자신에게 "주어진 의무"라고 믿었다.

빈드먼이 NSC 근무를 시작한 날은 2018년 7월 16일이었다. 그날은 트럼프 대통령이 핀란드 헬싱키에서 블라디미르 푸틴과 회담을 한 날이었고, 바로 그곳에서 트럼프는 미국 정보기관보다 러시아 대통령 편을 드는 발언을 해서 또 한번 논란이 되었다. 트럼프는 2016년 미국 대선에 외국 세력이 개입했다는 의혹과 관련해 다음과 같이 말했다.

"사람들이 러시아가 개입했다고 말하더군요. 여기 푸틴 대통령이 아니라고 말하잖아요. … 러시아가 개입했다고 말하는 이유를 모르겠군요."

설상가상으로 트럼프는 다음과 같이 덧붙였다.

"오늘 푸틴 대통령이 아주 강력하고 설득력 있게 러시아 개입을 부인했습니다."

그날 회담을 취재하기 위해 헬싱키에 있던 나 역시 트럼프의 말을 직접 듣고는 충격에 빠졌다. 기자회견 직후 특별 보도를 진행하면서 나는 다음과 같이 말했다.

"오늘 이 장면을 보고 계시는 분들은 여러분의 친구, 가족, 자녀, 손주들에게 역사의 한 장면을 봤다고 말할 수 있을 겁니다. 올바른 역사의 한 장면은 아닐 수도 있겠지만 말입니다."

대통령이 적국의 지도자를 칭찬하면서 자국의 정보기관을 무시하는 장면을 본 미국의 정보 요원들의 심정은 어떠했을지 상상조차 할 수 없다.

빈드먼은 다음과 같이 말했다.

"그날이 제 출근 첫날이었습니다. 첫 출근 때 거쳐야 하는 행정적 절차를 거치고, 업무 설명을 듣고, 신분증을 발급받으며 평범한 오전을 보냈습니다. 그리고 기자회견을 봤죠. 그때부터 남은 하루는 대통령의 발언 때문에 초래된 피해와 파장을 해결하는 데 온 힘을 쏟아부어야 했습니다."

NSC 공보 담당자의 전화기는 폭발하기 직전이었다. 기자들이 대통령의 발언과 백악관 공식 입장 사이에 차이가 있는지 확인하려고 전화를 걸어왔기 때문이다.

나는 대통령과 백악관이 나뉘어져 있는 듯한 양분된 상황에서 빈드먼이 트럼프 대통령을 위해서 일하고 있다고 느꼈는지, 아니면 NSC에서 맡은 역할을 하고 있다고 느꼈는지 물었다. 빈드먼은 다음과 같이 답했다.

"당연히 국가안보회의입니다. NSC는 러시아 관련 정책을 수립하는 데 있어서 정부 내 다른 부처들보다 앞서 있었습니다. … 저는 그 전략을 만드는 데 직접 관여했기 때문에 전략 실행을 담당하고 있었고요."

그렇다면 NSC를 통해 신중하게 수립된 러시아 관련 전략이 트럼프 대통령의 발언과 얼마나 부합하고 있었을까?

"전혀 부합하지 않았습니다. 러시아 관련 전략은 원칙에 기반해 수립했습니다. 러시아의 부정적인 영향력과 공격적인 군사력에 대응하는 데 초점을 맞춰 수립한 전략이었습니다."

빈드먼은 두 전선에서 싸워야 하는 전투원의 상황에 처해 있었다. 한쪽은 푸틴이었고, 다른 한쪽은 자국의 대통령이었다.

"제 헌법적 의무가 최고사령관과 충돌하는 기이한 상황이었죠. 지금에서야 말하지만, 당시 상황이 정말 비현실적으로 느껴졌어요."

그렇다면 트럼프는 왜 스스로 따를 의사가 전혀 없는 전략에 서명하고 승인했을까? 빈드먼은 다음과 같이 그때 상황을 기억했다.

"대통령은 국가안보에 전반적으로 관심이 없었습니다. 제가 백악관에서 근무하는 동안 대통령은 우크라이나에 전혀 신경 쓰지 않았습니다. 2020년 대선에 영향력을 행사할 수 있는 사안으로 떠오르면서 비로소 대통령이 우크라이나에 관심을 가지기 시작했죠. 기본적으로 트럼프가 정책에 관여한 방식은 한번씩 들이닥쳐서 수류탄을 하나 투척하고 나가버리는 식이었습니다. 저희는 뒷수습하느라 정신없었고요."

*

수치스러웠던 트럼프와 젤렌스키의 전화 통화가 있기 며칠 전부터 빈드먼은 두 정상 간 전화 통화를 준비하며 트럼프 대통령의 발언 요지를 작성했다. 양국 관계를 발전시키고 취임한 지 두 달밖에 되지 않은 정치 초보 젤렌스키 대통령을 지원하기 위한 계획도 상세하게 마련해두었다. 의회가 승인하고 국무부와 국방부가 발표한 4억 달러 규모의 우크라이나 안보 지원도 계획에 포함되어 있었다.

하지만 2019년 7월 18일, 빈드먼은 대통령이 계획에 동의하지 않는다는 사실을 상황실 회의에서 알게 되었다. 국무부, 국방부, 재무부, 정보기관, 우크라이나와 러시아 현지에 파견 중인 팀들의 대표가 회의에 참석했다. 그중 상당수는 화상으로 참여했다. 빈드먼은 참석자 한 명, 한 명에게 우크라이나 관련 계획에 대한 의견을 말해달라고 했다.

회의에 참석한 대표들 모두 우크라이나와의 더 깊은 우호 관계를 지지한다는 원칙에 동의한다는 입장을 밝혔다. 빈드먼은 당시 모습을 다음과 같이 회상했다.

"그때 대통령 직속 관리예산국OMB 대표가 '대통령 비서실장과 대통령으로부터 받은 지시 때문에 우리는 해당 입장을 지지할 수 없습니다'라고 말하더군요."

OMB를 대표해 의견을 전달한 사람은 회의에 반대 메시지를 전달하라는 임무를 맡은 하급 직원이었다. 그 어떠한 추가 설명도 없이 반대 메시지만 전달되었다.

모든 의문은 일주일 후 트럼프와 젤렌스키의 통화를 통해 풀렸다. 대통령은 젤렌스키가 '부탁'을 들어줄 때까지는 자금을 지원할 생각이 없었다. 미국 역사상 이런 식으로 타국 정상에게 협박을 가한 대통령은 없었다. 이 사건이 발생하고 나서 다섯 달이 채 지나기도 전에 트럼프의 첫 번째 탄핵안이 통과되었다.

나는 빈드먼에게 트럼프의 행동으로 인해 화가 났는지, 아니면 어이없는 정도였는지 물었다. 빈드먼은 다음과 같이 답했다.

"실무진으로서 가끔 답답하기는 했죠. 저는 NSC에서 하루에 열여섯 시간씩 일했습니다. 그중 많은 시간이 애초에 일어나서는 안 될 일을 수습하느라 허비되었고요. 그 외에도 기록을 남기고, 배경정보를 설명하는 문서를 만들고, 결정권자들에게 우리가 왜 이런 정책을 추진해야 하는지 설득해야 했습니다."

이는 한 사람이 감당하기에는 엄청난 업무량이었다. 그리고 이 모든 노력은 미국 안보 강화에는 관심 없고 정치적 맞수의 약점을 찾는 데만 열중하고 있는 대통령 때문에 빛을 보지 못했다.

빈드먼이 분노한 이유는 트럼프 대통령 때문에 허비되는 많은 시간 때문이 아니었다. 빈드먼은 트럼프와 젤렌스키의 통화, 2022년 2월 러시아의 우크라이나 침공, 그 후 불안정해진 국제 정세가 모두 연결되어 있다며 다음과 같이 말했다.

"우리는 지금 러시아와 실제 전쟁을 치르기 직전의 상황에 처해 있습니다. 군사적 충돌이 일어날 가능성은 작지만, 두 나라 관계와 관련한 최근 흐름을 살펴보면 그 어느 때보다 물리적 충돌이 현실적으로 우려된다고 느껴질 정도입니다. … 그리고 미국이 이런 상황에 처하게 된 가장 큰 이유는 우크라이나 스캔들 때문이라고 생각해요. 우크라이나 스캔들을 통해 블라디미르 푸틴이 미국의 우크라이나 지원이 절대적이지 않다는 사실을 알게 되었다고 저는 봅니다."

상황이 이렇게 흘러가는 와중에도 상황실은 제 역할을 했다고 빈드먼은 믿고 있다.

"저는 제 할 일을 했습니다. 제 권한 안에서 어떻게든 문제를 바로 잡으려 노력했어요. 다른 직원들도 감찰관에게 모든 사항을 보고했고, 잘못된 행위를 폭로했습니다."

빈드먼은 다음과 같이 결론지었다.

"오랜 시간 유지된 제도가 보호장치처럼 작동해서, 여러 조각이 잘 맞물려 최악의 상황을 견제할 수 있다는 점이 우리가 가진 체제의 장점입니다. 그 장점이 이번 사례에서 잘 발휘된 거죠."

*

엘리자베스 뉴먼은 평생을 공화당원이자 신실한 기독교인으로 살아왔다. 조지 W. 부시 시절 종교기반 커뮤니티협의기구에서 근무한 뒤 국토안보부 보좌관으로 재임했다. 2016년 대선 당시, 뉴먼은 '마지못해' 도널드 트럼프에게 투표했다. 트럼프의 자질이나 인간성에 대한 의문보다 낙태에 반대하는 판사를 지명하겠다는 약속이 더 중요하다고 생각했기 때문이다. 트럼프가 대통령직을 수행하며 자질을 키워나가기를 바랐고, 트럼프가 대통령직을 바꾸기보다는 대통령직이 트럼프를 변화시킬 것이라 믿었다.

그럼에도 트럼프 행정부에서 일해달라는 요청을 받았을 때 뉴먼은 거절했다. 두 번째 요청 역시 거절했다. 세 번째 요청을 받았을 때, 뉴먼은 국가가 자신을 필요로 한다는 확신을 갖게 되었다.

"대통령 취임식 이틀 전이었습니다. 친구가 전화하더니 다음과 같이 말했어요. '지금 전화로는 말할 수 없는 일이 일어나고 있어. 누구를 믿어야 할지도 모르겠어. 존 켈리는 안전해. … 우리와 함께 일해줄 수 있겠어?'"

친구는 러시아가 도널드 트럼프 주변인들에게 어떤 영향을 미치고 있는지와 관련해 진행 중인 수사에 대해 말하고 있었다. 전화를 받은 뉴먼은 다음과 같이 생각했다.

"친구의 말을 듣고 있자니, 단순히 '정부에서 일해본 적도 없고, 무슨 일을 하고 있는지도 모르는 뉴욕 출신 사람들한테 둘러싸여 고생하고 있어'라고 말하는 게 아니었습니다. '국가를 위해 충성을 다하는 사람이 누구인지 알 수 없다'라는 위기감이 느껴졌어요."

뉴먼은 전화 통화에서 느껴진 위기감 때문에 마침내 결정을 내렸다.

"국가안보를 위한 일이라면 저는 기꺼이 헌신할 마음이 있었습니다."

뉴먼의 사고방식은 정치계에서 흔히 말하는 '더러운 손'의 유혹을 제대로 보여주는 사례라고 할 수 있다. 더러운 손의 유혹은 도덕적으로 그릇된 권력의 어두운 면에 가까이 다가감으로써 자신의 영혼에 얼룩을 약간 묻히더라도 결국에는 더 큰 악을 막고 오히려 선한 일을 해낼 수 있으리라는 믿음이다.

조지 W. 부시 시절 상대적으로 원만하게 운영되던 백악관을 경험해본 뉴먼은 트럼프의 방식을 접하자마자 놀라움을 금치 못했다.

뉴먼은 당시 경험을 다음과 같이 회상했다.

"일을 시작하고 얼마 되지 않았을 때, 새로운 세상에 뚝 떨어진 것처럼 정말 낯설다고 느꼈던 적이 있었어요. 어떤 행사를 준비하는 과정에서 한번은 트럼프와 전화로 회의를 진행했습니다. 트럼프가 본인 생각을 전달하고 여러 지시를 내리기 위해 전화를 걸어왔죠. 그때 누군가 '준비 담당자에게 전화를 해봐야 할 것 같네요. 대통령이 원하는 무대, 배경, 티브이 화면구도와 관련된 지시 사항을 직접 들을 수 있게 말입니다'라고 말했습니다. 그런데 회의가 계속 진행되는 데도 대통령은 우리가 정말 논의해야 하는 **핵심 내용**에는 전혀 관심이 없었어요. 대통령이 스피커폰을 통해 계속 행사가 어떻게 보여야 하는지에 대해 이야기하기에, 저희는 결국 음소거 설정을 해버렸어요. 처음 온 사람들은 깜짝 놀라면서 '지금 이게 무슨 일이야?'라고 말했지만, 그곳에 있던 사람들은 '이게 일상이야'라고 답하더군요."

뉴먼에 의하면 트럼프 행정부에서는 '진중함'을 찾아볼 수 없었다.

"사무실에서 이런저런 대화가 오갈 때, 부끄러워서 얼굴을 가려야 할 정도의 내용들이 튀어나오기도 했어요."

푸에르토리코와 그린란드에 관련된 대화가 바로 그랬다.

피터 베이커와 수전 글래서는 트럼프의 백악관 연대기 《분열시키는 자》에서 트럼프가 대통령이 된 후 일화를 생생하게 그려냈다. 이 책에 의하면 트럼프가 그린란드에 '집착'하기 시작한 것은 뉴욕에 사는 트럼프의 억만장자 친구 로널드 로더가 그린란드 매입을 제안한 후부터라고 한다. 뉴먼이 이런 말도 안 되는 이야기를 처음으로 직접 들은 것은 2017년, 푸에르토리코에 보낼 재난 구호 물품과 관련한 회의가 상황실에서 열리던 중이었다. 당시 허리케인 마리아가 섬을 휩쓸고 지나가는 바람에 수천 명이 목숨을 잃고, 수십억 달러의 피해가 발생했다. 전력망 전체가 파괴되 전력공급에도 차질이 생겼다. 재난 대응 방안을 논의하던 회의는 참석자 중 한 명이 트럼프의 견해를 전달하면서 곧 엉뚱한 방향으로 흘러가기 시작했다.

"악성부채는 그냥 빨리 처리해버려야 합니다. 푸에르토리코를 그린란드와 맞바꿀 수 있을까요?"

뉴먼은 말문이 막혔다.

"사람들의 삶이 걸린 중대한 결정을 내려야 하는 회의실에 들어가면서 느끼는 긴장감과 그 안에서 실제로 오가는 대화 사이의 괴리가 너무 컸습니다. 미국 영토에서 일어난 재난을 이야기하는데, '그린란드랑 바꿀까요? 그린란드를 정말 사고 싶어요'라니요. 저는 '도대체 무슨 말입니까? 미국 시민들이 살고 있는 영토는 악성부채가 아닙니다. 허리케인에 피해를 입었다고 그냥 버릴 수 있는 게 아니에요'라고 말하고 싶었습니다."

트럼프는 위기 상황에 예상 밖의 방식으로 대응할 뿐만 아니라, 때로는 위기를 스스로 만들어내기도 했다. 2017년 8월, 트럼프는 다음과 같은 글을 트위터에 올렸다.

"북한이 경솔하게 행동할 것에 대비해 군사적 해결책이 이미 전면 배치되어 있으며, 조준 완료 상태다. 김정은이 다른 길을 찾길 바란다!"

뉴먼은 당시 켈리와 뉴먼의 직속상관인 키어스천 닐슨 국토안보부 장관이 트럼프와 함께 베드민스터 골프장에 있었다고 기억했다.

"그때 키어스천이 저에게 문자를 보냈습니다. '폰을 뺏어버리든지 해야겠어. 가만히 놔두면 이 사람, 여기서 제3차세계대전을 일으킬 거야.'"

뉴먼은 다음과 같이 덧붙였다.

"만약 군사행동이나 외교적 위협을 고려 중이라면 상황실로 가는 게 정상이죠. 해당 분야 전문가, 국가안보회의, 각료들과 상의도 해야 하고요. 그 모든 과정을 거친 후에 행동해야 합니다. 하지만 트럼프는 아니었습니다. 절대 그러지 않았죠. 8월에 베드민스터에서 시간을 보내다가, 트위터에 글이나 올려봐야지. 그렇게 미국의 외교정책이 결정되었습니다."

뉴먼은 백악관 내부에서 수많은 싸움을 벌였다. 초기에는 무슬림 국가 출신 여행자의 입국금지 조치에 맞서 싸웠다. 나중에는 백인우월주의자들에 의한 국내 테러 위협에 대통령이 소극적으로 대응하는 태도에 맞섰다. 국토안보부 장관의 업무 시간 중 80퍼센트는 트럼프의 잘못된 발상을 저지하는 데 쓰였을 거라고 뉴먼은 추정했다. 존 켈리와 그 후임자들이 트럼프의 발상을 저지하는 데 아주 큰 도움이 된 점에 뉴먼은 지금도 감사함을 느낀다고 했다.

트럼프 행정부에서 뉴먼과 함께 일한 세라 이스거는 《워싱턴포스트》에 기고한 글에서 다음과 같이 말했다.

"트럼프의 충동적인 악행을 막을 수 있다는 생각으로 행정부에 발을 들인 트럼프 회의론자들은, 결과적으로 국가에 폐를 끼친 셈이다."

뉴먼은 이스거의 의견에 세게 한 방 맞은 기분을 느꼈으나, 전적으로 동의한다고 했다.

"우리가 나쁜 의도를 가졌던 것은 아닙니다. 진짜 문제는, 우리가 일을 너무 잘 처리한 나머지, 미국 대중은 실제로 상황이 얼마나 심각한지 제대로 보지 못하게 되었다는 거죠."

트럼프를 견제하겠다는 마음으로 일을 하던 사람들은 자신도 모르게 결과적으로 트럼프의 조력자가 되어버렸다. 뉴먼은 그 사실에 무거운 책임감을 느꼈다.

"제가 트럼프의 백악관에서 일한 3년이 얼마나 엉망진창이었는지 받아들이고 정리하는 데 꼬박 1년이 걸렸습니다. 치료도 받아야 했어요. 그 안에 있을 때는 '이상한데, 잘못되었는데'라고 생각하다가도, 다른 모든 이가 아무렇지 않은 듯 행동하니까 '내가 예민한가?'라는 생각을 하게 되는 거죠. 가스라이팅 효과라고 보면 됩니다."

마음이 혼란스러울 때, 뉴먼은 부시의 백악관에서 일한 경험을 떠올리곤 했다.

"아니 잠깐, 전에도 이 일을 해봤잖아. 이건 정상이 아니야."

*

1월 6일 시위대가 국회의사당을 습격했을 때, 마이크 스티글러는 이미 1년 6개월째 상황실에서 근무 중이었다. 상황실에서 힘든 나날을 보내던 스티글러는 이미 감정적으로 한계에 도달한 상태였다.

그날 오전 4시 20분에 백악관으로 출근한 스티글러는 그로부터 열두 시간 동안 실성한 듯 흘러가는 하루를 견뎌야 했다. 현직 대통령은 폭도들을 부추기고 있었고, 부통령은 과연 무사할 수 있을지 예측할 수 없었으며, 이 모든 것을 보고 있자니 245년간 이어져온 미국의 민주주의가 이대로 무너지는 건가 싶은 불안함이 엄습했다.

스티글러는 당시 상황을 다음과 같이 회상했다.

"너무나 비현실적으로 느껴졌습니다. 저는 국회의사당에서 벌어지고 있는 말도 안 되는 극단적인 상황을 직접 목격하고 있었습니다. 그런데 백악관 밖으로 나가면 아무 일도 없는 듯했죠. 백악관 근처를 모두 봉쇄했기 때문에 근처 거리는 텅 비어 있었거든요. 마치 유령도시 같았습니다."

그날 교대근무를 마친 상황실 직원 몇 명이 천천히 자기 차로 발걸음을 옮겼다. 스티글러는 당시 모습을 다음과 같이 회상했다.

"저희는 주차장에서 멍하니 몇 분 서 있어야 했습니다. 찬물과 뜨거운 물을 함께 컵에 넣으면 온도가 하나로 섞일 때까지 시간이 좀 걸리잖아요. 저희도 '괜찮아. 이제 차에 타자. 그리고 얼른 여기서 벗어나자'라며 마음을 정리하기까지 시간이 필요했어요."

퇴근 후 아내에게는 뭐라고 말을 했는지 스티글러에게 질문했다.

"저는…, 음, 저는…."

스티글러는 말을 잇기 힘들어했다.

"대답하려니 울컥하네요."

2021년 1월 6일, 트럼프 대통령이 백악관 앞 잔디밭 일립스에서 폭도들을 선동하고 있을 때, 상황실 직원들은 불안한 눈빛으로 사태의 흐름을 지켜봤다(촬영: 재클린 마틴, AP 포토).

그는 깊게 숨을 들이마셨다.

"집에 가서 아무 말 안 했던 것 같습니다. … 지금도 그날 일을 떠올리면 어떻게 말해야 할지 모르겠어요."

스티글러의 아내는 퇴근한 남편에게 뉴스를 보겠느냐고 물었다.

"저는 '아니, 티브이 켜지 마. 지금은 도저히 못 보겠어'라고 말했습니다. 그리고 다음 날 다시 출근해야 했습니다."

1월 7일 오전 5시, 스티글러는 다시 상황실로 출근했다. 다시 백악관으로 복귀한 기분은 어떠했을까? 스티글러는 다음과 같이 말했다.

"평화롭지만 혼란스러웠습니다. 출근길에 차로 탱크 옆을 지나가는데, 완전히 비현실적이었죠. … 군인들은 차에 폭발물이 있는지 검사하기 위해 차 아래까지 뒤졌습니다. 운전자의 무기 소지 여부를 확인하기 위해 금속 탐지기도 사용했습니다. 확인 절차가 끝나면 워싱턴 D.C.에서 운전해도 된다는 의미로 자동차 앞 유리에 스티커를 붙여줬습니다. 저는 '그냥 출근하는 건데, 이게 말이 돼?'라고 생각했죠."

스티글러에게 백악관은 꿈의 직장이었다. 스티글러가 정보분석가로 일을 시작했을 때부터 백악관 근무는 그의 버킷리스트에 올라와 있었다. 심지어 스티글러의 석사 논문 주제도 백악관 상황실 내부 운영에 관한 것이었다. 실제로 백악관 근무가 기대했던 것만큼 보람 있는 날도 있었다.

스티글러는 좋았던 시절을 떠올리며 다음과 같이 말했다.

"상황실에서 근무하며 가장 좋았던 점은 백악관 어디든지 자유롭게 갈 수 있다는 것이었어요. 혼자 야간 근무를 서고 있을 때면 복도를 돌아다니면서 백악관 여기저기를 구경했습니다. 이른 새벽에 로즈가든에서 커피 한 잔을 하기도 했고, 비밀경호국에 집무실 문을 열어달라고 부탁해서 잠깐 들어가보기도 했고요. 정말 마법 같은 순간들이었어요. 제 삶에 더 좋은 날이 올까 싶을 정도였죠."

상황실 근무가 좋았던 이유는 그런 특별한 순간을 누릴 수 있다는 점 외에도 더 있었다.

"상황실에서는 아무에게나 전화를 걸어서 정보를 얻을 수 있었어요. 백악관 상황실이 지닌 권한은 상상을 초월했습니다. 그런 영향력을 다시는 경험하지 못할 겁니다."

그렇다면 상황실 근무의 단점은 무엇이었을까?

"정치적으로 최대한 조심스럽게 말하자면, 윤리적인 딜레마에 빠지는 순간이 많았습니다. 상황실에서 제가 맡은 업무를 마친 후 백악관 북쪽의 라파예트 파크 문밖으로 걸어 나올 때면, 한번씩 나도 그냥 백악관 담장 바깥에 있고 싶다는 생각이 들기도 했죠."

스티글러는 그렇게 백악관에서 벗어나고 싶은 적도 있었다는 마음을 표현했다.

2020년 여름에 있었던 BLM 시위는 스티글러에게 특히 힘들었던 경험으로 기억에 남아 있다.

"저는 당시 오가는 많은 대화와 발언을 직접 들었습니다. 그때는 정말 트럼프 행정부 소속으로 일하는 게 힘들었습니다. 백악관 밖에서 살해 협박을 받기도 했고, 모욕적인 말도 많이 들었죠. 백악관 문을 통과하는 순간 저는 트럼프 행정부 관련인 취급을 받았으니까요."

스티글러는 당시 경험에 대해 다음과 같이 덧붙였다.

"퇴근해서 제 차까지 가는데 국가방위군이나 비밀경호국의 경호를 받은 적도 있습니다. 그런 날은 마음을 진정시키기 위해 차에서 친구와 전화 통화를 하거나, 10분 정도 그냥 가만히 앉아 있기도 했어요. '아니야, 나는 내 조국을 위해 일하는 거야. 트럼프가 아니라 대통령이라는 직책을 위해 일하는 거야. 나와 생각이 다를지라도 나의 국가를 위해 일하는 거야'라며 마음을 다잡아야 했습니다. 그렇게 제 업무와 저 자신을 분리하려 노력했지만, 항상 성공적이지는 않았죠."

폭동이 일어났던 1월 6일과 대통령 취임식이 거행된 1월 20일 사이 2주 동안, 워싱턴 D.C. 도심은 전쟁 지역 같았다. 무장한 순찰대가 거리를 지켰고, 곳곳에 철조망이 급하게 세워졌다. 도시 전체에서 불안과 공포를 느낄 수 있었다. 스티글러는 당시 분위기를 다음과 같이 말했다.

"모든 사람이 무슨 일이라도 벌어질까 봐 극도로 두려워하고 있었어요. 백악관 주변도 마찬가지였습니다. 전세 버스들이 백악관 담장에 완전히 딱 붙어서 하나의 장벽 역할을 하고 있었죠."

취임식 밤 근무가 예정되어 있던 스티글러는 오후 1시에 집을 나섰다. 오후 5시까지 출근하면 되었지만, 백악관까지 가는 데 수많은 검문소와 보안 절차를 거쳐야 한다는 사실을 알고 있었기 때문에 서둘렀다. 다행히 비밀경호국에서 예상치 못한 도움을 준 덕분에 시간 맞춰 출근할 수 있었다.

스티글러는 비밀경호국의 도움을 다음과 같이 회상했다.

"검문소 몇 개를 통과한 후 드디어 마지막 검문소에 다다랐을 때였습니다."

비밀경호국 요원들이 스티글러를 멈춰 세우고 어디 가는지 물었다. 스티글러는 백악관 배지를 보여주며 상황실로 가는 중이라고 답했다.

"비밀경호국 요원이 '지금 새로 당선된 카멀라 해리스 부통령이 링컨 기념관에서 출발해 백악관으로 이동하는 중입니다. … 호송 차량이 지나갈 때, 제일 뒤에 붙어서 따라가십시오'라고 하더군요."

스티글러는 그때를 떠올리며 미소 지었다.

"만약 부통령이 컨스티튜션 대로를 따라 백악관에 처음 입성하는 영상이 있다면, 차량 행렬 제일 마지막에 파란색 캠리 하이브리드가 보일 겁니다. 그게 출근 중이던 제 모습입니다."

스티글러는 평소 주차하던 위치에 차를 주차한 뒤 해리스 부통령이 백악관에 도착하는 장면을 보기 위해 서둘러 이동했다.

"밴드는 곡을 연주하고, 사람들은 박수를 보내고 있었습니다. 아주 즐거운 분위기였습니다. 바깥 분위기와 매우 달랐습니다."

나는 그때 기분이 어땠는지 스티글러에게 질문했다.

"저는 안도의 한숨을 쉬었습니다. 진부하게 들릴 수도 있겠지만, 약간의 희망을 느꼈습니다. '우리가 해냈어, 이번에는 다를 거야'라는 느낌이었죠."

하지만 스티글러는 재빨리 덧붙였다.

"정치적으로나, 정책 우선순위와 관련해서 달랐다는 뜻이 아닙니다. 단지, '이제 좀 평범해질 수 있을까' 하는 생각이었어요. 이번에는 조금 안정적일지도 모른다는 기대였죠."

상황실 요원들은 백악관에서 가장 철저하게 정치적 중립성을 지키는 사람들이다. 스티글러 역시 행정부 교체에 대한 개인적인 감정과는 별개로 그 점을 매우 중요하게 여겼다.

스티글러는 새로운 행정부에서 맡은 첫 임무를 다음과 같이 설명했다.

"저는 사무 업무 담당자로서, 취임식 날 밤 바이든 대통령의 첫 야간 브리핑 자료를 작성하는 임무를 맡았습니다. 하지만 달라진 점은 아무것도 없었습니다. 트럼프 대통령을 위해서든, 바이든 대통령을 위해서든, 저는 제 임무를 수행하는 데 항상 최선을 다했어요. … 영광스러운 임무고, 멋진 일이었지만, 꽤 일상적인 업무이기도 했습니다."

스티글러와 상황실 직원들에게 그날은 평소와 다름없이 늘 해왔던 업무가 이어질 뿐이었다.

"'잠깐 멈춰서 이 순간을 기리고 감사하자'라는 마음이 들었지만, 곧바로 다시 맡은 일에 집중했어요."

내가 스티글러의 입장이었다면, 새로 취임한 대통령을 위한 브리핑 자료에 '행운을 빕니다'처럼 손으로 직접 쓴 메모를 살짝 남기고 싶은 충동을 느꼈을지도 모르겠다고 말했다.

"세상에, 저도 그러고 싶네요. 하지만 안 됩니다. 저희는 정치적 중립을 지킵니다. 저희는 침묵 속에서 국가를 위해 일합니다."

인터뷰 마지막에 나는 스티글러에게 혹시 상황실에서 겪은 힘든 경험 때문에 아직 감정적인 고통이나 억울함이 남아 있는지 질문했다. 스티글러는 다음과 같이 답했다.

"제 동료들이 없었다면 아직 힘들어하고 있었을 겁니다. 동료들과 저는 하나의 가족이고, 저희는 나름의 방식대로 서로를 지켰어요. 하지만 '억울함'이라는 단어를 꼭 써야 한다면, 전통적인 백악관의 모습을 제대로 누리지 못한 점은 개인적으로 억울합니다. 그래도 시간이 지나고 모든 게 정리되고 나면, 10년쯤 후에는 손주들에게 정말 엄청난 이야기를 들려줄 수 있을 거 같긴 하네요."

스티글러는 크게 웃으면서 씁쓸하게 한마디 덧붙였다.

"저는 늘 역사의 한가운데 있고 싶다고 생각했습니다. 하지만 이제는 소원을 조심해서 빌어야 한다는 걸 알게 되었죠."

12장

타이거 팀

그날은 바이든 대통령의 임기 중 최악의 날이었다.

2021년 8월 26일 목요일, 오전 9시가 막 지날 무렵에 조 바이든 대통령이 상황실로 들어왔다. 미군의 아프가니스탄 철수와 관련한 브리핑을 받기 위해서였다. 바이든은 NSC 수석들이 둘러앉은 회의 테이블 상석에 자리를 잡고 앉았다. 그곳에 모인 사람들은 아프가니스탄 수도로부터 불길한 소식을 전해 들었다.

제이크 설리번 국가안보 보좌관은 다음과 같이 당시 상황을 기억했다.

"처음에 전달받은 보고에 의하면 폭발 사건 때문에 미군 부상자가 발생했지만, 사망자는 없다는 내용이었습니다."

자살폭탄테러범이 카불공항의 애비 게이트에서 폭탄을 터뜨리는 사건이 발생했다.

미국 역사상 가장 길었던 전쟁이 막 끝나려는 순간에 카불이 다시 혼돈에 빠졌다. 폭탄테러가 발생하기 전해에 트럼프 대통령이 2021년 5월 1일까지 아프가니스탄의 모든 미군 병력을 철수시키기로 탈레반과 합의했다. 바이든 대통령은 철수 기한을 9월까지로 연기했지만, 안보를 위해 소규모

병력을 현지에 남겨두자는 군의 요청을 이전 합의 사항을 이유로 들며 거절했다. 7월로 들어서면서 바이든은 아프가니스탄에서의 철수가 1975년 사이공에서 철수하던 치욕적인 모습과는 다를 것이라고 예상했다. 베트남전쟁에서 굴욕적으로 패배한 이후 미군 장교들이 미국대사관 옥상에서 헬리콥터로 허둥지둥 탈출했던 그 모습을 반복할 것이라고는 생각하지 않았다.

그러나 이번에는 베트남 때와 다르기를 바랐던 바이든 대통령의 예상은 8월 15일 산산이 깨졌다. 아프가니스탄 대통령이 나라를 버리고 국외로 도망쳐버리면서 정부군은 무너지고 카불은 다시 탈레반 세력에게 넘어갔다. 미국은 자국민과 아프가니스탄 내에서 미국을 도왔던 조력자들을 대피시키기 위해 황급히 움직이기 시작했다. 역사가 똑같이 반복되지는 않았지만, 비슷하게 운율을 맞춰가는 듯한 모습이었다.

비난을 피하지 못한 대통령은 8월 18일 나를 백악관으로 초대해 인터뷰를 진행했다. 비교적 통제된 환경에서 어려운 질문에 답하려는 전략이었을 것이다. 우리는 웨스트윙의 루스벨트룸에서 마주 앉았고, 나는 바로 본론으로 들어갔다.

스테퍼노펄러스: 지난 7월에 대통령께서는 탈레반이 아프가니스탄을 점령할 가능성은 매우 낮다고 말했습니다. 잘못된 정보였나요, 아니면 잘못된 판단이었나요?

바이든: 제 생각에는, 명확한 합의가 없었던 점이 문제였습니다. 다시 돌아가서 당시 보고 받은 정보를 살펴보면, 연말쯤에 그런 일이….

스테퍼노펄러스: 하지만 탈레반 점령 가능성이 거의 없다고 말했을 당시 언제쯤이라고는 언급하지 않았습니다. 단도직입적으로 "탈레반이 점령할 가능성은 매우 낮다"라고 말했죠.

바이든: 맞아요. 사실 그 질문은…. 탈레반이 점령할 거로 예측한다는 것 자체가, 이때까지 미국을 통해 훈련받고 무기

를 공급받은 30만 명의 아프간 정부군이 한순간에 무너져버리고 그냥 포기해버릴 거라고 여기는 꼴이었습니다. 우리는 그런 결과를 바라지도 예상하지도 않았던 겁니다.

…그러니까 생각해보세요, 조지. 아프가니스탄을 떠나는 데 있어서 '적당한 시간'이란 건 없었습니다. 15년 전에 철수했든, 15년 후에 철수하든, 어느 경우에도 마찬가지로 문제가 되었을 겁니다. 그렇다면 가장 근본적인 질문은 이겁니다. 내가 내 아들딸을 영원히 아프가니스탄의 전쟁터로 보낼 것인가?

스테퍼노펄러스: 만약 '적당한 시간'이 없다면, 그리고 결국에는 철수해야 한다는 사실을 알고 있다면, 왜 미국 국민과 아프가니스탄 내 조력자들이 안전하게 빠져나올 수 있도록 미리 준비하지 않은 건가요? 카불에서 이렇게 혼란스러운 상황이 벌어지도록 왜 그냥 놔둔 거죠?

바이든: 우선, 아시다시피, 정보 당국에서 6, 7월에 보고할 때만 해도 이런 식으로 무너질 거라고는 예측 못 했습니다. 그게 첫 번째 이유죠.

스테퍼노펄러스: 탈레반이 결국에는 아프가니스탄을 점령하겠지만, 이렇게 빨리 일이 진행될 줄은 몰랐다고 말씀하시는 건가요?

바이든: 그렇죠. 이렇게 빨리 탈레반에게 넘어갈 거라고는 생각 못 했습니다. 우리는 이미 8월 말 철수를 협상하기 전부터 수천 명에게 특별이민비자SIV를 발급했습니다. 통역사나 그런 사람들에게요.

두 번째로, 우리는 예방조치를 우선적으로 취해야 하는 입장이었습니다. 그래서 가장 먼저 6000명의 미군 병

	력 투입을 승인해 철수를 돕도록 했습니다. 그리고 사람들을 대피시키기 위해 걸프 지역에 항공기를 배치했습니다. 여러 상황을 예측해 이 모든 조치를 미리 준비해뒀습니다. 물론 공항을 장악하는 데 이틀이라는 시간이 걸린 부분은 사실이지만, 지금은 완전히 통제하고 있습니다.
스테퍼노펄러스:	공항 밖은 아직 아수라장입니다.
바이든:	네, 맞습니다. 하지만 아직 사망자가 한 명도 나오지 않았습니다. 제가 알고 있는 바로는 지금까지 아무도 죽지 않았습니다.

8일 후, 사망자가 발생했다.

예일대 출신의 제이크 설리번은 침착함이 돋보이는 사람이었다. 8월 26일, 설리번은 자살폭탄테러 소식을 접한 상황실 회의가 흐트러지지 않도록 노력 중이었다. 특히 보안화상회의시스템을 통해 플로리다주 탬파에 있는 미 중부사령부 본부에서 상황실 회의에 참석 중이던 중부사령관 케네스 F. 매켄지 주니어 장군을 주시했다. 몇 분 간격으로 누군가 장군에게 계속 쪽지를 전달하고 있었다. 매켄지 장군은 쪽지를 받을 때마다 마이크를 끄고 짧은 대화를 나눈 후 상황실에 모인 사람들에게 새로 들어온 정보를 전했다.

설리번은 당시 회의 모습을 다음과 같이 회상했다.

"장군의 표정 변화를 살피면서 '상황이 얼마나 나쁜가?'를 예측했습니다."

회의를 시작한 지 30분이 지났을 무렵, 새로운 쪽지를 받은 매켄지 장군의 얼굴 표정이 급격히 어두워졌다. 장군은 대통령에게 말했다.

"전사자가 있습니다."

실제로 많은 사망자가 있었고, 그중에는 미 해병대원도 있었다. 새로운 쪽지가 장군에게 전달될 때마다, 그리고 그 내용이 상황실로 전해질 때마다 사망자 수는 계속 늘어났다.

토니 블링컨 국무장관은 당시 기분을 다음과 같이 묘사했다.

"매번 새로운 보고가 들어올 때마다 세게 한 대씩 얻어맞는 기분이었습니다. 회의실의 분위기는 점점 더 어두워졌죠."

마침내 확인된 최종 사망자 수는 200명에 달했으며, 그중 미군 희생자는 13명이었다. 부상자도 수십 명이었다.

블링컨은 다음과 같이 말했다.

"모두 각자 맡은 임무가 있습니다. 그리고 그에 따른 무게감과 책임을 느끼죠. 하지만 그 순간 가장 큰 책임을 짊어진 사람은 대통령이었습니다."

바이든은 필요한 군 대응을 승인한 뒤 침통한 표정으로 상황실을 떠났다.

*

애비 게이트 폭탄테러가 발생했을 당시 바이든 대통령은 취임한 지 7개월을 막 넘기고 있었다. 하지만 상황실을 자주 활용한 버락 오바마 대통령 시절에 부통령직을 수행했기 때문에 상황실 경험이 풍부했다.

블링컨은 바이든에 대해 다음과 같이 말했다.

"수년간 많은 시간을 상황실에서 보낸 사람입니다. 바이든은 회의를 직접 주재하기도 하고, 수석 회의에 주요 참석자로 참여하기도 하고, NSC 회의에도 참석하면서 누구보다 상황실에 자주 왔죠."

경험을 통해 상황실을 어떻게 활용해야 하는지 알고 있는 사람이 바로 바이든이었다. 하지만 바이든이 짊어져야 했던 첫 임무는 트럼프 행정부가 초래한 혼란으로 무너진 질서와 절차를 회복하는 일이었다.

NSC 대변인 에밀리 혼은 당시 무너져 있던 정부 체계를 다음과 같이 설명했다.

"우리는 지난 행정부로부터 아예 근본부터 무너졌거나 절차가 완전히 무시된 정책들을 물려받았어요. 지난 4년간 외교정책은 대통령이 트위터에 올린 글이나 말로 내린 지시로 결정되었습니다. 어떤 정책을 결정하고 집행하는 과정에 있어서 대통령에게 최고의 선택지를 제시하기 위해서는 엄격한 원칙과 절차를 되살려야 했습니다."

트럼프와 달리 바이든은 상황실을 편안하게 여겼다. 조지 H. W. 부시처럼 한번씩 이유 없이 상황실에 들르기도 했다. 마이크 스티글러는 바이든에 대해 다음과 같이 기억했다.

"바이든은 취임하고 첫 6개월 동안 계획된 브리핑이 없을 때도 수시로 상황실에 들렀습니다. 그때 바이든이 상황실에 들렀던 게 트럼프가 임기 전체 기간 중 상황실에 왔던 횟수보다 아마 열 배, 스무 배 더 많았을 겁니다. 별일 없는지 한번 살펴보러 문을 열고 그냥 들어왔죠."

론 클레인 백악관 비서실장 역시 바이든에 대해 다음과 같이 말했다.

"바이든은 상황실 단골손님이었어요. 현장에서 발로 뛰는 사람들의 이야기를 직접 듣는 걸 좋아했습니다."

케네디 대통령이 누군가 요약한 보고서보다 날것 그대로의 정보를 선호했던 것처럼, 바이든 대통령 역시 누군가 자르고 걸러서 책으로 만든 보고서를 읽기보다는 현장의 지휘관들이 들려주는 이야기를 듣고 싶어 했다. 특히 자신의 견해와 충돌하는 관점을 가진 이들의 말에 더욱 귀 기울였다.

부통령 시절, 바이든이 상황실에서 일부로 반대의견을 내는 '악마의 대변인' 역할을 자주 맡았던 일화는 유명하다. 2011년 아보타바드 습격 작전 개시 여부를 논의하는 마지막 회의 중에도 바이든은 반대의견을 냈다. 그 덕분에 오바마 대통령이 여러 선택지를 가진 채로 최종 결정을 내릴 수 있었다. 당시 바이든 부통령의 국가안보 보좌관으로 재임 중이던 토니 블링컨은 아프가니스탄에 병력 추가 여부를 논의하는 자리에서 있었던 일을 다음과 같이 기억하고 있었다.

"바이든 부통령은 회의에 참석한 모든 이들의 전제와 추측을 끊임없이 시험하고 날카롭게 파고든 유일한 사람이었습니다. 물론 바이든의 행동은 오바마 대통령과 공조한 것이었죠. 바이든 덕분에 오바마는 조용히 지켜보며 자신의 견해를 드러내지 않을 수 있었어요."

블링컨은 바이든이 상황실에서 수행한 악마의 대변인 역할을 다음과 같이 극찬했다.

"제가 이때까지 본 의사결정과정 중 최고였다고 단언합니다. 상황실이 딱 그런 과정을 위해 존재하는 장소입니다. 상황실에서는 서로 다른 상황에 처한 이해관계자들의 다양한 관점을 이해하고 다룰 수 있어야 합니다. 코끼리를 만지고 있는 장님들, 즉 라쇼몽 같은 겁니다. 어떤 자리에 있느냐에 따라 관점이 달라지는 겁니다."

나는 제이크 설리번에게 바이든 대통령을 위해 악마의 대변인 역할을 하는 사람이 있는지 물었다. 설리번은 다음과 같이 답했다.

"수석 회의에서 그런 역할을 인위적으로 만들거나 맡는다는 게 쉬운 일은 아닙니다. 원래 그런 방식으로 사고하는 참모가 있느냐 없느냐의 문제입니다. 억지로 만들어낼 수 없죠."

그렇게 말한 설리번이 사실은 종종 그 역할을 맡아왔다.

"저는 본래 성격이 어떤 주장 속에 보이는 약점이나 사각지대를 파고드는 걸 좋아합니다. 누군가 악마의 대변인이 되어야 한다면, 보통 제가 하죠."

하지만 아무리 철저하고 포괄적인 정책 결정 과정을 거치더라도 사각지대를 완전히 제거할 수는 없다. 아프가니스탄에서 병력을 철수하는 데 있어서 적당한 시간은 없다던 바이든의 말은 틀린 말이 아니었다. 하지만 바이든 행정부는 트럼프 행정부가 아무 계획 없이 철군시키겠다고 질러버린 약속에 발이 묶인 상태였다. 그렇다고 참담한 철수 과정에 대한 책임을 바이든의 팀이 피할 수는 없다. 아프가니스탄 정부군에 관한 정보는 오류투성이였고, 철군 과정은 너무 성급했으며, 대피 계획은 지나치게 느렸다. 국무부의 '사후 보고서'에서도 이번 사태에 대해 '최악의 상황에 대비한 고위급 차원의 숙고가 부족했다'라고 평가했다.

설리번과 그의 상황실 팀은 이런 일이 또다시 발생하게 놔둘 수 없다는 데 의견을 모았다. 애비 게이트 사태가 일어나고 몇 주 후, 상황실의 작전 결정 과정은 다시 한번 시험대에 오른다. 이번에는 블라디미르 푸틴이 그 중심에 있었다.

2021년의 블라디미르 푸틴은 9.11 테러 직후 콘돌리자 라이스에게 '냉전이 정말 끝났구나'라는 생각을 심어준 사람과는 완전 딴판이 되어 있었다. 내가 인터뷰한 NSC 장교들 사이에서는 푸틴이 변한 것인지, 아니면 본모습을 드러낸 것인지에 관한 의견이 갈렸다. 라이스는 2000년대 중반 러시아가 조지아를 상대로 전쟁을 벌였던 시점을 푸틴이 달라지기 시작한 전환점이라고 지목했다. 2014년 소치동계올림픽을 앞두고 나는 푸틴과 직접 인터뷰할 기회를 잡았다. 인터뷰 중 푸틴에게 러시아를 '비우호적 적대국'이라고 여기는 미국인들에게 어떤 메시지를 전하고 싶은지 물었다.* 푸틴은 '제1차세계대전, 제2차세계대전과 같은 세계사의 격동기'에 미국과 러시아가 늘 동맹국 관계였음을 강조하면서도, 오늘날 양국 간 입장에 차이가 존재한다는 점도 인정했다.

푸틴이 인정한 양국 간 입장의 차이는 지난 10년 동안 극적으로 커졌다. 그리고 러시아는 2016년 미국 대선에 개입해 도널드 트럼프의 당선을 도왔다. 헨리 키신저는 나에게 푸틴이 '도스토예프스키 소설 속 인물'이 되어버렸다고 말한 적이 있다. 푸틴을 소설 속 적에게 둘러싸여 있는 러시아 황제의 신비로운 환영에 영감을 받은 통치자라고 했다.

다년간 푸틴을 직접 지켜봐온 바이든 대통령은 그에 대해 직설적이었고, 사실적 정보보다는 본능에 충실한 견해를 가지고 있었다. 나는 2021년 3월에 바이든과 진행한 인터뷰에서 2011년 푸틴과 가졌던 비공개 회담에

---

* 이 인터뷰는 내가 푸틴과 진행한 처음이자 마지막 인터뷰였다. 나는 2022년 러시아 외무부 장관 세르게이 라브로프와 날 선 공방을 벌인 인터뷰를 진행한 적이 있다. 그 후 러시아 정부는 나에게 제재를 가해 입국금지 명령을 내렸다.

관해 질문했다.

> 스테퍼노펄러스: 대통령님은 푸틴에게 영혼이 없다고 말했죠.
> 바이든: 푸틴에게 그렇게 말했습니다. 맞아요. 푸틴은 "우리는 서로를 잘 이해하고 있군요"라고 답했습니다. 제가 거기서 잘난 척하려던 것은 아니었습니다. 푸틴의 집무실에서 단둘이 남아 이야기를 나누고 있었습니다. 그때 나온 말이었죠. 부시 대통령이 "푸틴의 눈을 들여다보니 그의 영혼이 보이더라"라고 말한 적이 있습니다. 그래서 제가 "당신의 눈을 들여다보니 영혼이 없는 것 같네요"라고 했던 겁니다. 그러자 푸틴은 "우리는 서로를 잘 이해하고 있다"라고 대응한 거였죠.
> 스테퍼노펄러스: 대통령님은 푸틴을 잘 아시잖아요. 그가 살인자라고 생각합니까?
> 바이든: 네. 살인자라고 생각합니다.

'살인자'라는 발언에 보좌관이 당황해했다. 하지만 바이든은 자신의 말을 철회하지 않았다. 바이든은 푸틴이 자신의 목적을 이루기 위해서라면 어떤 일도 서슴지 않을 사람이라고 확신했다. 2021년 가을, 정보 당국은 바이든의 생각을 증명하는 단서들을 포착하기 시작한다.

*

블링컨은 다음과 같이 회상했다.

"러시아가 무슨 일을 벌이려고 하는지에 대한 엄청난 정보를 처음 입수했을 때, 국경에 병력을 집결시키고 있다는 눈에 보이는 사실뿐 아니라 믿기 어려울 정도로 구체적인 계획에 대한 정보도 포함되어 있었습니다."

블링컨은 곧장 볼로디미르 젤렌스키에게 이를 알렸지만, 우크라이나 대통령은 미국의 경고를 심각하게 받아들이지 않았다. 그해 봄에 이미 러시아군은 국경 지역으로 집결했지만, 우크라이나를 침공하지는 않았다. 젤렌스키는 푸틴이 국경을 넘어 침략할 것이라고는 생각하지 않았다.

젤렌스키가 그렇게 반응한 데는 그만한 이유가 있었다. 블링컨은 다음과 같이 그 이유를 설명했다.

"침공 자체가 러시아 측에 큰 문제가 될 게 뻔히 보였습니다. 우리 사고방식으로는 푸틴이 그런 행동을 한다는 게 논리적이지 않았죠."

게다가 미국의 2003년 이라크 대량살상무기 대참사 이후 미국 정보기관의 신뢰도가 크게 떨어진 상황에서, 젤렌스키는 미국의 정보를 곧이곧대로 믿을 필요성을 못 느꼈을 것이다.

그러나 바이든 행정부는 새로운 정보가 정확하다고 믿었다. 2021년 가을, 바이든 행정부 소속의 두 인사가 상황실에서 계획을 하나 구상하고 실행에 옮겼다.

알렉스 빅 NSC 전략기획국장은 당시 계획을 다음과 같이 설명했다.

"10월 말, 저와 제 동료는 제이크 설리번에게 보낼 메모를 하나 썼습니다. '정보가 있습니다. … 실제로 일어날 일인지는 모르겠지만, 이 일이 일어난다면, 미국 국가안보에 미치는 파장이 어마어마할 겁니다'라는 메모였습니다."

빅과 리베카 리스너 전략기획국 선임 국장 대행이 공동으로 작성한 메모는 행정부에서 공식적 대응 계획을 수립하도록 권고하고 있었다. 계획 수립의 목적은 러시아가 우크라이나를 침공할 시 발생할 수 있는 모든 상황과 주요 정책적 문제를 검토하고 대비하자는 것이었다.

참담했던 아프가니스탄 철수 작전을 겪은 빅은 이번에는 그때와 달리 미리 준비되어 있어야 한다고 생각했다.

아프가니스탄 철수 작전 중에는 비상사태에 대비한 계획이 부족했다. 정부 차원에서 예상할 수 있는 상황에 대한 준비는 완벽했지만, 모든 계획이 아프가니스탄 정부가 제 역할을 한다는 가정하에 세워졌다. 긴급 대피가 필요한 경우는 전혀 예측하지 못했고, 그에 따른 대비책도 세우지 않았다. 그때의 실패를 기억하는 빅은 같은 실수를 반복할 수 없다고 다짐했다.

빅과 리스너의 메모 덕분에 백악관에는 '타이거 팀'이 꾸려졌다. 1960년대에 처음 사용되기 시작한 타이거 팀이라는 용어는 특정 문제를 해결하기 위해 소집된 전문가 집단을 뜻한다. 타이거 팀의 가장 유명한 사례는 1970년 아폴로 13호의 산소 탱크가 폭발했을 때 우주인들을 안전하게 지구로 귀환시키기 위해 꾸려졌던 팀이다. 11월 말, 빅은 러시아의 우크라이나 침공 가능성에 대해 논의하기 위해 타이거 팀을 소집했다. 빅은 당시 타이거 팀을 소집한 목적을 다음과 같이 설명했다.

"앞으로 어떤 일이 일어날 수 있을지 예측하고, 우리가 답해야 할 질문들을 철저하게 고민하고 정리하는 게 목적이었습니다. 그래서 바로 계획 수립에 착수했죠. 러시아가 전쟁을 시작하면 바로 가동할 수 있는 일종의 '비상시 계획'이었죠."

국무부, 국방부, 국토안보부, 에너지부, 국방정보국, 미국국제개발처에서 각 한 명씩의 대표를 보내 타이거 팀이 구성되었다. 덕분에 여러 분야의 전문성과 관점을 모두 갖출 수 있었다. 빅은 타이거 팀에 대해 다음과 같이 설명했다.

"모든 팀원에게 본부의 승인 절차를 생략한 채로 창의적이고 자유롭게 의견을 나눌 수 있는 권한이 부여되었어요. 팀이 모이기 전부터 각 부서의 부국장이나 비서실장과 많은 작업을 미리 해뒀고요. 각 팀에 배치될 인사를 선정해야 했으니까요."

타이거 팀이 막 꾸려졌을 때는 매주 세 번씩 상황실에서 만나 회의했다. 얼마 후 회의는 매일 열리게 되었다. 상황실 회의가 없을 때도 팀원들은 늘 소통했다. 빅은 다음과 같이 당시 상황을 기억했다.

"타이거 팀이 운영되는 방식은 기존의 정책 수립 과정을 벗어난 것이었고, 기존 정책을 단순히 반복하지도 않았습니다. 우리는 창의적인 방법으로 서로 협력했습니다. 관료제 조직안에서 이런 일을 해내는 게 쉬운 일은 아니었죠."

타이거 팀은 12월 내내 '비상시 계획'을 정교하게 다듬었다. 제이크 설리번은 비상시 계획에 포함된 내용 중 하나를 예로 들었다.

"러시아가 침공한다고 생각해봅시다. 첫 24시간 동안 어떤 일이 벌어질까, 그다음 24시간은? 또 그다음 24시간은? 그런 내용이 포함되어 있었습니다. 그뿐 아니라 경제적 제재, 군사 지원, 동맹국과 공조, 사이버공격이나 여러 형태의 확전 같은 만일의 사태 등, 비상시 계획에서는 다양한 주제를 다뤘습니다."

카불의 참사에서 뼛속 깊이 새겨진 교훈을 얻은 설리번은 타이거 팀이 다음 질문에 초점을 맞춰 임무를 수행했다고 말했다.

"러시아 침공이 실제 발생하면, '그때 왜 미리 준비 안 했을까?'라며 후회할 일이 뭘까? 지금 그 일을 찾아서 하자."

빅은 다음과 같이 말했다.

"가장 일어날 법한 상황에 대비한 계획과 최악의 상황에 대비한 계획을 오가며 어느 쪽에 더 집중할지 끊임없이 논의했습니다."

빅에 따르면 타이거 팀은 최악의 상황에 대비한 계획에 집중하기로 결정했다.

"왜냐하면 처음부터 세부적인 계획을 가지고 있는 상태에서 현실에 맞게 조정해 들어가는 게 더 낫다고 생각했기 때문이죠. 그때그때 상황에 따라 계획을 수정하고 확장하다 보면 예상보다 훨씬 어렵고 복잡한 일을 맞닥뜨려야 할 수도 있으니까요."

나는 에밀리 혼에게 타이거 팀이 예상한 최악의 상황이 무엇이었는지 물었다. 혼은 다음과 같이 답했다.

"발생하지 않은 일에 대해 세부적으로 설명하고 싶지는 않습니다. 우리가 예상한 최악의 사태가 발생하지 않았다는 사실로만으로도 매우 다행스럽게 여기고 있어요. 정말 끔찍한 일이 발생했을 때, 그러니까 지금 우크라이나에 일어난 일보다 **훨씬** 끔찍한 일이 벌어졌을 때, 우리가 어떻게 대응할지를 생각해내는 일은 심적으로 부담스럽고 힘들었습니다."

혼은 세부적인 정보를 밝히고 싶어 하지 않았지만, 나는 조금 더 질문을 이어갔다. 만약 내가 그녀의 입장이었다면, 우크라이나 지도부를 제거하기 위한 수도 키이우 공격, 젤렌스키 암살 시도, 저위력 핵무기 공격 등의 사태를 걱정했을 거라고 말했다.

혼은 다음과 같이 답했다.

"맞아요. 그런 방식으로 저희도 접근했습니다."

미국의 실패는 선택지에 존재하지 않았다. 실패할 경우 우크라이나의 주권 상실, 국제 지정학적 불안정, 유럽 다른 지역으로 확산할 수도 있는 지상전, 심지어 핵전쟁의 가능성까지, 너무 큰 대가를 치러야 했다.

이처럼 다양한 이해관계가 얽혀 있고, 변수가 많은 계획을 준비해야 하는 상황에서 바이든 대통령은 세 가지 원칙을 제시했다. 설리번은 그 세 가지 원칙을 다음과 같이 설명했다.

"첫 번째 원칙은 우크라이나의 주권과 독립적 존재를 보장하는 것이었습니다. 두 번째는 NATO의 결속을 유지하는 것이었고, 마지막 세 번째는 제3차세계대전이 일어나지 않도록 하는 것이었습니다."

혼은 대통령의 말을 정확히 다음과 같이 기억했다.

"'전쟁에 휘말리지 말라'라고 했습니다. 미국의 지상군은 절대 투입하지 않는다는 원칙을 강조한 거죠."

혼은 대통령이 제시한 세 가지 원칙이 큰 도움이 되었다고 했다.

"무한한 선택지 중 하나를 선택해야 하는 순간이 오면 오히려 사고가 마비되어버립니다. 그럴 때 총사령관이 분명하게 해서는 안 되는 선택들에 선을 그어주면, 우선순위를 정하는 데 도움이 많이 됩니다."

상황을 외교적으로 해결해보려는 노력에는 아무런 결실이 없고, 푸틴이 정말 침공을 감행할지에 대한 회의론이 팽배한 가운데, 바이든 대통령은 러시아 침공 관련 정보를 기밀 해제하라고 지시했다. 젤렌스키, 미국의 동맹국, 언론에 어떤 일이 닥쳐올지를 공유해 모두가 경각심을 가지도록 할 목적이었다. 또한 정보를 공유하는 조치로 인해 푸틴은 기습 공격 기회를 잃게 되고, 전쟁 구실을 찾기 어려워지게 되는 효과도 노릴 수 있었다.

12월 7일, 바이든은 상황실의 JFK 회의실에서 보안화상회의시스템을 통해 푸틴과 이야기를 나눴다. 바이든은 이 러시아 지도자에게 우크라이나를 침공하는 즉시 경제적 제재를 포함해 커다란 대가를 치러야 할 것이라고 경고했다. 바이든의 전략은 모든 카드를 테이블에 펼쳐 보여주는 것이었다. 두 정상은 두 시간 동안 이야기를 나눴지만, 푸틴은 끝까지 자신의 카드를 내보이지 않았다. 모든 상황이 마치 차가 충돌하는 교통사고의 한 장면을 슬로모션으로 보는 듯했다. 무슨 큰일이 벌어질지 눈에 뻔히 보였지만 그 일을 막기 위해 아무것도 할 수 없는 상황이었다.

타이거 팀은 준비 작업을 강화했다. 비상시 계획을 하나하나 역할극으로 검토해 가며 모든 가능성에 대한 대응을 다시 살펴보았다. 에밀리 혼은 다음과 같이 말했다.

"외교 분야나 국가안보 분야에서 역사를 바꿀 만한 큰 사건에 대비해 미리 경고를 받고 준비할 시간을 가질 수 있다는 건 매우 이례적인 일이었습니다. 덕분에 우리는 모든 상황을 예측해보고, 각 상황에 대응할 방안을 창의적으로 생각해낼 시간을 충분히 가질 수 있었죠."

2022년 1월, 타이거 팀은 행정부의 수석들에게 완성된 비상시 계획을 전달했다. 마지막으로 바이든 대통령에게도 계획을 전달했고, 바이든은 계획을 최종 승인했다.

모든 준비는 끝났다. 미국 정보기관은 러시아가 이제 언제든 침공할 수 있다고 판단했지만, 2월 4일부터 20일까지 베이징에서 동계올림픽이 예정되어 있었기 때문에, 그때까지는 푸틴도 움직이지 않으리라고 대부분 예상했다. 이웃 동맹국에서 올림픽을 개최하는데 푸틴이 침공을 감행할 가능성은 매우 낮아 보였다. 치열했던 준비 과정을 마치고, 몇몇 백악관 인사는 잠시 마음을 놓기까지 했다.

하지만 안도감은 그리 오래가지 못했다.

*

NSC 장교 맷 밀러는 2월 10일 오후 5시쯤 전달받은 첩보를 다음과 같이 기억했다.

"자세한 내용은 말할 수 없지만, 러시아가 동계올림픽이 끝나기 전에 공격을 감행할 수도 있다는 점을 분명히 하는 내용이었습니다."

10분 후, 밀러는 이메일 하나를 더 받았다. 오후 6시 상황실에서 긴급 수석 회의를 소집한다는 내용이었다.

급박하게 상황이 진행되는 바람에 보안화상회의시스템을 통해 회의에 참석한 이들이 많았다. 바이든 대통령과 카멀라 해리스 부통령은 회의가 시작된 후 조금 늦게 상황실에 도착했다. 이제 사실상 모든 이가 비상대기 해야 하는 상황이었다. 드디어 바이든 행정부가 10월 초부터 준비해온 바로 그 순간이 다가오고 있었다.

제이크 설리번은 당시 모습을 다음과 같이 회상했다.

"제가 상석에 앉아서 회의를 주재하고 있었습니다. '어쩌면 몇 시간 내, 혹은 며칠 안에 공격이 시작될 수 있습니다'라고 말했죠."

대통령이 회의실로 들어오자마자 설리번은 상석에서 비켰고, 바이든 대통령이 곧바로 자리를 이어받아 회의를 주도했다.

바이든은 두 가지 조치를 즉시 지시했다. 밀러는 해당 조치를 다음과 같이 기억했다.

"하나는 당장 일부 기밀정보를 NATO 동맹국 및 우크라이나와 공유하라는 지시였습니다. 저희 동맹국이 모두 아주 가까운 시일 내에 침공이 일어날 수 있다는 점을 인지하도록 하기 위함이었습니다."

이는 12월부터 시작된 정보 공유 전략의 수위를 한층 더 높이는 조치였다.

"그리고 두 번째는 미국 정부 내부에서뿐 아니라 동맹국과도 협력해 지난 몇 주간 계획해온 모든 대응 수단이 즉시 실행 가능한 상태인지 확인하라는 것이었습니다. 이는 경제제재, 수출 통제 등 여러 분야에 걸친 대응 수단을 의미했습니다."

2월 10일이 마침 마흔 번째 생일이었던 에밀리 혼에게 그날은 하루 종일 기이한 모순이 연속적으로 이어진 날이었다. 그녀는 그날을 다음과 같이 회상했다.

"제 팀원들이 저에게 세상에서 가장 슬프고 작은 컵케이크 하나를 가져다줬어요. 저는 너무나 감동했습니다. 왜냐하면 제 팀원들이 몇 달 동안 가진 모든 역량을 쏟아부어가며 이 일에 매달렸다는 사실을 알고 있었거든요."

혼에 따르면 모두 만반의 준비가 되어 있었다. 하지만 그들이 대비해온 그 일은 모두가 일어나지 않길 바라는 두려운 일이었다.

"우리는 긴장한 채로 언제든 행동에 돌입할 수 있도록 대기하고 있었어요. 하지만 동시에 제발 그 일이 일어나지 않기를 간절히 바라고 있기도 했습니다."

첩보 내용의 기밀을 해제하고 동맹국과 공유하기로 한 바이든 대통령의 결정은 이례적이면서도 매우 전략적인 조치였다. 이 조치 덕분에 백악관은 모두가 승리하는 상황을 만들어낼 수 있었다. 정보 공개로 인해 푸틴이 침공을 포기하게 된다면, 우크라이나 참사를 피할 수 있다. 미국 정보기관이 잘못된 정보를 흘렸다고 망신을 당하더라도 충분히 감수할 만한 대가다. 반대로 푸틴이 공격을 강행한다면, 미국 정보기관의 신뢰도가 입증되고, 백악관은 동맹국들과 공동 대응을 조직하는 데 한발 앞서 나갈 수 있었다.

제이크 설리번은 다음과 같이 말했다.

"(정보를 공개한) 목적은 러시아 침공을 막기 위해서였다기보다는 실제 침공이 진행되더라도 미국에 최대한 유리한 방향으로 흘러가도록 하는 데 있었습니다."

이는 아프가니스탄 참사 때 실패했던 정보전에서 미국이 먼저 승기를 잡으려는 전략이었다.

설리번은 이어서 설명했다.

"우선, 기습 공격의 가능성을 애초에 차단할 수 있었습니다. 러시아는 (2014년) 크림반도 기습 침공에 성공하면서 세계가 대응할 틈도 주지 않고 크림반도가 자신의 영토임을 기정사실화해버린 적이 있죠. 또한 '우리는 어쩔 수 없었다, 우크라이나가 먼저 공격했다, 우크라이나가 러시아계 주민 100명을 죽였다' 등의 핑계를 만들지 못하도록 차단할 수 있었습니다."

7년 전, 러시아는 크림반도와 돈바스를 침략하면서 주변국의 대응 수위와 분위기를 살핀 바 있다. 설리번은 러시아의 과거 전략을 다음과 같이 설명했다.

"두 번 모두 러시아가 기습 공격과 그 사건을 어영부영 무마하는 데 성공했습니다. 다른 나라들은 갑작스럽게 무슨 일이 일어나고 있는지, 그리고 왜 그런 일이 일어났는지 제대로 이해하기 어려웠죠. 국제정치에 애매모호함이 끼어들면, 대부분 '음, 무슨 일인지 확실하지 않으니까, 우리가 간섭하면 안 되겠군' 하는 생각을 하게 됩니다."

설리번은 러시아가 명확한 상황을 좋아하지 않는다고 결론지었다.

"무슨 일이 일어나고 있는지, 그리고 왜 그런 일이 일어나고 있는지 명확하게 만들어야 동맹국과 연합해 러시아 침공에 대응하는 데 힘을 실을 수 있었습니다."

2월 17일 목요일, 블링컨 국무장관이 유엔안전보장이사회 회의에서 연설했다. 연설 중 러시아의 침략 준비 과정, 공격을 정당화하기 위해 푸틴이 조작한 핑계, 러시아군의 예상 목표물 등 미국이 가진 러시아 관련 정보가 전례 없는 수준으로 대량 공개되었다. 블링컨은 유엔안보리 회원국들 앞에서 다음과 같이 말했다.

"미국은 우크라이나 정부에 계속 경고했습니다. 그리고 오늘 이 자리에서, 우리가 알고 있는 내용을 전 세계에 아주 구체적으로 밝히는 이유는 너무 늦기 전에 러시아가 전쟁으로 가는 길을 포기하고 다른 길을 선택하도록 설득하고 싶기 때문입니다."

블링컨은 그 자리에서 2003년 이라크 대량살상무기 대참사의 망령에 대해서도 언급했다.

"2003년 사실 확인에 실패한 미국 정보 당국의 과오를 기억하며 미국이 입수한 정보에 의문을 제기하는 분들이 있다는 사실도 잘 알고 있습니다. 그러나 이것 하나만은 확실합니다. 저는 전쟁을 시작하기 위해서가 아니라 막기 위해 오늘 이 자리에 섰습니다. 제가 보여드린 정보는 우리 눈앞에서 노골적으로 전개된 상황들로 이미 입증되었음을 말씀드립니다."

모두가 이기는 윈윈전략이 시행으로 옮겨지는 순간이었다. 리스너는 다음과 같이 말했다.

"블링컨이 공개석상에 나선 목적은 마지막 순간까지 전쟁을 막기 위해 노력하겠다는 거였습니다. 어떻게 보면 우리가 '틀린' 정보를 가지고 있었다면 저희가 성공한 게 되는 거죠. 하지만 결국 푸틴은 침공을 강행했습니다. 그 후 일어난 일들은 결국 미국이 맞았다는 사실을 증명했죠."

*

2월 24일 목요일 새벽, 러시아군이 우크라이나 영토로 밀어닥쳤다. 수도 키이우를 비롯해 하르키우, 드니프로 같은 도시들이 하늘에서 쏟아지는 미사일 공격을 받으며 불길에 휩싸였다. 푸틴은 장문의 연설을 통해 '지난 8년간 키이우 정권으로부터 굴욕과 집단학살을 당해온 사람들'을 구하기 위해 '특별 군사작전'을 펼친다고 주장했다. 젤렌스키 대통령은 재빨리 계엄령을 선포하고 모스크바와 외교관계를 전면 단절했다. 젤렌스키는 트위터를 통해 다음과 같이 밝혔다.

"러시아는 악의 길을 선택했다. 우크라이나는 자력으로 방어 중이다."

12장 타이거 팀

워싱턴 D. C.에서는 동이 트자마자 바이든 대통령과 NSC가 상황실에 모였다. 카멀라 해리스 부통령을 비롯해 토니 블링컨 장관, 로이드 오스틴 장관, 재닛 옐런 장관, 윌리엄 번스 CIA 국장, 마크 밀리 장군 등이 코로나 방역 지침에 따라 마스크를 착용한 채 JFK 회의실에 둘러앉았다. 회의실 테이블 위에는 커피잔과 각종 서류가 어지럽게 널려 있었다. 알렉스 빅은 자부심 가득한 목소리로 다음과 같이 당시 상황을 설명했다.

"정부 여러 부서에서 타이거 팀이 준비한 비상시 계획을 면밀히 살펴봤습니다. 계획을 작성한 사람으로서 아주 뿌듯했습니다. 대부분 비상시 계획서는 국방부 책장 어디에서 먼지만 쌓여가는 신세를 벗어나기 힘들거든요. 하지만 이번 비상시 계획은 사람들이 정말 펴서 읽는 문서로서 살아남았습니다."

타이거 팀이 명확한 대응 절차를 서전에 정리해둔 덕분에 바이든 대통령은 신속하게 동맹국들의 대응을 하나로 모을 수 있었다. 제이크 설리번은 비상시 계획을 다음과 같이 회상했다.

"사태가 벌어지자마자 G7 정상회의를 여는 게 저희가 계획했던 바였습니다. 우리가 하나로 단결한 모습을 보여주려는 의도였죠. 회담의 결과로 발표할 공동성명도 거의 다 조율해둔 상태였습니다."

이어서 예전 상황실에서는 상상도 못할 모습이 연출되었다. 최신 영상 기술 덕분에 즉각적인 화상 정상회담이 개최되었다. JFK 회의실 스크린에 세계 각국 정상들이 모습을 드러냈다. 히틀러가 유럽을 휩쓸던 제2차세계대전 당시 루스벨트, 처칠, 스탈린이 이렇게 매일 영상으로 회의를 열 수 있었다면 어땠을까.

존 파이너 국가안보 부보좌관은 당시 회의 모습을 다음과 같이 묘사했다.

"마치 네모 박스 안에 출연자들이 등장하는 티브이 퀴즈쇼 〈할리우드 스퀘어스Hollywood Squares〉 같은 화면이 연출되었어요. 줌Zoom 회의처럼요."

회의실의 대형화면을 통해 화면 속 작은 상자 안에 들어가 있는 듯한 독일, 이탈리아, 일본, 영국, 프랑스, 캐나다의 정상들을 볼 수 있었다.

"이렇게 많은 세계 정상을 직접 한자리에 모으는 게 얼마나 어려운 일인지 한번 생각해보십시오."

모두가 이런 최신 기술에 익숙해진 점은 코로나 대유행으로 얻게 된 몇 안 되는 이점 중 하나였다. 밀러는 상황실의 최신 기술에 대해 다음과 같이 말했다.

"상황실에 구축된 기술을 활용하고 있지만, 사실 이런 최신 기술에 적응하게 된 진짜 이유는 코로나 때문이었습니다. 코로나 대유행을 겪으면서 국가 정상들마저도 갑작스럽게 화상회의에 익숙해질 수밖에 없었죠."

바이든 대통령은 G7 정상들을 하나로 모아 우크라이나 지지를 촉구했다. 파이너는 당시 회담을 다음과 같이 기억했다.

"가장 근본적인 메시지는 우리의 단결이 가장 핵심적인 전략이 될 것이라는 거였습니다. 세계 여러 나라가 하나로 마음을 모은다는 게 쉽지는 않겠지만, 앞으로 아주 길고도 힘겨운 시간을 견뎌내야 하는 우크라이나를 지지하는 데 절대적으로 필요한 조건이었죠."

갑자기 바이든 대통령이 자리에서 일어나 회의실 밖으로 나갔다. 바이든은 곧장 작은 보안전화 박스로 들어가 유리문을 닫았다. 그 작고 구시대적인 전화박스에서 바이든은 젤렌스키에게 전화를 걸었다. 젤렌스키는 키이우의 대통령 관저에 피신해 있는 상태였다. 파이너는 당시 전화 통화에 대해 다음과 같이 말했다.

"두 사람이 전화로 이야기를 나눴습니다. 젤렌스키는 바이든에게 현지 상황이 어떤지 최신 소식을 전달했습니다. … 젤렌스키는 우크라이나 안보를 위해 당장 필요로 하는 여러 지원책을 바이든에게 쭉 설명했죠."

전화 중이던 바이든은 전화박스 바깥으로 고개를 내밀어 제이크 설리번 보좌관, 오스틴 장관, 블링컨 장관에게 젤렌스키가 필요한 게 뭔지 전달했고, 그 정보는 다시 곧장 G7 정상들에게 전해졌다.

블링컨은 전화박스에 대한 설명을 덧붙였다.

"전화박스 장면이 좀 웃기기는 했습니다. 과거의 유산처럼 보이지만⋯. 보안전화기가 그 안에 몇 대 설치되어 있습니다. 그래서 그 안에서 기밀 사안과 관련된 대화나 사적인 대화를 할 수 있습니다."

요즘처럼 전화박스가 거의 사라져가는 시대에 저런 공간이 상황실에 존재한다는 게 어울리지 않는다는 사실은 블링컨도 인정했다.

"1960년대 티브이에서 방영한 첩보 시트콤 〈겟 스마트Get Smart〉에서나 볼 수 있을 법한 장면 같기는 합니다."

블링컨의 이야기를 듣고 있으니 1961년 4월의 한 장면이 떠올랐다. 피그스만 침공 당시, 태즈웰 셰퍼드는 백악관 내각실 바깥 의자에 앉아서 알리 버크 제독이 대통령의 명령을 전달해주기를 기다렸다. 버크 제독이 셰퍼드에게 대통령의 명령을 전달하면, 셰퍼드는 곧바로 합참의장에게 전화를 걸어 명령을 전달했다. 60여 년이 지났고 기술은 비교할 수 없을 정도로 발전했다. 보안전화 회선과 고화질 실시간 영상기술을 통해 버튼 한 번만 누르면 전 세계 정상을 한곳으로 모을 수 있다. 하지만 사람과 사람 사이의

바이든 대통령이 전화박스에서 젤렌스키와 대화하고 있다(촬영: 애덤 슐츠, 백악관 공식 사진).

소통이라는 가장 기본적인 본질은 변하지 않았다. 지구상에서 가장 영향력 있는 정상들 간의 회담이든, 가상의 위기 대응 훈련이든, 함께 협력해야 하는 일에 성공하기 위해서는 결국 사람들을 연결하는 능력이 핵심이다.

그러나 웬디 셔먼은 기술적 발전에도 불구하고 아쉬운 점이 있었다며 다음과 같이 말했다.

"물리적으로 한 공간에 있지 않았기 때문에 어느 정도 거리감이 존재한 것은 사실이었습니다. 작은 회의실 안에서 느낄 수 있는 유대감, 회의 시작 전이나 회의 후 삼삼오오 모여 나눌 수 있는 대화, 옆 사람에게 슬쩍 던져보는 쪽지, 회의 중 맞은편 참가자와 몰래 주고받을 수 있는 소소한 농담 같은 것들이 빠져 있었죠."

상황실이 만들어진 지 60년이 넘는 세월 동안 많은 것이 바뀌었다. 하지만 상황실을 탄생시켰던 냉전 당시 상황들이 다시 반복되고 있었다. 미국과 러시아가 다시 서로의 적으로 대립하고 있었으며, 우리는 다시 한번 다른 나라의 영토를 둘러싼 위험한 갈등에 휘말렸다. 역사는 늘 되풀이된다. 이번에는 정보가 즉각적으로 흘러넘치고, 어디에서나 바로 연결될 수 있는 통신 기술이 발전한 시대라는 점만 다를 뿐이다.

웬디 셔먼은 다음과 같이 덧붙였다.

"지금 세상은 예전보다 훨씬 더 복잡합니다. 소련과 미국이라는 두 강대국만 존재하던 때와 다릅니다. 핵무기를 가진 국가도 훨씬 많아졌죠. 원래 핵무기를 보유하고 있던 프랑스와 영국에 더해서 중국, 파키스탄, 인도도 핵을 보유하고 있습니다. … 이제 우리는 양극체제가 아닌 다극체제의 세상에 살고 있어요."

셔먼은 되풀이되는 역사에 관해 다음과 같이 말했다.

"과거 쿠바미사일위기에서 배울 교훈이 분명히 있습니다. 하지만 그 교훈을 너무 지나치게 일반화해서는 안 됩니다. 지금 우리는 아주 다른 상황에 처해 있어요. … 통신 기술은 케네디가 즐겼던 깊은 숙고나 여유로운 검토는 생각도 못할 정도로 빠른 세상을 만들었죠. 기술 때문에 사람들이

'더 빠르게 움직여야 한다'라는 압박감에 늘 시달린다는 점은 안타까운 일이죠."

바로 그러한 이유로 상황실이 지금까지도 미국 행정부의 가장 중요하고 대체 불가능한 공간으로 남아 있는 것이다. 앞으로 대통령들은 과거 대통령들처럼 어떤 결정을 내리는 과정에서 심사숙고할 여유를 가질 수 없을 것이다. 인공위성, 휴대전화, 소셜미디어, 스트리밍 영상 등이 끊임없이 정보에 굶주린 사람들을 만족시켜주는 세상이다. 위기 상황이 발생하면 전 세계가 즉각적으로 알아차린다.

1963년 프랑크푸르트 연설에서 케네디 대통령은 다음과 같은 말을 남겼다.

"시간도, 세상도 그대로 멈춰 있지 않습니다. 삶의 제1원칙이 바로 변화입니다. 과거나 현재만 바라보는 사람은 미래를 잃을 것입니다."

상황실 바깥세상이 얼마나 변하든, 상황실은 그 변화에 발맞춰갈 것이다. 상황실은 그래야만 하기 때문이다.

에필로그

WHSR

와, 이제야 영화에서 보던 그곳 같네.

　20년 만에 상황실에 들어갔을 때 내 머릿속에 가장 먼저 떠오른 생각이었다. 2023년 8월, 보수공사를 마친 상황실이 세상에 공개되기 한 달 전이었다. 마크 거스타프슨 상황실장이 나에게 상황실을 소개해줬다. 클린턴 행정부 시절 내가 일하던 모습이 전혀 남아 있지 않을 정도로 놀라운 변화들이 있었다. 내가 알던 상황실은 낮은 천장에 비좁고, 장비의 반쯤은 아날로그였던 곳이었다. 하지만 새롭게 변신을 마친 상황실은 최신 디지털 기술이 적용되어 인체공학적으로 디자인된 첨단 복합 공간이었다.

　주 회의실로 사용되는 JFK 회의실은 예전보다 훨씬 넓어졌다. 회의실의 평평하던 천장은 떠다니는 구름 모양의 타일로 꾸며졌고, 타일 뒤편으로 시원한 푸른 조명이 은은하게 퍼져 있었다. 조명은 다른 색으로 바꿀 수도 있었다. 삼면의 벽을 따라 스크린이 설치되어 있었는데, 회의의 보안 등급, 마이크 작동 여부, 세계 주요 분쟁 지역의 시간대가 디지털 디스플레이를 통해 스크린에 표시되었다. 상석 뒤쪽에 있는 네 번째 벽에는 거대한 대통령 문장이 걸려 있었고, 대통령이 아닌 다른 사람이 회의를 주재할 경우를 대비해 부통령 문장이나 대통령 직속 기관 문장으로 바꿀 수 있도록 설계되어 있었다. 이는 상황실의 실내 디자인을 얼마나 세심하게 디자인했는지 보여주는 하나의 예시다.

오바마 대통령과 그의 참모진들이 빈라덴 습격 작전 실황을 지켜봤던 작은 회의실은 사라졌고, 그 자리는 두 개의 소회의실로 대체되었다. 그렇다고 예전 회의실이 아예 사라진 것은 아니다. 그 공간에 있던 물건들을 모두 세심하게 보존해서 시카고에 세워진 오바마 대통령 도서관에 그 모습 그대로 재현할 예정이다. 바이든 대통령이 젤렌스키에게 전화를 걸었던 전화 박스 역시 후에 바이든 대통령 도서관에 전시할 목적으로 보존 중이다. 각 대통령의 유산을 보존하는 전통은 레이건 대통령 도서관에서 시작되었다. 레이건 대통령 도서관은 2006년 보수공사를 통해 예전 본회의실의 모습으로 재탄생했다.

감시 팀이 상주하는 장소도 완전히 새롭게 업그레이드되었다. 당직 요원들은 높이 조절이 가능한 입식 책상을 사용한다. 그리고 책상들은 여러 개의 화면을 볼 수 있도록 길게 두 줄로 배치되었다. 실장과 선임 실장을 위한 여러 개의 사무 공간도 유리로 벽을 세워 만들었다. 비밀보장이 필요할 때는 스위치로 유리를 불투명으로 바꿀 수 있다. 당직 요원들이 상주하는 감시실에는 '삭제' 버튼이 있다. 상황실에 보안 인가를 받지 않은 사람이 들어왔을 때 그 버튼을 누르면 모든 기밀정보가 모든 화면에서 즉시 사라진다.

전통을 살린다는 취지에서 상황실 보수공사에는 적갈색 마호가니 목재가 사용되었다. 상황실 시설의 대부분 벽면은 어둡고 고급스러운 원목으로 만들어졌다. 원목은 열대우림동맹의 친환경 인증을 받은 자재만 사용했다. JFK 회의실 바깥벽에는 현지 채석장에서 채굴한 화강암에 대통령 문장을 새겨 부착해놓았다.

백악관 상황실 특별 프로젝트 담당자 마리 하널리가 이번 상황실 보수공사 총괄 책임자였다. 하널리는 조명, 책상, 의자를 선택하는 데 당직 요원들의 의견을 십분 반영했다(원래 직장인들은 늘 사무실 의자에 민감하게 반응한다).

상황실 철거는 대부분 로봇이 담당했다. 철거 과정에서는 2006년 보수공사 때도 발견된 초기 웨스트윙 정원의 기둥들이 더 발견되었다. 이번 보수 작업은 모듈식 구성 기법을 사용해 앞으로 상황실이 필요할 때마다 부분적으로 계속 업그레이드될 수 있도록 했다. 덕분에 2022년 8월부터 2023년 8월까지 1년간 상황실 공간 전체를 폐쇄해야 했던 대대적인 전면 공사 같은 일은 앞으로 다시 없을 것이다. 이런 모듈식 공사 기법은 상황실 운영이 중단되는 상황을 최소화하고, 향후 수십 년 동안 하루 24시간, 1년 365일 쉼 없이 국가안보의 중심축으로 운영될 수 있도록 하려고 선택한 방법이었다.

재미있는 사실은, 이제 이 공간을 '상황실'이라고 부르지 않는다는 점이다. 2000년대 들어서 언제부터인가 상황실을 WHSR이라고 쓰고 '위저'라고 부르기 시작했다. 이 책을 집필하기 전까지 나도 들어본 적 없는 명칭이었다. 에밀리 혼은 오바마 행정부에서 일하던 시절, 자신의 첫 상황실 회의를 앞두고 위저에 대해 처음 알게 되었다고 했다. 그녀는 웃으며 당시 기억을 다음과 같이 떠올렸다.

"저는 너무 들떠 있었어요. '세상에, 내가 상황실 회의에 참석하다니!'라며 신이 나 있었죠. 그때 누군가가 저를 보더니 '우리는 이곳을 위저라고 부릅니다'라고 말해주더군요. 그 말투에서 '쿨한 사람들은 이곳을 위저라고 부른다'라는 뉘앙스가 확실히 느껴졌어요."

나는 쿨한 사람이 되지는 못할 듯하다. 나는 아직도 상황실을 위저라고 부르지 못하겠다.

*

보수공사를 마친 상황실을 둘러보면서, 상황실이 장소place, 과정process, 사람people, 세 개의 P로 구성되었다고 알려준 더그 루트의 말이 떠올랐다. 현재 이 장소는 그 어느 때보다 완벽한 모습을 갖췄다. 절차와 사람은 어떨까?

상황실을 사용한 열두 개의 행정부를 거치면서 이 공간을 가장 효과적으로 활용하는 방법에 대한 교훈을 얻을 수 있었다. 우선, 상황실에서는 무엇보다 최고 수준의 신뢰가 바탕이 되어야 한다. 빈라덴 습격 작전을 계획하기 이전에 오바마의 팀이 수년에 걸쳐 쌓아온 신뢰. 공화당이든 민주당이든 정당을 뛰어넘어, 수십 년간 활동한 정부 인사들이 브렌트 스코크로프트를 진정한 중재자라고 믿었던 그 신뢰. 9.11 테러 공격 당시 죽음을 각오하고 상황실에 남겠다고 했던 이름 없는 상황실 당직 요원들 간에 전제되었던 그 신뢰. 그런 신뢰가 필요하다.

신뢰는 팀워크의 기반이 된다. 서로 신뢰가 있어야 반대의견도 표현할 수 있다. 상황실이 효과적으로 제 역할을 하려면 반대의견이 꼭 필요하다. 아첨꾼이나 집단의 사고에 그냥 순응하는 사람들은 대통령에게 아무런 도움이 되지 못한다. 건전한 토론 없이는 앞으로 나갈 길을 찾기 어렵다. 블라디미르 푸틴만 봐도 그 점을 잘 알 수 있다. 우크라이나를 침략하겠다는 푸틴의 결정에 반대의견을 제시한 사람은 아마 거의 없었을 것이다. 토니 블링컨은 나와의 인터뷰에서 다음과 같이 말했다.

"독재정치의 아킬레스건은 바로 권력 앞에서 바른말을 하려는 사람, 또는 할 수 있는 사람이 없다는 점입니다. 그런 상황은 굉장히 위험하죠."

상황실의 진정한 강점, 더 넓은 의미에서 민주주의의 강점은 바로 진솔한 의견을 주고받는 상호작용이라고 할 수 있다. 총사령관인 대통령을 불편하게 만들지라도, 어떤 문제에 대해 모든 가능성을 고려하고 열린 마음으로 논의할 때 최상의 결정을 내릴 수 있다.

대통령이 상황실에서 결정해야 하는 일이란 행정부 내에서 결정을 내리기 가장 어려운 일이라고 이해해도 무방하다. 쉽게 결정 내릴 수 있는 일이었다면 더 아래 사람이 상황실에 오지 않고도 할 수 있을 것이다. 어려운 결정을 내리기 전에 대통령은 해당 문제에 대한 가장 정확한 정보를 가지고 있어야 하고, 그러기 위해서는 아주 세세한 부분까지도 반복적으로 검토해야 할 때가 있다. 로버트 게이츠는 상황실에서 일하는 방식이 비행기 조종과 비슷하다고 말했다.

"같은 문제를 두고 고통스러울 만큼 지루한 토론을 끊임없이 반복하거나, 끔찍한 결정을 한 번에 내리던가, 둘 중 하나죠."

비행기 조종사가 어떤 상황이 펼쳐지더라도 거기에 대비해 완벽히 준비되어 있어야 하듯, 상황실에서 문제를 결정해야 하는 사람들도 모든 가능성을 열어두고 논의를 이어나가야 한다. 두 경우 모두 생사가 걸린 문제일 수 있기 때문이다.

마지막으로, 상황실에서는 올바른 역사 인식이 무엇보다 중요하다. 1980년 데저트원 작전의 실패를 기억한 덕분에 2011년 빈라덴 습격 작전을 제대로 준비할 수 있었다. 올리버 노스처럼 사기꾼 같은 직원이 개인적인 목적 달성을 위해 상황실을 어떻게 마음대로 휘둘렀는지 알고 있어야 이런 일이 다시 발생하지 않도록 막을 수 있다. 매들린 올브라이트가 여성들의 목소리가 반영되도록 힘쓴 덕분에 의사결정과정에 다양성을 더할 수 있었다는 점도 기억해야 한다. 린든 B. 존슨의 과도한 간섭, 닉슨의 부재, 레이건 암살 시도 후 찾아온 혼란, 트럼프 행정부의 무질서, 모두 상황실을 떠나지 않고 맴도는 역사의 기억들이다. 상황실에서 일하는 사람이라면 그런 역사에서 교훈을 얻으면서, 과거에 얽매이지 않는 균형감각을 꼭 터득해야 한다.

상황실 사람들은 두 부류로 명확히 구분된다는 점을 이 책에 소개된 이야기들이 분명히 보여준다. 한 부류는 대통령, 부통령, 장관들, NSC 구성원들, 보좌관과 고문들이 포함된 참모진이다. 또 다른 부류는 1년 365일, 하루 24시간 상황실 운영을 담당하는 당직 요원들, 분석관, 통신 요원, 실장들과 같은 실무진이다.

백악관의 의사결정과정을 NSC 참모진을 중심으로 수행하도록 하겠다던 존 F. 케네디의 목표는 수십 년 동안 다져지고 내실화되었다. 대통령이 다른 누군가에게 위기관리의 책임을 떠넘길 수 없으므로 이런 흐름은 앞으로도 계속 이어질 전망이다. 그렇다면 쉼 없이 상황실을 운영해야 하는 실무진은 어떻게 될까? 설립된 지 70년이 다 된 상황실이 앞으로도 게리 식이나 마이크 스티글러 같은 인물들로 채워질까? 게리 식은 하루에 수천 장의 보고서를 읽고 핵심 정보만을 파악해 대통령에게 전달했고, 스티글러는 열다섯 장짜리 기밀문서를 세 줄로 요약해야 하는 어려운 일을 해냈다.

상황실 실무 운영과 관련해 구글과 구글의 모회사 알파벳의 최고경영자였던 에릭 슈밋의 생각은 달랐다. 슈밋은 상황실 같은 곳에서 요원들이 맡은 일을 듣고는 놀라움을 금치 못했다. 슈밋은 다음과 같이 말했다.

"정예 정보분석가들이 주로 텍스트와 이미지를 분석하고 있습니다. 오늘날 같은 현대사회에서 사람이 왜 그런 일을 하는 거죠? 말이 안 됩니다. … 끝없이 쌓여 있는 종이에 파묻혀 정보들 사이에 연관성을 찾으려고 노력하는 사람들이 너무 불쌍하네요. 컴퓨터가 바로 그런 일을 하기 위해 만들어졌거든요."

슈밋은 국가안보 조직이 인공지능AI에 더 많이 의존해야 한다고 말했다.

"인공위성을 통해 매 순간 엄청난 양의 정보를 받고 있습니다. 그리고 인간이 직접 그 많은 정보를 들여다보고 있죠. 그 과정이 전부 자동화되어야 한다고 생각해요."

만약 구글이 국가정보를 감독한다면 어떠했을지 슈밋은 덧붙였다.

"흥미로운 정보를 찾을 수 있도록 AI 알고리즘을 구축할 겁니다. 그런 기술은 이미 충분히 발달해 있기 때문에 어려운 일이 아니에요. 구글 직원이었다면 흥미로운 정보를 다 건진 후에 이렇게 말하겠죠. '흥미롭군. 그럼 새로운 과제를 실행해볼까? 아니면 그 정보를 바탕으로 다른 문제를 분석하게 해볼까? 아니면 컴퓨터로 정보를 더 분석하고 가능성을 수치화해달라고 할까?' 제가 본 바로는 상황실에서는 아직 그런 일이 불가능합니다."

나는 슈밋에게 AI 알고리즘이 할 수 있는 작업이 이때까지 수십 년 동안 상황실 요원들이 해온 일과 똑같다고 말해줬다. 엄청난 양의 정보 속에서 새롭거나 이례적인 것들을 식별하는 일은 상황실 직원들이 직접 다 해왔던 일이다.

슈밋은 다음과 같이 말했다.

"지금껏 그런 방식으로 일한다는 게 말이 안 되는 겁니다. 인간은 컴퓨터가 파악할 수 없는 추론을 해야죠. … 저라면 인간에게 방대한 정보 속에서 특정 패턴을 찾도록 시키지는 않을 겁니다. 그런 일은 컴퓨터가 훨씬 잘합니다."

내가 이 글을 쓰고 있는 지금, AI는 이미 노동시장을 뒤흔들고 있다. 기술, 언론, 법률, 엔터테인먼트, 출판 등 수많은 분야에서 AI는 큰 충격으로 다가오고 있다. AI가 발전하면서 인간이 글을 쓰고, 편집하고, 분석하고, 창작하는 방식은 완전히 바뀔 것이다. 상황실이 이러한 변화에 적응해야 한다는 점에서는 슈밋의 말이 맞다. 기술이 진화하는 만큼, 백악관의 중

| 요원들의 사인이 남겨진 콘크리트 기둥(WHSR 기록 보관소 제공). |

추 역할을 하는 상황실도 진화해야 한다. 새로운 시대가 펼쳐지면 상황실 요원들이 맡을 임무도 첫 60년과는 아주 많이 달라질 것이다.

그러나 기술이 대체할 수 없는 부분도 있다. 상황실, 대통령, 나아가 미국에는 상황실 요원들이 매일 백악관 지하에서 보여준 강인한 정신과 인품이 필요하다. 게리 브레스나한의 독창성, 샐리 봇사이의 세심함, 제이크 스튜어트의 창의성, 에드 파딘스키와 롭 하르기스의 용기, 엘리엇 파월의 단호함, 데버라 로어의 품격, 마이크 스티글러의 헌신. 침묵 속에서 나라를 위해 봉사하는 이들의 애국심. 기술로는 이 모든 요소를 절대 대체할 수 없다.

새로 단장한 상황실에는 특별한 점이 하나 더 있다. 바로 감시 팀이 상주하는 곳에 세워져 있는 기둥이다. 벽을 제외하고, 상황실에서 천장을 받치고 있는 유일한 구조물이다. 콘크리트로 만들어진 기둥은 소음을 줄이기 위해 어두운 천으로 싸여 있다. 나는 크게 눈에 띄지 않는 기둥에서 천을 살짝 벗겨보고는 울컥했다. 기둥에는 수많은 사인이 남겨져 있었다. 보수공사가 진행되던 중 이 공간에서 일했던 요원 수십 명의 사인이었다. 세라 메이, 재러드 플레밍, 킴 랭, 브리트니 헨슬리, 마크 거스타프슨.

기둥 위에 남겨진 사인은 상황실에서 일한 숨은 영웅들의 이름들이다. 1961년부터 상황실에서 근무해온 모든 이들이 숨은 영웅들이었다. 다른 영웅들과 마찬가지로 상황실 요원들의 이름이 기둥에 새겨져 후세에 남겨졌지만, 지금까지는 눈에 잘 띄지 않았다.

하지만 이제 달라질 것이다.

감사의 말

이 책은 진정한 팀워크의 산물이다. 리사 디키는 공동 저자가 갖추어야 할 이상적인 자질을 모두 갖추었다. 호기심이 많고, 성실하며, 언제나 긍정적이다. 세련된 필력, 명료한 사고, 열린 마음 역시 리사의 큰 장점이다. 리사가 없었다면 이 책을 완성할 수 없었을 것이다. 조사를 담당한 에밀리 미셸과 캐머런 피터스는 인터뷰를 찾아내고, 도서관을 샅샅이 뒤져 방대한 양의 정보를 종합하는 데 도움을 줬다. 그들의 작업은 흠잡을 데 없이 훌륭했다. 이 책에 실수나 누락된 부분이 있다면 모두 내 책임이다. 지칠 줄 모르는 ABC 프로듀서 크리스 도노번의 팩트 체크와 연구 지원 역시 매우 큰 도움이 되었다. 이 책을 처음 구상한 이들은 맷 래티머와 키스 어반의 재벌린 팀이었다. 재벌린 팀은 출판 과정에 전문성을 더해줬다.

아셰트북그룹은 변함없는 지지를 보내줬으며, 덕분에 훌륭한 편집자들과 함께할 수 있었다. 탁월한 판단력과 역사의식을 갖춘 숀 데즈먼드는 열정적으로 우리를 이끌어 줬고, 콜린 디커먼은 우리 작업에 품격을 더해줬다. 조이 카리미, 캐럴린 쿠레크, 앤드루 골드버그, 리베카 홀랜드, 짐 대츠, 아나 마리아 알레시, 킴 세일, 메건 페릿제이컵슨, 린지 리케츠에게도 감사를 전한다.

100명이 넘는 여러 행정부 관계자와 상황실 직원이 이 프로젝트를 위해 인터뷰에 응해줬다. 그들의 깊은 통찰을 함께 나눌 수 있어 감사했다.

미국의 대통령 도서관들은 국보와 다름없다. 이번 작업을 진행하며 여러 도서관에서 귀중한 도움을 받았다. 존 F. 케네디 대통령 도서관의 스테이시 챈들러, LBJ 대통령 도서관의 제니퍼 커더백, 라라 홀, 캐리 탈리셰트 스미스, 크리스 뱅크스, LBJ 재단의 마크 업디그로브, 해나 그린, 리처드 닉슨 대통령 도서관 및 박물관의 라이언 페티그루, 리처드 닉슨 재단의 짐 바이런, 제이슨 슈워츠, 제럴드 R. 포드 대통령 도서관 및 박물관의 브룩 클레멘트, 예이르 군더슨, 엘리자베스 드루가, 지미 카터 도서관 및 박물관의 브리트니 패리스, 세리 맥캐런, 빌리 글래스코, 로널드 레이건 대통령 도서관 및 박물관의 케이트 수얼, 스티브 브랜치, 조지 H. W. 부시 대통령 도서관 및 박물관의 크리스 펨블턴, 엘리자베스 스타츠, 재커리 로버츠, 메리 핀치, 윌리엄 J. 클린턴 대통령 도서관 및 박물관의 제이 바스, 데이나 시먼스, 존 켈러, 조지 W. 부시 대통령 도서관의 세라 홀더먼, 세라 바르카, 버락 오바마 대통령 도서관의 토머스 헤이스에게 깊은 감사를 드린다.

바이든 대통령의 백악관 직원들의 아낌없는 조언 역시 이 책을 집필하는 데 큰 도움이 되었다. 특히 마크 거스타프슨, 에이드리언 왓슨, 숀 사벳, 마리 하른리, 애덤 호지, 키애나 카스티요에게 감사를 전한다.

이번 작업에 함께해주고 아낌없이 협력해준 ABC 동료들에게도 고마움을 표한다. 특히 시몬 스윙크, 조너선 그린버거, 니콜 캐치스, 젠 페레이라, 젠 조지프, 존 산투치, 존 코언, 케리 스미스, 반 스콧에게 감사한다.

비전 PR의 레슬리 슬론과 제이미 캔델은 최고 홍보 전문가들임을 이번 작업을 통해 느낄 수 있었다.

믿을 수 있는 내 친구 MJ 로젠버그는 세심하게 원고를 읽어줬고, 더 나은 글이 될 수 있도록 도와줬다. 오랜 세월 함께한 CAA 에이전트의 앨런 버거와 엘리사 매스트로모나코 역시 글을 쓰는 데 많은 도움을 줬다. 엘리사는 내가 아내와 함께 시작한 제작사 Bedby8을 운영하고 있기도 하다.

무엇보다 내 삶의 기쁨인 앨리, 엘리엇, 하퍼에게 가장 큰 고마움을 전한다.

주註

프롤로그: 폭풍의 눈

출판물
White House Years by Henry Kissinger; *Our Man: Richard Holbrooke and the End of the American Century* by George Packer

인터뷰
토머스 도닐런, 더그 루트, 마이크 스티글러

1장 백악관 상황실의 탄생

출판물 및 구술口述 자료
"Organizational History of the National Security Council during the Kennedy and Johnson Administrations" by Bromley K. Smith; *Nerve Center: Inside the White House Situation Room* by Michael K. Bohn; *A Concept for Cold War Operations Report*— 1961, John F. Kennedy Library; *Thirteen Days* by Robert F. Kennedy; *A Thousand Days: John F. Kennedy in the White House* by Arthur M. Schlesinger Jr.; Oral History Interview with Godfrey T. McHugh— May 19, 1978, John F. Kennedy Library; Oral History Interview with Gerry M. McCabe— June 24, 1976, John F. Kennedy Library; *Under This Roof: The White House and the Presidency* by Paul Brandus; Presidential Recordings Digital Edition— University of Virginia Press; "The Information Needs of Presidents" by James W. Lucas for the Center for Information Policy Research at Harvard University—December 1991; Oral History Interview with Tazewell Shepard Jr.—April 3, 1964, John F. Kennedy Library; Lucius D. Battle, Oral History Interview—October 31, 1968, John F. Kennedy Library

인터뷰
데버라 버크스, 밸러리 재럿, 콘돌리자 라이스, 짐 스타인버그

2장 밤새도록

출판물 및 구술 자료
The Miller Center's Presidential Recordings Program; *The Vantage Point: Perspectives of the Presidency, 1963–1969* by Lyndon B. Johnson; George Reedy's Oral History with the LBJ

Library; The National Security Council Project— Oral History Roundtables, "The Role of the National Security Adviser," October 25, 1999, for the Center for International and Security Studies at Maryland— School of Public Affairs, University of Maryland and the Brookings Institution; *Reaching for Glory* by Michael Beschloss; Robert S. McNamara Oral History Interview by Walt Rostow for the LBJ Library— January 8, 1975; *Nerve Center* by Michael K. Bohn

인터뷰

루시 베인스 존슨, 톰 존슨, 마크 업디그로브

3장 "세상 모든 지옥이 열렸다"

출판물

Years of Upheaval by Henry Kissinger; *RN: The Memoirs of Richard Nixon* by Richard Nixon; *Master of the Game* by Martin Indyk; *One Man Against the World: The Tragedy of Richard Nixon* by Tim Weiner; "On Watch in the White House Basement for Armageddon," by James M. Naughton, *The New York Times*, May 10, 1977; "Stumbling Toward Armageddon," by Sergey Radchenko, *The New York Times*, October 9, 2018; Charles Stuart Kennedy and William Lloyd Stearman, Interview with William Lloyd Stearman. 1992. Manuscript/Mixed Material

인터뷰

샐리 봇사이, 개럿 M. 그래프, 헨리 키신저, 팀 와이너

4장 SOS

출판물

Nerve Center by Michael K. Bohn; *A Time to Heal* by Gerald R. Ford; *Years of Renewal* by Henry Kissinger; *The Mayaguez Incident: Testing America's Resolve in the Post- Vietnam Era* by Robert J. Mahoney; "Reagan Told of Battle Six Hours Afterward," by Lee Lescaze, *The Washington Post*, August 20, 1981

인터뷰

존 볼턴, 샐리 봇사이, 케빈 두네이, 마크 거스타프슨, 데이비드 흄 케너리, 로버트 M. 키밋, 짐 리드, 게일 스미스, 리처드 노턴 스미스

5장 근접 조우

출판물

All Fall Down: America's Tragic Encounter with Iran by Gary Sick; *Crisis: The True Story of an Unforgettable Year in the White House* by Hamilton Jordan; "Confessions of a Star Psychic," by Keith Harary, *Psychology Today*, November

1, 2004; *White House Diaries* by Jimmy Carter; *Power and Principle: Memoirs of the National Security Adviser, 1977– 1981* by Zbigniew Brzezinski; *The Stargate Chronicles: Memoirs of a Psychic Spy* by Joseph McMoneagle; *Phenomena* by Annie Jacobsen; *Hard Choices: Critical Years in America's Foreign Policy* by Cyrus Vance; *Keeping Faith: Memoirs of a President* by Jimmy Carter

인터뷰

게리 브레스나한, 리처드 클라크, 로버트 게이츠, 앤서니 레이크, 조지프 맥머니글, 게리 식, 제이크 스튜어트

6장 키는 바로 이곳에

출판물

Nerve Center by Michael K. Bohn; *All the Best, George Bush: My Life in Letters and Other Writings* by George Bush; *The Peacemaker: Ronald Reagan, the Cold War, and the World on the Brink* by William Inboden; *The Tower Commission Report*; Transcripts of March 30, 1981, audio tapes from Richard Allen's papers at the Ronald Reagan Presidential Library; *How Ronald Reagan Changed My Life* by Peter Robinson; President Ronald Reagan's White House Diaries, available at the Ronald Reagan Presidential Foundation and Institute; "Command and Control: Tested Under Fire," by Alan Peppard, *Dallas Morning News*, May 13, 2015; "The Day Reagan Was Shot," by Richard V. Allen, *The Atlantic*, April 2001; "Intelligence Inside the White House: The Influence of Executive Style and Technology," by David A. Radi, Center for Information Policy Research at Harvard University, March 1997

인터뷰

게리 브레스나한, 톰 그리스컴, 윌 인보든, 로버트 M. 키밋, 윌리엄 마틴, 피터 로빈슨, 데이비드 세드니

7장 역사의 옳은 편에서

출판물

The Politics of Diplomacy: Revolution, War and Peace, 1989– 1992 by James Baker; *A World Transformed* by George Bush and Brent Scowcroft; *Nerve Center* by Michael K. Bohn; *All the Best, George Bush: My Life in Letters and Other Writings* by George Bush; *Destiny and Power* by Jon Meacham; *Transforming Our World: President George H. W. Bush and American Foreign Policy*, edited by Andrew S. Natsios and Andrew H. Card Jr.

인터뷰

존 볼턴, 게리 브레스나한, 리처드 클라크, 로버트 게이츠, 리처드 하스, 로버트 M. 키밋, 제인 루트, 데이브 라디, 콘돌리자 라이스, 데이비드 세드니

8장 대통령님 곧 오십니다

출판물

Nerve Center by Michael K. Bohn; *Getting to Dayton: The Making of America's Bosnia Policy* by Ivo H. Daalder; *To End a War* by Richard Holbrooke; *6 Nightmares: Real Threats in a Dangerous World and How America Can Meet Them* by Anthony Lake; *My American Journey* by Colin Powell, with Joseph E. Persico; "The Guy Behind the Guy: Samuel Nelson Drew and Peace-Building in the Balkans," by John Gans, *War on the Rocks*, July 18, 2019

인터뷰

게리 브레스나한, 토니 캄파넬라, 리처드 클라크, 이보 달더, 폴라 도브리언스키, 보니 글릭, 롭 하르기스, 앤서니 레이크, 제인 루트, 래리 파이퍼, 엘리엇 파월, 데이브 라디, 짐 리드, 드루 로버츠, 데이브 셰퍼, 웬디 셔먼, 게일 스미스, 짐 스타인버그, 알렉산더 버시바우

9장 "우리는 이곳에서 싸운다"

출판물

Decision Points by George W. Bush; *Spoken from the Heart* by Laura Bush; *No Higher Honor* by Condoleezza Rice; *The Only Plane in the Sky* by Garrett M. Graff

인터뷰

조시 볼턴, 존 볼턴, 톰 보서트, 게리 브레스나한, 리처드 클라크, 케빈 두네, 람 이매뉴얼, 스티브 해들리, 조 헤이긴, 롭 하르기스, 데버라 로어, 더그 루트, 에드 파딘스키, 콘돌리자 라이스, 드루 로버츠

10장 걷는 남자

출판물

The Finish: The Killing of Osama Bin Laden by Mark Bowden; *Duty: Memoirs of a Secretary at War* by Robert M. Gates; *A Promised Land* by Barack Obama; *The World as It Is: A Memoir of the Obama White House* by Ben Rhodes; "Secret 'Kill List' Proves a Test of Obama's Principles and Will," by Jo Becker and Scott Shane, *The New York Times*, May 29, 2012; " 'I'd Never Been Involved in Anything as Secret as This,' " by Garrett M. Graff, *Politico Magazine*, April 30, 2021; "Getting Bin Laden," by Nicholas Schmidle, *The New Yorker*, August 1, 2011

인터뷰

게리 브레스나한, 리처드 클라크, 카일 코자드, 토머스 도닐런, 미셸 플루노이, 로버트 게이츠, 마이클 라이터, 윌리엄 맥레이븐, 에드 파딘스키, 리언 패네타, 래리 파이퍼, 니콜라스 라스무센, 벤 로즈, 드루 로버츠, 게리 식, 피트 수자

11장 백악관의 할리우드 스토리

출판물

The Divider: Trump in the White House, 2017– 2021 by Peter Baker and Susan Glasser; *The Room Where It Happened: A White House Memoir* by John Bolton; *Unhinged: An Insider's Account of the Trump White House* by Omarosa Manigault Newman; "James Mattis Denounces President Trump, Describes Him as a Threat to the Constitution," by Jeffrey Goldberg, *The Atlantic*, June 3, 2020; "We in the 'Shallow State' Thought We Could Help. Instead, We Obscured the Reality of a Trump Presidency," by Sarah Isgur, *The Washington Post*, December 23, 2020

인터뷰

데버라 버크스, 존 볼턴, 톰 보서트, 앤서니 파우치, 제프 파울러, 오마로사 매니골트 뉴먼, 엘리자베스 뉴먼, 래리 파이퍼, 니콜라스 라스무센, 마이크 스티글러, 알렉산더 빈드먼

12장 타이거 팀

출판물

"'Something Was Badly Wrong': When Washington Realized Russia Was Actually Invading Ukraine," by Garrett M. Graff, Erin Banco, Lara Seligman, Nahal Toosi and Alexander Ward, *Politico Magazine*, February 24, 2023; "Inside the Successes, Missteps and Failures of Biden's Early Presidency," by Ashley Parker, Tyler Pager and Michael Scherer, *The Washington Post*, October 22, 2022; "Inside the White House Preparations for a Russian Invasion," by Ellen Nakashima and Ashley Parker, *The Washington Post*, February 14, 2022

인터뷰

알렉스 빅, 토니 블링컨, 존 파이너, 에밀리 혼, 헨리 키신저, 론 클레인, 리베카 리스너, 맷 밀러, 웬디 셔먼, 마이크 스티글러, 제이크 설리번

에필로그: WHSR

인터뷰

토니 블링컨, 로버트 게이츠, 마크 거스타프슨, 에밀리 혼, 에릭 슈밋

색인

ㄱ

개스트, 필립Gast, Philip 106
개인용컴퓨터personal computers, PCs 30, 101, 141
갠트, 플로렌스Gantt, Florence 161
갤리번, 제임스Gallivan, James 315
거건, 데이비드Gergen, David 123, 124, 126, 130
거스타프슨, 마크Gustafson, Marc 79, 353, 360
걸프전쟁Gulf War 168, 176, 179, 184, 198
게이츠, 로버트Gates, Robert 95, 113, 114, 157, 159, 164~166, 168, 173, 175, 176, 267~270, 273~276, 279~281, 286, 288, 292, 293, 357
게파트, 리처드Gephardt, Richard 178, 179
겔러, 유리Geller, Uri 97
《격변의 시절Years of Upheaval》(헨리 키신저) 67
고르바초프, 미하일Gorbachev, Mikhail 56, 147, 151, 153~157
고르킨, 제스Gorkin, Jess 51
공군 장기목표과Air Force's Long Range Objectives 17
국가군사지휘본부National Military Command Center, NMCC 30, 53, 82, 91, 109, 247
국가안보국National Security Agency, NSA 27, 60, 76, 119, 140, 196, 207, 209, 257
국가안보기획그룹National Security Planning Group, NSPG 140
국가안전보장회의National Security Council, NSC 27, 28, 31, 94, 140, 141, 173, 240, 316
국가안전보장회의 집행위원회Executive Committee of the National Security Council,

EXCOMM 31
국가정보대학교Defense Intelligence College 23
국가지리정보국National Geospatial Intelligence Agency 23
국립알레르기전염병 연구소National Institute of Allergy and Infectious Diseases 309
국무부State Department 27, 30, 76, 142
국방정보국Defense Intelligence Agency, DIA 27, 65, 76, 95, 273, 300, 340
국토안보부Department of Homeland Security, DHS 196, 248, 250, 300, 310, 319, 322, 340
국회의사당 습격Capitol attacks 10, 11, 307, 323
굿윈, 리처드Goodwin, Richard 43
굿패스터, 앤드루Goodpaster, Andrew 23
〈그날 이후The Day After〉 139
그래프, 개럿Graff, Garrett 62, 284, 288
그레나다Grenada 138, 143
그레이, 대니얼Gray, Danielle 255
그루먼 F-14 톰캣Grumman F-14 Tomcats 78
그리스컴, 톰Griscom, Tom 150, 152
그린란드Greenland 321
그릴플레임 작전Operation Grill Flame 95, 96, 98, 99, 115, 117, 118
글라스노스트glasnost 147, 150
글래서, 수전Glasser, Susan 321
글러버, 로버트Glover, Robert 10
글릭, 보니Glick, Bonnie 195
긴즈버그, 로버트Ginsburg, Robert 45
김정은 305, 322

ㄴ

나폴리타노, 재닛Napolitano, Janet 250
남부 주지사 회의Southern Governors Conference 97
남북전쟁Civil War 21
냉전Cold War 17, 20, 24, 30, 58, 136, 137, 139. 144. 147, 149, 153, 235, 351
《너무나 인간적인All Too Human》(조지 스테퍼노 펄러스) 181
노스, 올리버North, Oliver 143~146, 172, 179
뉴먼 엘리자베스Neumann, Elizabeth 319~323
뉴먼, 오마로사 매니골트Newman, Omarosa Manigault 296~299
니번스, 로이스Nivens, Lois 54
닉슨, 리처드Nixon, Richard 58~74, 88, 89, 140
닐, 존Neal, John 76
닐슨, 키어스천Nielsen, Kirstjen 322

ㄷ

다먼, 리처드Darman, Richard 123
〈닥터 스트레인지러브Dr. Strangelove〉 13
달더, 이보Daalder, Ivo 192, 193
대량살상무기weapons of mass destruction, WMDs 241, 278, 339, 347
대처, 마거릿Thatcher, Margaret 147, 157
대통령 긴급상황실Presidential Emergency Operations Center, PEOC 218, 225,~228, 231, 232, 234
대통령 브리핑presidential briefings 47, 48, 61, 77, 78, 94~96, 98, 115, 118, 135, 136, 169, 175, 176, 180, 221, 230, 311, 328, 330
대통령과 각국 정상 간 전화 연결presidential head-of-state calls 198~204
〈대통령의 연인The American President〉 202
대한항공 007편Korean Air Lines Flight 007 138
더러운 손 유혹"dirty hands" 320
던퍼드, 조지프 Dunford, Joseph 306
덜레스, 앨런Dulles, Allen 27
덩샤오핑鄧小平 161
데일리, 윌리엄Daley, Bill 282, 283, 291
데저트원 작전Desert One 98, 103, 108, 109, 112~116, 210, 267~271, 274, 275, 278, 288
데프콘Defense Readiness Condition, DEFCON 71~73, 134
덴아일, 요하너스den Uyl, Johannes 90
도널드슨, 샘Donaldson, Sam 153
도닐런, 토머스Donilon, Thomas 14, 250, 257, 262, 265, 266, 280~283, 287, 299
도브리닌, 아나톨리Dobrynin, Anatoly 51
도브리언스키, 폴라Dobriansky, Paula 197
독수리발톱 작전Operation Eagle Claw 98
돈바스Donbass 346
돌런, 토니Dolan, Tony 150
두네이, 케빈Dunay, Kevin 80, 251, 252
드골, 샤를de Gaulle, Charles 30
드니프로 미사일 공격Dnipro missile strikes 347
드루, 넬슨Drew, Nelson 191, 192
디버, 마이클Deaver, Michael 148
디앤드리아, 마이클D'Andrea, Michael 257
디지털이큅먼트 코퍼레이션Digital Equipment, DEC 142
딘, 존Dean, John 58

ㄹ

라디, 데이브Radi, Dave 155, 156, 159, 164, 166, 168, 169, 173, 176, 177, 199
라디오 모스크바Radio Moscow 31
라브로프, 세르게이Lavrov, Sergey 337
라스무센, 니콜라스Rasmussen, Nick 26, 265~267, 272, 273, 276, 277, 301, 302
라이스, 콘돌리자Rice, Condoleezza 28, 155, 157, 170, 172, 173, 206, 224~228, 232, 234. 235, 241, 242, 337

라이터, 마이클Leiter, Michael 257, 258, 267, 272, 273, 278, 279, 283, 287
러브필드Love Field 35
러스크, 딘Rusk, Dean 49, 50, 136
러시아의 2016년 미국 대선 개입Russian interference in 2016 election 315, 337
러시아의 우크라이나 침공Russian invasion of Ukraine 318, 338~340, 343, 347
러프, 찰스Ruff, Charles 208, 209
럼즈펠드, 도널드Rumsfeld, Donald 91, 92, 225, 241
레삼, 아흐메드Ressam, Ahmed 212
레이건, 낸시Reagan, Nancy 176
레이건, 로널드Reagan, Ronald 32, 69, 77, 78, 122~146, 149~154
레이건의 '악의 제국' 연설 137, 138, 153
레이캬비크 정상회담Reykjavik Summit 1986 148
레이크, 앤서니Lake, Anthony 114, 115, 186~189, 192, 193, 207, 254
로더, 로널드Lauder, Ronald 321
로버츠, 드루Roberts, Drew 200, 202~204, 227, 240~242
로브, 칼Rove, Karl 230
로빈슨, 피터Robinson, Peter 149~152
로스앤젤레스 국제공항Los Angeles International Airport 212
로스토, 월트Rostow, Walt 19, 38, 45, 47, 49, 50, 53, 54
로어, 데버라Loewer, Deborah 220~224, 229~233, 235~240, 360
로저스, 윌리엄Rogers, William 135
로즈, 벤Rhodes, Ben 255, 260, 275, 276, 283~285
록펠러, 넬슨Rockefeller, Nelson 81, 82
록히드 C-130 허큘리스 수송기Lockheed C-130 Hercules 108~110, 112, 113, 270

록히드 C141 스타리프터 수송기Lockheed C-141 Starlifters 161
롤링선더 작전Operation Rolling Thunder 42
롱, 러티샤Long, Letitia 285
루스벨트, 시어도어Roosevelt, Theodore 253, 254
루스벨트, 프랭클린 D.Roosevelt, Franklin D. 16, 22, 23, 44, 209, 348
루커스, 제임스 W.Lucas, James W. 23
루트, 더그Lute, Doug 14, 173, 246
루트, 제인Lute, Jane 173, 174, 184, 185, 195~197
르윈스키, 모니카Lewinsky, Monica 209, 211
리건, 돈Regan, Don 123, 130
리드, 짐Reed, Jim 76, 202
리드, 톰Reed, Tom 136
리디, 조지Reedy, George 39
리스너, 리베카Lissner, Rebecca 339, 340, 347
리처드슨, 엘리엇Richardson, Elliot 66
리틀, 조지Little, George 285
린든 존슨 목장LBJ Ranch 37, 48
링컨 응접실Lincoln Sitting Room 22
링컨, 에이브러햄Lincoln, Abraham 21, 22

ㅁ

마르코스, 페르디난드Marcos, Ferdinand 164
마리엘 보트리프트Mariel boatlift 108
마시라섬Masirah Island 108
마오쩌둥毛澤東 158
마틴, 윌리엄Martin, William 142, 143
매케이브, 제리McCabe, Gerry 20, 24, 25
매켄지, 케네스 F.McKenzie, Kenneth F. 333
매코널, 존 폴McConnell, John Paul 46
매킨리, 윌리엄McKinley, William 21
매티스, 제임스Mattis, James 300, 314
맥너마라, 로버트McNamara, Robert 43, 49, 50, 53
맥도너, 데니스McDonough, Denis 262, 281, 285

맥레이븐, 윌리엄McRaven, William 262~265, 267, 270, 271, 273, 278, 283, 285~290
맥머니글, 조지프McMoneagle, Joseph 95, 116
맥밀런, 해럴드Macmillan, Harold 30
맥캐퍼티, 아트McCafferty, Art 44, 48
맥팔런드, K. T.McFarland, K. T. 302
맥팔레인, 로버트McFarlane, Robert 92, 210
맥휴, 고드프리McHugh, Godfrey 16~18, 20, 24, 26, 36
맵룸Map Room 22, 23, 209, 210
머스키, 에드먼드Muskie, Edmund 145
먼데일, 월터Mondale, Walter 104, 108, 110, 111
멀린, 마이클Mullen, Michael 273, 286, 287, 291
메이어, 골다Meir, Golda 63
메이저, 존Major, John 202, 203
〈모던 패밀리Modern Family〉 282
《모두 쓰러지다All Fall Down》(게리 식) 100
모렐, 마이클Morell, Michael 221, 283
모사드Mossad 97
모스크바 링크, 모링크Moscow Link, MOLINK 51
모스크바 올림픽Moscow Olympic Games 1980 137
모스크바 정상회담Moscow Summit 1991 153
몰타 회담Malta Summit 1989 164
무러, 토머스Moorer, Thomas 70, 72, 73
무슬림 국가 출신 여행자의 입국금지 조치 Muslim travel ban 322
미 공군사관학교U.S. Air Force Academy 172
미 교통안전국Transportation Security Agency, TSA 241
미 중부사령부U.S. Central Command, Centcom 333
미 중앙정보국Central Intelligence Agency, CIA 18, 19, 26, 27, 30, 31, 76, 95, 106, 118, 257~262
미 국제개발처United States Agency for International Development, USAID 340
미국대사관 폭탄테러 공격United States embassy bombings 211, 256~262, 272, 278

미국-스페인 전쟁Spanish-American War 21, 22
미스, 에드Meese, Ed 78, 124
미첼, 조지Mitchell, George 178
밀러, 맷Miller, Matt 344, 349
밀러, 케이티Miller, Katie 309
밀러, 프랭크Miller, Frank 219, 220
밀로셰비치, 슬로보단Milosevic, Slobodan 199
밀리, 마크Milley, Mark 173, 348

ㅂ

바웬사, 레흐Walesa, Lech 156
바이든, 조Biden, Joe 273, 274, 314, 330~339, 342~345, 348~350
바이든, 헌터Biden, Hunter 314
박스데일 공군기지Barksdale Air Force 232
반스, 벤Barnes, Ben 120
배틀, 루셔스Battle, Lucius 20
백악관 상황실 특별 프로젝트White House Situation Room Special Projects 354
《백악관 시절The White House Years》(헨리 키신저) 62
《백악관 일기White House Diary》(지미 카터) 94, 120
백악관 일지White House Daily Diary 94
백악관 종교기반 커뮤니티협의기구 White House Office of Faith-Based and Community Initiatives 319
백악관 집무실Oval Office 64, 89, 186, 194, 199, 201, 203, 240, 254, 304, 311
백악관 출입기자단 연례 만찬White House Correspondents' Dinner, WHCD 282
백악관 코로나바이러스 대책 위원회White House Coronavirus Task Force 309, 310, 313
백악관 테이프 녹취록transcripts of tapes White House 32, 39, 41, 123, 130, 131, 314
백악관 통신국Whit.e House Communications Agency, WHCA 27, 37, 53, 143, 162, 244

밴스, 사이러스Vance, Cyrus 104~107, 114
《밴티지 포인트The Vantage Point》(린든 B. 존슨) 49, 54, 55
버거, 샌디Berger, Sandy 77, 188, 192, 195, 208, 209
버너스리, 팀Berners-Lee, Tim 141
버시바우, 알렉산더Vershbow, Alexander 185, 186, 188~192
버크, 알리Burke, Arleigh 19, 350
버크스, 데버라Birx, Deborah 28, 309~313
버터필드, 알렉산더 Butterfield, Alexander 58
번개 메시지"lightning messages" 21
번디, 맥조지Bundy, McGeorge 20, 25, 31, 47, 135
번스, 윌리엄Burns, William 348
베드민스터 골프장Trump National Golf Club Bedminster 322
베드키, 커티스Bedke, Curtis 232, 233
베를린 장벽Berlin Wall 149, 152, 154, 156, 157, 160, 173
베슐로스, 마이클Beschloss, Michael 42
베어드, 조이Baird, Zoë 182
베이루트 미 해병대 막사 폭탄테러 Beirut Marine barracks bombing 138
베이징 동계올림픽Beijing Olympic Games 2022 343
베이커, 피터Baker, Peter 321
베이커, 제임스Baker, James 123, 159, 160, 164, 166, 168, 172, 173
베트남전쟁Vietnam War 40~42, 44, 45, 50, 57, 87, 92, 138, 143, 241, 331
벡, 글렌Beck, Glenn 212
벡위스, 찰리Beckwith, Charlie 105, 106, 109, 111, 267
벨벳 혁명Velvet Revolution 156
《변화된 세계A World Transformed》(조지 H. W. 부시, 브렌트 스코크로프트) 167, 174

병력 수송 장갑차armored personnel carriers, APCs 190~192
보서트, 톰Bossert, Tom 248, 300, 301, 303, 304
보스니아 분쟁Bosnia War 183, 186, 190, 193
보안 통화를 위한 인터넷 전화Secure Voice over Internet Protocol, VoIP 248
보크, 로버트Bork, Robert 66
보트, 제임스Vaught, James 106, 108, 109, 111, 112
본, 마이클 K.Bohn, Michael K. 29
볼턴, 존Bolton, John 78, 79, 165, 173, 174, 247, 304~306, 313, 314
봇사이, 세라 '샐리'Botsai, Sarah "Sally" 60, 61, 65, 66, 73, 74, 87, 91, 93, 195, 360
부시, 로라Bush, Laura 227
부시, 바버라Bush, Barbara 176, 177
부시, 조지 H. W.Bush, George H. W. 79, 122, 123, 126, 129, 131, 134, 147, 148, 155~180, 202, 206, 304, 305
부시, 조지 W.Bush, George W. 220~223, 230, 232, 240~241, 243, 244, 248~251, 304, 305
《부흥의 시절Years of Renewal》(헨리 키신저) 80
《분열시키는 자The Divider》(피터 베이커, 수전 글래서) 321
브라운, 해럴드Brown, Harold 105, 106, 111
브라이언, 윌리엄Bryan, William 310~312
브란덴부르크 문 앞 레이건 연설 Brandenburg Gate speech of Reagan 149, 151, 152, 156, 157
브래들리, 벤Bradlee, Ben 19
브래디, 세라Brady, Sarah 133
브래디, 제임스Brady, James 123, 124, 130, 133
브랜더스, 폴Brandus, Paul 31
브레넌, 존Brennan, John 259, 260, 262, 265, 273, 277, 281, 285
브레스나핸, 게리 Bresnahan, Gary 109, 124, 142,

143, 160~163, 178, 206, 208~212, 228, 229, 232, 236, 245, 254, 268, 286, 287, 290, 292, 360

브레즈네프, 레오니트Brezhnev, Leonid 53, 66, 67, 69, 70~73, 138, 147

브레진스키, 즈비그뉴Brzezinski, Zbigniew 79, 94, 98, 100, 102~104, 106, 108, 111, 117, 118

블랙, E. F.Black, E. F. 20

블랙호크다운Black Hawk Down 115, 185

블레어, 토니Blair, Tony 198, 199, 202

블링컨, 토니Blinken, Antony 335, 336, 338, 339, 346~350, 356

비건, 스티브Biegun, Steve 217, 218

비공식 회담용 메모, 멤콘memorandum of conversation, memcon 204, 205, 226

비밀경호국Secret Service 10, 11, 73, 122, 133, 217, 223, 225, 229, 239, 260, 298, 325~327

비커스, 마이크Vickers, Mike 279, 281

빅, 알렉스Bick, Alex 339, 348

빈 압둘아지즈, 나예프bin Abdulaziz, Nayef 201

빈드먼, 알렉산더Vindman, Alexander 314~319

빈라덴 습격 작전bin Laden raid 113, 119, 200, 256~295

빈라덴, 오사마bin Laden, Osama 238, 256~262

빌, 리처드 S.Beal, Richard S. 28

ㅅ

사막의방패 작전Operation Desert Shield 168

사막의폭풍 작전Operation Desert Storm 184

산디니스타 민족해방전선Sandinista National Liberation Front 144

상황실 장난 전화prank calls 201

'상황실 증후군' 이론"Situation Room syndrome" theory 62

샐린저, 피에르Salinger, Pierre 32~35

샤보프스키, 귄터Schabowski, Günter 156

샬레브, 모르데하이Shalev, Mordechai 59

섀너핸, 패트릭Shanahan, Patrick 306

샬리캐슈빌리, 존Shalikashvili, John 188, 189, 193

설리번, 제이크Sullivan, Jake 330, 333, 336, 337, 339, 341, 342, 344~346, 348

세계무역센터 지하 주차장 폭탄테러World Trade Center bombing of 1993 256

《세계에 맞선 한 남자One Man Against the World》(팀 와이너) 64

세드니, 데이비드Sedney, David 144, 146, 158~160, 177, 201

셀라시에, 하일레Selassie, Haile 17

셔먼, 웬디Sherman, Wendy 197, 198, 351

셔먼, 존Sherman, John 228

셰바르드나제, 예두아르트Shevardnadze, Eduard 166

셰퍼, 데이비드Scheffer, David 187, 190, 191

셰퍼드, 태즈웰Shepard, Tazewell 19, 20, 24, 350

소련-아프간 전쟁Soviet-Afghan War 156

소말리아 내전Somali Civil War 182

소브레이, 메리Sobray, Mary 295

소치동계올림픽Sochi Olympic Games 2014 337

쇼트, 마크Short, Marc 310, 311

수누누, 존Sununu, John 168

수자, 피트Souza, Pete 256, 268, 284, 285, 287, 289

수호이 Su-22Sukhoi Su-22s 78, 96

수호이 Su-57Sukhoi Su-57s 138

슈밋, 에릭Schmidt, Eric 358, 359

슈버트, 밥Schubert, Bob 217

슈워츠코프, 노먼Schwarzkopf, Norman 174, 175

슐레진저, 제임스Schlesinger, James 70, 83, 91

슐츠, 조지Shultz, George 151, 152

스레브레니차 학살 사건Srebrenica massacre 158

스미스, 게일Smith, Gayle 76, 193

스미스, 로즈메리Smith, Rosemary 96

스미스, 리처드 노턴Smith, Richard Norton 88, 89
스미스, 브롬리Smith, Bromley 19, 26, 33, 47
스미스, 윌리엄 프렌치Smith, William French 123, 133
스미스, 제러드Smith, Gerard 51
스코크로프트, 브렌트Scowcroft, Brent 60, 63, 70, 74, 80, 83, 85, 91, 92, 143, 156, 161, 162, 164, 167~169, 172~174, 176, 179, 180
스타, 케네스Starr, Kenneth 208
스타인버그, 짐Steinberg, Jim 28, 212~214
스탈린, 이오시프Stalin, Iosif 348
스탠퍼드 연구소Stanford Research Institute 95
스테이플턴, 루스 카터Stapleton, Ruth Carter 96
스톤스트리트, 에릭Stonestreet, Eric 282
스튜어트, 제이크Stewart, Jake 94~96, 98, 115, 117, 118, 360
스티글러, 마이크Stiegler, Mike 9~12, 307, 308, 323~329, 335
스티어먼, 윌리엄 로이드Stearman, William Lloyd 69
스펜서, 스튜어트Spencer, Stuart 137, 153
스펜스, 맷Spence, Matt 284
스피크스, 래리Speakes, Larry 78, 124, 126, 129
시드라만 사건Gulf of Sidra incident 77, 78
시라크, 자크Chirac, Jacques 188
시스코, 조지프Sisco, Joseph 59
시스탤리온Sikorsky RH-53D Sea Stallions 108, 110
시진핑習近平 305
식, 게리Sick, Gary 99, 100, 104, 117, 119~121, 271

ㅇ

아데나워, 콘라드Adenauer, Konrad 30
아메리칸항공 77편American Airlines Flight 77 216
아보타바드Abbottabad 114, 256, 258, 261, 262, 271, 283~286, 291, 335

아서, 체스터Arthur, Chester 22
아시아태평양경제협력체Asia-Pacific Economic Cooperation, APEC 241
아이젠하워 행정부청사Eisenhower Executive Office Building, EEOB 21, 228, 254, 255
아이젠하워, 드와이트Eisenhower, Dwight 11, 23, 51, 132, 136
아이티 쿠데타Haitian coup d'état 182
아키노, 코라손Aquino, Corazon 164
아킬레 라우로호 피랍Achille Lauro hijacking 143
아타르, 소헤이브Athar, Sohaib 291
아폴로 13호Apollo 13 340
아프가니스탄Afganistan 156, 212, 240, 241, 256, 264, 269, 272, 283, 287, 330~336 340, 346
안드로포프, 유리Andropov, Yuri 138, 147
알렉산더, 키스Alexander, Keith 196
알링턴 국립묘지Arlington National Cemetery 192
알카에다al-Qaeda 200, 212, 229, 238~240, 256, 258
암호명 '아이비리그' 훈련Ivy League exercise 135, 136
암호명 웨이사이드WAYSIDE 32~34
암호명 허가"code word" clearance 134
애그뉴, 스피로Agnew, Spiro 58, 64, 88
액설로드, 데이비드Axelrod, David 250
앤더슨, 패트릭Anderson, Patrick 25
앤드루스 공군기지Andrews Air Force Base 34, 74, 120, 131, 161, 235, 284
앨런, 리처드Allen, Richard 123, 125~130
앨리게이터Alligator 146
야즈디, 에브라힘Yazdi, Ebrahim 101
《약속의 땅A Promised Land》(버락 오바마) 273, 274
《어려운 선택들Hard Choices》(사이러스 밴스) 107
〈어프렌티스The Apprentice〉 296

업디그로브, 마크Updegrove, Mark 44~46, 48, 54, 56
에르도안, 레제프 타이이프Erdogan, Recep Tayyip 203, 204
에마 E. 부커 초등학교Emma E. Booker Elementary School 221
에스퍼, 마크Esper, Mark 314
에어포스원Air Force One 17, 99, 153, 218, 220, 228~232, 235, 245, 248
에이블아처Able Archer 138
엔라이트, 찰스 D.Enright, Charles D. "Chuck" 26~28
엘시, 조지Elsey, George 22
엘자이얏, 모하메드el-Zayyat, Mohammed 59
《여섯 개의 악몽》(앤서니 레이크) 207, 208
연방총무청General Services Administration, GSA 212
옐런, 재닛Yellen, Janet 348
오덤, 빌Odom, Bill 79
오도널, 케네스O'Donnell, Kenneth 25, 35
오리어리, 데니스O'Leary, Dennis 131
오바마, 미셸Obama, Michelle 253
오바마, 버락Obama, Barack 89, 200, 201, 203, 249~257, 262, 266~268, 271~274, 276, 281~284, 286, 290~293, 301, 334~336
오스틴, 로이드Austin, Lloyd 348, 349
오코넬, 케빈O'Connell, Kevin 176
오클라호마시티 폭탄테러Oklahoma City bombing 182
오펏 공군기지Offutt Air Force Base 232, 235
올브라이트, 매들린Albright, Madeleine 183~185, 187, 188, 191, 193~195, 197
와이너, 팀Weiner, Tim 64, 68, 69
와인버거, 캐스퍼Weinberger, Caspar 123, 127~130, 131
와트, 머리Watt, Murray 118

《우리가 사는 세상을 바꾸다Transforming Our World》(앤드루 카드 외) 179
우크라이나Ukraine 166, 205, 314, 317~319, 339~347, 349
울포위츠, 폴Wolfowitz, Paul 168
워싱턴 특별대책반Washington Special Actions Group, WSAG 60, 65
워싱턴, 조지Washington, George 21
워싱턴-모스크바 직통 연락망Washington-Moscow Direct Communications Link 52
워터게이트 사건Watergate scandal 58, 66, 67, 73
《워터게이트: 새로운 역사Watergate: A New History》(개럿 그래프) 62
원격투시자remote viewers 95, 96, 115, 116, 118
월드와이드웹World Wide Web 141, 207
웨브, 브래드Webb, Brad 269, 286, 287
〈웨스트윙The West Wing〉 13
웹스터, 윌리엄Webster, William 168
《위기Crisis》(해밀턴 조던) 104, 106
위기관리본부Crisis Management Center, CMC 21, 142, 144, 146
윌리엄즈버그호Williamsburg 16
윌슨, 우드로Wilson, Woodrow 22
유나이티드항공 93편United Flight 93 216
유엔안전보장이사회United Nations Security Council 66, 69, 346
음모론conspiracy theories 182, 212, 314
의회-대통령 간 예산안 협의Budget Summit Agreement of 1990 178
〈이것이 스파이널 탭이다This is Spinal Tap〉 213
이그만산Mount Igman 191
이글버거, 래리Eagleburger, Larry 70, 161, 166, 174
이라크전쟁Iraq War 179, 241
이란의 미국 글로벌호크 무인기 격추Iranian shoot-down of American drone 305

이란-콘트라 사건Iran-Contra affair 143~148, 172

이매뉴얼, 람Emanuel, Rahm 249, 250, 257

이스거, 세라Isgur, Sarah 322

'이 장벽을 무너뜨리십시오!'"Tear down this wall!" 150, 151, 153, 157

이집트항공 990편EgyptAir Flight 990 211

인공지능artificial intelligence, AI 358, 359

인보든, 윌Inboden, Will 136, 143, 144

《임무Duty》(로버트 게이츠) 275, 293

ㅈ

장거리 제로그래피Long Distance Xerography 48

재럿, 밸러리Jarrett, Valerie 28, 253, 255

저헬런, 오언Zurhellen, Owen 80

전략공군사령부Strategic Air Command 128

전략방위구상Strategic Defense Initiative, SDI 138

전미복음주의협회National Association of Evangelicals 137

전시정보국Office of War Information 51

정부 연속성continuity-of-government, COG 11

제2차세계대전World War II 18, 23, 24, 44, 51, 101, 178, 241, 337, 348

제4차중동전쟁Yom Kippur War 60, 63, 64, 73

제네바 정상회담Geneva Summit 1985 148

제러드, 코니Gerard, Connie 47

제레미아, 데이브Jeremiah, Dave 168

제이콥슨, 애니Jacobsen, Annie 115

젤렌스키, 볼로디미르Zelensky, Volodymyr 205, 314, 317, 318, 339, 342, 347, 349, 350, 354

조던, 해밀턴Jordan, Hamilton 94, 104~108, 111

조지워싱턴대학병원George Washington University Hospital 122

존스, 데이비드Jones, David 81, 82, 106, 109~112

존스, 알렉스Jones, Alex 212

존슨, A. E. H.Johnson, A. E. H. 21

존슨, 레이디 버드Johnson, Lady Bird 41, 54

존슨, 루시 베인스Johnson, Luci Baines 40

존슨, 린든Johnson, Lyndon 32, 35, 37~57, 62, 81, 84, 140, 168

존슨, 앤드루Johnson, Andrew 211

존슨, 톰Johnson, Tom 39, 44, 46~48, 56

주이란 미국대사관 인질 사건Iran hostage crisis 98, 99

《중앙통제실Nerve Center》(마이클 K. 본) 29, 48, 140

지구종말시계"Doomsday Clock" 139

지브코프, 토도르Zhivkov, Todor 156

지오크론Geochron 141

진주만 공격attack on Pearl Harbor 22, 236

질병통제본부Centers for Disease Control 242

ㅊ

차우셰스쿠, 니콜라에Ceausescu, Nicolae 155

찰스 3세Charles III of England 201

처칠, 윈스턴Churchill, Winston 16, 22, 178, 348

처토프, 마이클Chertoff, Michael 250

천안문사건China Tiananmen Square massacre 160, 173, 210

체니, 딕Cheney, Dick 168, 173, 175, 218, 227, 232, 240, 242

체니, 린Cheney, Lynne 227

체르넨코, 콘스탄틴Chernenko, Konstantin 147, 148

초심리학parapsychology 94, 95, 115, 117, 118

춤추는 아기 바이럴 영상"dancing baby" 207

《치유를 위한 시간A Time to Heal》(제럴드 포드) 81

ㅋ

카다피, 무아마르Gaddafi, Muammar 77

카드, 앤드루Card, Andrew 221, 223, 224, 232, 241
카불공항의 애비 게이트Abbey Gate at Kabul International Airport 330, 334, 337
카스트로, 피델Castro, Fidel 18
카야니, 아슈팍 파르베즈Kayani, Ashfaq Parvez 291
카터, 로잘린Carter, Rosalynn 94, 96, 97, 115, 118, 121
카터, 지미Carter, Jimmy 79, 94~121, 137, 210, 267
칼루치, 프랭크Carlucci, Frank 106
캄파넬라, 토니Campanella, Tony 205, 207
캠프데이비드Camp David 24, 37, 169, 177, 240, 243
커, 딕Kerr, Dick 168
커브볼Curveball 278
커틀러, 로이드Cutler, Lloyd 94, 108, 118
컬럼바인 고등학교Columbine High School 211
케네디, 재클린Kennedy, Jacqueline 16, 35, 36
케네디, 존 F. Kennedy, John F. 15~37, 44, 47, 51, 128, 136, 174, 335, 352, 357
케산 모형Khe Sanh model 45
케산 전투Battle of Khe Sanh 45
케이, 질다Kay, Gilda 176
켈리, 존Kelly, John 296, 297, 300, 320, 322
코널리, 존Connally, John 33, 34, 120
코로나 대유행Covid-19 pandemic 307, 308, 349
코스그리프, 케빈Cosgriff, Kevin 198, 207
코시긴, 알렉세이Kosygin, Alexei 49, 50, 52~56
코언, 마이클Cohen, Michael 299
코자드, 카일Cozad, Kyle 259~262, 268, 269, 284
코탕섬Koh Tang Island 81~83, 92
콕스, 아치볼드Cox, Archibald 64, 66
콜비, 윌리엄Colby, William 70

콤퐁솜Kompong Som 83, 84
쿠바미사일위기Cuban Missile Crisis 30, 31, 51, 71, 139, 351
쿠바연구그룹Cuba Study Group 20
쿠슈너, 재러드Kushner, Jared 313
쿠웨이트 침공Iraqi invasion of Kuwait 165, 166, 168, 169, 171
쿨리지, 캘빈Coolidge, Calvin 22
퀘일, 댄Quayle, Dan 168
퀸, 리처드Queen, Richard 117
크러치필드, 준Crutchfield, June 52
크루젤, 조지프Kruzel, Joseph 191
크리스천, 조지Christian, George 45, 47
크리스토퍼, 워런Christopher, Warren 111, 185, 189, 193
크리티콤Critical Intelligence Communications System, CRITICOMM 76
크림반도Crimea 346
크메르루주와 마야게즈호 사건Khmer Rouge and Mayaguez incident 75, 76, 80~93
클라크, 리처드Clarke, Richard 77, 109, 164, 165, 209, 212, 226, 236, 238~240, 254
클라크, 웨슬리Clark, Wesley 190, 191, 193
클래퍼, 제임스Clapper, James 273, 288
클레인, 론Klain, Ron 335
클리블랜드 클리닉Cleveland Clinic 201, 202
클리퍼드, 클라크Clifford, Clark 47
클린턴, 빌Clinton, Bill 78, 179~214, 238, 239
클린턴, 힐러리Clinton, Hillary 266, 273, 274
키밋, 로버트 M.Kimmitt, Robert M. 77, 140, 142~144, 165, 167, 168, 171
키신저, 헨리Kissinger, Henry 14, 59~61, 63~75, 80, 82, 84, 86, 87, 90~92, 173, 337
키이우Kyiv 342, 347, 349
킬더프, 맬컴Kilduff, Malcolm 34

ㅌ

타워, 존Tower, John 145
타워위원회Tower Commission 145, 146, 172
타이거 팀Tiger Team 330~352
탄저균anthrax 240, 310
터너, 스탠스필드Turner, Stan 104, 113, 269
테닛, 조지Tenet, George 225
토머스, 헬렌Thomas, Helen 56, 57
토요일 밤의 학살Saturday Night Massacre 66
톰프슨, 루엘린Thompson, Llewellyn 51
투폴레프 Tu-22Tupolev Tu-22s 96
트럼프, 도널드Trump, Donald 10, 11, 78, 79, 205, 282, 296, 297, 299~306, 308~324, 326, 328, 330, 334~337
트로이, 올리비아Troye, Olivia 313
트루먼, 해리 S.Truman, Harry S. 16, 23, 28
특별조정위원회Special Coordination Committee, SCC 100
틸러슨, 렉스Tillerson, Rex 300
틸먼, 마크Tillman, Mark 230

ㅍ

파, 제리Parr, Jerry 122
파딘스키, 에드Padinske, Ed 215~217, 219, 233, 237, 238, 294, 295, 360
파우치, 앤서니Fauci, Anthony 309~312
파울러, 제프Fowler, Geoff 297, 299
파월 독트린Powell Doctrine 184
파월, 엘리엇Powell, Elliott 198, 208, 213, 214, 360
파월, 조디Powell, Jody 104
파월, 콜린Powell, Colin 111, 151, 152, 168, 183~185, 224, 241
파이너, 존Finer, Jon 348, 349
파이퍼, 래리Pfeiffer, Larry 199, 200, 253~255, 298

파크랜드 병원Parkland Hospital 34
판 아흐트, 안드레아스van Agt, Andreas 134
패네타, 리언Panetta, Leon 193, 257~259, 263, 264, 273, 274, 276, 286
《퍼레이드Parade》51
퍼싱 2 미사일Pershing II Weapon System 138
페레스트로이카perestroika 147, 150
페리, 윌리엄Perry, William 188, 193
펜스, 마이크Pence, Mike 10, 11, 309, 310, 313
《평화 중재자The Peacemaker》(월 인보든) 136
포드, 베티Ford, Betty 88
포드, 제럴드Ford, Gerald 64, 74, 80~92
포라다, 아이린Porada, Irene 297
포인덱스터, 존Poindexter, John
포트미드Fort Meade 95
폴리, 톰Foley, Tom 178
폼페이오, 마이크Pompeo, Mike 306, 314
푸에르토리코Puerto Rico 321
푸에블로호 사건Pueblo incident 81
푸틴, 블라디미르Putin, Vladimir 166, 200, 201, 234, 235, 305, 315, 316, 319, 337~339, 342, 343, 345~347, 356
프레이저, 로버트Frasure, Robert 191
플러노이, 미셸Flournoy, Michèle 270, 279~281, 289
피그스만Bay of Pigs 18~20, 23
피스 스위셔piss-swisher 70
피츠워터, 말린Fitzwater, Marlin 181
필딩, 프레드Fielding, Fred 123
필리핀에서의 쿠데타 시도Philippine coup attempt 164, 165

ㅎ

하널리, 마리Harnly, Marie 354
하래리, 키스Harary, Keith 116, 117
하르기스, 롭Hargis, Rob 199, 205, 215~226,

228, 233, 234, 360
하르키우 미사일 공격Kharkiv missile strikes 347
하벨, 바츨라프Havel, Vaclav 155
하스, 리처드Haass, Richard 166~170, 172, 175
하우, 조너선Howe, Jonathan 70
하원 법사위원회House Judiciary Committee 67
하트먼, 로버트Hartmann, Robert 83
《한 지붕 아래Under This Roof》(폴 브랜더스) 31
합참의장Joint Chiefs of Staff, JCS 46, 70, 81, 106, 168, 173, 188, 273, 292, 306, 350
핫라인hotlines 49~57, 66, 67
해군 공병대, 시비Naval Construction Battalions, Seabees 24
해군 정보작전참모부Chief of Naval Operations Intelligence Plot, CNO-IP 295
해늘리, 스티브Hadley, Steve 206, 226, 227, 242, 250
해리스, 카멀라Harris, Kamala 327, 344, 348
해외방송정보국Foreign Broadcast Information Service, FBIS 31, 101
핵 풋볼nuclear "football" 125
핼릿, 올리버Hallett, Oliver 32~35
허리케인 마리아Hurricane Maria 321
허커비, 세라Huckabee, Sarah 297
헤이그, 알렉산더Haig, Alexander 59, 66~71, 123~130
헤이긴, 조Hagin, Joe 243~249
헤즈볼라Hezbollah 144
헬싱키 정상회담Helsinki Summit 2018 315
《현대심리학Psychology Today》116, 117
《현상Phenomena》(애니 제이콥슨) 115
호메이니, 루홀라Khomeini, Ruhollah 101
혼, 에밀리Horne, Emily 334, 341~343, 345, 355
홀, 폰Hall, Fawn 146
홀러웨이, 제임스 L., 3세,Holloway, James L., III 85

홀브룩, 리처드Holbrooke, Richard 14, 190, 191, 193
화상회의video teleconferencing, VTC 141, 163~166, 245, 248, 266, 286, 333, 343, 344, 349
화이트워터 게이트 조사Whitewater investigation 208~210
후세인, 사담Hussein, Saddam 165~167, 169, 171, 174, 175, 241
휠러, 얼 '버스'Wheeler, Earl "Bus" 46
휴스, 세라 T.Hughes, Sarah T. 35
휴스, 캐런Hughes, Karen 218, 227
흄 케너리, 데이비드Hume Kennerly, David 86~89, 91, 92
흐루쇼프, 니키타Khrushchev, Nikita 31, 51, 136
'흑인의 목숨도 소중하다' 시위Black Lives Matter 10, 326
힐, 피오나Hill, Fiona 315
힝클리, 존 W.Hinckley, John W. 32, 122, 131, 135

기타

〈24〉 13
6일전쟁Six-Day War 50, 53, 54, 56
8인방Gang of Eight 168, 171
9.11 테러9.11 attacks 12, 218, 228, 229, 231, 237~244, 249, 256, 284, 285, 294, 337
M-홉"M-hop" 162
TWA 800 여객기TWA Flight 800 182
USS 니미츠U.S.S. Nimitz 108, 110
USS 윌슨U.S.S. Wilson 91
USS 칼빈슨U.S.S. Carl Vinson 293, 294
USS 코럴시U.S.S. Coral Sea 90
USS 콜 공격Cole bombing 256
Y2K 문제Y2K bug 211~214

백악관 상황실

1판 1쇄 인쇄 2025년 9월 26일
1판 1쇄 발행 2025년 10월 22일

지은이 조지 스테퍼노펄러스, 리사 디키
옮긴이 황성연, 천상명
펴낸이 김영곤 **펴낸곳** (주)북이십일 21세기북스

TF팀 팀장 김종민
기획편집 진상원 **마케팅** 정성은, 김지선
편집 박지석 **디자인** 박지영, 한성미
영업팀 정지은, 한충희, 장철용, 강경남, 황성진, 김도연, 이민재
해외기획실 최연순 홍희정 소은선
제작팀 이영민 권경민

출판등록 2000년 5월 6일 제406-2003-061호
주소 (우 10881) 경기도 파주시 회동길 201 (문발동)
대표전화 031-955-2100 **팩스** 031-955-2151 **이메일** book21@book21.co.kr

(주)북이십일 경계를 허무는 콘텐츠 리더

21세기북스 채널에서 도서 정보와 다양한 영상자료, 이벤트를 만나세요!
페이스북 facebook.com/jiinpill21   포스터 post.naver.com/21c_editors
인스타그램 instagram.com/jiinpill21   홈페이지 www.book21.com
유튜브 youtube.com/book21pub

ISBN 979-11-7357-531-0 03340

· 책값은 뒤표지에 있습니다.
· 이 책 내용의 일부 또는 전부를 재사용하려면 반드시 (주)북이십일의 동의를 얻어야 합니다.
· 잘못 만들어진 책은 구입하신 서점에서 교환해드립니다.

리더를 위한 정치와 사상의 교양

그레이트 하모니

그레이트 하모니는 다양한 요소의 조화로 정치가 완성된다는 철학을 담은 시리즈입니다. 정치적 통찰을 바탕으로 리더십을 꿈꾸는 독자들을 위해 엄선한 도서를 소개합니다. 복잡한 정세 속에서 조화를 이루는 리더로 성장하는 길을 제시합니다.

---

001 《알렉산드로스》(근간)
한 세계를 호령한 대왕의 승리, 고난 그리고 후광
필립 프리먼 지음 | 노윤기 옮김

---

002 《아우구스투스》(근간)
혁명가에서 로마 최초, 최고의 황제까지
에이드리언 골즈워디 지음 | 박재영 옮김 | 김덕수 감수

---

003 《비스마르크》(근간)
독일을 통일한 천재 리더의 모든 것
조너선 스타인버그 지음 | 은호익 옮김

---

004 《잘못된 전략》
외교 역사와 이론으로 살펴보는 국제정치 속 오판의 메커니즘
비어트리스 호이저 지음 | 이혜진 옮김

---

005 《백악관 상황실》
작지만 위대한 지하실에서 펼쳐지는 대통령 리더십의 성공과 실패
조지 스테퍼노펄러스, 리사 디키 지음 | 황성연, 천상명 옮김